SOZIALRECHT 1
Allgemeiner Teil, besondere Leistungsgesetze, Verwaltungs- und Prozessrecht

2008

Heinz Schäfer
Richter am Landessozialgericht Nordrhein-Westfalen
Ulrike Senger-Sparenberg
Fachanwältin für Sozialrecht in Münster

ALPMANN UND SCHMIDT Juristische Lehrgänge Verlagsges. mbH & Co. KG
48149 Münster, Annette-Allee 35, 48001 Postfach 1169, Telefon (0251) 98109-33
AS-Online: www.alpmann-schmidt.de

Schäfer, Heinz
Senger-Sparenberg, Ulrike
Sozialrecht 1
Allgemeiner Teil, besondere Leistungsgesetze,
Verwaltungs- und Prozessrecht
3., überarbeitete Auflage 2008
ISBN: 978-3-86752-033-1

Verlag Alpmann und Schmidt Juristische Lehrgänge
Verlagsgesellschaft mbH & Co. KG, Münster

INHALTSVERZEICHNIS

LITERATURVERZEICHNIS

Lehrbücher, Handbücher, Grundrisse, Monographien

Bley/Kreikebohm/Marschner	Sozialrecht, 9. Auflage, Frankfurt a.M. 2006 (zit.: Bley/Kreikebohm/Marschner, Sozialrecht, 9. Auflage 2006)
Bundesministerium für Arbeit und Sozialordnung (Hrsg.)	Übersicht über das Sozialrecht, 4. Auflage 2007 (zit.: BMAS, Sozialrecht 2007)
David, H.-Joachim	Der Jugendhilfeausschuss, Diss. jur. Münster 1992, Frankfurt a.M. 1993 (zit.: David, Jugendhilfeausschuss, Frankfurt a.M. 1993)
Eichenhofer	Sozialrecht, 6. Auflage, Tübingen 2007 (zit.: Eichenhofer, Sozialrecht, 6. Auflage 2007)
Erlenkämper/Fichte	Sozialrecht, 6. Auflage, Köln u.a. 2007 (zit.: Erlenkämper/Fichte, Sozialrecht, 6. Auflage 2007)
Gitter/Schmitt	Sozialrecht, 5. Auflage, München 2001 (zit.: Gitter/Schmitt, Sozialrecht, 5. Auflage 2001)
Hambüchen (Hrsg.)	Handbuch des Fachanwalts/Sozialrecht, 2. Auflage, Neuwied 1990 (zit.: Bearbeiter in: Handbuch des Fachanwalts/Sozialrecht)
Hansen, Hans-Georg	Der Berufsschadensausgleich, Diss. jur. Köln 1995, Köln u.a. 1996 (zit.: Hansen, Berufsschadensausgleich, Köln 1996)
Horrer, A.	Das Asylbewerberleistungsgesetz, Diss. iur., Berlin 2001
Igl/Welti	Sozialrecht, 8. Auflage, Düsseldorf 2007 (zit.: Igl/Welti, Sozialrecht, 8. Auflage 2007)
Krasney/Udsching	Handbuch des sozialgerichtlichen Verfahrens, 4. Auflage, Berlin 2005 (zit.: Krasney/Udsching, Handbuch des sozialgerichtlichen Verfahrens, 4. Auflage 2005)
von Maydell/Ruland (Hrsg.)	Sozialrechtshandbuch (SRH), 3. Auflage, Baden-Baden 2003 (zit.: Bearbeiter in: Sozialrechtshandbuch [SRH])
Muckel, S.	Sozialrecht, 2. Auflage, München 2007 (zit.: Muckel, Sozialrecht 2007)

Ost/Mohr/Estelmann	Grundzüge des Sozialrechts, 2. Auflage, München 1998 (zit.: Ost/Mohr/Estelmann, Grundzüge des Sozialrechts, 2. Aufl. 1998)
Rothkegel (Hrsg.)	Sozialhilferecht, Existenzsicherung, Grundsicherung, Baden-Baden 2005
Seidel	Der Kündigungsschutz für schwerbehinderte Menschen nach dem SGB IX, 2. Auflage, Stuttgart 2001 (zit.: Seidel, Der Kündigungsschutz für schwerbehinderte Menschen nach dem SGB IX, 2. Auflage 2001)
Steck/Kossens	Neuordnung von Arbeitslosenhilfe und Sozialhilfe durch Hartz IV, München 2005
Waltermann	Sozialrecht, 6. Auflage, Heidelberg 2006 (zit.: Waltermann, Sozialrecht, 6. Aufl. 2006)
Zachert, F.	Einführung in das Sozialrecht der Bundesrepublik Deutschland, Heidelberg u.a. 1983 (zit.: Zachert, Einführung in das Sozialrecht, 1983)

Kommentare

Fuchs (Hrsg.)	Kommentar zum Europäischen Sozialrecht, 4. Auflage, Baden-Baden 2005 (zit.: Bearbeiter in: Fuchs, Kommentar zum Europäischen Sozialrecht, 4. Auflage 2005)
Grüner/Dalichau	Bundeserziehungsgeldgesetz mit landesrechtlichen Vorschriften, Kommentar Band II , Loseblatt, Starnberg Juli 1997 ff. (zit.: Grüner/Dalichau, Bundeserziehungsgeldgesetz)
Hambüchen (Hrsg.)	Kindergeld – Elterngeld – Elternzeit, Kommentar, Loseblatt, Neuwied, Stand Oktober 2007 (zit.: Bearbeiter in: Hambüchen: Kindergeld – Elterngeld – Elternzeit, Kommentar, Stand Oktober 2007)
Hauck/Stöhr u.a.	SGB VIII Kinder- und Jugendhilfe, Loseblatt, Berlin, Oktober 2007 (zit.: Hauck/Bearbeiter, SGB VIII)
Haverkate/Huster	Europäisches Sozialrecht, 1. Auflage, Baden-Baden 1999 (zit.: Haverkate/Huster, Europäisches Sozialrecht, 1999)

Kunz/Zellner	Opferentschädigungsgesetz, Kommentar, 4. Auflage, München 1999 (zit.: Kunz/Zellner, OEG-Kommentar, 4. Auflage 1999)
Meyer-Ladewig/ Keller/Leitherer	Sozialgerichtsgesetz (SGG), Kommentar zum SGG, 8. Auflage, München 2005 (zit.: Meyer-Ladewig u.a. Kommentar zum SGG)
Mrozynski	SGB I 4. Auflage, München 2004 (zit.: Mrozynski, SGB I, 4. Auflage 2004)
Münder/Armborst/Berlit u.a. (Hrsg.)	Sozialgesetzbuch XII, Sozialhilfe, Lehr- und Praxiskommentar, 7. Auflage, Baden-Baden 2005
Niesel (Gesamtred.)	Kasseler Kommentar zum Sozialversicherungsrecht, Kommentar zum SGB I–SGB XI, 2 Bände, Loseblatt, München, 4. Auflage 2007 (zit.: Bearbeiter in: Kasseler Kommentar zum Sozial- versicherungsrecht)
Schäfer	Kommentar zum Sozialgesetzbuch, Allgemeiner Teil (SGB I LexisNexis-Online-Kommentar), Münster 2007 (zit.: LNK (Schäfer), SGB I)
Schellhorn/Schellhorn u.a.	Bundessozialhilfegesetz, Kommentar zum BSHG, 16. Auflage, Neuwied 2002 (zit.: Schellhorn/Schellhorn u.a., Kommentar zum BSHG)
Wilke (Hrsg.)	Soziales Entschädigungsrecht, Kommentar zum BVG etc., 7. Auflage, Stuttgart 1992 (zit.: Wilke-Bearbeiter, Soziales Entschädigungs- recht, Kommentar, 7. Auflage 1992)
von Wulffen (Hrsg.)	Sozialgesetzbuch X, Kommentar zum SGB X, 6. Auflage, München 2008 (zit.: Bearbeiter in: von Wulffen, Kommentar zum SGB X, 6. Auflage 2008)

1. Teil: Einleitung, allgemeine Lehren und Überblick

1. Abschnitt: Bedeutung und Begriff des Sozialrechts

1. Bedeutung des Sozialrechts

Das Sozialrecht erfasst unterschiedlichste Lebenssachverhalte. In seiner Vielgestaltigkeit begleitet es mehr oder weniger den Lebensweg nahezu eines jeden Einwohners der Bundesrepublik vom Erziehungsgeld nach der Geburt eines Kindes über die Ausbildungsförderung bis hin zur Pflegebedürftigkeit.

Im täglichen Leben findet das Sozialrecht – ebenso selbstverständlich wie das Bürgerliche Gesetzbuch (BGB) z.B. bei Kaufverträgen als Rechtsgeschäften des Alltags – Anwendung etwa beim Unfallversicherungsschutz für Schulkinder, bei der ärztlichen Behandlung auf Krankenversichertenkarte oder beim monatlichen Abzug der Sozialversicherungsbeiträge der Arbeitnehmer.

Die reguläre **Vorsorge für Grundrisiken des Lebens**, wie Arbeitslosigkeit, Krankheit, Arbeitsunfall oder auch Alter und Erwerbsminderung, setzt in Deutschland traditionell eine Beschäftigung voraus. Schwerpunkt des klassischen Sozialrechts ist mithin die **soziale Sicherung der erwerbstätigen Personen**. Daraus wiederum ergeben sich Überschneidungen insbes. mit dem Arbeitsrecht.

Das Sozialstaatsprinzip nach Art. 20 Abs. 1, 28 Abs. 1 S. 1 Grundgesetz (GG) mit Gesetzgebungskompetenzen u.a. in Art. 74 Abs. 1 Nr. 12 GG definiert Mindestanforderungen an die Sicherungssysteme für abhängig Beschäftigte bei teilweiser Einbeziehung von Familienangehörigen und zur allg. Existenzsicherung.

Der ökonomische Stellenwert des Sozialrechts wird anhand des **Sozialbudgets** deutlich. So beliefen sich bei einer Erhebung im Jahr 2002 die Gesamtkosten der sozialen Sicherung einschließlich aller Leistungen nach dem Sozialgesetzbuch (SGB) auf rund 685,1 Mrd. €. Damit betrug der Anteil der Sozialquote am Bruttoinlandsprodukt (BIP) nahezu ein Drittel.[1] In der Folgezeit konsolidierte sich dieser Wert auf 31% in 2005, wobei das Gesamtbudget ebenfalls 2005 rund 696 Mrd. € ausmachte, dem allerding ein größeres gesamtwirtschaftliches Wachstum gegenüberstand.[2]

1 Berntsen, Bundesarbeitsblatt 2004, 4–10.
2 BMAS, Sozialrecht 2007, 985 ff. (986, 988).

Übersicht: Entwicklung des Sozialbudgets[1] zwischen 1980 und 2005[3]

Jahr	Milliarden Euro	Veränderung in %[2]	Sozialleistungs quote[3]	Einwohner (Euro/Jahr)
1980	228,5	8,1	29,8	3711
1981	243,1	6,4	30,4	3941
1982	249,6	2,7	30,0	4050
1983	256,1	2,6	29,4	4170
1984	266,3	3,9	29,1	4352
1985	277,9	4,4	29,1	4554
1986	292,5	5,2	29,0	4790
1987	305,7	4,5	29,3	5004
1988	319,4	4,5	29,1	5198
1989	327,7	2,6	28,1	5281
1990	342,6	4,5	26,9	5520
1991	427,0	24,6	27,8	5338
1992	484,1	13,4	29,4	6007
1993	508,8	5,1	30,0	6268
1994	531,1	4,4	29,8	6522
1995	562,0	5,8	30,4	6882
1996	588,0	4,6	31,3	7180
1997	591,3	0,6	30,9	7206
1998	605,5	2,4	30,8	7381
1999	627,8	3,7	31,2	7649
2000	645,2	2,8	31,3	7850
2001	662,3	2,7	31,3	8044
2002	684,1	3,3	31,9	8294
2003	696,8	1,8	32,2	8444
2004 p	693,4	-0,5	31,4	8405
2005 s	695,7	0,3	31,0	8436

1) Stand Sozialbudget 2005.
2) Gegenüber dem ausgewiesenen Vorjahr.
3) Sozialleistungen im Verhältnis zum Bruttoinlandsprodukt.
p: vorläufig
s: geschätzt

Bei ständig steigenden Kosten der Sozialsysteme wird der **Reformbedarf in der Sozialpolitik** zunehmend dringlicher. **Soziale Sicherheit und Gerechtigkeit** sind auch deshalb Gegenstand andauernder politischer Kontroversen. Allerdings muss die notwendige Erneuerung mit den gesamtgesellschaftlich verlangten Sozialstandards einer modernen Industrienation vereinbar sein. Anschaulich benannt werden **wesentliche Problemfelder** etwa im 2. Armutsbericht 2005 der Bundesregierung:[4] Teilhabe bzw. Ausgrenzung aufgrund Einkommen, Vermögen, Gesundheit, Bildung und gesellschaftlicher Rahmenbedingungen.[5]

Zur Sicherung dieser Rahmenbedingungen gebührt dem Sozialrecht ein spezifischer Stellenwert für die soziale Marktwirtschaft in Deutschland.

3 Quelle: BMAS, Sozialrecht 2007, 985 f.
4 BT-Drs. 15/5015 vom 03.03.2005.
5 Dazu Lambertin, Die Ersatzkasse 2005, 207–211.

2. Der Begriff des Sozialrechts

Nach § 1 Abs. 1 S. 1 SGB I
soll das Recht des Sozialgesetzbuchs

„zur Verwirklichung von sozialer Gerechtigkeit und sozialer Sicherheit“ dienen.

Nach § 1 Abs. 1 S. 2 SGB I
soll das Recht des Sozialgesetzbuchs „dazu beitragen,

ein menschenwürdiges Dasein zu sichern,
gleiche Voraussetzungen für die freie Entfaltung der Persönlichkeit, insbes. auch für junge Menschen, zu schaffen,
die Familie zu schützen und zu fördern,
den Erwerb des Lebensunterhalts durch eine frei gewählte Tätigkeit zu ermöglichen
und besondere Belastungen des Lebens, auch durch Hilfe zur Selbsthilfe, abzuwenden und auszugleichen.“

Das Sozialrecht ist gesetzlich nicht definiert. Als **Staatszielbestimmung im Grundgesetz** findet sich die Beschreibung der Bundesrepublik auch als sozialer Bundesstaat, Art. 20 Abs. 1 GG, dessen verfassungsmäßige Ordnung den Grundsätzen u.a. des sozialen Rechtsstaats entsprechen muss, Art. 28 Abs. 1 S. 1 GG. Ebenso wenig bietet das SGB eine ausdrückliche Legaldefinition. Gleichwohl benennt § 1 Abs. 1 SGB I grundlegende Wesensmerkmale des Sozialrechts. Nach § 1 Abs. 1 S. 1 SGB I soll das Recht des Sozialgesetzbuchs zur **Verwirklichung von sozialer Gerechtigkeit und sozialer Sicherheit** dienen. Im Einzelnen gilt dafür § 1 Abs. 1 S. 2 SGB I. Mit diesen Wesensmerkmalen sind Auftrag, Programm, Zielsetzung und Zustandsbeschreibung des Sozialrechts seit In-Kraft-Treten des SGB I am 01.01.1976 vorgegeben.[6]

2.1 Historische Entwicklung des Sozialrechtsbegriffs

Das Verfassungsprinzip und Staatsziel des sozialen Rechtsstaats i.S.d GG bedingt zugleich die soziale Gerechtigkeit. Gerechtigkeit ist insbes. vor dem Hintergrund der **Chancengleichheit und der Möglichkeit zur freien Entfaltung der Persönlichkeit** zu verstehen, vgl. Art. 3, Art. 2 Abs. 1 GG.

Das Sozialrecht als Oberbegriff für ein Rechtsgebiet, das üblicherweise die Sozialversicherung, die Fürsorge, das Versorgungsrecht (Soziales Entschädigungsrecht) und weitere Regelungsbereiche speziell zur Förderung und Hilfe beinhaltet, ist vergleichsweise neuen Datums. Parallel werden auch Begriffe wie **soziale Sicherheit oder soziale Sicherung** verwandt.

Die „Soziale Sicherheit“ ist aus dem angloamerikanischen Raum entlehnt. Nachweislich wurde erstmals zur Zeit der großen Weltwirtschaftskrise im Jahre 1935 durch den damaligen US-amerikanischen Präsidenten Franklin D. Roosevelt ein Programm zur Bekämpfung von Ar-

6 Vgl. Mrozynski, SGB I, 4. Aufl. 2004, § 1 Rdnr. 2, 3.

beitslosigkeit und Armut sowie zur Wirtschaftsförderung als **social security act** konzipiert. Nach dem 2. Weltkrieg wurden im Rahmen der Europäischen Gemeinschaft Regelungen zur Sicherung der Arbeitnehmerfreizügigkeit innerhalb des Gebiets der EG/EU erlassen, u.a. die EWG-Verordnung 1408/71 zur Angleichung der Systeme sozialer Sicherheit in den verschiedenen Mitgliedsländern für die Wanderarbeitnehmer. In der Bundesrepublik Deutschland kam der Gedanke einer auch rechtlich kodifizierten Vereinheitlichung der verschiedenen Gebiete der Sozialversicherung, der Sozialhilfe und der Förderung in der Regierungserklärung der ersten sozialliberalen Koalition unter Bundeskanzler Willy Brandt im Oktober 1969 zur Sprache. Als erster Schritt zur Schaffung eines einheitlichen Sozialgesetzbuchs trat dann zum 01.01.1976 zunächst das SGB I als übergreifendes, bundeseinheitliches Sozialgesetz in Kraft.

2.2 Materieller und formeller Sozialrechtsbegriff

Zum Sozialrechtsbegriff existieren speziell in der Literatur verschiedene Ansätze.

Ausgehend von § 1 SGB I, dem Ziel der Verwirklichung sozialer Sicherheit und Gerechtigkeit,[7] würde Sozialrecht einen **weiten Begriffsinhalt** umfassen und Vorschriften über den sozialen Mieterschutz bei Wohnraummiete, zum Kündigungsschutz im Arbeitsrecht oder auch zur öffentlich-rechtlichen Fürsorgepflicht des Dienstherren gemäß Art. 33 GG, z.B. für erkrankte Beamte im Recht der Beihilfegewährung, mit beinhalten.

Sozialrecht im materiellen Sinne ist hingegen der Teil der Rechtsordnung, der das Sozialstaatsprinzip primär im Einzelfall realisiert, indem mittels gezielter Leistungen eines Trägers öffentlicher Verwaltung individuelle Güterdefizite und darauf beruhende Bedarfssituationen verhindert oder beseitigt werden.[8]

Dem hält die überwiegende Literatur wiederum einen eher **pragmatischen bzw. formellen Sozialrechtsbegriff** entgegen. Sozialrecht umfasst danach diejenigen Bereiche, die in das SGB aufgenommen worden sind, d.h., dieses Gesetzbuch bilden.[9]

Der formelle Sozialrechtsbegriff erleichtert eine exakte Abgrenzung im Einzelfall zu den u.a. vom Sozialstaatsprinzip, aber auch von sonstigen Fürsorgegedanken, geprägten weiteren Regelungsmaterien. Diesem Ansatz ist bei der rechtlichen Zuordnung zu folgen, zumal er praxisgerecht und allgemein verständlich ist. Zudem erleichtert er auch nach dem Wesentlichkeitsgedanken die Verwirklichung des Sozialstaatsprinzips bzw. sozialpolitischer Zwecke.

2.3 Sozialrecht und Sozialgesetzbuch

Ausgehend vom formellen Sozialrechtsbegriff ist die Kenntnis der **Einteilung des SGB I** nützlich für das Herangehen an jeden Sozialrechtsfall. Grundlegend sind die im 1. Abschnitt des SGB I aufgeführten **sozialen Rechte, §§ 3–10 SGB I**.

Dabei hat § 2 SGB I eine Klammerfunktion, indem er zur Erfüllung der in § 1 SGB I genannten Aufgaben auf die nachfolgenden sozialen Rechte verweist. Als Programmsatz gebietet § 2 Abs. 2, 2. Halbs. SGB I, dass die sozialen Rechte des SGB I bei der Auslegung und Ermessensausübung zu beachten und diese Rechte möglichst weitgehend zu verwirklichen sind. Voraus-

7 Vgl. Igl/Welti, Sozialrecht, 8. Aufl. 2007, S. 1, 2.

8 Vgl. Bley/Kreikebohm/Marschner, Sozialrecht, 9. Aufl., 2006, Rdnr. 3, 4.

9 Vgl. Gitter/Schmitt, Sozialrecht, 5. Aufl. 2001, S. 3, Ost/Mohr/Estelmann, 2. Aufl. 1998, S. 3, ebenso von Maydell/Ruland, Sozialrechtshandbuch (SRH), 3. Aufl. 2003, S. 4.

setzungen und Inhalt der Ansprüche richten sich im Einzelnen aber nach dem Besonderen Teil.

§ 3 SGB I sieht die **Bildungs- und Arbeitsförderung**, einerseits zur Ausbildung und andererseits zur wirtschaftlichen Sicherung bei Arbeitslosigkeit etc., vor. In § 4 SGB I ist die **Sozialversicherung als gesetzliche Kranken-, Pflege-, Unfall- und Rentenversicherung** einschließlich der Alterssicherung der Landwirte verankert. § 5 SGB I sieht die **soziale Entschädigung** bei Sonderopfern bzw. nach sonstigen versorgungsrechtlichen Grundsätzen einschließlich der Wehr- und Zivildienstbeschädigungen sowie für Opfer krimineller Gewalttaten vor. § 6 SGB I enthält ein Recht auf Minderung der durch **Unterhaltspflichten für Kinder** entstehenden wirtschaftlichen Belastungen. § 7 SGB I regelt **Zuschüsse zur Miete etc.** für eine angemessene Unterkunft. § 8 SGB I betrifft die **öffentliche Jugendhilfe**. Nach § 9 SGB I ist die Sozialhilfe für ein menschenwürdiges Leben in erheblichen wirtschaftlichen Notlagen garantiert. § 10 SGB I schließlich regelt **Hilfen für behinderte oder von Behinderung bedrohte Menschen**.

Nach jetzigem Rechtszustand wird dementsprechend **im SGB mittlerweile ein Großteil des Sozialrechts als Besonderer Teil** geführt. Im Einzelnen sind dies:

- das Recht der **Grundsicherung für Arbeitslose, SGB II**, in Kraft getreten am 01.01.2005,
- das Recht der **Arbeitsförderung, SGB III**, in Kraft getreten zum 01.01.1998,
- die **Gemeinsamen Vorschriften für die Sozialversicherung, SGB IV**, in Kraft getreten zum 01.01.1977,
- das Recht der **gesetzlichen Krankenversicherung, SGB V**, in Kraft getreten zum 01.01.1989,
- das Recht der **gesetzlichen Rentenversicherung, SGB VI**, in Kraft getreten zum 01.01.1992,
- das Recht der **gesetzlichen Unfallversicherung, SGB VII**, gültig seit dem 01.01.1997,
- die **Kinder- und Jugendhilfe nach dem SGB VIII**, in Kraft getreten zum 01.01.1991,
- die **Rehabilitation und Teilhabe Behinderter, SGB IX**, gültig seit dem 01.07.2001,
- das **Verwaltungsverfahren nach dem Sozialgesetzbuch, SGB X**, abschnittsweise in Kraft getreten zum 01.01.1981 bzw. 01.07.1983,
- das Recht der **Pflegeversicherung nach dem SGB XI**, in Kraft getreten ab dem 01.01.1995 und schließlich
- das **Recht der Sozialhilfe, SGB XII**, gültig seit dem 01.01.2005.

Soweit einzelne Gesetze derzeit noch nicht in das SGB eingegliedert sind, ist im Übrigen § 68 Nr. 1–17 SGB I heranzuziehen. Die dort jeweils aufgezählten Gesetze gelten **kraft gesetzlicher Fiktion als besondere Teile des SGB**. Konkret betrifft das u.a. das Bundesausbildungsförderungsgesetz (BAföG), die Gesetze über die Alterssicherung und die Krankenversicherung der Landwirte ebenso wie das Bundesversorgungsgesetz und entsprechend anwendbare Gesetze, aber auch das Bundeskindergeldgesetz, das Wohngeldgesetz, das Unterhaltsvorschussgesetz und den ersten Teil des Bundeserziehungsgeldgesetzes bzw. ab 2007 den ersten Teil des Bundeselterngeld- und Elternzeitgesetzes (BEEG).

Der Aufbau des Sozialgesetzbuchs

SGB I = Allgemeiner Teil des Sozialgesetzbuchs
ist mit den materiell-rechtlichen Regelungen vor die „Klammer gezogen"
⇨ gilt auch für die noch nicht ins Sozialgesetzbuch integrierten Sozialleistungsbereiche der sozialen Entschädigung, sozialen Förderung und Sozialhilfe (s. unten)

SGB III = Arbeitsförderungsrecht (seit dem 01.01.1998)

SGB IV = Gemeinsame Vorschriften der Sozialversicherung
sind als „kleiner allg. Teil" ausschließlich für Sozialversicherungen gültig

SGB V = Gesetzliche Krankenversicherung

SGB VI = Gesetzliche Rentenversicherung

SGB VII = Gesetzliche Unfallversicherung

SGB VIII = Kinder- und Jugendhilfe

SGB IX = Rehabilitation und Teilhabe Behinderter

SGB X = Verfahrensrechtliche Vorschriften für den gesamten Bereich der Sozialleistungen

SGB XI = Pflegeversicherung

Bis zu ihrer Einordnung in das SGB gelten u.a. folgende Gesetze als besondere Teile des Sozialgesetzbuchs (gemäß § 68 Nr. 1–17 SGB I):

- Bundesausbildungsförderungsgesetz (BaföG)
- Reichsversicherungsordnung (RVO)
- Gesetz zur Zahlung eines Sozialzuschlags zu Renten im Beitrittsgebiet
- Gesetz über die Alterssicherung für Landwirte
- Gesetz über die Krankenversicherung für Landwirte
- Bundesversorgungsgesetz und ergänzende Regelungen
- Gesetz über das Verwaltungsverfahren der Kriegsopferversorgung
- Bundeskindergeldgesetz
- Wohngeldgesetz und Wohngeldsondergesetz
- Adoptionsvermittlungsgesetz
- Unterhaltsvorschussgesetz
- 1. Abschnitt des BErzGG bzw. ab 2007: 1. Teil des BEEG
- Schwangerenhilfegesetz

Neu in Kraft getreten seit dem 01.01.2005:

- SGB II Grundsicherung für Arbeitslose (Zusammenlegung von Arbeitslosen- und Sozialhilfe)
- SGB XII (Sozialhilfe, reformiertes BSHG)

2. Abschnitt: Allgemeine Lehren: Das Sozialrecht im Rechtssystem

1. Das Sozialrecht in der Rechtsordnung

Nach der Kompetenznorm des Art. 74 Abs. 1 Nr. 12 GG gehören zur konkurrierenden Gesetzgebung u.a. die **Sozialversicherung einschließlich der Arbeitslosenversicherung und Arbeitsvermittlung**. Weitere Bereiche des **Sozialrechts im formellen Sinne**, etwa die öffentliche Fürsorge, die Versorgung der Kriegsopfer oder auch Regelungen der Ausbildungsbeihilfen etc., sind bereits in der Verfassung als Regelungsmaterie vorgesehen, vgl. Art. 74 Abs. 1 Nr. 7, Nr. 10, Nr. 13 GG. Durch jahrzehntelange gesetzgeberische Tätigkeit kamen Regelungen in unterschiedlichsten Rechtsgebieten zustande. Daher sind Abgrenzungen nötig.

Nach herkömmlicher Systematik ist speziell das **Sozialversicherungsrecht öffentliches Recht**. Das erweist z.B. § 29 Abs. 1 SGB IV, wonach die Träger der Sozialversicherung rechtsfähige Körperschaften des öffentlichen Rechts mit Selbstverwaltung sind. Allerdings gibt es vielfältige **Überschneidungen u.a. zum Arbeitsrecht**. Das gilt etwa für die Vergütung des Arbeitnehmers im Falle der Gewährung von Lohnkostenzuschüssen des Arbeitsamts an den Arbeitgeber zur Unterstützung der Beschäftigung von Langzeitarbeitslosen, vgl. §§ 218, 18 SGB III, oder beim Zusatzurlaub gem. § 125 SGB IX für schwerbehinderte Arbeitnehmer. Aber auch bei der Entgeltsicherung für erkrankte Arbeitnehmer sind Krankengeldleistungen gem. § 44 SGB V und arbeitsrechtliche Entgelfortzahlung nach dem Entgeltfortzahlungsgesetz (EFZG) an sich unabhängig voneinander, § 44 Abs. 3 SGB V. Jedoch führt nur die tatsächlich erbrachte Entgeltfortzahlung zum Ruhen des Krankengeldanspruchs, vgl. § 49 Abs. 1 Nr. 1 SGB V. Berücksichtigt man darüber hinaus öffentliche Förderleistungen, wie die steuerliche Begünstigung privater Altersvorsorge, also die Riester-Rente, bzw. das heutige Kindergeld, so stellt sich die weitere Frage der **Abgrenzung zur Tätigkeit der Finanzämter** oder bei der **Grundsicherung bzw. Sozialhilfe zur Kommunalverwaltung**.

Praktisch bedeutsam ist eine zuverlässige Systematisierung auch für die **Frage der gerichtlichen Durchsetzung sozialer Rechte i.S.v. §§ 3–10 SGB I**. So ist die Sozialgerichtsbarkeit nach § 51 Sozialgerichtsgesetz (SGG) zuständig zur Entscheidung in Angelegenheiten der Sozialversicherung, der Bundesanstalt für Arbeit sowie weiterer besonderer Rechtsmaterien. Hingegen ist bei Streitigkeiten aus dem Arbeitsverhältnis nach §§ 1, 2 Arbeitsgerichtsgesetz (ArbGG) der Arbeitsrechtsweg zu beschreiten. Zivilrechtliche Zahlungs- und Leistungsansprüche wiederum sind nach § 13 Gerichtsverfassungsgesetz (GVG) im Rechtsweg vor den ordentlichen Gerichten nach Maßgabe der Zivilprozessordnung (ZPO) zu verfolgen.

Allein mit der Umschreibung entsprechend dem üblichen Sprachgebrauch des öffentlichen Rechts, d.h. als **Sozialverwaltungs- oder Sozialleistungsrecht** in Anlehnung an den Wortlaut des § 1 SGB I, ist die Zuordnung nicht zu bewerkstelligen. Jedenfalls ist weitgehend anerkannt, dass das Sozialrecht ein Teilgebiet des öffentlichen Rechts darstellt und speziell dem Verwaltungsrecht zuzuordnen ist.[10] Die Abgrenzung erfolgt sinnvollerweise ausgehend vom Einzelgesetz anhand der sozialrechtlichen Prinzipien.

10 Vgl. von Maydell, SRH, 3. Aufl. 2003, S. 6.

2. Die Binnensystematik des Sozialrechts

Nach dem formell-pragmatischen Sozialrechtsbegriff gehört zum öffentlich-rechtlichen Sozialrecht, was Inhalt des Sozialgesetzbuchs ist. Zur Ausgestaltung der sozialen Rechte nach §§ 3–10 SGB I existieren Einweisungsvorschriften mit Zuständigkeits- und Leistungsregelungen für die verschiedensten Sozialrechtsgebiete, §§ 18–29 SGB I. Diese werden im Einzelnen durch die bisher in Kraft gesetzten Bücher des SGB ausgefüllt. Als Klammerregelungen des Besonderen Teils galten die Gemeinsamen Vorschriften für die Sozialversicherung, SGB IV, und zum Verwaltungsverfahren, SGB X. Mittlerweile ist aber der Kodifizierungsansatz durch die tatsächliche Einordnung etwa des SGB II, SGB III und des SGB XI sowie des SGB XII außerhalb dieses Rahmens nicht mehr aufrecht zu halten. Hinzu kommt noch die Besonderheit des § 68 Nr. 1–17 SGB I mit der gesetzlichen Fiktion weiterer besonderer Teile des SGB.

2.1 Systematisierung durch das Sozialgesetzbuch

Die **Einteilung nach Leistungsbereichen anhand der sozialen Rechte in §§ 3–10 SGB I** mit der formellen Gliederung durch die Einweisungsvorschriften gemäß §§ 18–29 SGB I definiert zwar die einzelnen Leistungen und zuständigen Träger. Für die Strukturierung des Sozialrechts ist diese, allein gesetzestechnisch erfolgte Gliederung allerdings nicht besonders hilfreich.

Das Sozialgesetzbuch

Soziale Vorsorge	Soziale Entschädigung	Soziale Förderung	Sozialhilfe
Systeme, die kalkulierbare Risiken einem vorweg geplanten Versicherungsschutz unterstellen	Stellt einen Schadensausgleich aus öffentlichen Mitteln für solche Gesundheitsschäden bereit, für welche die Allgemeinheit eine besondere Verantwortung trägt (aus Steuermitteln, nicht durch Beiträge finanziert).	Gewährung in Form von Entfaltungshilfen, um soziale Chancengleichheit der Leistungsberechtigten zu verbessern ohne mögliche Vorsorge	Basissystem der sozialen Sicherung zur Bekämpfung von Notlagen, um jedermann ein Existenzminimum zu sichern

2.2 Systematisierung in der Rechtslehre

Im sozialrechtlichen Schrifttum hat sich jedoch eine Einteilungslehre nach Regelungsmaterien mit entsprechenden Oberbegriffen entwickelt. So gibt es die **klassische Untergliederung nach Sozialversicherung, Versorgung und Fürsorge**.[11]

Die **Sozialversicherung** für typische Risiken, wie Krankheit, Alter, Arbeitsunfall oder Pflegebedürftigkeit, ist am Gesamtbedarf innerhalb der Gesellschaft orientiert und wird überwiegend durch Beiträge der gegenwärtig Erwerbstätigen finanziert. Die **Versorgung** hingegen ist unabhängig von eingezahlten Versicherungsbeiträgen und gewährt einen einseitigen Anspruch auf staatliche Leistungen typischerweise für Sonderopfer, wie bei der Kriegsopferversorgung nach dem Bundesversorgungsgesetz (BVG), aber auch als Entschädigung für Opfer von Gewalttaten nach dem Opferentschädigungsgesetz (OEG) oder zum Ausgleich für Impfschäden nach dem Infektionsschutzgesetz. Die **Fürsorge** wiederum soll zur Wahrung der Menschenwürde das Existenzminimum unter Berücksichtigung möglicher Eigenleistung und Unterstützungen dritter Personen garantieren. Typischerweise ist dies bei der Sozialhilfe der Fall, systematisch vergleichbar allerdings auch z.B. im Wohngeldrecht oder beim Unterhaltsvorschussgesetz geregelt.

Wegen der Schwierigkeit, weitere Materien und zwischenzeitlich neu geschaffene Vorschriften zur Ausbildungsförderung (z.B. BAföG) oder Leistungen für Familien mit unterhaltsberechtigten Kindern, wie das Erziehungs-, Eltern- bzw. Kindergeld, systematisch einzugliedern, hat sich eine **neuere Binnensystematik mit der Unterscheidung in Vorsorge, Entschädigung, Hilfe und Förderung** entwickelt.

Ausgehend von Zachert[12] erfolgt nun die **Zuordnung nach Leistungszwecken**.

Vorsorge ist im Wesentlichen identisch mit der Sozialversicherung, betrifft also typische Lebensrisiken, wie Krankheit, Alter etc., unter Berücksichtigung des Versicherungsprinzips. **Entschädigung meint begrifflich die Leistungsbereiche der Versorgung**, insbes. der Kriegsopferversorgung und der sonstigen Bereiche, auf die das BVG entsprechende Anwendung findet. Funktionell als Ausgleich für besondere Belastungen oder Erschwernisse dienen Hilfe und soziale Förderung. **Soziale Hilfe umfasst neben dem SGB XII z.B. auch die Grundsicherung**, während **Förderung u.a. Ausbildungsförderung und Bereiche der Jugendhilfe** beinhaltet.

Die neuere Systematik bietet ebenso wie die klassische Einteilung eine Eingrenzung und Begriffsbestimmung des Sozialrechts. Jedenfalls ist **kein unvereinbarer Gegensatz zwischen beiden Einteilungslehren** gegeben.[13] Sie sind, auch in Kombination miteinander, nützlich für die grundsätzliche Zuordnung einzelner Anspruchsgestaltungen. Dabei folgt die Notwendigkeit zur Systematisierung des Sozialrechts auch aus der Vielfalt der Regelungen. Dies ist umso wichtiger, je mehr Bedarfslagen und sich ändernde Verhältnisse zusammenkommen. Denn danach entscheidet sich im Einzelfall die individuelle Verwirklichung oder der Ausschluss von sozialen Rechten.

11 Vgl. Gitter/Schmitt, Sozialrecht, 5. Aufl. 2001, S. 3; Ost/Mohr/Estelmann, 2. Aufl. 1998, S. 9.

12 Einführung in das Sozialrecht der Bundesrepublik Deutschland, 1983, S. 20 ff.

13 Mrozynski, SGB I, 4. Aufl. 2004, § 1 Rdnr. 12–16.

Grundstruktur „Sozialrecht"

a) neue Systematik
b) klassisches Schema

a) Entschädigung b) (Versorgung)	a) soziale Förderung b) –	a) Hilfe b) (Fürsorge)	a) Vorsorge b) (Sozialversicherung)
Soziales Entschädigungsrecht ▸ Bundesversorgungsgesetz (BVG) und „Nebengesetze" SVG ZDG OEG IfSG SED-Unrechtsbereinigungsgesetze	Ausbildungsförderung ▸ BAföG ▸ AFBG („MeisterBAföG") Familienleistungen ▸ BErzGG / BEEG ▸ BKGG (EStG) ▸ Unterhaltsvorschussgesetz Wohngeldgesetz (WoGG) Schwerbehindertenintegration SGB IX	Sozialhilfe ▸ SGB XII ▸ Landesausführungsgesetze ▸ Kinder- und Jugendhilfe SGB VIII ▸ z.T. SGB II	gesetzliche Sozialversicherung Arbeitslosigkeit SGB III, z.T. SGB II | Krankheit SGB V | Rente, Alter SGB VI | Unfall SGB VII | Pflege SGB IX 5-Säulen-Modell

Fall 1: Ost-West-Verwicklungen

Die 1981 in Kasachstan geborene Irina (I) lebte mit ihren als Spätaussiedler anerkannten Eltern seit Dezember 1993 in Berlin. Die Mutter ist Hausfrau, der Vater bezieht seit 1997 Berufsunfähigkeitsrente. Nach dem Hauptschulabschluss 1998 fand I keine Lehrstelle, zog aber bei ihren Eltern aus und erhielt vom Bezirkssozialamt Wohngeld sowie Sozialhilfe. Darin enthalten waren auch freiwillige Krankenkassenbeiträge zur AOK Berlin. Im Rahmen verstärkter Maßnahmen bei der Hilfe zur Arbeit nach §§ 18–20 BSHG bot die Bezirksverwaltung der I erstmals im August 2001 Gelegenheit zu zusätzlicher Arbeit an 3 Tagen pro Woche zu jeweils 6 Stunden bei der Archivierung von Aktenbeständen an. I lehnte diese Tätigkeit ohne Vorlage einer fachärztlichen Bescheinigung mit Hinweis auf eine angeblich chronische Nasennebenhöhlenentzündung ab, die durch Staubeinwirkung bei den Archivierungsarbeiten noch verschlimmert würde. Um eine Ende August 2001 ersatzweise angebotene Arbeit als Auskunftskraft am Servicepunkt im Eingangsbereich der Bezirksverwaltung konnte I sich nicht kümmern, da sie sich im gesamten Monat September 2001 im Urlaub an der polnischen Ostseeküste befand. Dort lernte sie den 1975 geborenen Maurer Jan (J) kennen, der seit 1997 als

Hilfsarbeiter auf Berliner Baustellen tätig war, jedoch wegen der nachlassenden Baukonjunktur Ende 1999 seinen letzten Arbeitsplatz verloren hatte. J war aber in Berlin wohnhaft geblieben und lebte von der damaligen Arbeitslosenhilfe des Arbeitsamts. Nach Rückkehr der I aus dem Sommerurlaub teilte ihr die Bezirkssozialverwaltung im Oktober 2001 mit, sie habe keinen Anspruch mehr auf Sozialhilfe. I befasste sich erst einmal nicht mehr weiter damit und wurde jetzt im Wesentlichen von J mit unterhalten. Im Dezember 2001 erhielt I dann ein Schreiben der AOK Berlin. Diese erklärte nach ihren Satzungsbestimmungen die zuvor vom Sozialamt durchgeführte Krankenversicherung mangels Beitragszahlung in den letzten 3 Kalendermonaten für beendet. In dieser Situation überlegen I und J, ob es sinnvoll und erfolgversprechend sei, zur Kostenreduzierung als nichteheliche Lebensgemeinschaft mit gemeinsamem Haushalt aufzutreten und bei nächster Gelegenheit in einer Zweizimmer-Wohnung zusammen zu ziehen.
Sie bitten um Beratung, ob ihr noch eine Nachzahlung der Sozialhilfe ab September 2001 zusteht, wie sie jetzt ihre Krankenkassenangelegenheit regeln kann, ob J Anspruch auf höhere Arbeitslosenhilfe beim Zusammenleben mit I hätte und inwieweit die Kosten für eine Zweizimmer-Wohnung ggf. durch Wohngeld mitfinanziert werden könnten.

(A) Anspruch der I auf Sozialhilfe, § 9 SGB I: Voraussetzungen und Grenzen

(I) In Betracht kommt **laufende Hilfe zum Lebensunterhalt** durch Gewährung insbes. von Geldleistungen nach Maßgabe der Regelsatzverordnung, §§ 21, 22 BSHG. Hilfe zum Lebensunterhalt ist vom jeweiligen örtlichen Träger der **Sozialhilfe unter Berücksichtigung des laufenden Bedarfs** grds. im Rahmen des Existenzminimums zur Sicherung eines menschenwürdigen Lebens zu erbringen. Das hängt nach § 11 BSGH u.a. vom Einsatz eigener Kräfte und Mittel, insbes. eigenen Einkommens und Vermögens, ab.[14]

Anhaltspunkte für anrechenbares Einkommen oder einzusetzendes Vermögen, §§ 79 ff., 88 ff. BSHG sind nicht erkennbar. Ebenso wenig ist bei der bereits volljährigen I noch ein Anspruch auf Unterhaltsleistungen nach dem gesetzlichen Unterhaltsrecht gemäß §§ 1601, 1610 BGB gegen die im Übrigen selbst auf die reduzierte Berufsunfähigkeitsrente des Vaters angewiesenen leiblichen Eltern anzunehmen.

(II) Ein danach grds. zu bejahender Anspruch auf laufende Hilfe zum Lebensunterhalt könnte jedoch ab September 2001 entfallen sein.

(1) Dadurch, dass I das erste Angebot zur Übernahme zusätzlicher Arbeiten, die Aktenarchivierung bei der Bezirksverwaltung, ohne fachärztliche Bescheinigung abgelehnt hatte, kommt ein **Ausschluss des Leistungsanspruchs bzw. eine Einschränkung der Leistung gemäß § 25 BSHG** in Betracht.

Hilfesuchende, die keine Arbeit finden können, sind nach § 18 Abs. 2 S. 2 BSHG zur Annahme einer für sie zumutbaren Arbeitsgelegenheit i.S.d. §§ 19 bzw. 20 BSHG verpflichtet. Im Nachweis einer Tätigkeit bei der Aktenarchivierung in der Bezirksverwaltung ist eine **Gelegenheit zu**

14 Der Sachverhalt gibt die Rechtslage nach dem bis Dezember 2004 geltenden BSHG wieder. Zum neuen SGB XII s. 3. Teil, Sozialhilferecht, S. 69 ff. in diesem Skript.

zusätzlicher Arbeit gem. § 20 BSHG zu erblicken. Wer sich weigert, Maßnahmen u.a. nach § 20 BSHG nachzukommen, hat an sich keinen Anspruch auf Hilfe zum Lebensunterhalt, § 25 Abs. 1 S. 1 BSHG. Entscheidend ist aber die **Zumutbarkeit**.

Bei der Ablehnung der Arbeit im Archiv wegen der Staubeinwirkungen bei der angegebenen chronischen Nasennebenhöhlenentzündung hätte I grds eine aussagekräftige fachärztliche Bescheinigung angesichts ihrer **eigenen Mitwirkungsobliegenheit nach § 60 Abs. 1 S. 1 Nr. 3 SGB I** beibringen müssen. Abgesehen davon wäre jedoch auch im Rahmen der ebenfalls nach dem BSHG eingreifenden Amtsermittlungspflicht, vgl. § 20 Abs. 1 SGB X, eine medizinische Untersuchung durch einen HNO-Facharzt auf Veranlassung des Sozialamts in Betracht gekommen. Auch bei dieser Untersuchung hätte I nach § 62 SGB I mitwirken müssen. Bei Ablehnung durch I wäre nach entsprechender Belehrung die Leistung gem. § 25 Abs. 1 BSHG zu versagen gewesen. Davon hat das Bezirkssozialamt allerdings abgesehen und I auch ohne weitere Ermittlungen alternativ eine Tätigkeit als Auskunftsperson angeboten.

Das zweite Angebot hat I jedoch nicht annehmen können, da sie den gesamten September 2001 Urlaub an der polnischen Ostseeküste machte. Insoweit könnte erneut der Ausschluss gem. § 25 Abs. 1 S. 1 BSHG eingreifen. Die Tätigkeit als Auskunftsperson wäre erkennbar eine für I auch gesundheitlich **zumutbare zusätzliche Arbeit i.S.v. §§ 20 Abs. 1, 25 Abs. 1 S. 1 BSHG** gewesen. Da I auf dieses Angebot aber überhaupt nicht reagierte, sondern den Sommerurlaub bevorzugte, hat sie diese Arbeitsleistung insgesamt durch schlüssiges Nichthandeln verweigert.

(2) **Rechtsfolge des § 25 Abs. 2 S. 2 BSHG** ist, dass die laufende Hilfe zum Lebensunterhalt in einer ersten Stufe um mindestens 25% gekürzt wird.

Allerdings könnte die Sozialhilfe für den Monat September 2001 aus anderen Gründen sogar vollständig entfallen.

Hier hatte sich I nämlich während des gesamten Leistungszeitraums im Ausland aufgehalten. Art, Form und Maß der Sozialhilfe i.S.d. § 3 BSHG richten sich u.a. nach den örtlichen Verhältnissen. Insoweit gilt, abgesehen von den Sonderfällen des § 119 BSHG zur Sozialhilfe für Deutsche mit gewöhnlichem Aufenthalt im Ausland, das strenge Territorialitätsprinzip gem. § 30 SGB I. Anknüpfungspunkt ist das aktuelle Ausmaß der Hilfebedürftigkeit bei regulärem Inlandsaufenthalt. Ein **Leistungsexport ins Ausland findet bei der Sozialhilfe nicht statt**. Nach dem aktuellem Bedarf hätte I für den September 2001 Anspruch auf reduzierte Sozialhilfe haben können, hat allerdings durch den urlaubsbedingten Auslandsaufenthalt aktuell eben keine solche Bedarfslage im Bundesgebiet nachweisen können. Dementsprechend sind die Voraussetzungen der Gewährung nicht erfüllt. Einer Nachzahlung der bereits auf 75% des Regelsatzes gekürzten Sozialhilfe für September 2001 steht zudem noch § 6 Abs. 2 BSHG entgegen, da die nachträgliche Leistung bei anderweitigem Lebensunterhalt im Ausland gerade nicht geboten ist.

Für den weiteren Zeitraum bis Dezember 2001 wäre schließlich nach dem Grundsatz der aktuellen Notlage auch nach Einstellung der Sozialhilfe ein Neuantrag erforderlich gewesen. I hatte dann aber nicht erneut Sozialhilfe beantragt. Folglich musste die Sozialhilfe mangels Kenntnis auch nicht erneut einsetzen, vgl. § 5 Abs. 1 BSHG. Dies wird im Übrigen auch durch den **Antragsgrundsatz** in § 16 SGB I bestätigt, der auch für Anträge auf Sozialhilfeleistungen gilt.

Danach scheidet jede Nachzahlung von Sozialhilfe an I für die Zeit von September bis Dezember 2001 aus.

(B) Krankenversicherungsstatus der I, Sozialversicherung gem. § 4 SGB I

Nach dem Sachverhalt war I zunächst durch das Sozialamt bei der AOK freiwillig krankenversichert.

(I) Nachdem die Familienversicherung der I mit Vollendung des 18. Lebensjahres endete, vgl. § 10 Abs. 2 Nr. 1 SGB V, war für sie ein **Beitrittsrecht als freiwilliges Mitglied zur Krankenversicherung** eröffnet, § 9 Abs. 1 Nr. 2, Abs. 2 SGB V. Die Satzungen der gesetzlichen Krankenkassen sehen aufgrund der gesetzlichen Ermächtigung in § 240 SGB V regelmäßig eine Regelung zur Beitragsbemessung bei freiwilligen Mitgliedern vor. Eine solche Satzung kann rechtlich unbedenklich auch bestimmen, dass bei Nichtzahlung der freiwilligen Beiträge über 3 Monate die Zugehörigkeit als freiwilliges Mitglied und damit der Schutz der gesetzlichen Krankenversicherung endet.

(II) Das Sozialamt hatte für I die **Beitragszahlung nach pflichtgemäßem Ermessen gem. §§ 13, 4 Abs. 2 BSHG** zur Vermeidung regelmäßig höherer Aufwendungen für einzelfallbezogene Behandlungsmaßnahmen bei der Krankenhilfe i.S.d. § 37 BSHG übernommen. Der Anspruch auf Weiterleistung der freiwilligen Beiträge endete aber mit Einstellung der laufenden Hilfe zum Lebensunterhalt. § 13 BSHG setzt nämlich laufende Hilfe zum Lebensunterhalt als Anknüpfungstatbestand voraus. Damit endete bei I auch der Krankenversicherungsschutz 3 Monate nach Zahlung des letzten freiwilligen Beitrags durch das Sozialamt, also im November 2001.

(III) Bei akuter Behandlungsbedürftigkeit käme allenfalls ein **Anspruch auf Krankenhilfe gegen den Sozialhilfeträger nach § 37 BSHG** infrage.

Die Krankenhilfe umfasst, insoweit unabhängig von der laufenden Hilfe zum Lebensunterhalt, im Einzelfall dieselben zur Genesung erforderlichen Leistungen wie bei der gesetzlichen Krankenversicherung, § 37 Abs. 1 BSHG. Im Falle einer akuten Erkrankung könnte I als leistungsunfähige Person jedenfalls ärztliche Behandlung etc. in Anspruch nehmen. Damit wäre sie aber kein versichertes Mitglied der AOK mehr.

(IV) Ausnahmsweise wäre bei I noch an einen Anspruch auf **Leistungen bei Krankheit für Kinder anerkannter Spätaussiedler** zu denken.

Spätaussiedler sind nach § 4 des Gesetzes über die Angelegenheiten der Vertriebenen und Flüchtlinge (Bundesvertriebenengesetz, BVFG) in der Regel auch die deutschen Volkszugehörigen aus den Republiken der ehemaligen Sowjetunion, die von einer Person abstammen, die u.a. bereits Ende März 1952 dort ihren Wohnsitz hatte, § 4 Abs. 1 Nr. 3 BVFG. Für Spätaussiedler und deren Abkömmlinge ist die Eingliederung u.a. in das soziale Leben in der Bundesrepublik Deutschland nach § 7 Abs. 1, 2 BVFG zu erleichtern. Dazu sind auch **Leistungen bei Krankheit nach § 11 BVFG** vorgesehen. Der Leistungsanspruch hat allerdings strikte Voraussetzungen. So muss die Krankheit als Leistungsgrund am Tage der Aufenthaltsnahme im Bundesgebiet gegeben gewesen sein; zudem ist ein Leistungsanspruch für Behandlung bei Krankheit gesetzlich auf 78 Wochen nach der Aufenthaltsnahme begrenzt, § 11 Abs. 1 S. 1, Abs. 2 S. 1 BVFG. Da I bereits Ende 1993 mit ihren Eltern ins Bundesgebiet übersiedelte, ist sie trotz ihrer Rechtsstellung nach dem BVFG im Jahr 2001 ersichtlich nicht mehr nach diesen besonderen Vorschriften zur Inanspruchnahme von Leistungen der Krankenbehandlung auf Kosten des Bundes, § 11 Abs. 6 BVFG, berechtigt.

Zwar wäre für eine entsprechende Klage der **Rechtsweg zum Sozialgericht eröffnet, § 11 Abs. 8 BVFG**, allerdings hätte diese Klage wegen bereits seit Jahren eingetretenen Zeitablaufs objektiv keine Erfolgsaussicht.

Im Ergebnis gehört I Ende 2001 keiner Krankenkasse mehr an, sondern müsste im Einzelfall Krankenhilfe gemäß § 37 BSHG beim Sozialamt geltend machen.

(C) Anspruch des J auf Arbeitslosenhilfe (Alhi), Sicherung i.S.v. § 3 SGB I

(I) Da J 1999 mit noch nicht 45 Jahren arbeitslos geworden war, hatte er nach den Fristregelungen in § 127 Abs. 2 SGB III aufgrund einer vorangehenden Beschäftigung von 24 Monaten vor der Arbeitslosigkeit maximal 12 Monate lang Anspruch auf Arbeitslosengeld, § 127 Abs. 2 SGB III. Sodann stand ihm die sogen. **Anschluss-Alhi** zu.[15]

Voraussetzung dafür ist neben dem vorangehenden Arbeitslosengeldbezug und der Erschöpfung der Bezugsdauer von Arbeitslosengeld als besonderes Merkmal die Bedürftigkeit gem. § 190 Abs. 1 SGB III. Alhi soll nach § 191 Abs. 3 SGB III für längstens ein Jahr bewilligt werden; vor einer erneuten Bewilligung sind die Voraussetzungen des Anspruchs zu überprüfen. Deshalb wird Alhi solange weiter gezahlt, wie die Bedürftigkeit besteht und die übrigen Voraussetzungen vorliegen.

Für die **Bedürftigkeitsprüfung im Falle einer nichtehelichen Lebensgemeinschaft** von J und I kommt es darauf an, ob auch die nichteheliche Partnerin anrechnungsfähiges Einkommen bzw. Vermögen hat, vgl. § 194 Abs. 1 S. 1 Nr. 2 SGB III. Angesichts der bisherigen Einkommens- und Lebensverhältnisse der I wäre insoweit eine Veränderung der Einkommenssituation bei Begründung einer eheähnlichen Lebensgemeinschaft im Hinblick auf die Bedürftigkeit des J aber tatsächlich nicht anzunehmen. Zwar gilt gem. § 315 Abs. 5 SGB III bei der Bedürftigkeitsprüfung in einer eheähnlichen Gemeinschaft auch die Pflicht des nichtehelichen Partners zur Auskunftserteilung. Unabhängig davon, ob bereits eine dreijährige Dauer des eheähnlichen Zusammenlebens im Sinne der Rechtsprechung vorliegt,[16] wäre bei einer jedenfalls bestehenden Haushalts- und Wirtschaftsgemeinschaft von I und J **kein Anhaltspunkt dafür anzunehmen, dass der Alhi-Anspruch des J durch die eheähnliche Lebensgemeinschaft reduziert würde**.

(II) Eine **Erhöhung des Alhi-Anspruchs** würde andererseits damit aber auch nicht einhergehen. Die Höhe der Alhi beträgt nach § 195 S. 1 Nr. 1 SGB III für Arbeitslose, die beim Arbeitslosengeld den erhöhten Leistungssatz erhalten würden, 57%, für die übrigen Arbeitslosen 53% des Leistungsentgelts, § 195 S. 1 Nr. 2 SGB III. § 195 S. 1 Nr. 1 SGB III nimmt insoweit Bezug auf § 129 S. 1 Nr. 1 SGB III. Die höhere Leistung hängt davon ab, ob Arbeitslose mindestens einem Kind unterhaltspflichtig sind. Daraus folgt wiederum, dass sich die Alhi auch bei einer nichtehelichen Lebensgemeinschaft mit I für den J weiterhin nach § 195 S. 1 Nr. 2 SGB III, d.h. 53% des pauschalierten Nettoentgelts, bemisst.

---

15 Nach dem Sachverhalt galt hier noch die Alhi gemäß SGB III bis Dezember 2004. Die Rechtslage zur neuen Grundsicherung für Arbeitslose nach dem SGB II ab Januar 2005 wird im AS-Skript Sozialrecht 2, Sozialversicherungsrecht, 7. Abschnitt, behandelt.

16 Urt. des Bundessozialgerichts (BSG) v. 29.04.1998 – B 7 AL 56/97 R.

(D) Wohngeld i.S.v. § 7 SGB I für I und J

(I) § 7 SGB I sieht als soziales Recht den **Anspruch auf Zuschuss zur Miete oder zu vergleichbaren Aufwendungen** für die Fälle vor, in denen jemand für eine angemessene Wohnung Aufwendungen erbringen muss, die ihm nicht zugemutet werden können. Nach der Einweisungsvorschrift in § 26 Abs. 1 SGB I gilt u.a. für den Mietzuschuss das Wohngeldgesetz (WoGG).

Dieses Wohngeld wird gemäß § 2 WoGG nach den umfangreichen Anlagen 1–8 zum WoGG berechnet. Bei der Berechnung des Familieneinkommens werden gemeinsame Einnahmen und der zustehende Bedarf an Wohnraum berücksichtigt. Mithin ist auch die Anzahl der Familienmitglieder von erheblicher Bedeutung für die Höhe des Wohngeldes. Im Regelfall geht das Gesetz von verheirateten Personen aus, nämlich Ehegatten gem. § 4 Abs. 1 Nr. 1 WoGG. Aber auch in § 4 Abs. 1 Nr. 2–7 WoGG ist der Partner einer nicht ehelichen Lebensgemeinschaft gesetzlich nicht erfasst. Nach der Rechtsprechung des Bundesverwaltungsgerichts (BVerwG) rechnen jedenfalls nicht die Verlobten als weitere Familienmitglieder zum Haushalt des Antragsberechtigten. Selbst bei gemeinsamer Führung einer Wohn- und Wirtschaftsgemeinschaft **genügt auch ein bestehendes Verlöbnis nicht, um eine Person zum Familienmitglied zu machen**.[17]

Demgemäß reicht der bloße Wunsch von I und J, als nichteheliche Lebensgemeinschaft zusammen zu ziehen, nicht aus, ihnen einen Anspruch auf Wohngeld, z.B. für eine Zweizimmer-Wohnung, zuzugestehen.

(II) Sollten I und J als Partner einer nichtehelichen Lebensgemeinschaft gleichwohl eine **Klage auf Wohngeldleistungen** erheben, wäre das Verwaltungsgericht zuständig, § 40 VwGO. Dabei fielen auch Gerichtskosten an, da **nach § 188 S. 1 VwGO diese Angelegenheiten nicht zu den gerichtskostenfreien Sozialsachen** zählen.

– – –

Abwandlung zu Fall 1:

Wie wäre die Rechtslage hinsichtlich etwaiger Ansprüche der I auf laufende Hilfe zum Lebensunterhalt und auf Krankenbehandlung, wenn sie im November 2001 feststellt, dass sie während des Sommerurlaubs mit J an der Ostsee schwanger geworden ist? Ändert dieser Umstand zudem etwas beim Alhi-Anspruch des J sowie für einen etwaigen gemeinsamen Wohngeldanspruch?

(I) Bei der laufenden Hilfe zum Lebensunterhalt nach dem BSHG käme die nachträgliche Leistungserbringung an I für zurückliegende Zeiten im Jahr 2001 angesichts des **Prinzips der aktuellen Bedarfssicherung** auch bei einer Schwangerschaft weiterhin nicht in Betracht.

Allerdings wäre beim **Neuantrag der I auf Sozialhilfe** wegen der Schwangerschaft die bereits eingetretene Kürzung des Anspruchs um 25% des Regelsatzes, § 25 Abs. 1 BSHG, im Fall der Schwangerschaft annähernd ausgeglichen. Denn § 23 Abs. 1 a BSHG sieht für werdende Mütter nach der 12. Schwangerschaftswoche regelmäßig einen Mehrbedarf von 20% vor. Bei

17 BVerwGE 54/358.

einem Neuantrag nach November 2001 wäre der Anspruch auf laufende Hilfe zum Lebensunterhalt mithin nicht mehr maßgeblich reduziert.

(II) Für die Krankenbehandlung wäre, neben der Krankenhilfe gem. § 37 BSHG im akuten Behandlungsfall, grds. auch die **Hilfe bei Schwangerschaft und Mutterschaft nach § 36 b S. 1 BSHG** einschlägig. Danach besteht ein Anspruch auf Hilfe u.a. zur ärztlichen Betreuung sowie Hebammenhilfe etc., vergleichbar mit den Leistungen nach dem SGB V. Für I bedeutet dies, unabhängig vom Erlöschen ihrer ursprünglichen freiwilligen Krankenversicherung bei der AOK, dass das Sozialamt z.B. die Kosten für regelmäßige Vorsorgeuntersuchungen während der Schwangerschaft zu tragen hat.

(III) Bei der Abwandlung würde sich auch für den Alhi-Anspruch des J insofern etwas ändern, als er mit der Geburt des Kindes diesem unterhaltspflichtig würde und ihm deshalb **Alhi gemäß § 195 S. 1 Nr. 1 SGB III im höheren Umfang von 57%** des pauschalierten Nettoentgeltes zustünde.

(IV) Für die Wohngeldberechtigung bedeutet die Geburt des Kindes schließlich, dass es als Familienangehöriger, nämlich als Verwandter in gerader Linie gem. § 4 Abs. 1 Nr. 2 WoGG, Abkömmling ersten Grades i.S.d. § 1589 S. 1, S. 3 BGB, bei der **Berechnung der Wohngeldhöhe für I als Mutter** mit zu berücksichtigen ist. Ein gemeinsames Wohngeld mit J würde weiterhin nur bei einer Eheschließung mit I in Betracht kommen, § 4 Abs. 1 Nr. 1 WoGG.

– – –

2.3 Kernbegriffe: Soziale Gerechtigkeit und soziale Sicherheit

Nach der Rechtsprechung des Bundesverfassungsgerichts (BVerfG) verpflichtet das Sozialstaatsprinzip den Staat zu einem **Ausgleich widerstreitender Interessen** und zur **Herstellung erträglicher Lebensbedingungen** für alle, die in Not geraten sind. Zugleich ist eine annähernd gleichmäßige Förderung des Wohls aller Bürger bei annähernd gleicher Verteilung der Lasten anzustreben. Sozialstaatlichkeit bedeutet nicht nur den Schutz für Hilfebedürftige im engeren Sinne, sondern auch die Gewährung von Leistungen an sonstige, sozial benachteiligte Personen und **generell soziale Gerechtigkeit**.[18] Diesbezüglich geben die sozialen Rechte nach §§ 3–10 SGB I bei verschiedenen Bedarfssituationen Anhaltspunkte für das konkrete gesetzgeberische Handeln. Die **soziale Sicherheit** ist erreicht, wenn der Einzelne in die Lage versetzt wird, vor allem in wirtschaftlicher Hinsicht auf verlässlicher Basis sein Leben zu gestalten.[19]

---

18 BVerfG v. 29.05.1990 – BvL 20/86 (BVerfGE 82, 60, 85).

19 Igl/Welti, Sozialrecht, 8. Aufl. 2007, Rdnr. 9–11; ebenso Waltermann, Sozialrecht, 6. Aufl. 2006, S. 20.

Unterscheidung zwischen sozialer Gerechtigkeit und Sicherung/Sicherheit

Soziale Sicherheit

Darunter lässt sich ganz allgemein die Möglichkeit jedes Einzelnen verstehen, auf einer verlässlichen Lebensbasis – in ökonomischer Hinsicht – sein Leben in einer der menschlichen Würde entsprechenden Weise zu gestalten.

Soziale Gerechtigkeit

Dazu gehört, dass jeder Mensch die Chance hat, die seinen individuellen Kräften und Fähigkeiten entsprechende soziale Stellung in Staat und Gesellschaft zu erlangen und zu erhalten. Gewährleistung durch:

- Kinder- und Jugendhilfe (§ 8 Abs. 1 SGB I)

Erforderlich ist eine von wirtschaftlichen Sorgen freie schulische und berufliche Aus- und Fortbildung von jungen Menschen und der bereits im Arbeitsleben stehenden Bürger. Durchsetzung durch:

- Bildungs- und Arbeitsförderung (§ 3 SGB I)
- Eingliederung von körperlich, geistig und seelisch Behinderten in Arbeit, Beruf und Gesellschaft (Rehabilitation, § 10 SGB I)
- Minderung des Familienaufwands (Kindergeld)

Ermöglichung einer angemessenen Wohnung für die Berechtigten durch:

- Zuschüsse (Wohngeld) zur Miete und vergleichbare Aufwendungen (§§ 6, 7 SGB I)

Entschädigung von Personen, die im Interesse der Allgemeinheit ein gesundheitliches Opfer erbracht haben nach

- § 5 SGB I

Hilfen zur Sicherung des Existenzminimums in elementaren Notsituationen durch Gewährung von

- Sozialhilfe (§ 9 SGB I)

Exkurs: Sozialrecht und Sozialarbeit

Bereits § 11 SGB I benennt die **Dienstleistung** als eine der drei Arten von Sozialleistungen. Zu den Dienstleistungen wiederum gehört die **persönliche und erzieherische Hilfe, § 11 S. 2 SGB I**. Die tatsächliche Umsetzung in der Gesellschaft kann das Sozialrecht zwar generell umschreiben, im Einzelnen allerdings nicht vordefinieren. So sind bei der Sozialhilfe, aber auch bei der Kinder- und Jugendhilfe, Initiative und Engagement motivierter Menschen unverzichtbar.

Dazu hat sich in der Sozialrechtslehre mittlerweile der **Begriff des sozialen Managements** entwickelt. Damit soll das verwaltungsförmige Verfahren bei einem gesetzeskonformen Rechtsvollzug unter möglichst geringen Reibungsverlusten in Einklang gebracht werden z.B. mit der tatsächlichen Förderleistung, einer sozialpädagogischen Maßnahme oder einer individuellen Therapie. Methodischer Ansatz der Sozialarbeit ist die **zielgerichtete persönliche Hilfe im Einzelfall**. Durch verantwortliche Kooperation sowie Personalplanung und -entwicklung ist dem Rechnung zu tragen.

Im Übrigen wird im Kinder- und Jugendhilferecht oder auch exemplarisch für die Sozialarbeit in § 5 SGB XII eine selbstständige Stellung im Rahmen des öffentlichen Rechts bestätigt. So bleiben Kirchen und Verbände freier Wohlfahrtspflege als eigenständige Träger sozialer Aufgaben vom SGB XII unberührt.

Entscheidend ist der darin angelegte Gedanke der Achtung verantwortungsbewusster Selbstständigkeit in der Zusammenarbeit. Bei der Durchführung der Aufgaben mit Dienstleistungen im Sozialrecht ist über die behördliche organisierte Leistungserbringung hinaus das Eigenengagement der die Dienstleistung erbringenden Menschen zu würdigen.

3. Sozialrecht und Verfassung

Die Art. 20 Abs. 1, 28 Abs. 1 GG enthalten ein soziales Staatsziel als Ausdruck der verfassungsrechtlich gewollten Ordnung des bundesdeutschen Gemeinwesens. Die Sozialstaatlichkeit als solches ist kein differenzierter Programmsatz, sondern wendet sich an die Träger staatlicher Gewalt, d.h. Gesetzgebung, Verwaltung und Rechtsprechung, auf die Verwirklichung eines entsprechenden Zustandes in der Bundesrepublik hinzuwirken. Die Gesetzgebungszuständigkeit nimmt dabei überwiegend der Bund – auch nach der **Föderalismusnovelle** vom September 2006 – wahr, Art. 74 Abs. 1 Nr. 7, Nr. 10, Nr. 12 GG.[20]

3.1 Das Sozialstaatsprinzip des Grundgesetzes

Als Handlungsauftrag und Zielvorgabe werden aus dem Sozialstaatsprinzip der **Ausgleich sozialer Gegensätze** und die Schaffung einer gerechten Sozialordnung hergeleitet.[21] Die Literatur entnimmt dem Sozialstaatsziel, dass der Staat ein menschenwürdiges **Existenzminimum** für Jedermann zu garantieren habe.[22] Entscheidend soll dabei auch **nicht die Armutsbekämpfung als Gefahrenabwehr** zur Erhaltung der öffentlichen Sicherheit und Ordnung sein, sondern die Gewährleistung durchsetzbarer Individualrechte. Aus dem Verfassungsgebot der **Förderung vergleichbarer Lebensverhältnisse im gesamten Bundesgebiet**, Art. 72 Abs. 2 GG, folgt schließlich noch der Auftrag zur allgemeinen Verbreitung der Teilhabe am gesellschaftlichen Wohlstand.[23] Unstreitig ist im Übrigen, dass das Sozialstaatsprinzip im Wege der sog. Ewigkeitsgarantie nach Art. 79 Abs. 3 GG als einer der in Art. 20 GG niedergelegten Grundsätze unabänderlich ist. Das **Rechtsstaatsprinzip, Art. 20 Abs. 1, Art. 28 Abs. 1 GG, verbürgt zudem einen Anspruch auf entsprechende Verfahren und effektiven gerichtlichen Rechtschutz** bei der Durchsetzung sozialer Rechte.

3.2 Sozialrechtliche Bedeutung einzelner Grundrechte

Es gibt **keine speziellen sozialen Grundrechte**. Vielmehr ist anhand des jeweiligen Kerngehalts von Freiheits-, Abwehr- bzw. Gleichheitsrechten die Grundrechtsrelevanz zu ermitteln.[24] Häufig betrifft dies den Eigentumsschutz, Art. 14

20 Dazu vertiefend Ipsen, NJW 2006, 2801–2806; zur Auslegung auch Lenze/Zuleeg, NZS 2006, 456 ff.
21 BVerfGE 1, 97, 105; 59, 231.
22 Vgl. Waltermann, 6. Aufl. 2006, S. 6.
23 Vgl. Papier in: SRH, 3. Aufl. 2003, S. 84.
24 Waltermann, 6. Aufl. 2006, S. 8, 9; vgl. auch Papier, SRH, 3. Aufl. 2003, S. 85.

GG, die Garantie von Ehe und Familie, Art. 6 GG, auch die allgemeine Handlungsfreiheit, Art. 2 Abs.1 GG, sowie den Gleicheitssatz gemäß Art. 3 Abs. 1 GG.

Fall 2: Schlechte Zeiten, gute Zeiten

Der langjährig obdachlose Karl (K) zieht im Winter 2000/2001 aus Schleswig-Holstein in die Freie und Hansestadt Hamburg, wo er sich bessere Gelegenheiten zur Übernachtung in kältegeschützten U-Bahnhöfen verspricht. Zur Finanzierung seines Lebensunterhalts beantragt er alsbald Sozialhilfe. Auf dem Sozialamt wird ihm jedoch mitgeteilt, die soeben neugewählte Hamburger Bürgerschaft habe aus Haushaltsgründen in den Hamburger Anordnungen zum BSHG (BSHG-AO) eine dreimonatige Wartefrist für neuzugezogene Einwohner eingeführt. Vor Ablauf eines Quartals sei nun nicht mehr von einem regelmäßigen Aufenthalt nicht sesshafter Personen im Hamburger Stadtgebiet auszugehen. Vielmehr kämen dann Landkreise bzw. Städte in den benachbarten Bundesländern Niedersachsen oder Schleswig-Holstein als gesetzliche Sozialhilfeträger in Betracht. K beharrt auf seinem Antrag mit dem Argument, der Hamburger Sonderweg sei verfassungswidrig. Hat er Anspruch auf umgehende Sozialhilfe?

Der Ausschluss von Sozialhilfeleistungen für Neueinwohner innerhalb der ersten 3 Monate ihres Aufenthalts in Hamburg nach der neuen AO-BSHG könnte mit dem Grundgesetz unvereinbar sein.

(A) Dem **Sozialstaatsprinzip, Art. 20 Abs. 1, 28 Abs. 1 S. 1 GG**, lässt sich nicht ohne weiteres ein unmittelbarer Leistungsanspruch entnehmen. Vielmehr ist es danach Aufgabe u.a. des Gesetzgebers, durch einfachgesetzliche Regelungen diese Staatszielbestimmung zu konkretisieren.[25]

(B) Dies könnte bereits in **Gestalt des BSHG** geschehen sein. Nach § 11 Abs. 1 S. 1 BSHG ist Hilfe zum Lebensunterhalt demjenigen zu gewähren, der seinen notwendigen Lebensunterhalt nicht oder nicht ausreichend aus eigenen Kräften und Mitteln, vor allem nicht aus eigenem Einkommen und Vermögen, bestreiten kann. Fraglich ist deshalb, ob die neue **Anordnung zum BSHG in Hamburg** mit der zusätzlichen Voraussetzung einer dreimonatigen Wartefrist rechtmäßig ist. Das ist sowohl hinsichtlich der Gesetzgebungskompetenz als auch unter dem Gesichtspunkt der Menschenwürde, Art. 1 Abs. 1 GG, fraglich.

(I) Die **Gesetzgebungskompetenz u.a. für den Bereich der Sozialhilfe folgt aus Art. 74 Abs. 1 Nr. 7 GG**. Danach erstreckt sich die konkurrierende Gesetzgebung auf das Gebiet der öffentlichen Fürsorge.

Nach allgemeiner Auffassung umfasst dies die Gewährung von Sozialhilfe zur Sicherung des Existenzminimums nach dem 1961 verabschiedeten BSHG. Das **BSHG selbst sieht keine Regelungen über etwaige Wartezeiten** vor Einsetzen der Sozialhilfe vor. Das gilt auch für laufende Hilfe zum Lebensunterhalt, §§ 21, 22 BSHG. Vielmehr soll die Hilfe gerade in der aktuellen Bedarfssituation einsetzen, vgl. § 5 BSHG.

25 Nach dem Sachverhalt war hier noch das bis Dezember 2004 geltende BSHG anzuwenden. Zum neuen SGB XII s. 3. Teil, Sozialhilferecht.

Allerdings kann im Bereich der konkurrierenden Gesetzgebung von den Ländern von der Befugnis nach Art. 72 Abs. 1 GG Gebrauch gemacht werden. Danach haben die Länder ein **Recht zur Gesetzgebung**, solange und soweit nicht der Bund per Gesetz handelt. Zu beachten ist jedoch Art. 72 Abs. 2 GG. Einerseits hat hier der Bund allerdings bereits seit 1961 durch das geltende BSHG seine **Gesetzgebungszuständigkeit auch für die öffentliche Fürsorge einschließlich der Sozialhilfe** tatsächlich genutzt. Anderseits gilt gem. Art. 72 Abs. 2 GG, dass das BSHG eine bundeseinheitliche Rechtsvorschrift ist. Zur **Herstellung gleichwertiger Lebensverhältnisse im Bundesgebiet** bedarf es daher auch einer bundeseinheitlichen Regelung.[26] Schließlich sehen die in den übrigen Bundesländern erlassenen Ausführungsgesetze zum BSHG regelmäßig bloß Normen zur Zuständigkeit bei der Gesetzesausführung und für die Verwaltung vor. Die materiellrechtlich als **selbstständiger Anspruchsausschluss** angelegte Hamburger Anordnung mit der dreimonatigen Wartefrist ist danach mit der grundgesetzlichen Kompetenzordnung unvereinbar.

(II) Darüber hinaus könnten die Art. 1 Abs. 1, 3 Abs. 1 GG verletzt sein.

Im elementaren Bereich der Sicherung des täglichen Lebens sind Nahrung, Kleidung, Unterkunft etc. unverzichtbar. Der **Grundsatz der Menschenwürde** gebietet auch, Hilfen gegen Not und Armut bereitzustellen. Das muss in Form eines individuellen, durchsetzbaren Rechtsanspruchs für die Betroffenen, also nicht als Ausfluss bloßer Mildtätigkeit oder nach freiem Ermessen im Einzelfall, geschehen. Eine Vorschrift, die für bestimmte Personengruppen jedwede soziale Hilfe ausschlösse und sie der Gefahr des Verhungerns und Erfrierens aussetzte, würde im Übrigen auch gegen den Gleichheitsgrundsatz des Art. 3 Abs. 1 GG verstoßen.[27]

Die Hamburger Anordnung einer dreimonatigen Wartefrist verstößt mehrfach gegen die Verfassung. K hat folglich Anspruch auf umgehende Sozialhilfeleistungen nach dem BSHG.

– – –

Abwandlung zu Fall 2:

Nach dem Tod seiner wohlhabenden Tante Maria im Sommer 2001 wird K als Alleinerbe überraschend Eigentümer eines gemischt-gewerblich genutzten Hausgrundstücks. Darin befindet sich ein seit einiger Zeit leerstehendes kleines Geschäftslokal. K richtet dort einen Kiosk ein. Da er für den morgendlichen Zeitungsverkauf jedoch nicht „mitten in der Nacht" aufstehen will, stellt er die alleinstehende arbeitslose Emma (E) an. E soll an 6 Tagen pro Woche jeweils von 7 Uhr bis 12 Uhr den Kiosk führen. Im Oktober 2001 erhält K von der zuständigen AOK Hamburg die Aufforderung, rückständige Sozialversicherungsbeiträge für 3 Monate einschließlich des Arbeitnehmeranteils für E nachzuzahlen. K, durch die lange Obdachlosigkeit der deutschen Rechtsordnung und Lebenswirklichkeit doch etwas entrückt, meint, er könne die Arbeitsverteilung in seinem Kiosk frei bestimmen, ohne viel Geld an anonyme Kassen zahlen zu müssen. Im Übrigen habe er die arbeitslose E auch von der Straße geholt. Sollte all das jedoch nicht ausreichen, so könne er die E, der er inzwischen auch persönlich näher gekommen sei, ja alsbald heiraten und müsste dann für seine eigene Ehefrau wohl nicht derartige Zwangsabgaben entrichten. Wie ist die Rechtslage?

---

26 Zur Gefahr der „Rechtszersplitterung" BVerfGE 106, 62 (144 ff.); dazu nach der Föderalismusnovelle Ipsen, NJW 2006, 2801–2806.

27 Vgl. Ost/Mohr/Estelmann, 2. Aufl. 1998, Grundzüge des Sozialrechts, S. 13 m.w.N., vgl. ebenso BVerwGE 1, 159, 160; 52, 3.

Vorüberlegung:

Die Inanspruchnahme des K auf Beitragszahlung für die Beschäftigung der E könnte mit dem Grundgesetz unvereinbar sein. In Betracht kommen eine Verletzung des Rechts auf freie Entfaltung der Persönlichkeit, Art. 2 Abs. 1 GG, darüber hinaus ein unzulässiger Eingriff in das Grundrecht der Berufsausübung gem. Art. 12 Abs. 1 GG, in den eingerichteten und ausgeübten Gewerbebetrieb als Eigentumsposition nach Art. 14 GG sowie eine ungerechtfertigte Gleichbehandlung gegenüber anderen Arbeitgebern, die keine zuvor arbeitslosen Personen beschäftigt haben, Art. 3 Abs. 1 GG. Schließlich könnte für den Fall einer Eheschließung zwischen K und E die Heranziehung zur Beitragszahlung auch anhand der Grundrechtsgarantie der Ehe in Art. 6 GG zu überprüfen sein.

(A) Rechtslage nach dem SGB IV

Grds. hat der Arbeitgeber den **Gesamtsozialversicherungsbeitrag** zu zahlen, vgl. §§ 28 d, 28 e Abs. 1 S. 1 SGB IV. Dieser umfasst Beiträge zur Kranken-, Pflege-, Renten- und Arbeitslosenversicherung.

Bei Beginn einer versicherungspflichtigen Beschäftigung hat der Arbeitgeber eine Meldepflicht gegenüber der jeweiligen Krankenkasse als Einzugstelle, § 28 a Abs. 1 Nr. 1 SGB IV. Die Krankenkasse hat die Beitragsansprüche, die nicht rechtzeitig erfüllt worden sind, kraft Gesetzes geltend zu machen, § 28 h Abs. 1 SGB V. Der Arbeitgeber hat gegenüber dem Beschäftigten Anspruch auf die regelmäßig von diesem zu tragende Hälfte des Gesamtsozialversicherungsbeitrags durch Abzug vom Arbeitsentgelt. Ein unterbliebener Abzug darf nur bei den drei nächsten Lohn- oder Gehaltszahlungen nachgeholt werden, § 28 g S. 1–3 SGB IV.

Ausgehend von dieser gesetzlichen Regelung wurde K von der AOK zu Recht auf die **Beitragsnachentrichtung für seine Angestellte** E in Anspruch genommen.

(B) Vereinbarkeit mit Grundrechten

(I) Die Inanspruchnahme zur Zahlung von Pflichtbeiträgen an die gesetzliche Sozialversicherung könnte das Recht des K auf freie Entfaltung der Persönlichkeit, Art. 2 Abs. 1 GG, verletzen.

Nicht betroffen ist die **Vereinigungsfreiheit nach Art. 9 Abs. 1 GG**. Zwar beinhaltet dieses Grundrecht auch die sogenannte negative Vereinigungsfreiheit als Berechtigung, sich von einer Vereinigung fernzuhalten. Dieses Recht ist aber nur für privatrechtliche Zusammenschlüsse garantiert und nicht für öffentlich-rechtliche Zwangsverbände.[28]

Allerdings gilt auch hier der Vorbehalt der verfassungsmäßigen Ordnung in Art. 2 Abs. 1 GG. Danach können formell und materiell verfassungsgemäße Rechtsätze dieses Grundrecht einschränken. Aufgrund des Sozialstaatsprinzips, Art. 20 Abs. 1, 28 Abs. 1 S. 1 GG, der ausgeübten Gesetzgebungskompetenz für die Sozialversicherung und der Ausformung durch die Beitragsvorschriften im SGB IV wird die Beitragspflicht zur Sozialversicherung auch in der Rechtsprechung des BVerfG **regelmäßig als verfassungskonform und gesetzlich zulässige Ausgestaltung des Art. 2 Abs. 1 GG** ange-

28 BVerfGE 10, 89, 102; 38, 281, 297 f.

sehen.[29] Angesichts des Zwecks und der Bedeutung gerade der klassischen Zweige der Sozialversicherung verstoßen die aus öffentlich-rechtlicher Zwangsmitgliedschaft herrührenden Beitragspflichten für abhängig beschäftigte Arbeitnehmer also nicht gegen Art. 2 Abs. 1 GG.[30]

(II) Bei der Berufsfreiheit i.S.v. Art. 12 Abs. 1 GG ist bereits fraglich, ob im Fall des K überhaupt der Schutzbereich betroffen wäre.

Jedenfalls unterfallen Regelungen zu den Rechtsverhältnissen beim Betrieb eines selbstständigen Gewerbeunternehmens einschließlich der Beschäftigung von Arbeitnehmern eher dem Eigentumsschutz nach Art. 14 Abs. 1 GG. Im Übrigen ist **Art. 12 GG als funktionelles Abwehrrecht vielmehr in den Fällen von Berufszulassungs- oder Berufsausübungseingriffen bedeutsam**. Nach der verfassungsgerichtlichen Aufspaltung zur Zulassung zu einem Berufsweg oder zur Ausübung eines erlernten Berufs ist dies im Sozialrecht insbes. dann problematisch, wenn es etwa um Zulassungen für Vertragsärzte nach § 102 SGB V zur kassenärztlichen Versorgung geht.[31]

Danach ist die Berufsfreiheit des K gem. Art. 12 GG beim Betrieb des Kiosks durch Beitragspflichten für die Beschäftigung der E nicht ersichtlich verletzt.

(III) Problematisch ist aber eine mögliche Eigentumsverletzung des K, Art. 14 GG. Nach herrschender Auffassung und ständiger Rechtsprechung des BVerfG gewährt **Art. 14 Abs. 1 GG allerdings auch selbstständigen Gewerbetreibenden keinen Schutz vor Beitragszahlung**.[32] Die Auferlegung öffentlich-rechtlicher Geldleistungspflichten betrifft danach das Vermögen und nicht das geschützte Eigentum i.S.v. Art. 14 GG.[33] Ausnahmen sollen nur dann gelten, wenn die Beitragslast erdrosselnde Wirkung hätte.[34] Das ist bei den hälftigen Arbeitgeberbeiträgen aber insgesamt nicht der Fall.

Für die Versicherten hingegen hat die Eigentumsgarantie sozialversicherungrechtlicher Ansprüche erhebliche Bedeutung. Anerkannt ist in der Rechtsprechung u.a., dass **Versichertenrenten und Rentenanwartschaften vom Schutz des Art. 14 GG erfasst** werden.[35] Der Erwerb von Anwartschaften auf zukünftige Leistungen, für die ein vernünftiger Bürger ansonsten privat vorsorgen würde, schließt auch im Verhältnis zum einzelnen Versicherten eine erdrosselnde Wirkung aus.[36] Derartig geschützte Rechte kann der Gesetzgeber nicht ohne weiteres entziehen oder gar ersatzlos streichen.[37] Das gilt **auch für das Arbeitslosengeld**.[38] Abgrenzungskriterium für den grundrechtlichen Schutz sozialrechtlicher Positionen i.S.d Art. 14 GG ist generell, ob die Rechtsposition dem Betroffenen als **privatnütziger Anspruch zugeordnet ist bzw. in Zusammenhang mit einer eigenen Leistung steht**. Nur dann greift der Schutz des Art. 14 GG ein. Soweit ausschließlich staatliche Fürsorge etc. erfolgt, hat der Gesetzgeber aber einen weiten Gestaltungsspielraum.[39]

---

29 BVerfGE 29, 221, 235; 44, 70, 89; 97, 271, 286, vgl. auch LSG NRW, L 13 RA 22/99, Urt. v. 12.04.2002.

30 BVerfGE 6, 32; 29, 221, 245 ff.

31 Vgl. BVerfGE 11, 30, 44, ebenso Papier in: SRH, 3. Aufl. 2003, S. 112–115.

32 BVerfGE 93, 12, 137; 95, 267, 300 m.w.N.

33 Ebenso LSG NRW, L 13 RA 22/99, Urt. v. 12.04.2002.

34 Vgl. BSG, Urt. v. 11.10.2001, B 12 KR 19/00 R m.w.N.

35 BVerfGE 53, 257, 290; 100, 1, 32/33.

36 Vgl. Merten, NZS 1998, 545 f.; ebenso LSG NRW, L 3 RA 38/99, Urt. v. 22.10.2001.

37 BVerfGE 53, 257, 291; 76, 220, 235.

38 Dazu BVerfGE 74, 203 m.w.N.

39 Vgl. BVerfGE 87, 1 m.w.N.

(IV) Beim Gleichheitsgrundsatz des Art. 3 Abs. 1 GG gilt das Willkürverbot.

(1) Für **Leistungsansprüche** ist dies von erheblicher Bedeutung. Soweit nämlich staatliche Sozialleistungen an Personen in vergleichbarer Situation erbracht werden, besteht auch ein Anspruch auf gesetzesgemäße Gleichbehandlung.

(2) Im **Beitragsrecht** hingegen ist eine willkürliche Ungleichbehandlung der Arbeitgeber als Schuldner des Gesamtsozialversicherungsbeitrages nicht ernsthaft anzunehmen.

Vielmehr gelten die zur Finanzierung der Sozialversicherung auferlegten **Beitragspflichten generell und allgemein**. Jeder Arbeitgeber hat bei Beschäftigung versicherungspflichtiger Arbeitnehmer die Beitragspflichten zu erfüllen. Die gesetzliche Regelung des SGB IV mit dem Zweck, eine leistungsfähige Solidargemeinschaft zu garantieren, ist im Hinblick auf Art. 3 Abs. 1 GG nicht willkürlich.[40]

(3) Ein Anspruch des K auf eine ausnahmsweise Beitragsentlastung käme evtl. aufgrund der Tatsache in Betracht, dass E zuvor arbeitslos war.

Frühere Beschäftigung bzw. Arbeitslosigkeit sind für die Beitragspflicht nach dem SGB jedoch generell unbeachtlich. Es handelt sich nicht um ein erhebliches Unterscheidungskriterium i.S.v. Art. 3 Abs. 1 GG. Allenfalls wäre ein Eingliederungszuschuss des Arbeitsamts gem. §§ 217, 218 Abs. 1 Nr. 2, 220 SGB III zum Arbeitsentgelt der zuvor langzeitarbeitslosen E geleistet worden. Weitergehende gesetzliche Sonderregelungen existieren zugunsten der Arbeitgeber aber gerade im Beitragsrecht nicht.

(V) Fraglich ist, ob sich an dem bisherigen Ergebnis der Zahlungspflicht des K etwas änderte, wenn er alsbald die E heiraten würde. Zu prüfen wäre danach der **Schutz des Art. 6 Abs. 1 GG für Ehe und Familie**.

(1) Diese Institutsgarantie gewährleistet den Bestand u.a. der Ehe als solcher. Entscheidend für die Beitragspflicht ist aber auch hier die Tatsache der abhängigen Beschäftigung der E im Kiosk des K. Dabei handelt es sich, zumal noch gar keine Eheschließung erfolgte, auch **nicht um eine familienhafte Mithilfe gem. §§ 1353 bzw. 1601 BGB**. Die Bestimmungen zur beitragspflichtigen Beschäftigung im SGB sehen ansonsten keine Ausnahme für den Fall vor, dass ein Ehegatte beim anderen Ehepartner in dessen Gewerbebetrieb gegen Entgelt abhängig tätig ist.

(2) Maßgeblich ist im Übrigen **Art. 6 GG als objektive Wertentscheidung zur Begründung gesetzgeberischer Gestaltungen im Sozialrecht**.

So werden mit dem **Gebot der Förderung der Familie** u.a. die Regelungen des Erziehungs- und Kindergeldrechts begründet. Es handelt sich aber nicht um einen verfassungsrechtlich zwingenden Auftrag. Vielmehr handelt der Gesetzgeber damit im staatspolitischen Sinn vorausschauend zur Förderung nachfolgender Generationen. Vergleichbare Überlegungen gelten auch für das Kinder- und Jugendhilferecht mit den dortigen Hilfen zur Erziehung. Aktuell ist nach dem Urteil des BVerfG vom 03.04.2001 darüber hinaus der Gesetzgeber zur Entlastung von Familien mit Kin-

40 Vgl. BVerfGE 44, 70, 90; 87, 1, 40 m.w.N.

dern bei den Beiträgen zur Pflegeversicherung, SGB XI, verpflichtet.[41] Jedenfalls folgt daraus aber für weitere Bereiche des Sozialrechts, etwa die Rentenversicherung, **keine Pflicht zur beitragsrechtlichen Besserstellung von Familien mit Kindern gegenüber kinderlosen Ehepaaren**.[42] Tatsächlich sind kinderlose Versicherte in der Pflegeversicherung seit 01.01.2005 zur höheren Beitragszahlung von 0,25% verpflichtet, § 55 Abs. 3 SGB XI.[43]

Danach ist es ebensowenig erfolgversprechend, wenn sich K nach einer Heirat mit E gegenüber der Beitragspflicht auf den Schutz der Ehe gem. Art. 6 GG berufen sollte.

Im **Ergebnis** ist K nach den einfachgesetzlichen Vorschriften des SGB IV zur nachträglichen Entrichtung des vollständigen Gesamtsozialversicherungsbeitrags für E verpflichtet. Aus dem Verfassungsrecht, insbes. den Grundrechten, ergibt sich keine für ihn günstigere Rechtslage. Daran würde schließlich eine etwaige Ehe mit E auch nichts ändern.

– – –

3. Abschnitt: Überblick

1. Geschichtliche Entwicklung

Das deutsche Sozialrecht als rechtlich verankertes System staatlicher Sozialleistungen hat seine Ursprünge im Wesentlichen in der Zeit des 19. Jahrhunderts. Der technische und wirtschaftliche Fortschritt während der Industrialisierung führte bei einem kaum regulierten liberalen Kapitalismus in Deutschland, ebenso wie bereits zuvor etwa in Großbritannien, zur zunehmenden Verarmung und z.T. sogar Verelendung speziell der Industriearbeiter. In dieser Zeit entstanden sozialrevolutionäre Ideologien, wie der Sozialismus bzw. Kommunismus mit dem Ziel, das Industrieproletariat aus seiner wirtschaftlichen und sozialen Notlage zu befreien. Gerade dieser Hintergrund war prägend für die Entwicklung des Systems staatlicher Sozialleistungen im 1871 gegründeten deutschen Kaiserreich.

1.1 Geschichtliche Grundlagen bis zum Ende des 1. Weltkriegs

Im letzten Drittel des 19. Jahrhunderts war die wachsende Industriebevölkerung weitgehend nicht gegen **allgemeine Lebensrisiken wie Unfall oder Krankheit bzw. für das Alter** abgesichert. Zwar hatte es schon vor dem 19. Jahrhundert erste Ansätze zu berufsständischen Unterstützungseinrichtungen im Bergbau

41 1 BvR 1629/94, BVerfGE 103, 242 ff. = NJW 2001, 1712–1716.
42 Urt. des LSG NRW, L 3 RA 38/99, v. 22.10.2001, L 13 RA 22/99, v. 12.04.2002.
43 Dazu: Marschner, NWB 2004, F. 27, S. 5933 f.

oder bei den Handwerksgesellen gegeben. Allerdings reichten diese nicht aus, die **zunehmende Verarmung der Lohnarbeiterschaft** aufzufangen.

Der 1. Kanzler des deutschen Kaiserreichs, Otto Fürst von Bismarck (1815–1898), schlug zunächst eine Versicherung für Arbeitsunfälle vor. Danach kam es zur **Kaiserlichen Botschaft Wilhelms I. vom 17.11.1881**, die zur Heilung sozialer Schäden auch Verbesserungen für die Arbeiter ankündigte. Es folgte die Bismarcksche Sozialgesetzgebung mit den weltweit ersten staatlichen Sozialversicherungen.

Am **15.06.1883 wurde das Krankenversicherungsgesetz verabschiedet**. Die Beiträge waren zu 2/3 von den Versicherten und 1/3 von den Arbeitgebern aufzubringen. Tatsächlich wurde überwiegend Krankengeld als **Einkommensersatz bei Arbeitsunfähigkeit** geleistet. Die Kosten für Heilbehandlung und Arzneimittel machten nur rund 10% der Ausgaben aus. Bereits damals gab es Ansätze zur Selbstverwaltung durch die beitragszahlenden Arbeitnehmer bzw. Arbeitgeber. Mitglieder waren alle im Handwerk und in der Industrie beschäftigten Arbeiter. Die Struktur orientierte sich an den vorhandenen Hilfskassen, vor allem den Innungskrankenkassen. Diese waren aus der Tradition der Zunft- bzw. Gesellenkassen des Handwerks entstanden. Neben den sog. Ersatzkassen gab es jetzt als Neuerung Allgemeine Ortskrankenkassen.

Das **Unfallversicherungsgesetz vom 06.07.1884** regelte die Folgen der zunehmenden Zahl von Arbeitsunfällen bei der industrialisierten Maschinenarbeit. Die privatrechtliche Schadensersatzhaftung der Arbeitgeber, für die die unfallgeschädigten Arbeiter selbst beweispflichtig waren, wurde durch einen allgemeinen Unfallversicherungsschutz ersetzt. Die Beiträge mussten bereits damals die Unternehmer allein aufbringen. Sie wälzten dadurch privat-rechtliche Schadensersatzforderungen auf die neu entstandenen öffentlich-rechtlichen Berufsgenossenschaften ab. Zudem reduzierte die verbesserte Arbeitssicherheit betriebliche Unfallgefahren. Das Gesetz war zunächst nur für besonders gefährdete Betriebe in der Montanindustrie, im Bergbau sowie auf Steinbrüche und Werften anwendbar, wurde später aber auf andere Branchen ausgedehnt. Nach Umsetzung in den einzelnen Bundesstaaten galt es ab 1889 reichseinheitlich.

Schließlich trat das 1889 verabschiedete **Gesetz betreffend die Invaliditäts- und Altersversicherung am 01.01.1891** in Kraft. Schwerpunkt war zunächst die Absicherung des Invaliditätsrisikos, also der Unfähigkeit, durch krankheits- bzw. unfallbedingte Einschränkung der Leistungsfähigkeit weiterhin erwerbstätig zu sein. Eine regelrechte Altersabsicherung war ursprünglich nicht angelegt. Zwar war bei Vollendung des 70. Lebensjahres eine Altersrente vorgesehen. Die meisten Industriearbeiter, die überhaupt diese Altersgrenze erreichten, waren jedoch wegen der Arbeits- und Lebensbedingungen bereits deutlich zuvor Invalide geworden. Anders als im heutigen Rentenrecht gab es auch keine Absicherung für die Hinterbliebenen, d.h. für Witwen oder Waisen.

1911 entstand die **Reichsversicherungsordnung (RVO)** als Zusammenfassung bestehender Sozialgesetze. Zugleich wurde die Hinterbliebenenversicherung eingeführt. Ergänzt wurde die Kodifikation durch gemeinsame Vorschriften für alle Versicherungszweige, Regelungen zu den Versicherungsträgern und einem eigenen Buch über das Verfahren nach der RVO. Zugleich wurde das Versicherungsgesetz für Angestellte (AVG) verabschiedet. Es sah, getrennt von der Rentenversicherung der Arbeiter i.S.d. RVO, günstigere Regelungen für die standesbewussten angestellten „Kopfarbeiter" mit einer eigenen Reichsversicherungsanstalt vor.

1.2 Historische Entwicklung von der Weimarer Republik bis 1945

Nach der Niederlage des Kaiserreichs im 1. Weltkrieg hatte die Weimarer Republik ab 1919 auch die sozialen Kriegslasten zu bewältigen. Für Kriegsversehrte sowie Witwen und Waisen der gefallenen Soldaten galt ab 1920 das **Reichsversorgungsgesetz**.

Als weiteres Regelungssystem für die Folgen unverschuldeter Notlagen kam eine **umfassende öffentliche Fürsorge** hinzu. Während bis weit in das 19. Jahrhundert hinein die sog. Armenfürsorge überwiegend als ein Fall der Gefahrenabwehr im Rahmen der Polizeigesetze angesehen worden war, entstand erstmals 1924 die erste reichsrechtliche Fürsorgepflichtverordnung nebst Ausführungsbestimmungen, den Fürsorgegrundsätzen. Als Grundlage für die Gewährung von Sozialleistungen ohne vorhergehende eigene Beiträge galt diese Fürsorgeregelung grundsätzlich bis zum In-Kraft-Treten des BSHG im Jahre 1962.

Zudem gab es jetzt eine gesetzliche Regelung für das Risiko der Arbeitslosigkeit. Die Massenarbeitslosigkeit von Millionen von Kriegsheimkehrern sowie infolge des ersten wirtschaftlichen Zusammenbruchs der Weimarer Republik 1923 in der großen Inflation war für die Schaffung des **Gesetzes über Arbeitsvermittlung und Arbeitslosenversicherung** (AVAVG) **im Jahr 1927** entscheidend. Das AVAVG regelte Arbeitslosenunterstützung für maximal 26 Wochen, Krisenfürsorge, Arbeitsvermittlung etc. und sah bereits eine Reichsanstalt für Arbeit vor.

Diese z.T. neuen sozialen Sicherungssysteme waren den Folgen der allgemeinen Verarmung in Deutschland nach dem verlorenen 1. Weltkrieg sowie speziell der Massenarbeitslosigkeit in der Weltwirtschaftskrise ab 1929 jedoch nicht gewachsen. So konnte die Arbeitslosenversicherung von zeitweise bis zu 7 Millionen erwerbslosen Menschen nur rund 1 Million finanziell unterstützen. Der wirtschaftliche Niedergang ging mit einer politischen Radikalisierung einher und führte schließlich im **Januar 1933 zur Machtergreifung der Nationalsozialisten**. In der ersten Zeit der NS-Herrschaft wurde über kreditfinanzierte Arbeitsbeschaffungsprogramme die rechnerische Zahl der Arbeitslosen erheblich reduziert. Grund dafür war jedoch nicht etwa soziale Verantwortung, sondern Aufrüstung und Vorbereitung der angestrebten künftigen Kriege des NS-Regimes.

Eine Konsequenz der NS-Machtergreifung war u.a. die Verfolgung politischer Gegner in Leitungsfunktionen von Sozialversicherungsträgern, namentlich Sozialdemokraten, in den Ortskrankenkassen und bei der Knappschaft. Infolge der NS-Rassenideologie wurden zudem bis 1939 speziell die deutschen Juden aus den Systemen sozialer Sicherung ausgegrenzt. Im 2. Weltkrieg kam es dann bis 1945 unter **Missachtung sämtlicher Grund- und Menschenrechte** zu einer massenhaften Versklavung der wehrlosen Zivilbevölkerung, insbes. in den zeitweise besetzten Ostgebieten. Neben der Wiedergutmachung für besonders verfolgte Gruppen speziell in der Rentenversicherung hat die Bundesrepublik die noch lebenden Zwangsarbeiter erst 2001 durch Einmalzahlungen entschädigt.

1.3 Sozialrecht in der Geschichte der Bundesrepublik Deutschland

Nach der bedingungslosen Kapitulation des Dritten Reichs im Mai 1945 waren erneut unzählige **Kriegsopfer** und Hinterbliebene zu versorgen. Hinzu kam die Eingliederung weiterer Millionen vertriebener und geflohener Menschen aus den deutschen Ostgebieten und schließlich der **Wiederaufbau** nach der kriegsbedingten Zerstörung der deutschen Wirtschaft und Gesellschaft unter den Bedingungen eines zudem politisch-ideologisch zweigeteilten Landes.

1.3.1 Bundesdeutsches Sozialrecht bis zur Wiedervereinigung

Seit dem 23.05.1949 galt mit Art. 20, 28 GG das **Sozialstaatsprinzip** als ein maßgebliches Staatsziel der neugegründeten Bundesrepublik Deutschland. Dieser Verfassungsauftrag führte zu vielfältigen gesetzlichen Neuregelungen.

1950 entstand das Bundesversorgungsgesetz (BVG) für die Opfer und Hinterbliebenen des 2. Weltkriegs. 1961 wurde das vormalige Fürsorgerecht durch das BSHG den neuen grundgesetzlichen Maßstäben der Menschenwürde mit Individualansprüchen angeglichen. Für die Arbeitslosenversicherung folgte das bis Ende 1997 geltende **Arbeitsförderungsgesetz (AFG) von 1969**. Der wachsende Wohlstand der sog. Wirtschaftswunderzeit führte 1957 zur Dynamisierung der Renten in der gesetzlichen Rentenversicherung, d.h. zur jährlichen Erhöhung der Altersrenten, angelehnt an die Lohnzuwächse der Erwerbstätigen. Ab Beginn der 1970er Jahre bestimmte die **Kodifizierung des Sozialgesetzbuchs** die weitere Entwicklung des Sozialrechts. Mit der Einfügung des Unfallversicherungsrechts, vormals Drittes Buch der RVO, als SGB VII ab 01.01.1997 war diese Umgestaltung im Wesentlichen auch formell abgeschlossen. Begleitend wurden im Übrigen auch Landwirte bzw. Künstler und Publizisten in den Schutz der gesetzlichen Sozialversicherung (Künstlersozialversicherungsgesetz, KVSG, von 1981) einbezogen. Zudem gab es gezielt auf Förderung ausgerichtete Gesetzgebungsvorhaben, wie etwa das **BAföG oder das Bundeserziehungsgeldgesetz (BErzGG) von 1986**. Ein Schlusspunkt im Bereich der klassischen Sozialversicherung war schließlich das In-Kraft-Treten des neuen Gesetzes über die **Pflegeversicherung, SGB XI, im Jahr 1995**.

Mittlerweile zeigten sich jedoch in der Krankenversicherung mit mehreren Gesundheitsstrukturreformgesetzen wie auch bei den Leistungen der gesetzlichen Rentenversicherung nach dem SGB VI die Grenzen der Gestaltungsmöglichkeiten des Sozialrechts. In finanzieller Hinsicht sind die Sozialhaushalte angesichts sinkender Beiträge sowie erhöhter Aufwendungen sowohl **im Gesundheitswesen als auch in der gesetzlichen Rentenversicherung am Rande der Belastbarkeit** angelangt. Als Konsequenz wird in neuerer Zeit insbes. eine Stärkung des Familienlastenausgleichs durch bessere wirtschaftliche Förderung für Familien mit Kindern gefordert.[44]

1.3.2 Entwicklung des Sozialrechts seit 1990

Das bundesdeutsche Sozialrecht war ab der **Herstellung der deutschen Einheit im Oktober 1990** im Wesentlichen geprägt von der Rechtsangleichung in den neuen Ländern. Bereits im ersten Staatsvertrag vom 01.07.1990 wurde die Währungs- und Sozialunion mit der damals noch existierenden DDR vereinbart. Der Einigungsvertrag vom 31.08.1990 war dann Grundlage für eine Vielzahl von **Übergangs- und Überleitungsregelungen auch im Sozialrecht**.

Im Sozialversicherungsrecht betraf dies insbes. das Rentenüberleitungsgesetz (RÜG). Die Koordinierung ging mit vielfältigen, auch verfassungsrechtlichen Grundsatzfragen, speziell bei sog. systemtragenden Personen innerhalb von Sonderversorgungssystemen der Ex-DDR, einher. Ebenso problematisch war die **Eingliederung der deutschstämmigen Spätaussiedler** mit Staatsangehörigkeitsschutz gem. Art. 116 GG aus Osteuropa nach dem Zusammenbruch des Sowjetsystems 1991. So mussten z.B. Spätaussiedlerrenten zu 1/3 reduziert werden.

44 Vgl. Waltermann, Sozialrecht, 6. Aufl. 2006, S. 34, 252–254 m.w.N.

Im neuen Jahrtausend bestimmen die **Strukturprobleme schwankender Massenarbeitslosigkeit, des Generationenausgleichs bei demographischer „Überalterung" der Gesellschaft und weiterhin angespannte öffentliche Kassen** zusehends die öffentliche Diskussion. Lösungsansätze etwa der „Hartz-" bzw. „Rürup-"Kommission sind erkennbar erst der Beginn künftiger erheblicher Einschnitte.

2. Internationale und supranationale Entwicklungslinien

Sozialrecht ist grds. als **Teil der nationalen Rechtsordnung** ausgestaltet. Allerdings beginnen oder enden die Lebenssachverhalte, mit denen das bundesdeutsche Sozialrecht im Einzelnen befasst ist, nicht strikt an Staatsgrenzen.

Vielmehr führt die zunehmend auch **grenzüberschreitende Mobilität im Erwerbsleben** zu der Frage, wie die Ziele der sozialen Sicherheit und Gerechtigkeit auch für staatsrechtliche Ausländer im Bundesgebiet und generell hinsichtlich nichtdeutscher Rechtsordnungen umsetzbar sind. Dabei ist es sinnvoll, zwischen **internationalen und supranationalen Regelungen** zu unterscheiden. Internationale Regelungen erfassen die Auswirkungen ausländischen Rechts auf die Sozialrechtsordnung der Bundesrepublik. Das supranationale Recht betrifft die aus dem EG-Vertrag als Primärrechtsquelle folgenden Normen speziell der Europäischen Union.[45]

2.1 Internationales Sozialrecht

Begrifflich geht das internationale Sozialrecht weiter als das internationale Privatrecht. Während dort überwiegend, insbes. im Rahmen des Einführungsgesetzes zum Bürgerlichen Gesetzbuch (EGBGB), Kollisionsnormen für die Anwendung entweder deutschen oder ausländischen Rechts bzw. deren Verhältnis zueinander geregelt sind, umfasst das **internationale Sozialrecht nach vermittelnder Meinung die Vorschriften, die internationale Sachverhalte zum Regelungsgegenstand haben.**[46] Außerhalb des Rechts der Europäischen Union betrifft dies insbes. zwischenstaatliche vertragliche Absprachen über Fragen des Sozialrechts, z.B. das multilaterale Übereinkommen Nr. 102 von 1952 der Internationalen Arbeitsorganisation über Mindestnormen der Sozialen Sicherheit.

Konkreter mit Bezug zur Rechtsordnung der Bundesrepublik ist aber die **bilaterale Regelung mit einem einzelnen ausländischen Staat, insbes. in Form der staatsvölkerrechtlichen Sozialversicherungsabkommen (SVA)**. Die SVA realisieren das Prinzip der Gegenseitigkeit und bezwecken eine Gleichstellung der Bürger bzw. versicherungspflichtigen Arbeitnehmer in beiden Abkommensstaaten.

Ursprünglich hatte die Bundesrepublik mit vielen europäischen Nachbarländern, ebenso wie mit Staaten in verschiedenen Kontinenten, jeweils SVA als bilaterale Verträge geschlossen. Durch die Fortentwicklung der Europäischen Einigung bis hin zur heute auch politisch verankerten Europäischen Union und deren regelmäßige Erweiterungen reduzierte sich der Bedarf für bilaterale SVA im Verhältnis zu fast allen europäischen Nachbarländern deutlich. Insoweit ist die Rechtsetzung der Europäischen Union für die Sozialversicherung vorrangig.

---

45 Vgl. dazu Schulte, SRH, 3. Aufl. 2003, S. 1611, 1612.

46 Vgl. Steinmeyer, SRH, 3. Aufl. 2003, S. 1584, 1585.

Verblieben sind jedoch noch **Vereinbarungen mit Nicht-EU-Ländern**, wie etwa der Schweizer Eidgenossenschaft, mit der Republik Polen, die ab 2004 ebenfalls zur EU zählt, mit der Türkei als einem Hauptausgangsland für den Zuzug der Gastarbeiterbevölkerung, der ehemaligen Republik Jugoslawien bzw. deren Nachfolgestaaten. Gleiches gilt für die afrikanischen Länder Marokko und Tunesien, die ebenfalls Ursprungsländer einer erheblichen Anzahl von zugewanderten Arbeitskräften speziell im Bergbau sind. Auch die **Staaten, in die Deutsche in großer Anzahl auswanderten**, sind Vertragspartner von SVA. Zu nennen sind hier speziell die Vereinigten Staaten von Amerika, Kanada sowie Australien.

Schließlich existiert seit langem ein SVA mit Israel. Praktisch bedeutsam ist es angesichts der historischen Besonderheiten durch die Massenverfolgung und -vernichtung von Juden in der NS-Zeit. Es regelt u.a. die Umsetzung der rentenrechtlichen Regelungen zur Wiedergutmachung nationalsozialistischen Unrechts für die Überlebenden bzw. Hinterbliebenen des Holocaust, WGSVG von 1971 und Fremdrentengesetz (FRG).

Inhaltlich können SVA entweder nur Teilgebiete, wie etwa die Arbeitslosen- oder Unfallversicherung, erfassen. Überwiegend regeln sie aber auch die Rentenversicherung. Konkret enthalten sie zumeist **Abgrenzungsnormen**, um Überschneidungen bei der Anwendung der Rechtsvorschriften beider beteiligter Staaten zu vermeiden, zudem Regelungen über Lückenschließung im Sinne eines internationalen Versicherungsverlaufs für Rentenleistungen und schließlich Vorschriften über die Zusammenarbeit der beteiligten Staaten zur Durchführung des jeweiligen SVA. Dazu werden **Verbindungsstellen** geschaffen, die allgemein im Rechtsverkehr mit den ausländischen Versicherungsträgern zuständig sind.[47]

Eine Besonderheit ergibt sich bei den **SVA der ehemaligen DDR mit einer Anzahl früher ebenfalls kommunistischer Staaten des Ostblocks**. Art. 12 des Einigungsvertrags vom 31.08.1990 stellte die im Wege der Staatennachfolge zu beurteilenden Vereinbarungen zur Überprüfung. Das bedeutet, dass die entsprechenden Verträge mit den Vertragspartnern der ehemaligen DDR zu erörtern sind, um die Geltung, Anpassung oder das Erlöschen zu vereinbaren. Dazu galt für eine Übergangszeit bis Ende 1992 eine Verordnung über die vorübergehende weitere Anwendung u.a. völkerrechtlicher Verträge der DDR im Bereich der sozialen Sicherheit, soweit zum Stichtag 31.12.1992 bereits ein Leistungsanspruch nach Maßgabe der Abkommen bestand.

2.2 Bundesdeutsches Sozialrecht im Kontext der Europäischen Union

Das europäische Gemeinschaftsrecht beruht auf den **Römischen Verträgen vom März 1957, u.a. zur Gründung der Europäischen Wirtschaftsgemeinschaft** (EWG). Nach dem EG-Vertrag (EGV) sind Instrumente des Gemeinschaftsrechts u.a. Verordnungen mit allgemeiner Geltung und verbindlicher Rechtswirkung für jeden Mitgliedsstaat.

Der EG-Vertrag strebt die Schaffung eines einheitlichen Wirtschaftsraumes an und garantiert dazu umfassende Freiheiten hinsichtlich des Waren-, Personen-, Dienstleistungs-, Kapital- und Zahlungsverkehrs. Darüber hinaus wird die Freiheit des Personenverkehrs durch Freizügigkeit der Arbeitnehmer und das Niederlassungsrecht ausgestaltet. Die **Arbeitnehmerfreizügigkeit ist in Art. 39 EG-**

47 Vgl. den Überblick über die Verbindungsstellen bei: Petersen, SRH, 3. Aufl. 2003, S. 1722.

Vertrag neue Fassung (vormals: Art. 48 EG-Vertrag) und die Niederlassungsfreiheit in Art. 43 EG-Vertrag n.F. (vormals Art. 52 EG-Vertrag) verbürgt.[48]

Ziel ist es zum einen, zu verhindern, dass sozialschutzbedürftige Personen entweder durch mehrere Staaten mehrfach oder aber durch gar keinen Staat gesichert werden. Andererseits sind die Auswirkungen nationaler Sozialrechtsnormen beim Export von Geldleistungen, der Zusammenrechnung von Versicherungszeiten oder der Leistungsaushilfe zu koordinieren. Das heißt, dass die nationalen Vorschriften der einzelnen Mitgliedsstaaten der EU über die soziale Sicherheit soweit aufeinander abgestimmt werden sollen, wie das die Mobilität der Arbeitskräfte bzw. die Freizügigkeit in der Gemeinschaft erfordern.[49] Daraus folgt zugleich die Begrenzung der **Koordinierungsaufgabe** im Sozialrecht. Denn die Abstimmung der einzelnen Rechtsordnungen aufeinander soll **keine uneingeschränkte Harmonisierung** im Sinne absoluter Gleichbehandlung bewirken. Vielmehr sollen nationale Rechtsvorschriften auch zur sozialen Sicherheit weiter gelten.[50]

Tatsächlich wurde der Sozialrechtsschutz in der Europäischen Union maßgeblich durch die Rechtsprechung des EuGH insbes. zur Auslegung der **„Wanderarbeitnehmer-Verordnung"** (EWG) 1408/71 fortentwickelt.[51] Beispielhaft dafür seien die Grenzgänger genannt, die bei Wohnsitz im EU-Ausland und einem Beschäftigungsverhältnis im Bundesgebiet unter bestimmten Voraussetzungen auch **Anspruch auf Erziehungsgeld nach dem BErzGG** haben.[52] Das strikte Territorialitätsprinzip, vgl. § 30 SGB I, wird zunehmend vom EuGH eingeschränkt und die sozialen Rechte gerade auch für Wanderarbeitnehmer und sonstige Personen mit EU-Auslandsbezug gestärkt. Das zeigen exemplarisch auch noch Entscheidungen des EuGH vom 28.04.1998 zur Frage der **Kostentragung bei Beschaffung von Hilfsmitteln durch deutsche Krankenversicherte** beispielsweise in Luxemburg, Rechtssache C-120/95. Die deutsche Krankenkasse musste die Kosten für eine im EU-Ausland zu günstigeren Konditionen beschaffte Brillenfassung übernehmen. Ebenso urteilte der EuGH in der Rechtssache C-158/96 zu einem Anspruch des Versicherten auf **Kostenerstattung für Zahnbehandlung in einem anderen EU-Mitgliedsstaat** gegen die deutsche Krankenkasse.[53] Mittlerweile ist auch bei **stationären Behandlungen im EU-Ausland** anerkannt, dass eine vorherige Genehmigung durch die Krankenkasse des Heimatlandes jedenfalls bei dringend erforderlichen Krankenhausleistungen mit EU-Recht nicht mehr vereinbar ist.[54] Gleiches ist mittlerweile in der Rspr. des BSG für ambulante Behandlungen anerkannt[55] und wird seit dem 01.01.2004 durch § 13 Abs. 4 SGB V ausdrücklich geregelt.

Am 09.10.2003 hat die EU-Kommission einen geänderten Vorschlag für eine Verordnung zur Koordinierung der Systeme der sozialen Sicherheit vorgelegt.[56] Am 29.04.2004 haben Rat und Parlament die entsprechende **Verordnung Nr. 833/2004 zur Koordinierung der sozialen Sicherungssysteme** beschlossen. Verordnung Nr. 833/2004 wird in weiten Teilen die Wanderarbeitnehmerverordnung 1408/71 ablösen, sobald die erforderliche Durchführungsverordnung (voraussichtlich im Jahre 2009) erlassen ist.[57]

---

48 Fuchs in: Kommentar zum Europäischen Sozialrecht, 4. Aufl. 2005, S. 7, 8.

49 Vgl. Schulte: SRH, 3. Aufl. 2003, S. 1618.

50 Vgl. Muckel, Sozialrecht 2007, S. 454–456 m.w.N.

51 Vgl. Haverkate/Huster, Europäisches Sozialrecht, 1999.

52 Urteile des EuGH v. 10.10.1996 in verbundenen Rechtssachen, Höver/Zachow, C-245/94 und C-312/94.

53 Vgl. NJW 1998, S. 1769 ff. m.w.N. (Kohl u. Decker).

54 EuGH, Urt. v. 25.02.2003, C-326/00, NZS 2003, 200 ff.

55 BSG, Urt. v. 13.07.2004, B 1 KR 11/04 R (SGb 2005, 293–298, mit Anm. Fuchs/Honx, SGb 2005, 298–300).

56 KOM 2003, 596.

57 S. Muckel, Sozialrecht 2007, S. 529.

Fall 3: Pflegeprobleme mit Portugal

Frau Santos (S) ist 1934 an der portugiesischen Algarve geboren. Im Zuge der Gastarbeiteranwerbung reiste sie 1963 ins Bundesgebiet ein und arbeitete bis 1997 als Sortiererin von Kleinteilen in einem metallverarbeitenden Betrieb im Sauerland. 1999 kehrte sie endgültig in ihre portugiesische Heimat zurück. Seitdem bezieht sie auch Altersrente von der LVA Westfalen aus der deutschen gesetzlichen Rentenversicherung. Im Jahre 2000 erlitt sie einen Schlaganfall mit Halbseitenlähmung und ist dauerhaft erheblich pflegebedürftig. Sie fragt beim portugiesischen Generalkonsulat in der nordrhein-westfälischen Landeshauptstadt Düsseldorf an, ob

a) ihr Pflegegeld aus der Pflegeversicherung bei der AOK Westfalen-Lippe auch in Portugal ausgezahlt werden kann,

b) ihre Tochter Anita (A), die bereits seit Jahren mit eigener Familie in Portugal lebt, für die Zeiten ihrer Pflege seit dem Jahr 2000 Anspruch auf Anerkennung als Versicherungszeit in der deutschen gesetzl. Rentenversicherung hat.

(A) Anspruch der S auf Pflegegeldzahlung in Portugal

(I) Anspruch auf Pflegegeld gemäß § 37 Abs. 1 SGB XI

Nach § 37 Abs. 1 SGB XI können Pflegebedürftige anstelle der häuslichen Pflegehilfe ein Pflegegeld beantragen. Die Vorschrift ermöglicht es, dass der Pflegebedürftige mit dem Pflegegeld die erforderliche Grundpflege und hauswirtschaftliche Versorgung in geeigneter Weise selbst sicherstellt, § 37 Abs. 1 S. 2 SGB XI. Die monatliche Höhe des Pflegegeldes hängt im Übrigen von der anerkannten Pflegestufe, Stufe I bis III, ab, vgl. im Einzelnen § 15 SGB XI.

Allerdings könnte es auf den tatsächlichen Umfang der Pflegebedürftigkeit der S schon wegen entgegenstehender gesetzlicher Vorschriften nicht ankommen. Nach § 34 Abs. 1 Nr. 1 SGB XI **ruht nämlich der Anspruch auf Leistungen aus der gesetzlichen Pflegeversicherung, solange sich der Versicherte im Ausland aufhält**. Ausnahmen sind allein vorgesehen bei vorübergehendem Auslandsaufenthalt von bis zu 6 Wochen im Kalenderjahr. Ein solcher Ausnahmefall ist bei dauerndem Lebensmittelpunkt der S in Portugal seit dem Jahr 1999 nicht gegeben. Wegen der entgegenstehenden einfachgesetzlichen **Ruhensvorschrift des § 34 Abs. 1 Nr. 1 S. 1 SGB XI** entfiele daher der Anspruch auf Pflegegeldleistungen für S in Portugal.

(II) Zahlungsanspruch nach EU-Recht

(1) Allerdings werden Normen des nationalen Sozialrechts im Verhältnis zu Angehörigen anderer EU-Staaten im Einzelfall durch Vorschriften des europäischen Sozialrechts verdrängt bzw. modifiziert, vgl. auch § 6 SGB IV. In Betracht kommt hier die Verordnung (EWG) Nr. 1408/71. Diese gilt speziell für die **soziale Sicherheit der Wanderarbeitnehmer innerhalb der EU-Staaten**.

Im Interesse der **Sicherung der Freizügigkeit** (Art. 48 EG-Vertrag = Art. 39 EG-Vertrag n.F.) und der **Niederlassungsfreiheit** (Art. 52 EG-Vertrag bzw. Art. 43 EG-Vertrag n.F.) sollen Mehrfachleistungen ebenso wie völliger Leistungsausfall ausgeschlossen sowie die Exportfähigkeit einzelner Sozialleistungen innerhalb der EU gewährleistet werden.

Das Europäische Sozialrecht gilt für alle Arbeitnehmer und Selbstständige, soweit sie Leistungsrechte oder -anwartschaften in einem Mitgliedsstaat erworben und die Staatsangehörigkeit eines EU-Mitgliedsstaates haben, vgl. Art. 2 Abs. 1 Verordnung (EWG) Nr. 1408/71. Gleiches bestätigt die voraussichtlich ab 2009 anzuwendende Nachfolgeverordnung 883/2004.[58] Zudem existiert für beitragsunabhängige Leistungen, wie etwa Sozialhilfe, die **Freizügigkeitsverordnung (EWG) 1612/68**.[59] Sie haben allgemein und unmittelbar Geltung in jedem Mitgliedsstaat der EU und sind von den innerstaatlichen Gerichten jedes EU-Mitgliedslandes anzuwenden bzw. auszulegen.

(2) Der **sachliche Geltungsbereich der Verordnung (EWG) 1408/71 (= Wanderarbeitnehmerverordnung)** für verschiedene Zweige der sozialen Sicherheit ergibt sich u.a. aus Art. 4. Ausdrücklich ist das Risiko der Pflegebedürftigkeit im Leistungskatalog des Art. 4 Abs. 1 Wanderarbeitnehmerverordnung zwar nicht erwähnt. Gleiches gilt in der Neufassung durch Art. 3 VO (EG) 883/2004 ab 2009.[60] In § 1 Abs. 1 SGB XI wird die Pflegeversicherung jedoch als neuer eigenständiger Zweig der Sozialversicherung definiert.

Gesetzeshistorisch ist zu beachten, dass bei Erlass der Verordnung (EWG) 1408/71 im Juni 1971 die erst 1994 vom Bundestag verabschiedete Pflegeversicherung des SGB XI noch gar nicht bekannt sein konnte. Allerdings entspricht **Pflegegeld einer Leistung bei Krankheit**. Pflegebedürftigkeit als versichertes Risiko unterfällt mithin den Begriffen Krankheit bzw. Behinderung, vgl. auch § 14 Abs. 1 SGB XI. Nach der Rechtsprechung des EuGH umfasst der Krankheitsbegriff i.S.d Wanderarbeitnehmerverordnung grds. alle Gesundheitsrisiken.[61]

Folglich richtet sich der Anspruch der S nach den Regelungen zu Leistungen bei Krankheit i.S.v. Art. 4 Abs. 1 lit. a, Art. 19 Wanderarbeitnehmerverordnung bzw. ab 2009 nach Art. 34 VO (EG) 883/2004.[62]

(3) Problematisch ist dann jedoch, ob **Pflegegeld eine Geldleistung oder eine sog. Sachleistungsaushilfe** darstellt. Grundsatz ist, dass der Träger des Wohnortstaates nach den dort geltenden Normen Sachleistungen erbringt. Allerdings werden nach europäischem Gemeinschaftsrecht Sachleistungen nicht exportiert. Das gilt nicht nur bei den Leistungen wegen Krankheit, sondern generell für alle Sozialversicherungszweige, vgl. auch Art. 19 Abs. 1 lit. a bzw. lit. b Verordnung (EWG) 1408/71 bzw. ab 2009 die Grundregel des Art. 7 VO (EG) 883/2004 mit den Kollisionsnormen der Art. 11 ff. dieser Verordnung. Geldleistungen hingegen sind einfach exportfähig. Sie können z.B. per Überweisung von den zuständigen Pflegekassen transferiert werden und damit Zahlungsansprüche nach dem SGB XI auch im Ausland erfüllen.

---

58 Ausführlich dazu Eichenhofer, Sozialrecht, 6. Aufl. 2007, S. 48–56 und Louven, ZAP Fach 25, 177–188.

59 Vgl. Muckel, Sozialrecht 2007, S. 529–532 m.w.N

60 Dazu Eichenhofer, Sozialrecht, 6. Aufl. 2007, S. 50, 51.

61 EuGH, Urteil v. 10.01.1980, Rechtssache 69/79; vgl. auch Schötz, Deutsche Angestelltenversicherung (DAngVers.) 1995, 177 m.w.N.

62 Vgl. Eichenhofer, Sozialrecht, 6. Aufl. 2007, S. 51 m.w.N.

Bei der Abgrenzung, ob Pflegegeld eine Geld- oder eine Sachleistung darstellt, ist wiederum das Recht der EU maßgeblich. Entscheidend kommt es auf Inhalt und Funktion der Sozialleistung an.[63] Auch die Sachleistungsaushilfe ist keine in Geld erbrachte Leistung, sondern tritt an die Stelle einer Sachleistung, ohne den allgemeinen Lebensunterhalt zu sichern. Exportfähige Geldleistungen sind hingegen die Sozialleistungen, die einen Verdienstausfall ersetzen oder dem allgemeinen Lebensunterhalt dienen.[64]

Zur Abgrenzung existiert **unterschiedliche Rechtsprechung**.

(a) So hatte z.B. das LSG NRW die Auffassung vertreten, dass **Pflegegeld i.S.v. § 37 Abs. 1 SGB XI eine Sachleistung** sei. EG-rechtlich handle es sich um keine Geldleistung, da damit ambulant selbst beschaffte Pflegehilfen bezuschusst werden sollten. Im Übrigen spräche dafür auch § 37 Abs. 3 SGB XI mit der Verpflichtung, abhängig von der anerkannten Pflegestufe innerhalb eines bestimmten Zeitraumes eine Anzahl von Pflegeeinsätzen durch zugelassene professionelle Pflegeeinrichtungen anzufordern.[65] Den im EU-Ausland lebenden Versicherten stünden nur dann Pflegeleistungen zu, wenn das ausländische System derartige vorsieht. Fehle es daran in dem jeweiligen EU-Land, so sei der Wohnstaat nach Art. 25 Verordnung (EWG) 1408/71 und nicht der Staat der vormaligen Beschäftigung, d.h. die Bundesrepublik Deutschland, aufgefordert, diese Sicherungslücke zu schließen.

(b) Anderer Ansicht ist hingegen der EuGH. Nach dem Urteil[66] in der **Rechtssache „Molenaar“** verstößt es u.a. gegen Art. 25 Abs. 1 und Art. 28 Abs. 1 Verordnung (EWG) 1408/71, den Anspruch auf eine Leistung wie das **Pflegegeld als Geldleistung bei Krankheit** davon abhängig zu machen, dass der Versicherte in dem Staat wohnt, in dem er die Versicherung abgeschlossen hat.

Das bedeutet, dass die Auszahlung von Pflegegeld als Geldleistung bei Krankheit selbst in einen Mitgliedsstaat, in dem der Versicherte wohnt, verlangt werden kann, wenn das Recht des entsprechenden Wohnsitzlandes derartige Leistungen gar nicht vorsieht. Dieser Anspruch ist als Geldleistung grds. auch exportfähig. Denn damit sollen die durch Pflegebedürftigkeit verursachten Kosten u.a. für häusliche Pflege bei Zahlung monatlichen Pflegegeldes eine selbstgewählte Sicherstellung der Pflege durch den Versicherten ermöglichen.[67]

(c) Auch in der Literatur wird dem EuGH folgend bei Pflegebedürftigkeit ein exportfähiger Leistungsanspruch für das Pflegegeld nach dem maßgeblichen bundesdeutschen Recht befürwortet.[68] Folglich ist angesichts der differenzierenden und damit überzeugenderen EuGH-Rechtsprechung **trotz der Ruhensanordnung in § 34 Abs. 1 Nr. 1 S. 1 SGB XI** der Anspruch der S auf Pflegegeldzahlung nach Portugal u.a. aufgrund Art. 18 ff., 19 Abs. 1 lit. b Wanderarbeitnehmerverordnung anzunehmen. Gleiches ist mittlerweile grds. anerkannt für die Geldleistungen der privaten Pflegeversicherungen.[69]

Ein Antrag des Generalkonsulats mit Vollmacht der S auf Leistung von Pflegegeld auch nach Portugal wäre grundsätzlich erfolgversprechend.

Die konkrete Höhe des Pflegegelds hängt von der anzuerkennenden Pflegestufe ab. Diese wäre vom zuständigen Medizinischen Dienst der Krankenkassen (MDK) nach

63 Urteil des EuGH v. 01.12.1965, Rechtssache 33/65 „Dekker“.

64 Vgl. dazu Meyering, Bundesarbeitsblatt Heft 8/9 (BArBl.) 1994, 58 ff.

65 Beschl. v. 17.03.1997, L 16 B 16/96, unveröffentlicht.

66 Vom 05.03.1998, Rechtssache C-160/96, NJW 1998, 1767–1769.

67 Ebenso EuGH, Urt. v. 08.03.2001; (Jauch) NJW 2001, 2783.

68 Schaaf, SGb 1999, 274 ff., 282 m.w.N.; dazu auch Eichenhofer, Sozialrecht, 6. Aufl. 2007, S. 53 m.w.N.

69 BSG, Urt. v. 28.09.2006 – B3P3/05R sowie EuGH, Urt. v. 08.07.2004 – 502/01 u. C-31/02 – in den Rechtssachen „Gaumain-Cerri“ und „Barth“.

dem SGB XI u.a. durch Beiziehung aussagekräftiger ärztlicher Auskünfte und Unterlagen, vgl. § 18 Abs. 3 SGB XI, festzustellen.

(B) Anspruch der A auf rentenrechtliche Anerkennung der Pflege für S

(I) Seit Einführung der sozialen Pflegeversicherung im Jahr 1995 sieht § 3 S. 1 Nr. 1 a SGB VI eine **Versicherungspflicht kraft Gesetzes für nicht erwerbsmäßige Pflegepersonen** vor. Voraussetzung ist, dass ein Pflegebedürftiger i.S.v. § 14 SGB XI nicht erwerbsmäßig wenigstens 14 Stunden wöchentlich in seiner häuslichen Umgebung gepflegt wird (nicht erwerbsmäßig tätige Pflegepersonen). Zur Verbesserung der sozialen Absicherung von Pflegepersonen, vgl. § 19 SGB XI, sind Beiträge von den Pflegekassen bzw. privaten Pflegeversicherungsunternehmen an die Träger der gesetzlichen Rentenversicherung zu entrichten, § 44 Abs. 1 S. 1 SGB XI. Das Nähere bestimmen u.a. §§ 3 bzw. 141, 166 und 170 SGB VI.

Für die Pflegeleistung der A zugunsten ihrer pflegebedürftigen Mutter S ab dem Jahr 2000 ist § 3 S. 1 Nr. 1 a SGB VI einschlägig. Voraussetzung ist eine nicht erwerbsmäßige Pflegetätigkeit im Umfang von wenigstens 14 Stunden wöchentlich innerhalb der häuslichen Umgebung. Dies ist bei der Pflege durch A, auch vom Umfang der Pflegeleistung, gegeben.

(II) Geltung für Pflege im EU-Ausland?

(1) Allerdings wird diese Pflegetätigkeit nicht in der Bundesrepublik, sondern in Portugal erbracht. Eine **Regelung über den räumlichen Anwendungsbereich** enthält insoweit weder § 44 SGB XI als Einweisungsvorschrift zur verbesserten sozialen Sicherung der Pflegepersonen noch die Norm zur gesetzlichen Rentenversicherungspflicht, § 3 S. 1 Nr. 1 a SGB VI.

Allerdings könnte **die Durchführung der sozialen Absicherung der Pflegeperson dem Anspruch auf Pflegegeld** folgen. Dafür spricht das Urt. des EuGH[70] in der Rechtssache „Molenaar". Nach dieser Entscheidung gehört zu den Leistungen bei Krankheit i.S.v. Art. 28 Abs. 1 Verordnung (EWG) 1408/71 auch die begleitende soziale Sicherung der Pflegepersonen u.a. im Alter.

Danach hinge die Durchführung der Rentenversicherung zugunsten von A nicht davon ab, dass die pflegebedürftige S auch in dem Staat lebt und wohnt, in dem sie der Pflegeversicherung i.S.d. SGB XI angehörte, d.h. in der Bundesrepublik Deutschland. Angesichts des Sachzusammenhangs und des Regelungszwecks, die begleitende soziale Absicherung der Pflegepersonen sicherzustellen, erscheint diese Ausdehnung sinnvoll und sachgerecht.

(2) Fraglich ist dann aber noch die **Vereinbarkeit mit § 3 Nr. 1 SGB IV**. Danach erstreckt sich der persönliche und räumliche Geltungsbereich der Versicherungspflicht bei einer Beschäftigung auf die Personen, die im Geltungsbereich dieses Gesetzes beschäftigt sind. Das bedeutet, dass die Versicherungspflicht – mit Ausnahmen gemäß § 6 SGB IV – prinzipiell auf das Bundesgebiet beschränkt ist.

---

70 Vom 05.03.1998, Rechtssache C 160/96, NJW 1998, S. 1767 ff.

Jedoch lässt sich die Berücksichtigung familiärer Pflegetätigkeit im Ausland für eine dort nach dem SGB XI berechtigte Person aus anderen Erwägungen rechtfertigen. Die **Pflege von Angehörigen ist ein sozialadäquates und damit an sich schutzwürdiges Verhalten**. Der soziale und speziell rentenrechtliche Schutzbedarf von Pflegepersonen, die mit erheblichem Zeitaufwand und unter Ausschluss der Möglichkeit, einer anderen versicherten Erwerbstätigkeit nachzugehen, einen pflegebedürftigen Angehörigen versorgen, ist seit langem anerkannt.[71] Mit der Einführung u.a. der vollwertigen Pflegebeitragszeiten ab April 1995 hat der Gesetzgeber den sozialen Wert der nicht erwerbsmäßigen Pflegetätigkeit sowie das **Schutzbedürfnis der betroffenen Pflegepersonen** in der Rentenversicherung nochmals ausdrücklich bestätigt.[72]

(3) Mithin bestehen auch aufgrund dieser Gesichtspunkte überzeugende Gründe dafür, die Pflege naher Angehöriger in einem anderen Mitgliedsstaat der EU u.a. im Hinblick auf die **europarechtlich garantierte Freizügigkeit der Arbeitnehmer, Art. 39 EG-Vertrag n.F.**, im Verhältnis zu einer inländischen Pflegetätigkeit gleich zu behandeln. Auch dann darf es für eine Pflegeperson nach Art. 19 Verordnung (EWG) 1408/71 nicht nachteilig sein, wenn der pflegebedürftige Angehörige außerhalb Deutschlands lebt.[73]

(III) Problematisch ist schließlich, wer über die **Durchführung der Pflichtversicherung** für A zu entscheiden hat. Die Beitragszahlungspflicht gem. § 44 SGB XI setzt die Feststellung der Versicherungspflicht i.S.d. § 3 S. 1 Nr. 1 a SGB VI durch den Träger der gesetzlichen Rentenversicherung voraus.[74]

Allerdings könnte sich aufgrund § 44 SGB XI ebenso eine **Zuständigkeit der Pflegekassen i.S.d. SGB XI** ergeben. Jedoch bestehen auch nach den Gesetzesmotiven Zweifel daran, dass nun die Pflegekassen ermächtigt werden sollten, zugleich über die Rentenversicherungspflicht zu entscheiden. Problematisch wäre dies insbes. bei den nach § 44 Abs. 1 S. 1 SGB XI auch beitragspflichtigen privaten Versicherungsunternehmen. Diese würden systemfremd wie Beliehene über die öffentlich-rechtliche Rentenversicherungspflicht befinden.[75]

Zuständig für die Feststellung der Versicherungspflicht der A ist entweder nach der Auffangregelung in § 126 Abs. 3 SGB VI die BfA (seit 2005: die DRV-Bund) in Berlin oder auf Antrag die Rentenversicherung der Arbeiter in Gestalt einer sog. Auffang-LVA. Dies wäre nach § 130 Abs. 3 SGB VI die Landesversicherungsanstalt Rheinprovinz (seit 2005: DRV Rheinland) in Düsseldorf. Dort kann das portugiesische Generalkonsulat, ebenfalls in Düsseldorf, auch **mit Aussicht auf Erfolg die Pflichtversicherung der A gemäß § 3 Nr. 1 SGB VI beantragen**. Die Beiträge gem. § 44 SGB XI hat dann die AOK Westfalen-Lippe als Pflegekasse der S an die BfA bzw. die LVA (seit Oktober 2005: DRV Bund bzw. Rheinland) zu zahlen.

– – –

71 Vgl. z.B. Igl, Deutsche Rentenversicherung (DRV) 1986, S. 40 m.w.N.

72 Vgl. Urt. des BSG v. 01.02.2001, B 13RJ 37/00 R, BSGE 87, 269–276.

73 EuGH, Urt. v. 08.07.2004, Rechtssache C-502/01 („Gaumain-Cerri"), dazu: Petersen/Marx, DAngVers 2004, 297–299.

74 Zur Feststellung der Pflegeversicherungspflicht: Urt. d. BSG v. 26.01.2005 – B12P4/02R; zum Krankenversicherungsschutz: Urt. d. BSG v. 05.07.2005 – B 1 KR4/04R.

75 BT-Drs. 14/4375, S. 48, vgl. Urt. des BSG v. 22.03.2001, B 12 P 3/00 R, SGb 2001, 379.

2. Teil: Allgemeine sozialrechtliche Vorschriften, insbes. des SGB I

1. Abschnitt: Überblick und allgemeine Regelungsinhalte des SGB I

1. Übersicht

Das SGB I ist zum 01.01.1976 in Kraft getreten und damit der älteste Teil des Sozialgesetzbuchs. Es beinhaltet den **Allgemeinen Teil**, wie auch aus sonstigen Kodifikationen, etwa im Bürgerlichen Recht oder im Strafrecht (BGB, StGB), bekannt. Durch § 68 Nr. 1–17 SGB I werden im Wege einer **Fiktion eine Anzahl selbstständiger Gesetze als weitere Teile des Sozialgesetzbuchs** einbezogen.

2. Das Regelungsprinzip des SGB I

Im ersten Abschnitt, §§ 1–10 SGB I, werden die **Aufgaben des SGB**, nach § 1 die soziale Gerechtigkeit und Sicherheit, sowie die einzelnen sozialen Rechte definiert, §§ 3–10 SGB I. Der 2. Abschnitt sieht in §§ 11–17 SGB I allgemeine Vorschriften über die Leistungsarten, zu Beratung und Aufklärung sowie zur Antragstellung vor. Die einzelnen Sozialleistungen und jeweiligen Leistungsträger behandeln die **§§ 18–29 SGB I als sog. Einweisungsvorschriften**. Die Durchführung der **Leistungserbringung ist in den §§ 30–67 SGB I** geregelt. Als gemeinsame Vorschriften für alle Bereiche des SGB sind sie wesentliche Grundnormen für den Ablauf eines sozialrechtlichen Leistungsfalls vom Antrag über die Leistungserbringung einschließlich entgegenstehender Einwände und Hindernisse bis hin zur sog. Sonderrechtsnachfolge im Todesfall.

Systematisch ist hier insbes. von Bedeutung der **Subsidiaritätsvorbehalt im § 37 SGB I**. Danach gelten das SGB I und das SGB X für alle Leistungsbereiche des SGB, soweit sich aus den übrigen Büchern nicht Abweichendes ergibt. Demzufolge haben spezielle Sondervorschriften in den jeweils eigenständigen weiteren Büchern des SGB Vorrang vor den allgemeinen Vorschriften gem. §§ 37–67 SGB I. Neben der Subsidiaritätsklausel ist gerade bei der Fallbearbeitung auch noch der **strenge Gesetzesvorbehalt i.S.v. § 31 SGB I** zu beachten. Privatrechtliche Vereinbarungen unter Abweichung von Vorschriften des SGB zum Nachteil eines Sozialleistungsberechtigten sind nichtig. Entscheidend ist für Rechte und Pflichte in allen Sozialleistungsbereichen die Existenz einer ausdrücklichen Rechtsnorm, d.h. eine Gesetzesgrundlage. Ergänzend gilt zudem – parallel zum Allgemeinen Gleichbehandlungsgesetz (AGG) – seit 2006 § 33 c SGB I als ausdrückliches sozialrechtliches Benachteiligungsverbot.[76]

76 Dazu Oppermann, ZESAR 2007, 432–437; Schäfer, LNK, § 33 c SGB I Rdnr. 2–4.

Schließlich ist der **Grundsatz der Einheit der Rechtsordnung** dadurch gewahrt, dass Regelungen aus sonstigen Rechtsgebieten in Vorschriften des SGB „hinein zu lesen" sind, soweit das SGB selbst keine eigene Anordnung trifft. Das bedeutet z.B., dass anderweitig gesetzlich bereits bestimmte und definierte Begriffe bzw. Rechtsfiguren zur Ausfüllung entsprechender Tatbestandsmerkmale im SGB herangezogen werden. Dies gilt z.B. für die Bestimmung von Begriffen wie Ehe oder des Kindschaftsverhältnisses nach dem Familienrecht des BGB oder bei der Rechtsnachfolge gem. §§ 56 ff. SGB I für das gesetzliche Erbrecht nach §§ 1922 ff. BGB.

3. Allgemeine Anwendungsgrundsätze

3.1 Der persönliche Geltungsbereich

Nach § 30 Abs. 1 SGB I gelten die Vorschriften des SGB für alle Personen, die ihren Wohnsitz oder gewöhnlichen Aufenthalt in seinem Geltungsbereich haben. Entscheidend ist damit nicht die Staatsangehörigkeit, sondern der Wohnsitz oder gewöhnliche Aufenthalt. Modifiziert wird dies in der Sozialversicherung durch das **Beschäftigungsortsprinzip gemäß § 3 SGB IV**. Danach ist nicht der Wohnsitz oder Aufenthalt entscheidend, sondern der Ort, an dem eine Beschäftigung bzw. selbstständige Tätigkeit verrichtet wird.

Aufgrund der **Subsidiaritätsklausel des § 37 SGB I** findet § 30 SGB I nur insoweit Anwendung, als die einzelnen Sozialleistungsgesetze keine abweichende Regelung enthalten. Mithin ist bei natürlichen Personen grundsätzlich der Wohnsitz oder gewöhnliche Aufenthalt im Bundesgebiet entscheidend. Speziell bei Fragen der **Zugehörigkeit zur gesetzlichen Sozialversicherung einschließlich des Rechts der Arbeitsförderung**, vgl. § 1 Abs. 1 S. 2 SGB IV, ist aber maßgeblich der Beschäftigungsort im Bundesgebiet, mit Sonderregelungen über die Aus- bzw. Einstrahlung, §§ 4, 5 SGB IV.[77]

3.2 Der räumliche Geltungsbereich: Territorialitätsprinzip, Ausstrahlung und Einstrahlung

Grundnorm ist § 30 SGB I, der auf den **Wohnsitz oder ständigen Aufenthalt im Bundesgebiet** abstellt. Unberührt bleibt aber u.a. überstaatliches Recht, vgl. § 6 SGB IV, einschließlich des EU-Sozialrechts, z.B. die Verordnung (EWG) 1408/71. Wohnsitz und gewöhnlicher Aufenthalt werden in § 30 Abs. 3 SGB I erläutert. Zweck der Vorschrift ist es, bloß formellen Wohnsitzbegründungen allein zur Inanspruchnahme von Sozialleistungen entgegenzuwirken.[78] Angesichts des § 3 SGB IV sind in jedem Einzelfall bei Berührungspunkten mit der Sozialversicherung die jeweiligen Sondervorschriften im SGB zu beachten.

So treffen z.B. die §§ 110–114 SGB VI Sonderregelungen für Renten aus der gesetzlichen Rentenversicherung, wie etwa für Leistungen bei teilweiser Erwerbsminderung, die bereits im Inland bestanden haben muss, § 112 SGB VI. Modifikationen gelten wiederum beim Leistungsexport in EU-Staaten durch die Verordnung (EWG) 1408/71 bzw. auch für Wanderarbeitnehmer und sog. Grenzgänger nach der VO (EWG) 1612/68[79] oder aufgrund zwischenstaatlicher Regelungen in Sozialversicherungsabkommen.

77 Mrozynski, SGB I, 3. Aufl. 2003, § 30 Rdnr. 37 m.w.N.

78 BT-Drs. 7/3786, S. 2.

79 Dazu auch EuGH, Urt. v. 18.07.2007 – C-212/05 (Rechtssache „Hartmann") m. Anm. Voelzke, juris PR, Sozialrecht 19/2007 v. 21.09.2007.

Der **Ausstrahlungsgrundsatz gem. § 4 SGB IV** dehnt die Versicherungspflicht und -berechtigung auch auf Personen aus, die **im Rahmen eines inländischen Beschäftigungsverhältnisses befristet in ein Gebiet außerhalb des Geltungsbereichs des SGB entsandt** werden. Der Sitz des Arbeitgebers gilt danach als Schwerpunkt des Beschäftigungsverhältnisses und vermittelt den zu verlangenden Inlandsbezug. Darüber hinaus muss die Entsendung zeitlich begrenzt sein.[80] Das ist z.B. für projektbezogene Auslandseinsätze, etwa Montagetätigkeiten, Lehraufträge oder Forschungsvorhaben, zu bejahen.

Hingegen wird durch die **Einstrahlungsnorm des § 5 SGB IV** einschränkend bestimmt, dass die Vorschriften **nicht für Personen gelten, die in einem ausländischen Beschäftigungsverhältnis stehen und nur befristet ins Inland entsandt werden**. Maßgeblich ist die Eingliederung in den Betrieb.[81] Beispielhaft gilt dies etwa für Personalwanderungen in internationalen Konzernen, die berufliche Erfahrungen ihrer Mitarbeiter in mehreren Einsatzländern erwarten, etwa die Automobilindustrie, Telekommunikationsbranche oder Großchemie. Soweit solche Arbeitskräfte bloß einen vorübergehenden Aufenthalt im Bundesgebiet haben, bleibt das soziale Sicherungssystem des Landes, aus dem sie entsandt wurden, maßgebend.

Aber auch hier gilt der Vorbehalt abweichender Regelungen nach § 6 SGB IV, wonach Vorschriften des über- bzw. zwischenstaatlichen Rechts, insbes. Sozialversicherungsabkommen bzw. die Verordnung (EWG) 1408/71 (ab 2009: VO [EWG] 883/2004), unberührt bleiben, also Abweichendes bezüglich der betroffenen Arbeitnehmer regeln können.

Fall 4: Bielefeld - Boston und zurück

(Fall nach SG Münster, S 8 (2) EG 8/00, Urt. v. 06.05.2002, rechtskräftig)

Frau K ist aus Bielefeld gebürtig und lebt seit Oktober 1998 mit ihrem Ehemann in Boston/USA. Zuvor waren sie in Berlin ansässig gewesen. Herr K arbeitete dort als promovierter Mediziner in der Grundlagenforschung zu gentechnischen Fragestellungen am bundeseigenen Robert-Koch-Institut. Im Sommer 1998 bekam er das Angebot zu einem Forschungsvorhaben mit mehrjährigem Auslandsaufenthalt in seinem wissenschaftlichen Spezialgebiet am Massachusetts Institut for Technologie (MIT) in Boston. Der Lebensunterhalt der Familie war ab Oktober 1998 durch ein Forschungsstipendium des Berliner Vereins für Medizinische Gentherapie, dem auch das Robert-Koch-Institut angehört, gesichert. Das Stipendium wurde zuletzt bis Dezember 2007 verlängert. Dann kehrte die Familie zunächst an den Wohnsitz der Eltern von Frau K in Bielefeld zurück und zog anschließend im September 2008 wieder nach Berlin. Im Juli 2007 hatte Frau K in Boston den Sohn Frank zur Welt gebracht. Sie beantragte Ende 2007 beim deutschen Generalkonsul in Boston Elterngeld nach dem BEEG für Frank und gab dabei zutreffend an, dass die Familie bei Rückkehr zunächst bei ihren Eltern in Bielefeld, wo auch die Steuerangelegenheiten seit 1998 geregelt würden, wohnen werde. Stand Frau K trotz des Auslandsaufenthalts Elterngeld für die ersten 6 Lebensmonate des Kindes Frank von Juli bis Dezember 2007 zu?

---

80 BSGE 60/96; 75, 232; konkretisierend auch BSG, Urt. v. 05.12.2006 – B 11 a AL 3/06R m. Anm. Bieresborn, juris PR, Sozialrecht 16/2007 v. 09.08.2007.

81 BSGE 79, 214.

(I) Zweifelhaft könnte bereits die **Antragstellung** sein. Nach § 16 Abs. 1 S. 1 SGB I sind Anträge auf Sozialleistungen bei dem zuständigen Leistungsträger zu stellen. Dies war hier nicht der Fall. Frau K hatte sich nicht an die Elterngeldkasse, sondern an die **konsularische Vertretung** der Bundesrepublik in Boston gewandt.

Die Konsularbeamten sind aber allgemein dazu beauftragt, Deutschen im Ausland nach pflichtgemäßen Ermessen Rat und Beistand zu gewähren, vgl. § 1, 2. Halbs. Konsulargesetz. Zudem werden auch von Personen, die sich im Ausland aufhalten, Anträge bei den dortigen amtlichen Vertretungen der Bundesrepublik entgegengenommen, § 16 Abs. 1 S. 2 SGB I. Derartige Anträge sind unverzüglich an den zuständigen Leistungsträger weiterzuleiten, § 16 Abs. 2 S. 1 SGB I. Demnach ist davon auszugehen, dass das Generalkonsulat in Boston den Elterngeldantrag an die für Bielefeld zuständige Elterngeldkasse weitergeleitet hat.

(II) Allerdings erfordert der Anspruch auf Elterngeld den **Wohnsitz oder gewöhnlichen Aufenthalt in der Bundesrepublik Deutschland**, § 1 Abs. 1 Nr. 1 BEEG bzw. für das frühere Erziehungsgeld bei Geburten bis 31.12.2006 nach § 1 Abs. 1 Nr. 1 b BErzGG. Für das Elterngeld sind nach der Einbeziehungsklausel des § 68 Nr. 15 SGB I i.V.m. der Einweisungsvorschrift in § 25 Abs. 2, 3 SGB I die weiteren allgemeinen Regeln des SGB I anwendbar. Folglich gilt für die Definition von Wohnsitz und gewöhnlichem Aufenthalt auch hier § 30 SGB I.

Allerdings werden die Begriffe Wohnsitz und gewöhnlicher Aufenthalt **im innerstaatlichen Recht nicht einheitlich** bestimmt. Es ergeben sich vielmehr Abweichungen beispielsweise zum BGB mit der anderslautenden Wohnsitzdefinition des § 7 BGB, aber auch im Bereich der steuerrechtlichen Abgabenordnung (AO) und etwa dem Wehrpflichtrecht. Entscheidend hängt die Begriffsbestimmung vom Zweck der einzelnen Regelung und der Funktion des Begriffs ab.[82]

(III) Die Legaldefinition in § 30 Abs. 3 S. 1 SGB I ist nicht identisch mit § 7 BGB, dem Wohnsitzbegriff des Zivilrechts.[83] Aber auch auf den melderechtlichen Wohnsitz kommt es nicht an.[84] Hingegen beurteilt sich der **sozialrechtliche Wohnsitz objektiv nach den tatsächlichen und wirtschaftlichen Gegebenheiten**.[85] Die tatsächlichen Verhältnisse sind maßgeblich. Der bloße Wille, einen Wohnsitz zu begründen, genügt nicht, wenn die Verhältnisse dem Willen entgegenstehen.[86]

(1) Bei Familie K war aus den Umständen der tatsächlichen Lebensführung und den Begleitvorstellungen auf den Willen zu schließen, den Aufenthalt in Boston seit 1998 auf die Forschungstätigkeit des Herrn K auszurichten. Die **wesentlichen Lebensumstände, wie Wohnen, Leben und Arbeiten der Eheleute sowie Betreuung und Versorgung ihres Kin-**

82 BSG, Urt. v. 27.02.1985, 12 RK 19/84.

83 Vgl. Seewald in: Kasseler Kommentar zum Sozialversicherungsrecht, Band I § 30 SGB I Rdnr. 6.

84 BSGE 53, 49, 52.

85 BSG, Urt. v. 27.09.1990, 14 REg 30/89, SozR 3-7833, § 1 Nr. 2.

86 BSG, Urt. v. 27.09.1990, 14 REg 30/89, SozR 3-7833, § 1 Nr. 2.

des, fanden faktisch in den USA statt. Der Schwerpunkt ihrer Lebensführung ist damit auch am Ort dieser Wohnung anzunehmen.[87]

(2) Fraglich ist, ob die förmliche **polizeiliche Meldung**[88] **oder auch die Durchführung des Einkommensteuer-Jahresausgleichs** beim Bielefelder Finanzamt eine andere Einschätzung stützt.

Nach neuerer Rechtsprechung des BSG ist am Ort der politischen Gemeinde selbst dann die Wohnung anzunehmen, wenn regelmäßig oder tatsächlich täglich für eine gewisse Zeit ein Aufenthalt an einem anderen Ort, etwa wegen Fahrten zum Kindergarten, zum Schulbesuch etc. stattfindet, soweit dort eben keine faktische Zweitwohnung unterhalten wird.[89] Daran fehlte es jedoch auch der Familie K in Bielefeld.

Zusammengefasst hatte Familie K im maßgeblichen Zeitpunkt von der Geburt des Sohnes Frank im Juli 2007 an bis zum Umzug nach Bielefeld Ende 2007 ihren **Wohnsitz in Boston/USA**. Insoweit kommt ein Anspruch auf Erziehungsgeld für diesen Zeitraum nicht in Betracht.

(IV) Allerdings könnte hier wegen des Willens, im Anschluss an das befristete Forschungsvorhaben nach Bielefeld bzw. ins Bundesgebiet zurückzukehren, zumindest ein **gewöhnlicher Aufenthalt im Geltungsbereich des SGB** gegeben sein. Bei der Legaldefinition des § 30 Abs. 3 S. 2 SGB I handelt es sich um eine einheitliche Begriffsbestimmung für sämtliche Bücher des **SGB**. Nach neuerer Rechtsprechung ergibt sich die konkrete rechtliche **Bedeutung des Begriffs auch aus dem Gesetz, das ihn verwendet und nach dessen Sinn und Zweck dieser Ausdruck verstanden werden muss**.[90]

Regelungszusammenhang des BEEG ist es, mit finanziellen Mitteln die Sicherung der Lebensgrundlage zu unterstützen, wenn sich Eltern vorrangig um die Betreuung ihrer Kinder kümmern. Das BEEG dient dazu, Eltern im ersten Lebensjahr des Kindes faktisch mehr Geld zur Verfügung zu stellen.[91] Aus den tatsächlichen Umständen ist hier aber doch darauf zu schließen, dass der **Schwerpunkt der familiären und wirtschaftlichen Bindung in den ersten zwei Lebensjahren** tatsächlich in den USA lag. Die bloße polizeiliche Meldung in Bielefeld ebenso wie die Abwicklung der Steuerangelegenheiten sind für den faktisch zu bestimmenden gewöhnlichen Aufenthalt nicht ausschlaggebend. Etwaige Wünsche oder Absichten bzw. der Wille von Betroffenen, sich an einem Ort aufzuhalten oder einen Wohnsitz dort zu begründen, sind nicht entscheidend.[92] Selbst der **konkrete Entschluss zu einer Auswanderung** steht dem vorangehenden gewöhnlichen Aufenthalt im Land der bisherigen Wohnsitznahme bis zu dessen Verlassen nicht entgegen.[93] Letztlich spricht auch noch die **Bewertung von Kindererziehungszeiten in der gesetzlichen Rentenversicherung, § 56 Abs. 1 SGB VI**, gegen einen Inlandsaufenthalt. So wird ein Kind dann faktisch nicht in der Bundesrepublik erzogen, wenn Mutter und Kind tatsächlich im Ausland leben.[94]

---

87 BSG, Urt. v. 27.04.1978, 8 RKg 2/77.

88 Dazu: BSG, Urt. v. 14.04.1983, 10 RG 15/52.

89 BSGE 80, 288, 295; BSG, Urt. v. 29.11.1995, 14 REg 8/94.

90 BSG, Urt. v. 03.04.2001, B 4 RA 90/00 R, SozR 3-1200, § 30 Nr. 2.

91 Zu den Motiven: BT-Drs. 16/1889, S. 1.

92 BSGE 67, 243, BSGE 70, 138; LSG Rheinland-Pfalz, 31.08.1998, L7J 164/96.

93 Urt. des BSG vom 03.04.2001, B 4 RA 90/00 R.

94 BSG, Urt. v. 15.03.1995, 5 RJ 28/94, BSG-SozR3-2600, § 56 Nr. 6.

Zusammengefasst war weder der Wohnsitz noch ein gewöhnlicher Aufenthalt der Familie K im Bundesgebiet in den ersten 6 Lebensmonaten des Sohnes Frank gegeben. Elterngeld wäre dementsprechend nicht zu gewähren.

(V) Etwas anderes könnte sich jedoch noch aus der Ausnahmevorschrift des § 1 Abs. 2 Nr. 1 BEEG ergeben. Anspruch auf Elterngeld hat danach u.a., wer gem. § 4 SGB IV dem deutschen Sozialversicherungsrecht unterliegt oder von seinem Dienstherrn **zur vorübergehenden Dienstleistung in ein Gebiet außerhalb des Geltungsbereichs entsandt, abgeordnet, versetzt oder kommandiert** wurde.

(1) Auf eine Abordnung, Versetzung oder Kommandierung kann es bei Familie K nicht ankommen. Denn dies sind bereits begrifflich Tatbestände, die ein **besonderes öffentlich-rechtliches Dienst- und Treueverhältnis** voraussetzen. K war hier jedoch als angestellter Arbeitnehmer beschäftigt, sodass diese Varianten auf ihn keine Anwendung finden können.

(2) Es könnte aber noch eine **Entsendung des K im Sinne der Ausstrahlungsnorm des § 4 SGB IV** zur vorübergehenden Auslands-Dienstleistung vorgelegen haben.

Insoweit ist zwar nicht das Robert-Koch-Institut selbst, aber der Forschungsverein, dem auch dieses Institut angehört, als Stipendiengeber seit Oktober 1998 für den Lebensunterhalt der Familie K in den USA eingetreten. Danach könnte das Robert-Koch-Institut als vormaliger Arbeitgeber des K zumindest im Sinne eines Vermittlers aufgetreten sein. Die bloße Rolle einer **Vermittlung für die Durchführung der Stipendienförderung** allein genügt aber noch nicht, um daraus die Arbeitgebereigenschaft herzuleiten.[95] Allgemein erfordert zudem die **Entsendung den Schwerpunkt des Beschäftigungsverhältnisses im Inland**.[96] Nur dann scheidet ein rechtlich selbstständiges Arbeitsverhältnis im Ausland aus. Das setzt voraus, dass der Arbeitnehmer für den Arbeitgeber auch bereits im Inland gearbeitet hat.[97]

Das Robert-Koch-Institut war jedoch ab Oktober 1998 nicht mehr Arbeitgeber des K. Ihren Lebensunterhalt bestritt die Familie vielmehr aus den von dem Forschungsverein gewährten Stipendien. Der Vertrag mit dem Forschungsverein war auf gentechnische Forschungen des K in den USA ausgerichtet. Kommt jedoch wegen objektiver Umstände oder subjektiver Planung der Vertragspartner **nur die Verrichtung von Auslandstätigkeiten** in Betracht, dann muss der sozialrechtliche Versicherungsschutz im Bundesgebiet im Sinne der Entsendungsnorm entfallen.[98]

Ergebnis ist demnach, dass K auch kein entsandter Arbeitnehmer i.S.d. Ausnahmetatbestandes in § 1 Abs. 2 Nr. 1 BEEG i.V.m. § 4 SGB IV war. Dementsprechend war für die Dauer des Auslandsaufenthalts ab Geburt des

95 LSG NRW, Urt. v. 09.11.2001, L 13 KG 3/01.

96 BSG, Urt. v. 25.08.1994, 2 RU 14/93 m.w.N.

97 Vgl. u.a. BSG, Urt. v. 22.06.1989, 8 REg 4/88.

98 BSG, Urt. v. 25.08.1994, 2 RU 14/93; so zu rechtlich verselbstständigten Auslandstocherunternehmen deutscher Firmen auch BSG, Urt. v. 05.12.2006 – B 11 a AL 3/06 R.

Sohnes Frank im Juli 2007 kein Elterngeld zu gewähren. Frau K stand daher wegen der Begrenzung des Elterngeldanspruchs auf 12 Monate, § 4 Abs. 1, Abs. 2 S. 2 BEEG, nur das halbe Elterngeld ab Januar 2008 zu.

– – –

4. Handlungsfähigkeit, Geschäftsfähigkeit und Rechtsfähigkeit

Nach § 36 SGB I sind voll geschäftsfähige Personen handlungsfähig. Die Regelung gebraucht nicht die Begriffe wie §§ 104 ff. BGB und weist auch inhaltlich **Abweichungen zum Recht der Geschäftsfähigkeit nach dem BGB** auf. So sind nach § 36 Abs. 1 SGB I Personen, die bereits das **15. Lebensjahr** vollendet haben, im sozialrechtlichen Sinne handlungsfähig. Diese Fähigkeit bezieht sich auf die Antragstellung, die Geltendmachung und Entgegennahme von Sozialleistungen. Ausnahmen bei nachteiligen Handlungen folgen aus § 36 Abs. 1 S. 2 SGB I.[99] Für Leistungsträger ist bedeutsam, dass überzahlte Leistungen, die einem Kind zu Händen des Erziehungsberechtigten gewährt wurden, im Regelfall nach § 36 Abs. 1 SGB I nur vom Kind selbst zurückgefordert werden können, beispielsweise bei überzahlter Sozialhilfe.[100]

Die Handlungsfähigkeit hat generell auch Auswirkungen für die Handlungen im sozialrechtlichen Verwaltungsverfahren, vgl. § 11 Abs. 1 Nr. 2 SGB X, sowie für die Prozessfähigkeit in eigener Sache beim Rechtsstreit vor dem Sozialgericht, § 71 Abs. 2 SGG.

5. Privatautonomie, sozialer Schutz und das Sozialgeheimnis

§ 32 SGB I bestimmt die **Nichtigkeit von privatrechtlichen Vereinbarungen**, die zum Nachteil des Sozialleistungsberechtigten von den Vorschriften des Sozialgesetzbuchs abweichen. Bei der Regelung handelt es sich um eine Ergänzung zu § 134 BGB (Verstoß gegen gesetzliche Verbote). Im Sozialversicherungsrecht ist die Norm von besonderer Bedeutung bei der Beurteilung der Schwarzarbeiterverhältnisse.[101]

Neben der **Einschränkung der Privatautonomie** ist der **Gesetzesvorbehalt gemäß § 31 SGB I** Ausdruck des sozialen Schutzgedankens.

Nach § 31 SGB I sind u.a. Verwaltungsakte sowohl bei belastenden Handlungen (Eingriffe, Pflichten) als auch bei der Leistungsgewährung (Rechte) nur dann erlaubt, soweit ein Gesetz das vorschreibt oder zulässt. Gesetz ist jede Rechtsnorm, neben den formellen (Bundes-)Gesetzen auch darauf beruhende Rechtsverordnungen oder autonomes Satzungsrecht.[102] So ist nach h.M. z.B. auch eine Anordnung der Bundesanstalt für Arbeit eine autonome Satzung und damit gesetzesgleiches Recht i.S.d. § 31 SGB I.

---

99 LNK (Schäfer), § 36 SGB I, Rdnr. 1, 2.

100 Urt. des VG Braunschweig, NJW 1986, 2270.

101 Vgl. Seewald, Kasseler Kommentar zum Sozialversicherungsrecht, Band I § 32 SGB I Rdnr. 2 ff.

102 Vgl. Seewald, Kasseler Kommentar zum Sozialversicherungsrecht, Band I § 31 SGB I, Rdnr. 7 ff. m.w.N.

Ergänzend wird bereits im SGB I der **Schutz des Sozialgeheimnisses** festgelegt, § 35 SGB I. Die Norm definiert i.V.m. den Begriffsbestimmungen des § 67 Abs. 1 SGB X das Sozialgeheimnis. Dabei stehen Betriebs- und Geschäftsgeheimnisse den Sozialdaten gleich, § 35 Abs. 4 SGB I.

Es handelt sich um eine Grundsatzbestimmung zum sozialrechtlichen Datenschutz. Sie wird im Wesentlichen **konkretisiert durch die §§ 67–85 SGB X**. Für Sozialdaten ist entscheidend, dass es sich um persönliche oder sachliche Verhältnisse hinsichtlich der Aufgabendurchführung der Sozialleistungsträger handelt. Sonstige Daten unterliegen den allgemeinen Datenschutzvorschriften des Bundesdatenschutzgesetzes bzw. der Ländergesetze. Rechtlich normiert § 35 SGB I ein **generelles Verbot der Behandlung von Daten mit einem gesetzlich eng gefassten Erlaubnisvorbehalt** nach Maßgabe der §§ 67 ff. SGB X.

2. Abschnitt: Der Sozialleistungsanspruch

Die **sozialen Rechte im Sinne von §§ 3–10 SGB I** werden durch den besonderen Teil des SGB, also die einzelnen Bücher SGB III bis SGB XI sowie die nach § 68 SGB I einbezogenen selbstständigen Gesetze, **zu subjektiven Rechten** umgeformt. Dadurch wird das Sozialrechtsverhältnis zu einem besonderen **öffentlich-rechtlichen Schuldverhältnis mit Leistungsansprüchen** gem. § 11 SGB I.

Im Übrigen ist der Sozialleistungsanspruch regelmäßig ein **gebundener Anspruch**, abzugrenzen von auch vorgesehenen Ermessensleistungen, vgl. §§ 38, 39 SGB I. Die **Erfüllung bzw. das Erlöschen des Anspruchs**, weitere Veränderungen wie Rückforderung im Wege der Erstattung nach § 50 SGB X, **Einreden wie die Verjährung** nach § 45 SGB I oder zeitlich befristete Leistungsverweigerungsrechte wie beim Ruhen oder bei Sperrzeiten nach den §§ 143, 145 SGB III bestimmen in der konkreten Fallbearbeitung den Ablauf der Überprüfung. Insoweit besteht eine **gewisse Parallele zum allgemeinen schuldrechtlichen Anspruchsaufbau**.

1. Begriff und Arten der Sozialleistung

Unter Sozialleistungen sind die Vorteile i.S.d. Besonderen Teils des SGB zu verstehen, die nach den Vorschriften des SGB dem Einzelnen zur Verwirklichung sozialer Rechte gem. §§ 3–10 SGB I zugute kommen sollen.[103]

103 Vgl. bereits BT-Drs. 7/868, S. 24.

Sozialleistungen

= Leistungen, die Gegenstand des sozialen Rechts sind und die ein Leistungsträger des Sozialrechts dem Bürger zur Erfüllung der in den besonderen Teilen des SGB konkretisierten sozialen Rechte erbringt.

Einteilung der Leistungsarten

1. nach dem Leistungsinhalt, § 11 SGB I

Dienstleistung, § 11 S. 2 SGB I	Sachleistung, § 28 SGB V	Geldleistung, § 44 SGB V, § 116 SGB III, § 118 SGB VI

2. nach ihrer Funktion

Präventionsleistungen	Restitutionsleistungen	Kompensationsleistungen
= Verhinderung des Eintritts eines Schadensfalls	= Beseitigung des eingetretenen Schadens	= Ausgleich von mittelbaren wirtschaftlichen Nachteilen und eines Sozialleistungspflichten auslösenden Ereignisses
▸ Verhütung von Krankheiten, §§ 20–22 SGB V ▸ Arbeitsvermittlung, Berufsförderung, §§ 35, 37 SGB III	▸ Rehabilitation, §§ 27 ff. SGB V §§ 27 ff. SGB VII	▸ vor allem Geldleistungen, § 44 SGB V, verschiedene Renten

3. nach Leistungshäufigkeit

einmalige Leistung	wiederkehrende Leistungen
= ein einziges Geschehen	= fließen aus einer Rechtsposition, die auf wiederholte Leistungen angelegt ist
▸ § 31 SGB XII	häufigster Fall: ▸ laufende Geldleistungen Renten Krankengeld Arbeitslosengeld (Alg)

1.1 Leistungsarten

In § 11 SGB I wird zwischen Dienst-, Sach- und Geldleistungen unterschieden. Persönliche und erzieherische Hilfen, speziell solche i.S.d. Kinder- und Jugendhilferechts, zählt § 11 S. 2 SGB I kraft Gesetzes zu den Dienstleistungen.

Geldleistungen stellen die wichtigste im Sozialrecht vorgesehene Leistungsart dar. Tatsächlich bewirkt werden sie ganz überwiegend **im Wege der Banküberweisung**.

Sachleistungen sind definiert durch die **Bereitstellung bzw. Hingabe oder das Zurverfügungstellen von Sachen bzw. Sachgesamtheiten**. Typisch ist das z.B. in der gesetzlichen Krankenversicherung. So werden nach § 2 SGB V u.a. Arznei-, Heil- und Hilfsmittel, Verpflegung und die Unterbringung in Krankenhäusern etc. als Sachleistung an die Versicherten erbracht. Zu den typischen Leistungsarten gehören die Sachleistungen im Übrigen noch in der Unfallversicherung und der, dem Recht des SGB V nachgebildeten Pflegeversicherung i.S.d. SGB XI.

Für die **Dienstleistung** als dritte Form der Leistungserbringung nach § 11 SGB I sind etwa Altershilfen im Sinne des SGB XII ebenso wie Hilfen insbes. nach dem SGB VIII typisch.

Die Unterscheidung hängt vom Inhalt der Leistungen ab. Für die **Abgrenzung zwischen Dienst- und Sachleistung** gibt es verschiedene Ansätze. So wird z.B. differenziert, ob es in erster Linie um den Menschen selbst und die Leistung von Hilfe ihm gegenüber geht. Mithin werden **Dienstleistungen als alle Formen persönlicher Betreuung und Hilfe** aufgefasst.[104] Gebräuchlich ist im Übrigen auch die Abgrenzung, ob es sich um eine ansonsten für Geld zu erwerbende Leistung handelt. Ist dies der Fall, so spricht man von Sachleistung. Ist die **Leistung nicht durch Geld ersetzbar, wird sie als Dienstleistung bezeichnet**.[105]

1.2 Leistungsfunktionen

Ein weiteres Einteilungskriterium ist die **Funktion von Sozialleistungen, entweder Prävention, Restitution oder Kompensation**.

Prävention bezweckt die **Verhinderung des Eintritts eines Schadensfalls**, wie etwa einer Erkrankung oder Reduzierung der Erwerbsfähigkeit. Dazu gehören also Leistungen zur **Krankheitsverhütung** ebenso wie Angebote zur Vorsorgeuntersuchung bzw. Früherkennung, vgl. §§ 20–26 SGB V. Ebenfalls, insbes. zur Verhinderung einer Minderung der Erwerbsfähigkeit, sind **Leistungen zur medizinischen Rehabilitation** nach §§ 9 ff. SGB VI vorgesehen. Zudem werden im Recht der Arbeitsförderung **zur Verhinderung von Arbeitslosigkeit Arbeitsvermittlung** und berufliche Förderung angeboten, §§ 35 ff. SGB III.

Restitution bezweckt die **Beseitigung eines bereits eingetretenen Schadens**. Die Kranken- und Heilbehandlung nach §§ 27 ff. SGB V – im Recht der gesetzlichen Unfallversicherung gem. §§ 27 ff. SGB VII – beziehen sich auf den eingetretenen Schadensfall, also **Krankheit bzw. Arbeitsunfall/Berufskrankheit**.

Kompensation dient dem **Ausgleich wirtschaftlicher Nachteile**. Anknüpfungspunkte sind Ereignisse wie Erkrankung, Erwerbsminderung, Kriegsverletzung oder Wehr- bzw. Zivildienstschädigung. Wegen der wirtschaftlichen Belastungen dadurch werden Geldleistungen wie Krankengeld, Verletztengeld in der gesetzlichen Unfallversicherung bzw. Beschädigtenrente erbracht.

1.3 Leistungshäufigkeit

Als drittes Abgrenzungsmerkmal wird in der Literatur die **Leistungshäufigkeit, d.h. die einmalige oder wiederkehrende Leistungserbringung**, genannt.

Beispielhaft für eine entsprechende gesetzliche Regelung ist etwa § 31 SGB XII mit der Unterscheidung zwischen **laufenden und einmaligen Leistungen bei den Hilfen zum Lebensunterhalt**. Wiederkehrende Leistungen sind hingegen der Regelfall in der gesetzlichen Sozialversicherung und beruhen auf einer **verfestigten Rechtsposition, also einer Anwartschaft bzw. einem Stammrecht**. Darunter fallen etwa Ansprüche auf laufende Zahlungen nach dem SGB VI bei der Regelalters- oder der Erwerbsminderungsrente, das Krankengeld nach dem SGB V bei Arbeitsunfähigkeit sowie schließlich Lohnersatzleistungen nach dem Arbeitsförderungsrecht, wie das Arbeitslosengeld gemäß § 117 ff. SGB III.

---

104 Vgl. Heinze, SRH, 3. Aufl. 2003, S. 326.
105 LNK (Schäfer), § 11 SGB I, Rdnr. 3, 4.

2. Der Sozialleistungsanspruch im Einzelnen

2.1 Entstehung, Inhalt und Rechtsnatur

Für die Fallprüfung ist grds. danach zu unterscheiden, ob es sich um **einen gebundenen Anspruch oder um eine im Ermessen stehende Leistung** handelt. Nach § 38 SGB I besteht auf Sozialleistungen ein Rechtsanspruch, soweit nicht nach dem Besonderen Teil des SGB die Leistungsträger zu einer Ermessensentscheidung ermächtigt sind. Hier gilt auch, dass der Sozialleistungsanspruch entsteht und regelmäßig auch fällig wird, sobald die gesetzlichen Voraussetzungen vorliegen. Bei Ermessen wiederum gilt § 39 SGB I mit dem Anspruch auf fehlerfreie Ermessensentscheidung über die begehrte Leistung.

Die **§§ 38, 39 SGB I sind keine eigenständigen Anspruchsgrundlagen**. Sie differenzieren vielmehr allgemein hinsichtlich der Rechtsnatur der sich aus den besonderen Vorschriften des SGB ergebenden Anspruchsnormen. Insoweit gelten ebenfalls die allgemeinen Regelungen über Ermessensleistungen, die regelmäßig durch Formulierungen wie „kann", „darf" oder „ist berechtigt" gekennzeichnet sind.

Maßgeblich ist zudem die Antragstellung. Z.T. gehört die **Antragstellung zu den materiellrechtlichen Voraussetzungen einer Sozialleistung**, etwa bei Leistungen nach dem Arbeitsförderungsrecht, vgl. das Antragserfordernis insbes. für Arbeitslosengeld etc. mit persönlicher Arbeitslosmeldung, §§ 323 f. SGB III. Andererseits ist die **Inanspruchnahme von (Sach-)Leistungen** der gesetzlichen Krankenversicherung unter dem Gesichtspunkt der Massenverwaltung regelmäßig antragsunabhängig. So reicht für die ärztliche Behandlung etc. nach dem SGB V die Vorlage der Versichertenkarte beim Leistungserbringer, ohne zuvor die Krankenkasse kontaktieren zu müssen. Im Rentenversicherungsrecht wird zwar nach § 115 Abs. 1 SGB VI das **Verfahren nur auf Antrag des Versicherten** in Gang gesetzt. Allerdings besteht gem. § 99 Abs. 1 S. 1 SGB VI der Rentenanspruch unabhängig vom Antragsdatum bereits ab dem ersten Tag des Kalendermonats, an dem die Voraussetzungen vorlagen. Eine Sonderregelung trifft § 99 Abs. 1 S. 2 SGB VI beim Antrag später als 3 Monate nach Vorliegen der Voraussetzungen, wonach der einzelne Zahlungsanspruch dann erst mit dem Beginn des Antragsmonats entsteht.

Fall 5: Abgeschreckte Antragsteller

Frau L ist niederländische Staatsangehörige. Ihr Ehegatte A, ebenfalls Niederländer, ist bei einem Unternehmen im Westmünsterland versicherungspflichtig beschäftigt. Als Grenzgänger pendelt A täglich zur Arbeit in die Bundesrepublik und kehrt am Feierabend wieder an den gemeinsamen Familienwohnsitz in den Niederlanden zurück. Frau L bringt im September 1992 Zwillinge zur Welt. Dafür erhält sie mehrere Wochen lang sog. Wochengeld vom niederländischen Sozialleistungsträger. Das Wochengeld ist vergleichbar mit dem Mutterschaftsgeld aus der deutschen Krankenversicherung nach Entbindung eines Kindes. Weitere Leistungen bezieht L während der anschließenden mehrjährigen Erziehungsphase weder aus den Niederlanden noch aus

der Bundesrepublik. Herr A wird im Herbst 1995 Mitglied des in den Niederlanden eingetragenen Vereins Europäischer Grenzgänger. Im Vierteljahresheft „Pendelbote“ dieses Vereins las er im Oktober 1996 einen Bericht über ein neues Grundsatzurteil des Europäischen Gerichtshofs, wonach auch Familienangehörigen von Arbeitnehmern, die im EU-Ausland wohnen, aber im Bundesgebiet arbeiten, prinzipiell deutsches Erziehungsgeld nach dem BErzGG als Familienleistung im Sinne der Verordnung (EWG) 1408/71 zustehe. Zuvor hatten L und A dem Vereinsorgan „Pendelbote“ wiederholt entnommen, dass die Anträge von Familien, deren Angehörige im Bundesgebiet arbeiten, und in den Niederlanden leben, von der deutschen Erziehungsgeldkasse abgelehnt und dazu allein der Text des BErzGG als Begründung beigefügt würde.
L und A bitten um Beratung, ob für die im September 1992 geborenen Zwillinge nach dem neuen EuGH-Grundsatzurteil noch nachträglich Erziehungsgeldzahlungen aus der Bundesrepublik zu erwarten seien. A meint, dies stünde ihm als langjährigem Beitragszahler zur deutschen Sozialversicherung ebenso wie seinen im Bundesgebiet lebenden Arbeitskollegen doch wohl schon aus Gründen der Gleichbehandlung zu.
(Fall nach LSG NRW, Urt. v. 11.05.2001, L 13 EG 34/00, unveröffentlicht)

(I) Es kommt ein Anspruch auf Erziehungsgeld für beide Kinder bis zur Vollendung des 18. Lebensmonats in Betracht. Bis zum 31.12.1992, d.h. auch für die im September 1992 geborenen Zwillinge, war nach der damals anwendbaren Gesetzesfassung nämlich der **Leistungszeitraum** auf 1 1/2 Jahre begrenzt, § 4 Abs. 1 S. 1 BErzGG a.F.

(II) Allerdings hatte Frau L als erziehende Mutter der Zwillinge bis Oktober 1996 **keinen Antrag auf diese Leistung** bei der Erziehungsgeldkasse gestellt.

§ 4 Abs. 2 S. 1 BErzGG sieht bei Geburten bis 31.12.2006 vor, dass Erziehungsgeld schriftlich für jeweils ein Lebensjahr zu beantragen ist. Der Antrag für das 2. Lebensjahr kann frühestens ab dem 9. Lebensmonat gestellt werden. Rückwirkend wird Erziehungsgeld **höchstens für 6 Monate von der Antragstellung an** bewilligt, § 4 Abs. 2 S. 3 BErzGG.

Im Oktober 1996 wären die maßgeblichen Zeiträume für eine Antragstellung der L bereits seit langem verstrichen.

(III) Etwas anderes könnte sich jedoch aus den Vorschriften über die Antragstellung in § 16 SGB I und zur Ausführung der Sozialleistungen gemäß § 17 SGB I ergeben. Insoweit könnte für das Anliegen der L auch die Einweisungsvorschrift in § 25 Abs. 2 SGB I zum Erziehungsgeldrecht herangezogen werden. Hier fehlt es jedoch an einer fristwahrenden Antragstellung der L zeitnah nach Geburt der Zwillinge im Jahre 1992. Ein gesetzlich vorgeschriebener Antrag bewirkt die **Einleitung eines Verwaltungsverfahrens.**[106] Zugleich wird damit eine Bestimmung über **Gegenstand, Durchführung und Ziel dieses Verfahrens** getroffen. Näheres zum Antrag könnte das 10. Buch des SGB-Verwaltungsverfahren (SGB X) vorsehen.

106 Vgl. Finkenbusch in WzS 1991, 193 ff.

(1) § 18 SGB X setzt einen Antrag für das Tätigwerden aber bereits begrifflich voraus. Grds. können Anträge schriftlich, zur Niederschrift der Behörde, mündlich oder auch durch konkludentes Verhalten gestellt werden. Hier ist jedoch kein Anhalt für eine solche **rechtserhebliche Erklärung** der L zu erkennen.

Generell muss ein Antrag, um überhaupt als solcher behandelt werden zu können, zumindest den **Antragsteller und sein Ziel** erkennen lassen. Dabei **gilt für die Auslegung von Anträgen § 133 BGB entsprechend**. Nach § 16 Abs. 3 SGB I ist die Behörde im Übrigen nur verpflichtet, bei unvollständigen Anträgen auf eine Ergänzung hinzuwirken sowie dafür zu sorgen, dass klare und sachdienliche Anträge gestellt werden.[107]

Eine **gesetzliche Antragsfrist** ist jedenfalls nicht den allgemeinen Regelungen über die Antragstellung in § 16 SGB I, den Anforderungen an Leistungsträger zur Ausführung von Sozialleistungen nach § 17 SGB I und auch nicht dem Grundsatz der Amtsermittlung nach § 20 SGB X zu entnehmen.

(2) Ohne **Kundgabe eines rechtlich erforderlichen Erklärungswillens** würde allerdings das Antragsprinzip in § 4 Abs. 2 BErzGG leer laufen. Hätte L das Leistungsbegehren rechtzeitig nach Geburt der Zwillinge mittels Antrag kundgetan, wäre die Erziehungsgeldkasse in die Lage versetzt worden, in Betracht kommende Ansprüche auf Erziehungsgeld zu überprüfen und zeitnah nach Geburt der Kinder rechtsbehelfsfähige Bescheide zu erteilen. Wegen des fehlenden, gesetzlich aber als öffentlich-rechtlicher Willenserklärung geforderten Antrags war auch unter Berücksichtigung der §§ 16, 17 SGB I für die Vergangenheit keine Erziehungsgeldleistung nach den Geburten 1992 zu gewähren.

(IV) Nach den Gesamtumständen, insbes. den Informationen im Vereinsorgan der Grenzgänger-Vereinigung, sowie unter Berücksichtigung der erst im Oktober 1996 ergangenen EuGH-Urteile käme hier für L allenfalls noch ein **sozialrechtlicher Herstellungsanspruch** in Betracht.

Mit dem in jahrzehntelanger richterrechtlicher Rechtsfortbildung entwickelten sozialrechtlichen Herstellungsanspruch sollen die Nachteile fehlerhaften Verwaltungshandelns korrigiert werden. Voraussetzung ist eine Pflichtverletzung, die dem Sozialleistungsträger zurechenbar sein muss. Dadurch muss beim Berechtigten ein rechtlicher Nachteil oder Schaden eingetreten sein. Außerdem ist erforderlich, dass durch Vornahme einer Amtshandlung der Zustand wieder hergestellt werden kann, der bestehen würde, wenn der Leistungsträger seine Verpflichtung nicht verletzt hätte.[108] Notwendig ist die Verletzung konkreter Pflichten insbes. zu Auskunft und Beratung sowie zu einer dem konkreten Anlass entsprechenden, verständnisvollen Förderung. Die Nichtbeachtung bedingt den rechtlichen Nachteil beim betroffenen Bürger.[109]

(1) Hier hat sich L jedoch während der 18 Monate nach Geburt der Zwillinge zu keinem Zeitpunkt mit einem **konkreten Beratungsbegehren** an

107 LNK (Schäfer), § 16 SGB I, Rdnr. 1, 2.

108 Vgl. z.B. BSG, Urt. v. 22.10.1996, 13 RJ 69/95, NZS 1997, 283 ff., BSG, Urt. v. 13.12.2000, B 14EG 10/99 R.

109 Vgl. Urt. des LSG NRW v. 11.05.2001, L 13 EG 34/00 m.w.N.

die Erziehungsgeldkasse gewandt. Eine aktiv fehlerhafte Information durch diese Verwaltungsbehörde kann für die verspätete Antragstellung also nicht ursächlich gewesen sein. Es fehlte nämlich an einem konkreten Sozialleistungsverhältnis mit dadurch entstehenden Aufklärungs-, Beratungs- und Hinweispflichten der Erziehungsgeldkasse, mit der überhaupt kein Kontakt aufgenommen wurde.

Zudem erscheint auch die Bezugnahme der Erziehungsgeldkasse auf den Gesetzestext des BErzGG in anderen Fällen als nicht zu beanstanden. Denn die **Wiedergabe des im Bundesgesetzblatt wirksam verkündeten Textes der jeweils geltenden Fassung eines Gesetzes ist keine Verletzung von Informationspflichten**. Bei der Bekanntmachung von Gesetzen ist die Verkündung mit der Wirkung formeller Publikation und Publizität entscheidend. Dadurch gelten die Gesetze üblicherweise als allen Normadressaten bekannt, unabhängig davon, ob und wann die Betroffenen von den Gesetzestexten tatsächlich Kenntnis erlangen.[110]

Schließlich hatte die L nicht einmal selbst den Gesetzestext des BErzGG von der Erziehungsgeldkasse angefordert oder erhalten, sondern vielmehr Informationen darüber durch den „Pendelboten“ erhalten. Allerdings kommt es auch nicht darauf an, welche Informationen durch einen derartigen Interessenverband oder sonstige, solchen Vereinen zugehörige Personen vermittelt worden sind. Es handelt sich nämlich um **Auskünfte einer privaten Organisation** mit Sitz in den Niederlanden, die erkennbar nicht der Erziehungsgeldkasse zuzurechnen sind.

(2) Die **Ablehnung der Anträge anderer Interessierter** in der Vergangenheit und die dadurch ggf. bedingte Entschließung der L, zeitnah keinen eigenen Erziehungsgeldantrag zu stellen, könnte aber noch von Bedeutung sein. Jedoch handelt es sich bei derartigen Umständen um **innere Entscheidungsabläufe, die keine für einen sozialrechtlichen Herstellungsanspruch erforderliche öffentlich-rechtliche Pflichtverletzung begründen**.[111]

(V) Letztlich könnte mit dem Vorbringen des A eine **ungerechtfertigte Ungleichbehandlung i.S.v. Art. 3 Abs. 1 GG** im Vergleich zu seinen bundesdeutschen Arbeitskollegen anzunehmen sein. Für die Antragstellung erscheint dies rechtlich aber nicht ausschlaggebend.

Zwar verlangte § 1 Abs. 1 Nr. 1 BErzGG in der hier anzuwendenden Fassung als Voraussetzung für den Anspruch auf Erziehungsgeld u.a. den Wohnsitz oder gewöhnlichen Aufenthalt im Geltungsbereich des BErzGG. Die europarechtliche Rechtsangleichung erfolgte sodann in der Folgezeit auf Vorlage des 13. Senats des LSG NRW im Vorabentscheidungsverfahren beim EuGH. Zu den Rechtssachen C-245/94 und C-312/94, Höver/Zachow, hat der EuGH am 10.10.1996 die Voraussetzungen, unter denen auch die Ehefrau eines Grenzgängers Anspruch auf Erziehungsgeld nach Maßgabe der Verordnung (EWG) 1408/71 hat, klargestellt.

Aber dieses EuGH-Urteil vom Oktober 1996 sieht **keine Ausnahme vom allgemein gültigen Antragsprinzip** vor. Eine Ungleichbehandlung zu den

110 Urt. des LSG NRW v. 11.05.2001, L 13 EG 34/00.

111 Urt. des LSG NRW v. 11.05.2001, L 13 EG 34/00.

bundesdeutschen Arbeitnehmern, die Erziehungsgeld zeitnah tatsächlich beantragten, besteht auch danach nicht.

Mithin bleibt es dabei, dass wegen fehlender rechtzeitiger Antragstellung ebenso wie wegen Fehlens der Voraussetzungen für einen sozialrechtlichen Herstellungsanspruch eine rückwirkende Erziehungsgeldleistung für den damals möglichen Leistungszeitraum von 18 Monaten nach der Geburt der Zwillinge der L insgesamt ausgeschlossen ist.

– – –

2.2 Fälligkeit

Ansprüche auf Sozialleistungen **werden mit der Entstehung fällig**, soweit die besonderen Teile des SGB keine Regelung enthalten, § 41 SGB I. Diese Vorschrift belegt als Regeltatbestand die sofortige Fälligkeit eines Leistungsanspruchs.

Entscheidend ist dafür jedoch das Vorliegen aller gesetzlichen Voraussetzungen. Bei **Anspruchsleistungen** entsteht kraft Gesetzes der Anspruch unmittelbar, und zwar in dem Zeitpunkt, in dem der Berechtigte die Möglichkeit hat, die Leistung insbes. beim Versicherungsträger sofort mit Erfolg geltend zu machen. Bei **Ermessenleistungen** tritt die Fälligkeit mit Bekanntgabe und Wirksamkeit des entsprechenden Bescheides ein.[112]

Abweichende Regelungen in Besonderen Teilen des SGB trifft z.B. § 337 Abs. 2 SGB III. Der Anspruch auf Arbeitslosengeld aus dem Stammrecht bei der Bundesanstalt für Arbeit entsteht rechtssystematisch täglich neu, wird allerdings erst mit Ende der gesetzlich vorgesehenen Zahlungszeiträume fällig.

2.3 Verzinsung

Die **Verzinsung von Sozialleistungen knüpft an die Fälligkeit an**, vgl. § 44 SGB I. Der Zins beläuft sich auf 4 v. H. Verzinst wird in vollen Euro-Beträgen; der Kalendermonat wird mit 30 Tagen zugrunde gelegt, § 44 Abs. 3 SGB I.

Die Verzinsung ist allerdings gesetzlich begrenzt. Gemäß § 44 Abs. 2, 1. Halbs. SGB I beginnt sie frühestens nach Ablauf von 6 Kalendermonaten nach Eingang des vollständigen Leistungsantrags beim zuständigen Leistungsträger bzw. nach Ablauf eines Kalendermonats nach der Bekanntgabe der Entscheidung, vgl. § 44 Abs. 2, 2. Halbs. SGB I.

Angesichts des generellen Rechtsanspruchs auf eine Sozialleistung i.S.v. § 38 SGB I bezweckt die Regelung, die **Nachteile verspäteter Auszahlung, wie Kreditaufnahme, Einsatz von Ersparnissen oder Einschränkung der Lebensführung auszugleichen**.[113]

---

112 Seewald, Kasseler Kommentar zum Sozialversicherungsrecht, Band I § 41 SGB I Rdnr. 3.

113 Vgl. Heinze in SRH, 3. Aufl. 2003, S. 346.

2.4 Verjährung

Grds. verjähren Ansprüche auf Sozialleistungen in **4 Jahren nach Ablauf des Kalenderjahres, in dem sie entstanden sind, § 45 Abs. 1 SGB I**. Für die Hemmung, die Unterbrechung und die Wirkung der Verjährung gelten die Vorschriften des BGB sinngemäß, § 45 Abs. 2 SGB I. Im Übrigen wird die Verjährung durch schriftlichen Antrag auf Sozialleistungen oder durch Erhebung eines Widerspruchs unterbrochen, vgl. § 45 Abs. 3 S. 1 und S. 2 SGB I. Als Sonderregelung für die Neuordnung des Verjährungsrechts durch die BGB-Schuldrechtsreform seit 01.01.2002 greift schließlich § 70 SGB I ein.[114] Wichtig ist im Zusammenhang mit der Verjährungsregelung insbes. der Umstand, dass Ansprüche auf wiederkehrende Leistungen nur hinsichtlich der einzelnen, jeweils fälligen Bezüge verjähren können. Der **grundsätzliche Leistungsanspruch, das sog. Stammrecht, ist jedoch unverjährbar**.[115]

Die **Rechtswirkung der Verjährung**, vgl. § 222 BGB, ist, dass der Verpflichtete nach Vollendung der Verjährung zu Recht die Leistung verweigern darf. Dies bedeutet, dass auch ein verjährter Anspruch noch erfüllbar bleibt, allerdings nicht zwangsweise durchsetzbar ist. Eine Pflicht des Leistungsträgers, **von der Verjährungseinrede überhaupt abzusehen**, wird nur in besonderen Ausnahmefällen unter Berücksichtigung des Grundsatzes von Treu und Glauben (§ 242 BGB) anzunehmen sein, etwa wenn der Leistungsträger seinerseits notwendige und mögliche Ermittlungen unterlassen und deshalb zustehende Leistungen nicht oder nicht in richtiger Höhe festgestellt haben sollte.[116]

Schließlich enthält das Recht der Beitragszahlung und -erstattung eigenständige Verjährungsregelungen, vgl. §§ 25, 27 Abs. 2, 3 SGB IV mit derselben vierjährigen Verjährungsfrist wie § 45 SGB I. Entsprechendes gilt für die Verjährung von nachträglichen Leistungen aufgrund Korrektur bestandskräftig gewordener rechtskräftiger Verwaltungsakte i.S.v. § 44 Abs. 4 SGB X. Zusammengefasst wird diesen Regelungen entnommen, dass im Sozialrecht, sofern nicht ausnahmsweise etwas anderes bestimmt ist, allgemein die Verjährungsfrist von 4 Jahren gilt.[117]

---

114 Dazu LSG NRW, Urt. v. 08.07.2004, L 16 KR 186/03 (NZS 2005, 257, 258), und allgemein: Schulte-Nölke/Haxwell, NJW 2005, 2117–2120.

115 Vgl. BSGE 34, 1, 11.

116 BSGE 34 1, 14; Heinze in SRH, 3. Aufl. 2003, S. 352 m.w.N.

117 Differenzierend dazu LSG NRW, Urt. v. 29.03.2004, L 3 RJ 21/03, Heidemann, DRV 2004, 532–546; dazu auch Keller, Anm. 4 in juris PR Sozialrecht Nr. 18/2007 v. 06.09.2007 zum Urt. d. BSG v. 27.03.2007 – B 13 R 58/06 R.

Allgemeiner Sozialleistungsanspruch

⇨ setzt eine Leistungsbeziehung zwischen Berechtigten und Leistungsträger als hauptsächlichen Inhalt des Sozialverhältnisses voraus.

§ 38 SGB I

Rechtsanspruch auf Leistung

§ 40 Abs. 2 SGB I

mit Vorliegen der gesetzlichen Voraussetzungen (können auch auf untergesetzlichen Normen, z.B. Satzungen, beruhen)

§ 39 SGB I

Anspruch auf fehlerfreie Ermessensentscheidung über Leistungsgewährung

§ 40 SGB I

mit Bekanntgabe der Ermessensentscheidung über die Leistung

Entstehung

Bei Ansprüchen auf regelmäßig wiederkehrende Leistungen entsteht zunächst das STAMMRECHT als Grundberechtigung auf die Leistung, aus dem sich die Einzelansprüche für einzelne Leistungszeiträume ergeben.

Fälligkeit

Grds. gem. § 41 SGB I mit Entstehen des Anspruchs
Ausnahmen sind in den besonderen Teilen geregelt, z.B. Fälligkeit am Ende der Zahlungszeiträume gemäß § 337 Abs. 2 SGB III.

Feststellung = Zuerkennung oder Versagung des Anspruchs

Stellt sich als Konkretisierung der materiellen Rechtslage dar zwischen Leistungsträger und Berechtigten und wirkt rechtsbegründend.
Ausnahme z.B. ärztliche Behandlung gemäß §§ 27, 28 SGB V ohne vorherige Prüfung und Entscheidung der Krankenkasse als Leistungsträger.

Mittel der Zuerkennung oder Versagung

durch Verwaltungsakt, § 31 SGB X

Bei Vorliegen der Leistungsvoraussetzungen muss Leistungsträger den zuerkennenden VA erlassen.
Bei sog. unbestimmten Rechtsbegriffen verbleibt höchstens ein Beurteilungsspielraum.

Entscheidung des Leistungsträgers erfolgt nach eigener Wahl.
In den Grenzen des Ermessens, § 54 Abs. 2 S. 2 SGG
- ▸ Prüfung des Vorliegens der Voraussetzungen
  - – § 39 Abs. 1 SGB I Ermessensausübung nach Zweck der Ermächtigung (mitunter Ermessensreduzierung auf Null)

Verjährung, § 45 SGB I

Betrifft nur die Sozialleistungsansprüche der konkreten Art, nicht dagegen das Stammrecht. **Beachte:** § 218 BGB gilt nicht!

2.5 Wegfall/Untergang des Sozialleistungsanspruchs

Wegfall bedeutet das **Entfallen des ursprünglichen Anspruchs durch nachfolgende Ereignisse**. Dies kann dauerhaft sein, der Anspruch also erlöschen oder befristet bzw. vorübergehend gelten.

Mit dem **vorübergehenden Wegfall sind die Ruhenstatbestände** vergleichbar. Grds. besteht danach zwar ein (Stamm-)Recht, allerdings ist die Geltendmachung nicht möglich. Ruhenstatbestände existieren vor allem bei Entgeltersatzleistungen nach dem SGB III, z.B. §§ 142–146 SGB III sowie bei vorrangigem Anspruch auf Entgeltfortzahlung im Krankheitsfall für das Krankengeld nach § 49 S. 1 Nr. 1 SGB V.

Regulär die **häufigste Form des Wegfalls ist die Erfüllung**. Das bedeutet die Schuldtilgung durch Bewirken der geschuldeten Leistung, vgl. allgemein §§ 362 ff. BGB. Eine ausdrückliche gesetzliche Regelung zur Erfüllung enthält das SGB I aber nicht. Insoweit existiert nur § 47 SGB I u.a. zur Auszahlung von Geldleistungen auf ein Konto des Empfängers. Sachgedanklich werden dabei das Bewirken der geschuldeten Leistung im Sinne des Erfüllungseintritts vorausgesetzt und die Art und Weise der geschuldeten Erfüllung näher geregelt.

Bei **Leistung durch einen dafür an sich unzuständigen Sozialleistungsträger** greift als Spezialregelung § 107 SGB X ein. Darin wird eine Erfüllungsfiktion für den Fall angenommen, dass die Sozialleistung von vornherein oder letztlich von einem anderen Leistungsträger zu erbringen war, allerdings ein Leistungsanspruch von einem an sich unzuständigen Leistungsträger tatsächlich erfüllt wurde. Dieser Anspruch bezweckt insbes. die **Vermeidung unzulässiger Doppelleistungen**.

Eine weitere **Möglichkeit zum Wegfall ist die Änderung der tatsächlichen bzw. rechtlichen Verhältnisse i.S.v. § 48 SGB X**, vgl. dazu **6. Teil, 1. Abschnitt**.

Bei **Änderung der tatsächlichen Verhältnisse** muss sich ein für den Anspruch in der Lebenswirklichkeit maßgeblicher Umstand ändern. Typisches Beispiel ist hier der Fall wesentlicher Besserung einer als Unfallfolge anerkannten Verletzung nach dem SGB VII. Bei **Änderungen der maßgeblichen rechtlichen Verhältnisse** i.S.v. § 48 SGB X wird im Übrigen nicht nur auf eine Änderung der geltenden Rechtslage, speziell Neufassung oder Aufhebung von Gesetzen bzw. Rechtsverordnungen, sondern auch auf eine Änderung der höchstrichterlichen Rechtsprechung abgestellt.

Darüber hinaus kommt auch eine **Verwirkung nach allgemeinen Rechtsgrundsätzen entsprechend § 242 BGB** als Wegfalltatbestand beim Sozialleistungsanspruch in Betracht. Derartige Fälle, die nicht von § 48 SGB X erfasst werden könnten, sind faktisch aber eher selten.

Des Weiteren findet ein **Wegfall des Sozialleistungsanspruchs durch Leistung an Dritte bei Unterbringung bzw. nachfolgender Überleitung im Sinne von §§ 49, 50 SGB I** statt. Die Regelung betrifft den Sonderfall der Unterbringung aufgrund richterlicher Anordnung in einer Anstalt oder Einrichtung für einen Zeitraum von länger als einem Kalendermonat.

Unterhaltsansprüche sind in dem Fall gem. § 49 SGB I gegenüber den unterhaltsberechtigten Personen zu erfüllen; darüber hinausgehende Ansprüche des Untergebrachten auf laufende Geldleistungen können durch Anzeige beim zuständigen Sozialleistungsträger auf die Stelle, die die Kosten der Unterbringung tatsächlich trägt, übergeleitet werden.

Spezielle **Regelungen über die Anspruchsüberleitung enthält zudem § 115 SGB X** für den Fall einer Schädigung durch Dritte, insbes. Privatpersonen.

Der **bürgerlich-rechtliche Schadensersatzanspruch** kann dann von dem nach dem SGB zuständigen Leistungsträger anteilig auf sich übergeleitet werden. Das gilt z.B. nach einem Verkehrsunfall mit Fremdverschulden für Leistungen der Berufsgenossenschaften an den verletzten Versicherten wegen eines Wegeunfalls nach dem SGB VII gegen den Unfallverursacher bzw. dessen privaten Haftpflichtversicherer.[118]

Im **Sozialhilferecht** gilt schließlich noch als besondere Überleitung die Inan-

118 Eingehend dazu Waltermann, NJW 2004, 901 ff. (906, 907).

spruchnahme von nach dem BGB unterhaltsverpflichteten Familienangehörigen, §§ 94, 95 SGB XII, vgl. ausführlich dazu **den 3. Teil: Sozialhilferecht**.

Weitere Sonderregelungen sehen die **§§ 51, 52 SGB I zu Aufrechnung und Verrechnung** vor sowie § 53 SGB I für die Abtretung.[119]

Die dem allgemeinen Schuldrecht i.S.d. BGB angelehnte Aufrechnung wird durch § 51 Abs. 1, Abs. 2 SGB I angesichts des besonderen Schutzzwecks von Sozialleistungen modifiziert. Abgesehen vom eher seltenen Fall der Aufrechnung bei einem selbstständigen schuldrechtlichen Anspruch des Leistungsträgers gegen den Sozialleistungsbezieher i.S.v. § 51 Abs. 1 S. 1 SGB I gelangt die **Aufrechnung i.S.v. § 51 Abs. 2 SGB I** praktisch durchaus zur Anwendung. Nach dieser Regelung kann der zuständige Leistungsträger mit Ansprüchen auf Erstattung zu Unrecht erbrachter Sozialleistungen und mit Beitragsansprüchen nach dem SGB Gegenansprüche auf laufende Geldleistungen bis zur Hälfte aufrechnen. Deutlich wird dabei die sozialrechtliche Schutzfunktion, auch bei Aufrechnung keine Sozialhilfebedürftigkeit durch Handeln von Sozialleistungsträgern hervorzurufen.

Mit der überwiegenden Meinung in der Literatur ist davon auszugehen, dass die Aufrechnungserklärung selbst als Ermessensentscheidung mit Begründungszwang ergeht, vgl. § 35 Abs. 1 SGB X. Die Aufrechnung gem. § 51 SGB ist zudem nicht durch einfache rechtsgeschäftliche Willenserklärung, sondern durch **förmlichen Verwaltungsakt** mit zutreffender Rechtsbehelfsbelehrung vorzunehmen.[120]

Ein **Sonderfall der Aufrechnung ist die Verrechnung nach § 52 SGB I**. Entsprechend dem Gebot der Zusammenarbeit der Leistungsträger nach dem SGB kann ein anderer Leistungsträger mit eigenen Ansprüchen gegen einen Leistungsbezieher eine Verrechnung mit Geldleistungen von einem anderen Träger i.S.d. SGB I erreichen.[121]

Praktisch bedeutsam ist dies z.B. bei noch offenen Beitragsansprüchen einer gesetzlichen Krankenkasse, die im Wege der Verrechnung Rückgriff nimmt auf bestehende Rentenansprüche des zahlungspflichtigen Beitragsschuldners bei einem Träger der Rentenversicherung nach dem SGB VI. Auch in diesem Fall sind die Einschränkungen des § 51 SGB zur Aufrechnung beachtlich, § 52 SGB I. Das gilt insbes. für die Pfändungsfreigrenze i.S.v. § 54 Abs. 2, 4 SGB I und die **Vermeidung „amtlich veranlasster" Sozialhilfebedürftigkeit gemäß § 51 Abs. 2 SGB I**.[122]

Ein weiterer Sondertatbestand des Wegfalls ist die **Erfüllung durch Leistung an bestimmte unterhaltsberechtigte Dritte, § 48 SGB I**. Speziell bei Ehegatten bzw. Kindern ergänzt diese Norm das Unterhaltsvorschussgesetz (UnthVG), soweit ein tatsächlich nicht Unterhalt zahlender Verpflichteter seinerseits Anspruch auf laufende Sozialleistungen hat.

Im Fall der **Unterhaltspflichtverletzung** erfolgt bei bestehendem Sozialleistungsanspruch eine **„Abzweigung" zugunsten der Angehörigen in angemessener Höhe**. Häufig wird als Selbstbehalt die in den gängigen familienrechtlichen Unterhaltstabellen vorgesehene Restsumme belassen. Die Abzweigung ist für den Bezug von Kindergeld gesetzlich erleichtert, vgl. § 48 Abs. 1 S. 2, S. 3 SGB I, Abs. 2 SGB I. Wegen des Eingriffs in bestehende Rechte des Sozialleistungsbeziehers zugunsten dritter Personen ist eine **vorherige Anhörung des Berechtigten** geboten und eine konkrete Begründung der Abzweigungsentscheidung in Gestalt eines Verwaltungsaktes vorzunehmen.[123]

---

119 Ausführlich zur Abtretung: Elling, NZS 2000, 281–289.

120 Vgl. BSGE 45, 271, 78, 132; LNK (Schäfer), § 51 SGB I, Rdnr. 2 m.w.N.; dazu auch LSG Berlin-Brandenburg, Urt. v. 08.12.2005 – L 28 AL 209/04.

121 Vgl. dazu Fischer, NZS 2003, 196–199.

122 Vgl. auch LSG Rheinland-Pfalz, Urt. v. 30.04.2002, L 6 RA 82/00, NZS 2003, 223–224.

123 BSG, Urt. v. 18.03.1999, B 14 KG 6/97 R.

Als Wegfallgrund ist schließlich **§ 46 SGB I, der Verzicht auf Sozialleistungsansprüche**, zu erwähnen. Danach kann auf Ansprüche auf Sozialleistungen durch einseitige empfangsbedürftige öffentlich-rechtliche Willenserklärung, die für die Zukunft frei widerruflich ist, verzichtet werden. Regelmäßig kann danach **nur auf monatlich entstehende Einzelansprüche** verzichtet werden, hingegen nicht auf das Stammrecht als gesetzlichen Anspruchsgrund.

Allerdings ist ein Verzicht i.S.v. § 46 Abs. 1 SGB I **unwirksam, soweit durch ihn andere Personen oder Leistungsträger belastet oder Rechtsvorschriften umgangen** werden.

Typischer Fall der **Belastung anderer Leistungsträger ist die Inanspruchnahme von Leistungen nach dem SGB XII**. Ein unwirksamer Verzicht liegt etwa dann vor, wenn ein Sozialleistungsberechtigter z.B. auf seinen – für ihn kostenlosen – Familienhilfeanspruch in der Krankenversicherung gem. § 10 SGB V verzichtet.[124] Dann müsste entweder die Sozialhilfe eintreten bzw. Beiträge zur Krankenversicherung etwa gemäß § 32 SGB XII übernehmen. Eine **unzulässige Umgehung gesetzlicher Vorschriften** wird im Übrigen z.B. beim Verzicht auf zwingende Bestandteile der Rentenberechnung, wie geleistete Beiträge oder versicherte Zeiten, angenommen[125] sowie zur Anwendung eines höheren Eigenanteils zur vollstationären Pflege bei Heraufsetzung der Pflegestufe auf eigenen Antrag des Versicherten.[126]

Wegfall des Sozialleistungsanspruchs

⇨ Anspruch ist entstanden, aber durch spätere Ereignisse entfallen (auf Dauer = Erlöschen, auf Zeit, bis auf weiteres).
⇨ Wegfallen kann entweder Stammrecht oder konkreter Leistungsanspruch.

- **in vollem Umfang (Erfüllung)**
- **teilweise Erfüllung (Erlöschen in Höhe des geleisteten Betrags)**

Wegfall durch

- Änderung der Verhältnisse
  - tatsächlich = Entfallen einer bestimmten Sachlage, die für das Entstehen oder Fortbestehen eines Leistungsanspruchs Voraussetzung ist, z.B. Genesung nach Krankheit und damit Wiederherstellung der Arbeitsfähigkeit
  - rechtlich = bei Aufhebung oder Inhaltsänderung der den Leistungsanspruch begründenden Rechtsvorschriften
- Verzicht, § 46 SGB I mit Wirkung für die Zukunft in Schriftform
- der häufigste Fall: Erfüllung = Schuldtilgung durch Bewirken der geschuldeten Leistung
- Erfüllungssurrogate = Es gelten die Vorschriften des BGB. Für die Aufrechnung ergänzende Regelungen in §§ 51, 52 SGB I
- durch Leistung an Dritte = In den Fällen der §§ 48, 49 SGB I tritt Erfüllung ein durch Leistung an **unterhaltsberechtigte** Dritte.

124 Vgl. auch Heinze, SRH, 3. Aufl. 2003, S. 354.

125 Urt. des BSG v. 08.03.1979, 12 RK 32/78.

126 Zu diesem Fall nach § 87 a Abs. 2 SGB XI: LSG Sachsen, Urt. v. 11.07.2007 – L 1 P 18/05.

2.6 Leistungsstörungen

Bei Anbahnung bzw. Durchführung des Sozialleistungsverhältnisses können **tatsächliche Mängel bzw. rechtliche Fehler** auftreten. Gerade unter den Bedingungen der Massenverwaltung bei den Sozialversicherungsträgern ist dies nicht auszuschließen. Bei der Fehlerkorrektur ist jedoch eine Rückabwicklung bzw. die Wiederherstellung eines rechtmäßigen Zustands im Einzelfall problematisch. Grds. lassen sich **3 wesentliche Fallgruppen typischer Leistungsstörungen**, jeweils mit spezialgesetzlicher Regelung, unterscheiden:

- zum einen haben Bürger **Sozialleistungen ohne Rechtsgrund zum Behaltendürfen bzw. weiteren Erhalt bezogen**,
- zum anderen hat ein Träger tatsächlich **Leistungen erbracht, ohne nach der gesetzlichen Zuständigkeitsregelung dazu verpflichtet gewesen zu sein**,
- schließlich haben Versicherungsträger **Beiträge eingezogen, die der einzelne Beitragszahler nach der Rechtsordnung nicht schuldete**.

Weitere **Pflichtverletzungen durch Leistungsträger im Sozialrechtsverhältnis** sind im nachfolgenden 3. Abschnitt näher dargestellt.

Erstattungsansprüche bei Leistungen ohne Rechtsgrund regelt § 50 SGB X.

Voraussetzung dafür ist regelmäßig, dass der Leistungsträger durch Verwaltungsakt vom einzelnen Empfänger zu Unrecht erhaltene Sozialleistungen zurückverlangt, § 50 Abs. 1 SGB X. Die individuelle Rückforderung erfolgt unter den Bedingungen der §§ 45–48 SGB X bei **Abänderung der ursprünglichen Bewilligung** im Wege der Rücknahme, des Widerrufs oder der Aufhebung, vgl. dazu ausführlich **6. Teil, 1. Abschnitt**. Im Übrigen ist für eine Leistung ohne vorangehenden Verwaltungsakt auch die direkte Rückforderung gem. § 50 Abs. 2 SGB X gegen den insoweit unrechtmäßig bereicherten Empfänger vorgesehen.

Die **Rückabwicklung von Leistungen außerhalb der Zuständigkeitsordnung der Sozialleistungsträger** beurteilt sich nach den §§ 102–114 SGB X.

Hier geht es um die **Verhältnisse zwischen mehreren Leistungsträgern** und die Abgrenzung, ob der tatsächlich gewährende Träger unzuständig war, andere Leistungsträger ggf. vorrangig verpflichtet waren oder im Fall einer bereits durchgeführten Erstattung untereinander aus rechtlichen Gründen eine sog. Rückerstattung vorzunehmen ist, vgl. **6. Teil, 3. Abschnitt**.

Letztlich ist im **Beitragsrecht gem. §§ 26–28 SGB IV u.a. die Erstattung zu Unrecht entrichteter Versicherungsbeiträge** vorgesehen. Dabei wird differenziert zwischen Pflichtbeiträgen in der Rentenversicherung nach § 26 Abs. 1 SGB IV und sonstigen zu Unrecht entrichteten Beiträgen, § 26 Abs. 2 SGB IV.

In der **Rentenversicherung erfordert die Beitragserstattung eine Beanstandung** binnen 2 Jahren bei Zahlung von Pflichtbeiträgen trotz Fehlens der Versicherungspflicht; anderenfalls werden fehlgezahlte Beiträge als zu Recht entrichtete Pflichtbeiträge gesetzlich fingiert, § 26 Abs. 1 S. 2 SGB IV. In den sonstigen Versicherungszweigen gilt als Grundsatz, dass auch **zu Unrecht entrichtete Beiträge dann nicht erstattet werden, wenn Leistungen erbracht wurden**. Ist der Erstattungsanspruch nicht derart gesperrt, so ist an denjenigen zurückzuzahlen, der die Beiträge getragen hat, § 26 Abs. 3 S. 1 SGB IV. Diese Erstattungsforderung ist mit 4% zu verzinsen; der Erstattungsanspruch unterliegt einer vierjährigen Verjährungsfrist, § 27 Abs. 2 SGB IV. Für den Erstattungsanspruch gelten im Übrigen noch im Verhältnis zu den §§ 51, 52 SGB I vorrangige Sonderregelungen, die nach Ermessen die vereinfachte Erstattung, u.a. per Aufrechnung mit künftigen Beitragsansprüchen, vorsehen, vgl. § 28 Nr. 2 SGB IV.

2.7 Rechtsnachfolge in den Sozialleistungsanspruch

Das Schicksal bestimmter **Sozialleistungsansprüche beim Tod des Berechtigten regeln die §§ 56–59 SGB I**. Unterschieden wird dabei zwischen den fälligen Ansprüchen auf laufende Geldleistungen, sonstigen fälligen Ansprüchen auf Geldleistungen und Ansprüchen auf Dienst- und Sachleistungen.

Die **Ansprüche auf Dienst- und Sachleistungen erlöschen mit dem Tod des Berechtigten, § 59 S. 1 SGB I**. Dies erklärt sich daraus, dass Dienstleistungen begrifflich einen persönlich unterstützenden Charakter haben und die Sachleistungen ihrerseits auch vom individuell definierten Bedarf des betroffenen Berechtigten bestimmt werden. Ein Rechtsübergang auf nicht derart betroffene Dritte ist daher bereits systematisch nach dem SGB ausgeschlossen.

Ansprüche auf Geldleistungen hingegen erlöschen nur dann, wenn sie im Zeitpunkt des Todes weder festgestellt sind noch ein Verwaltungsverfahren über sie anhängig ist, § 59 S. 2 SGB I. Dies wiederum ist Ausfluss u.a. des Antragsprinzips, bei eventuellen vorhandenen Ansprüchen seiner eigenen Person eine Feststellung darüber herbeizuführen oder eben davon abzusehen.

Für sonstige Geldleistungen, speziell laufende monatliche Rentenzahlungen, Entgeltersatzleistungen, wie Arbeitslosen- oder Krankengeld etc., greifen im Übrigen die besonderen Regelungen der §§ 56–58 SGB I ein. Grundsätzlich ist die sog. **Sonderrechtsnachfolge i.S.d. SGB vorrangig vor den erbrechtlichen BGB-Vorschriften**, argumentum ex § 58 S. 1 SGB I.

Bei fälligen Ansprüchen auf laufende Geldleistungen, insbes. monatliche Rentenzahlungen nach dem SGB VI, trifft **§ 56 Abs. 1 SGB I konkrete Anordnungen über die Rechtsnachfolge**. Beim Tode des Berechtigten werden zunächst der Ehegatte, direkte Verwandte und schließlich die Haushaltsführer genannt. Voraussetzung der Rechtsnachfolge ist, dass diese Personen mit dem Berechtigten zur Zeit des Todes im gemeinsamen Haushalt lebten oder von ihm wesentlich unterhalten wurden. Die besondere Gruppe der Haushaltsführer wird in § 56 Abs. 4 SGB I näher definiert. Weitere wesentliche Voraussetzung ist, dass ein Haushaltsführer anstelle des verstorbenen oder aus sonstigen Gründen an der Haushaltsführung gehinderten Ehegatten für den Berechtigten den Haushalt geführt haben muss.[127]

Der Anspruch geht dann aber auch **nur auf Auszahlung der noch fälligen laufenden Geldleistung**, etwa der fälligen Monatsrente für den Todesmonat. Weitergehende Ansprüche können nicht im Wege der Sonderrechtsnachfolge übertragen werden. Insbes. erlischt mit dem Tod des Berechtigten auch dessen Stammrecht z.B. auf die gesetzliche Rente aus der Rentenversicherung.[128] **Überzahlungen nach Ablauf des Todesmonats** sind kraft gesetzlicher Regelung als zu Unrecht erbrachte Geldleistungen anzusehen und von dem Empfänger gemäß § 118 Abs. 4 SGB VI an den Rentenversicherungsträger zurück zu erstatten.

Weitere Regelungen zum Verzicht bzw. zur Haftung des Sonderrechtsnachfolgers trifft § 57 SGB I. Das allgemeine Erbrecht des BGB greift im Übrigen dann wieder ein, wenn keine Sonderrechtsnachfolge nach den §§ 56, 57 SGB I vorliegt, § 58 S. 1 SGB I.

---

127 Vgl. auch Heinze, SRH, 3. Aufl. 2003, S. 398–401.

128 Gabbert, Kompass 2005, 14. ff. (16).

Schließlich sind auch **Sozialhilfeansprüche wegen ihres höchstpersönlichen Charakters nicht vererblich**. Daran ändert sich dadurch nichts, dass sie als Ansprüche auf Geldleistung zur laufenden Hilfe zum Lebensunterhalt ausgestaltet sind.[129] Eine Ausnahme gilt dann, wenn die bewilligte Sozialhilfe wegen Behördenversäumnis nicht rechtzeitig ausgezahlt wurde.[130]

2.8 Mitwirkung des Leistungsberechtigten, §§ 60–67 SGB I

Außerhalb der eigentlichen Grundsätze des Leistungsrechts enthält das SGB I **Anforderungen an den einzelnen Bürger zur Mitwirkung** im Sozialrechtsverhältnis. Systematisch bezwecken die Regelungen die **Sicherung der Amtsermittlung durch die Leistungsträger, vgl. § 20 SGB X**. Rechtsfolge unzulänglicher oder gänzlich fehlender Mitwirkung ist konsequenterweise auch nicht die materielle Ablehnung des Anspruchs insgesamt. Vielmehr kann der Leistungsträger ohne weitere Ermittlungen die **Leistung bis zur Nachholung der Mitwirkung ganz oder teilweise versagen bzw. entziehen, vgl. § 66 Abs. 1 SGB I**. Es handelt sich um im eigenen Interesse des Berechtigten bestehende Obliegenheiten, deren Nichtbeachtung nach schriftlicher Belehrung gem. §§ 66, 67 SGB I dem Anspruch zeitweilig entgegengehalten wird.[131]

Die **einzelnen Mitwirkungshandlungen** regeln die §§ 60–64 SGB I, u.a. die Angabe von maßgeblichen Tatsachen, Beweismitteln etc., § 60 Abs. 1 Nr. 1–3, Abs. 2 SGB I, Pflichten zum persönlichen Erscheinen des Antragstellers, § 61 SGB I, Mitwirkung bei medizinischen Untersuchungen etc., § 62 SGB I sowie Teilnahme an Fördermaßnahmen i.S.d. §§ 63, 64 SGB I.[132]

Die **Grenzen der Mitwirkung** bestimmt § 65 SGB I. Insbes. sind wichtige Hinderungsgründe anzuerkennen und die Verhältnismäßigkeit von Eingriffen bzw. körperlichen Untersuchungen etc. zu beachten, § 65 Abs. 1, Abs. 2 SGB I. Für notwendige Auslagen gilt schließlich § 65 a SGB I.

---

129 Vgl. Seewald, Kasseler Kommentar zum Sozialversicherungsrecht, Band I, § 58 Rdnr. 7, ebenso BVerwGE 58, 68, 70

130 BVerwGE 25, 23, 27.

131 Vgl. Seewald, Kasseler Kommentar zum Sozialversicherungsrecht Band I § 67 Rdnr. 8 m.w.N.

132 Zusammenfassend dazu BSG, Urt. v. 17.02.2004, B 1 KR 4/02 R (SGb 2004, 649–654), m. Anm. Mrozynski, SGb 2004, 654–658.

Der sozialrechtliche Leistungsanspruch

I. Entstehung des Anspruchs
   1. Vorliegen der Leistungsvoraussetzungen: Erfüllung der gesetzlichen Tatbestandsmerkmale nach dem Sozialgesetzbuch bzw. den sozialrechtlichen Einzelgesetzen
   2. maßgeblicher Zeitpunkt:
      a) bei gebundenen Ansprüchen: Anspruchsvoraussetzungen gegeben (beurteilt sich nach dem jeweiligen Einzelgesetz) und Antragstellung erfolgt
      b) Ermessensleistungen: Anspruchsvoraussetzungen erfüllt und Antragstellung und Ermessensausübung des zuständigen Leistungsträgers

II. Erlöschen des Anspruchs:
   1. Erfüllung/Erfüllungsfiktion (§ 107 SGB X)
   2. Änderung der Verhältnisse, § 48 SGB X
   3. Anspruchsüberleitungen, §§ 49, 50 SGB I (§ 115 SGB X, §§ 93–95 SGB XII)
   4. Aufrechnung, § 51 SGB I
   5. Auszahlung an Dritte mit Rechtsgrund, § 48 SGB I
   6. Verrechnung, § 52 SGB I
   7. Verwirkung, allgemeine Regeln, analog § 242 BGB
   8. Verzicht, § 48 SGB I

III. Durchsetzbarkeit des Anspruchs (frei von Einreden):
   1. Abschmelzung, § 48 SGB X
   2. Ruhenstatbestände (speziell bei Arbeitslosenleistungen)
      a) Ruhen des Arbeitslosengeldes beim Zusammentreffen mit Entgeltansprüchen, Entschädigungsansprüchen (Abfindungen) oder Sozialleistungsansprüchen (z.B. Krankengeld etc.): §§ 142–143 a SGB III
      b) Ruhen des Arbeitslosengeldes bei Arbeitskämpfen, § 146 SGB III
      c) Sonderfall: Sperrzeit für Arbeitslosengeld bei beschäftigungsschädlichem oder vermittlungsschädlichem Verhalten des Arbeitslosen, § 144 SGB III
   3. Reduzierung der Sozialhilfe bei absichtlich herbeigeführter Bedürftigkeit bzw. bewusst unwirtschaftlichem Verhalten, § 26 SGB XII, bzw. bei unbegründeter Verweigerung i.S.v. § 31 SGB XII
   4. Verjährung, § 45 SGB I

IV. Rückabwicklung bei Leistungsstörungen:
   1. Erstattungsanspruch des Leistungsträgers mit Festsetzung durch Verwaltungsakt gegen den individuellen Leistungsempfänger bei zu Unrecht erhaltenen Sozialleistungen, § 50 SGB X, unter den Voraussetzungen der §§ 45–48 SGB X (Rücknahme, Widerruf, Aufhebung der Bewilligungsbescheide) bzw. direkte Rückforderung bei Leistung ohne vorangehenden Verwaltungsakt, § 50 Abs. 2 SGB X
   2. bei Störungen in der Zusammenarbeit mehrerer Leistungsträger: Unzuständigkeit des tatsächlich gewährenden Leistungsträgers, vorrangige Verpflichtung anderer Träger, Rückerstattung etc. gemäß §§ 102–114 SGB X
   3. Sonderfall: Erstattung unrechtmäßig entrichteter Beiträge; Rückleistung vom Versicherungsträger an den zu Unrecht herangezogenen Beitragszahler (Arbeitgeber/Versicherter), vgl. §§ 26–28 SGB IV

3. Abschnitt: Pflichten der Sozialleistungsträger bei der Leistungsgewährung

1. Allgemeiner Inhalt

Die Verwirklichung der gebundenen Rechtsansprüche bzw. ermessensfehlerfrei zuzuerkennenden Leistungen, vgl. §§ 38, 39 SGB I, ist gesetzliche Hauptaufgabe der jeweiligen Leistungsträger i.S.d. SGB. Angesichts der mitunter komplizierten Rechtsmaterie und Vielzahl gesetzlicher Regelungen ist im Einzelfall zur **Verwirklichung der sozialen Rechte, §§ 3–10 SGB I**, die hinreichende Information und sachgerechte Förderung des einzelnen Bürgers mit seinem Anliegen bzw. Leistungsbegehren unverzichtbar. Insoweit sind die **Informations- und Förderpflichten der Sozialleistungsträger gem. §§ 13–17 SGB I** keine unwesentlichen Nebenpflichten, sondern versetzen den Bürger häufig überhaupt erst in die Lage, zustehende Rechtsansprüche zu realisieren.

2. Aufklärung, Beratung und Auskunft im Sozialrechtsverhältnis

Nach § 13 SGB I sind u.a. die Leistungsträger verpflichtet, im Rahmen ihrer Zuständigkeit die **Bevölkerung** über Rechte und Pflichten nach dem SGB aufzuklären. § 14 SGB I statuiert einen **Einzel-Anspruch auf Beratung über Rechte und Pflichten nach dem SGB**. Darüber hinaus sieht § 15 SGB I spezielle Auskunftsstellen nach dem Landesrecht ebenso wie bei den Trägern der Kranken- bzw. Pflegeversicherung zur **Information in allen sozialen Angelegenheiten nach dem SGB** vor. Dort ist der jeweilige Leistungsträger mitzuteilen und die Zusammenarbeit mit anderen Trägern zu gewährleisten, § 15 Abs. 2, 3 SGB I.

Die **Aufklärung i.S.v. § 13 SGB I** ist an die Bevölkerung, d.h. die Allgemeinheit, zu richten. Dies geschieht regelmäßig z.B. durch **Sprechtage** etwa der Rentenversicherungsträger, durch aufklärende **Broschüren** einzelner Träger bzw. von Fachministerien auf Bundes- und Landesebene, durch Übersendung von **Merkblättern** oder Auslegen allgemeiner Informationen bei den Dienststellen ebenso wie durch **Presseveröffentlichungen und Medienarbeit**.[133] Allerdings folgt aus § 13 SGB noch kein subjektiver Anspruch für den einzelnen Bürger im Sinne eines einklagbaren Rechtes.[134] Dies ist von Bedeutung für einen etwaigen sozialrechtlichen Herstellungsanspruch. Die bloße Bekanntgabe möglicherweise nachteiliger Rechtsänderungen im Bundesgesetzblatt fällt ohne konkrete Anfrage des Betroffenen jedenfalls nicht unter den Begriff des pflichtwidrigen öffentlich-rechtlichen Handelns. Es handelt sich mithin um eine **objektive Rechtspflicht ohne Einzelfallbezug**.[135]

Hingegen ist die **Beratung gem. § 14 SGB I als subjektiver Rechtsanspruch** ausgestaltet. **Beratung ist eine umfassende Aufklärung** und setzt keine gezielten Informationsfragen voraus. Beratung ist mithin der weitere Begriff und schließt die engere Auskunft auf gezielte Fragen

133 Zu falschen Informationen bei Krankenkassenfusionen: LSG NRW, 08.07.2004, L5B 16/04 KRER.

134 BSGE 42, 224 ff.

135 Mrozynski, SGB I, 4. Aufl. 2004, § 13 Rdnr. 14, 15.

sinngemäß mit ein.[136] Die Beratung schuldet nach § 14 SGB I der jeweilige Träger der betreffenden Sozialleistung, vgl. die Einweisungsvorschriften §§ 18 Abs. 2 bis 29 Abs. 2 SGB I. Die Beratung erfolgt mündlich in Form allgemeinen Verwaltungshandelns und nicht als Verwaltungsakt gemäß § 31 SGB X.

Dabei soll die **Information richtig, vollständig und verständnisvoll fördernd** sein. Problematisch sind jedoch die zeitlich begrenzten Ressourcen der Mitarbeiter der Leistungsträger, ebenso wie häufig unvollständige oder fehlende schriftliche Unterlagen etc. des anfragenden Bürgers. Daher ist im Einzelfall nach den spezifischen Umständen abzuklären, inwieweit die gesetzlichen Pflichten gemäß §§ 14, 15 SGB I von den Bediensteten bzw. sonstigen Behörden beachtet wurden.

3. Rechtsfolgen der Pflichtverletzung durch Leistungsträger

Bei etwaigen Verletzungen der Informationspflichten zu Aufklärung, Beratung und Auskunft enthält das SGB aber **keinen eigenständigen Schadensersatzanspruch**. Die Haftung der betreffenden Leistungsträger richtet sich vielmehr nach den **allgemeinen Grundsätzen**.[137]

3.1 Staatshaftungsrecht

Gemäß Art. 34 GG, § 839 BGB ist ein **Entschädigungsanspruch aus Amtshaftung** vorgesehen, wenn jemand aufgrund schuldhafter Verletzung einer Amtspflicht durch einen Amtsträger einen Schaden erlitten hat. Zu diesen Pflichten sind auch Beratung und Auskunft nach §§ 14, 15 SGB I zu zählen. Für den Amtshaftungsanspruch ist aber der **Zivilrechtsweg vorgeschrieben**, § 71 Abs. 2 Nr. 2 GVG. Weder Verwaltungs- noch Sozialgerichte wären zur Abklärung der Schadensersatzpflicht zuständig, vgl. Art. 34 S. 3 GG, § 40 Abs. 2 VwGO.

Der Rechtsweg zu den ordentlichen Gerichten ist aber grundsätzlich **mit dem Gerichtskostenrisiko verbunden**.[138] Zudem herrscht bereits beim Landgericht **Anwaltszwang, § 78 ZPO**. Neben diesen Belastungen durch einen Zivilprozess käme als materieller Nachteil für den einzelnen Kläger noch die **Beweislast für ein schuldhaftes Fehlverhalten des Amtsträgers gem. § 839 BGB** hinzu. Schließlich gibt es aus Amtshaftung auch nur einen Geldersatzanspruch, allerdings **keine Naturalrestitution**, d.h. Wiederherstellung des ursprünglichen Zustands i.S.v. § 249 S. 1 BGB. Insoweit kommt etwa die Verurteilung zur Vornahme von Amtshandlungen, ggf. Erteilung von Änderungbescheiden, im Amtshaftungsrecht nicht in Betracht. Praktisch erwähnenswert ist auch, dass sich die Folgen unrichtiger Beratung oder Auskunft für zukünftige Entwicklungen häufig kaum in Geldwert abschätzen lassen.[139]

3.2 Der sozialrechtliche Herstellungsanspruch

Auch angesichts solcher Problemstellungen haben insbes. die Sozialgerichte in langjähriger Rechtsfortbildung den sozialrechtlichen Herstellungsanspruch ent-

136 Vgl. Igl/Welti, Sozialrecht, 8. Aufl. 2007, § 47 III 2 m.w.N.
137 Vgl. Kreikebohm/von Koch, SRH, 3. Aufl. 2003, S. 269.
138 Mrozynski, SGB I, 4. Aufl. 2004, § 14 Rdnr. 21.
139 Vgl. Kreikebohm/von Koch, SRH, 3. Aufl. 2003, S. 271, 278.

wickelt. Seiner Rechtsnatur nach handelt es sich quasi um die sozialrechtliche Naturalrestitution. Damit soll der Zustand hergestellt werden, der bei richtigem Verhalten des Sozialleistungsträgers, speziell bei ordnungsgemäßer Beratung und Auskunft, vgl. §§ 14, 15 SGB I, bestehen würde.

Mittlerweile nimmt auch der Bundesgerichtshof (BGH) in seiner Zivilrechtsprechung einen primären Rechtschutz aufgrund des sozialrechtlichen Herstellungsanspruchs bei fahrlässigem Fehlverhalten des Amtsträgers an, vgl. § 839 Abs. 1 S. 2 BGB. Der Betroffene muss demnach, bevor er Amtshaftungsklage zum Zivilgericht erhebt, eine Überprüfung durch die im Übrigen auch sachnähere Sozialgerichtsbarkeit herbeiführen. Erst danach wird eine fahrlässige Amtspflichtverletzung als Anlass zur Klage nach § 839 Abs. 1 BGB anerkannt.[140]

Vom **Anwendungsbereich** her **galt der Herstellungsanspruch im Sozialhilferecht regelmäßig nicht**, da das Prinzip der akuten Bedarfserfüllung nach dem früheren BSHG in der Rspr. der bis 2004 zuständigen Verwaltungsgerichte grds. eine rückwirkende Leistung für die Vergangenheit ausschloss.[141] Der betroffene Antragsteller wird insoweit bei einer pflichtwidrigen Leistungsverweigerung auf vorhandene und fristgerecht zu erhebende Rechtsbehelfe (Widerspruch, Klage) nach der VwGO bzw. ab 2005 nach dem SGG verwiesen.[142] Andererseits erstreckt sich die Anwendung sogar weiter als auf den eigentlichen Leistungsträger. Die **Zurechnung fremden Verwaltungshandelns**, insbes. für unzutreffende Auskünfte oder Beratung gem. §§ 14, 15 SGB I einer anderen Behörde, führt zu einer eigenen Einstandspflicht des jeweiligen Leistungsträgers. Voraussetzung ist allerdings ein sachlicher Zusammenhang im Sinne einer Funktionseinheit zwischen der Tätigkeit dieser fremden Verwaltungsbehörden, etwa der Versicherungsämter i.S.v. §§ 91–93 SGB IV, mit dem für die Leistung in Betracht kommenden Träger.[143]

Allgemein erfordert der Anspruch auf der **Tatbestandsseite ein fehlerhaftes Verwaltungshandeln durch eine Sozialleistungsbehörde** und dadurch kausal nachteilige Folgen für die Rechtstellung des Versicherten.[144] Die Rechtsfolge ist auf die **Vornahme einer Amtshandlung** zur Herstellung desjenigen Zustands gerichtet, der bestehen würde, wenn der Versicherungsträger die ihm aus dem Versicherungsverhältnis erwachsenen Nebenpflichten ordnungsgemäß wahrgenommen hätte.[145] Dabei genügt **ein objektiver Pflichtverstoß ohne Verschulden im Sinne einer Vorwerfbarkeit**.[146] Beim Herstellungsanspruch ist jedoch – in Abgrenzung etwa zum verwaltungsrechtlichen Folgenbeseitigungsanspruch (§ 113 Abs. 1 S. 2 VwGO) – noch die **Rechtsfolgenseite in zweierlei Hinsicht begrenzt:** zum einen muss der entstandene Nachteil **überhaupt im Rahmen der geltenden Gesetze auszugleichen** sein.[147] So lässt sich z.B. die Arbeitslosmel-

140 Vgl. BGHZ 103, 242, ebenso BVerfGE 58, 300.

141 S. auch Kreikebohm/von Koch, SRH, 3. Aufl. 2003, S. 282.

142 OVG Rheinland-Pfalz, NVwZ 1985, 509.

143 BSGE 51, 89; 57, 288, 290.

144 BSG, Urt. v. 13.12.2000, B 14 EG 17/99 R.

145 BSGE 50, 88.

146 Vgl. dazu Kreikebohm/von Koch, SRH, 3. Aufl. 2003, S. 275.

147 Vgl. Seewald, Kasseler Kommentar zum Sozialversicherungsrecht, Band I, Vor §§ 38–47 SGB I, Rdnr. 33–47. m.w.N.; spezieller zum Folgenbeseitigungsanspruch: Muckel, Sozialrecht, 2. Aufl. 2007, S. 494, 495.

dung i.S.d. SGB III nicht nachträglich als Voraussetzung für die Bewilligung von Arbeitslosengeld fingieren.[148] Denn dies ist ein tatsächlicher Vorgang, der nicht durch eine Amtshandlung hergestellt werden kann. Andererseits unterliegen Herstellungsansprüche, die auch auf Geldleistungen gerichtet sind, einer **vierjährigen Verjährungsfrist analog § 44 Abs. 4 SGB X**. D.h., dass bei einem bestehenden Herstellungsanspruch rückwirkend allenfalls für 4 Jahre Sozialleistungen nachgezahlt werden.[149]

Bisher entwickelte Fallgruppen sind, neben den Auskunfts- und Beratungsfehlern bei §§ 14, 15 SGB I, **objektiv rechtswidrige Satzungsbestimmungen**, die einer unrichtigen Auskunft gleichgesetzt werden.[150] Gleiches gilt für fehlerhafte Allgemeininformation i.S.d. § 13 SGB I, z.B. durch ein **unzutreffendes Merkblatt**. Jedoch werden keine Hinweise auf zukünftige Rechtsprechung geschuldet. Ebensowenig ist ein Versicherungsträger dazu angehalten, weltweit Aufklärung über die in Deutschland bestehenden sozialversicherungsrechtlichen Rechte und Pflichten für jeden denkbaren Antragsteller zu betreiben, etwa zur **Beitragsnachentrichtung in der Rentenversicherung für Auswanderer nach Australien**.[151] Zudem ist der sozialrechtliche Herstellungsanspruch insbes. **im Rentenversicherungsrecht bei der Frage des Beginns der Regelaltersrente** problematisch. Ausgangspunkt ist dafür die ständige Rechtsprechung des BSG, den Versicherten auch ohne konkretes Beratungsbegehren einen Anspruch auf Hinweise zuzugestehen, wenn sich spontan klar zutage tretende Gestaltungsmöglichkeiten als offensichtlich zweckmäßig aufdrängen, die jeder Verständige mutmaßlich nutzen würde.[152] Bei fehlenden Rentenanträgen wurde eine **Hinweispflicht auch aus § 115 Abs. 6 SGB VI** anerkannt, wenn eine abgrenzbare Gruppe von Versicherten die Rente überhaupt oder eine höhere Rentenleistung aus Unwissenheit nicht beantragt hatte, BSGE a.a.O. Allgemein anerkannte Fälle mit besonderer Hinweispflicht ergeben sich z.B. auch beim Erstbezug einer Hinterbliebenenrente nach Tod eines Versicherten.[153] Zudem ist die Richtigkeit der Information auch bei gleichzeitigen Hinweisen auf eine größere Gruppe von Versicherten (sog. Gruppenberatung) zu gewährleisten.[154]

Sozialrechtlicher Herstellungsanspruch

1. Pflichtwidrige (nicht notwendig schuldhafte) Verletzung einer aufgrund Gesetzes oder aus dem Sozialrechtsverhältnis dem Leistungsträger obliegenden Haupt- oder Nebenpflicht (aus ex-post-Betrachtung)
2. ggü. dem Berechtigten (insbes. unvollständige, unrichtige, unterlassene Auskunftserteilung, Beratung oder Betreuung nach §§ 14, 15 SGB I)
3. Kausalität zwischen Amtspflichtverletzung und Wahl einer ungünstigen Gestaltung und wirtschaftlichem Nachteil

Rechtsfolge:

⇨ Leistungsträger muss Berechtigten so stellen, als ob Pflicht ordnungsgemäß erfüllt wurde.

⇨ Begehrte Amtshandlung muss rechtlich zulässig sein.

148 Ebenso BSGE 60, 43 ff.; Waltermann, Sozialrecht, 6. Aufl. 2006, S. 12, 13.

149 Ausführlich dazu Heidemann, DRV 2004, 532–546; ebenso nunmehr BSG, Urt. v. 27.03.2007 - B 13 R 58/06 R.

150 BSGE 56, 61.

151 BSG, Beschl. v. 31.05.1989, 12 BK 6/89.

152 BSGE 81, 251.

153 Vgl. BSG SozR3-2600 § 88 Nr. 2, BSG SozR3-2600 § 115 Nr. 5.

154 BSG, Urt. v. 05.09.2006 - B 7 a AL 70/05 R.

Fall 6: Kein Rechnerzugang, keine Rente?

Herr A ist im Mai 1937 geboren, war gelernter Tischlergeselle und seit 1980 angestellter Verkäufer im Dursty-Shop mit Rentenbeitragszahlungen zur BfA. Der Getränkemarkt schloss Ende 1997 wegen fehlender Rentabilität. A meldete sich daraufhin ab Januar 1998 beim Arbeitsamt arbeitslos und arbeitssuchend und erhielt nun laufend Arbeitslosengeld i.H.v. rund 1.240 DM monatlich. Dieser Anspruch war bis August 2000 einschließlich begrenzt.
Im Juni 1999 erhielt A von der BfA in Berlin einen Feststellungsbescheid über anerkannte Versicherungszeiten sowie eine Rentenauskunft. Darin erklärte die BfA, dass die Altersrente wegen Arbeitslosigkeit gezahlt werden könne, wenn das maßgebende Lebensalter erreicht sei sowie die Arbeitlosigkeit in den letzten 1 1/2 Jahren vor Rentenbeginn mindestens 52 Wochen angedauert und noch im Zeitpunkt des Rentenbeginns vorgelegen habe. A erkundigte sich daraufhin bei der örtlichen Stadtverwaltung, wann der nächste Sprechtag der Rentenversicherungsträger stattfände. Dann meldete er sich zu einer Besprechung seiner Rentenangelegenheit im September 1999 verbindlich an. Zum vorgesehenen Besprechungstermin erschienen neben A noch 20 weitere ebenfalls angemeldete Personen. Zur Überraschung des A traf er nun aber nicht auf einen Berater der BfA, sondern einen Angestellten der örtlichen Landesversicherungsanstalt. Am Vormittag des Beratungstages war, wie bereits mehrfach in der Vergangenheit, auch noch die Telefonstandleitung im Festnetz vom Laptop des LVA-Beraters zum Zentralrechner am Sitz seiner Rentenversicherungsanstalt ausgefallen. Daher hatte der LVA-Berater auch keinen Zugriff auf das elektronisch geführte Versichertenkonto des A bei der BfA in Berlin. A legte dem Berater der LVA gleichwohl die vorsorglich mitgebrachten Unterlagen, nämlich den Bescheid gem. § 149 Abs. 5 SGB VI sowie die dazugehörige Rentenauskunft vom Juni 1999 und seinen aktuellen Arbeitslosengeldbescheid, zur Einsichtnahme vor. Der LVA-Berater nahm kurz Einsicht in diese Unterlagen des A. Er teilte ihm dann mit, mangels Zugriff auf den Zentralrechner und fehlender Datenverbindung zum Versichertenkonto des A bei der BfA in Berlin werde er in der nächsten Woche von seiner Dienststelle aus noch Nachforschungen anstellen. Er werde A schon telefonisch informieren, wenn weiterer Klärungsbedarf gegeben sei. In der Folgezeit hörte A dann aber tatsächlich nichts mehr von der Angelegenheit. Aus eigener Initiative besuchte er erneut im Juli 2000 einen Sprechtag der Rentenversicherungsträger in den Räumlichkeiten der Stadtverwaltung. Bei dieser Gelegenheit wurde er von einer nun anwesenden BfA-Rentenberaterin auf die Möglichkeit hingewiesen, unverzüglich einen Rentenantrag zu stellen. A füllte noch auf dem Sprechtag den ihm von der Beraterin ausgehändigten Grundantrag aus. Er erhält seitdem laut Rentenbescheid vom August 2000 von der BfA die Altersrente wegen Arbeitslosigkeit i.H.v. 1.600 DM monatlich. A meint, ihm sei zu Unrecht der Unterschiedsbetrag zwischen dem geringeren Arbeitslosengeld und der höheren Rente i.H.v. 360 DM pro Kalendermonat entgangen.
Er bittet daher um Prüfung, ob er durch einen fristgerechten Widerspruch gegen den Rentenbescheid der BfA von dieser die Differenzsumme für die Zeit zwischen September 1999 und Juni 2000 nachgezahlt erhalten könne.

Vorüberlegung:

Das Begehren des A hat Aussicht auf Erfolg, wenn er so zu stellen wäre, als hätte er **bereits beim Rentensprechtag im September 1999 tatsächlich die Altersrente wegen Arbeitslosigkeit beantragt**. Dies hängt davon ab, ob ein solcher Antrag nach dem jeweils gültigen Recht überhaupt eröffnet gewesen wäre und weitere Voraussetzungen eines sozialrechtlichen Herstellungsanspruchs vorliegen.

(I) Die **Rechtslage** richtet sich nach § 38 SGB VI in der bis zum 31.12.1999 geltenden Fassung bzw. nach der Neufassung des § 237 SGB VI ab 01.01.2000.

§ 38 S. 1 SGB VI setzte für die Altersrente wegen Arbeitslosigkeit voraus, dass die Versicherten das 60. Lebensjahr vollendet hatten, bei Beginn der Rente arbeitslos bzw. innerhalb der letzten 1 1/2 Jahre vor Beginn der Rente insgesamt 52 Wochen arbeitslos waren und Pflichtbeitragszeiten von 8 Jahren in den vergangenen letzten 10 Jahren erfüllten sowie die Wartezeit von 15 Jahren aufwiesen. Nach dem ab 2000 geltenden § 237 SGB VI haben Versicherte Anspruch auf Altersrente, wenn sie vor dem 1. Januar 1952 geboren sind, das 60. Lebensjahr vollendet haben und bei Beginn der Rente arbeitslos und nach Vollendung des Lebensalters von 58 Jahren und 6 Monaten insgesamt 52 Wochen arbeitslos waren. Darüber hinaus müssen die Pflichtbeitrags- und die Wartezeiten gegeben sein.

Allerdings wird nach § 237 Abs. 3 SGB VI die Altersgrenze von 60 Jahren für die Renten wegen Arbeitslosigkeit angehoben. Die vorzeitige Inanspruchnahme einer solchen Altersrente ist möglich. Im Einzelnen richtet sich die **Anhebung der Altersgrenze bei Altersrente wegen Arbeitslosigkeit** nach der Anlage 19 zum SGB VI. Für A, der im Mai 1937 geboren war, ist ab dem 60. Lebensjahr eine vorzeitige Inanspruchnahme möglich gewesen. Dann würde aber die Altersgrenze in seinem Fall um 5 Monate heraufgesetzt. Das bedeutet für A einen **monatlichen Rentenabschlag** von 0,3%, also für 5 Kalendermonate eine dauerhafte Renteneinbuße von 1,5% bei Anwendung des § 237 Abs. 1, Abs. 3 SGB VI in der ab Januar 2000 geltenden Gesetzesfassung.

(II) Den **Beginn der Renten aus eigener Versicherung regelt § 99 SGB VI**.

Grundsätzlich bestimmt § 99 Abs. 1 S. 1 SGB VI, dass die Rente aus eigener Versicherung von dem Kalendermonat an geleistet wird, zu dessen Beginn die Anspruchsvoraussetzungen erfüllt sind, soweit der Antrag binnen 3 Monaten nach Vorliegen der Anspruchsvoraussetzungen gestellt wird. Bei späterer Antragstellung wird gem. § 99 Abs. 1 S. 2 SGB VI die Rente ab dem Kalendermonat geleistet, in dem die Rente tatsächlich beantragt wurde.

Tatsächlich beantragte A die Rente im Juli 2000. Nun galt schon die Neuregelung über die Altersrente bei Arbeitslosigkeit nach § 237 SGB VI, einhergehend mit einem Rentenabschlag von 1,5%. Allerdings hätte A bereits im September 1999 bei dem örtlichen Rentensprechtag der LVA einen Antrag auf Altersrente bei Arbeitslosigkeit nach der für ihn günstigeren Alt-Fassung des § 38 SGB VI stellen können. Dabei wären auch die versicherungsrechtlichen Voraussetzungen laut Auskunft der BfA vom Juni 1999 bereits ab 01.01.1999 erfüllt gewesen.

(III) In Betracht kommt diesbezüglich ein **sozialrechtlicher Herstellungsanspruch i.V.m. § 99 Abs. 1 S. 2 SGB VI**. Danach wäre A so zu stellen, als hätte er bereits im Beratungstermin beim örtlichen Rentensprechtag im September 1999 umgehend die Altersrente wegen Arbeitslosigkeit gemäß § 38 SGB VI in der damals noch anzuwendenden Fassung beantragt. Dafür müssten jedoch die **Merkmale des sozialrechtlichen Herstellungsanspruchs** erfüllt sein.

(1) Der sozialrechtliche Herstellungsanspruch ist ein insbes. in der Rechtsprechung entwickeltes Rechtsinstitut, das auf die Herstellung des sozialrechtlichen Zustandes gerichtet ist, der bestehen würde, wenn der **Versicherungsträger oder ein für ihn zurechenbar handelnder Dritter** die ihm aufgrund eines Gesetzes oder konkreten Sozialrechtsverhältnisses obliegenden Haupt- oder Nebenpflichten ordnungsgemäß wahrgenommen hätte.

Insbes. kommen hier die **Pflichten zur Beratung bzw. Auskunft im Sinne vollständiger und richtiger Auskunftserteilung bzw. Betreuung nach §§ 14, 15 SGB I** in Betracht. Erforderlich ist eine objektiv rechtswidrige Pflichtverletzung, Verschulden wird nicht verlangt.[155] Die Pflichtverletzung muss wesentliche Bedingung für den eingetretenen Nachteil beim Versicherten sein. Die verletzte Pflicht muss auch darauf gerichtet gewesen sein, den Betroffenen vor den eingetretenen Nachteilen zu bewahren. Liegen diese Voraussetzungen vor, so ist ein Zustand zu schaffen, der der Rechtsordnung entspricht. Der Geschädigte muss so gestellt werden, wie er bei ordnungsgemäßem Verhalten des Sozialleistungsträgers gestanden hätte.[156]

Erforderlich ist damit – bei nachträglicher Betrachtung (ex post) – eine pflichtwidrige, nicht notwendig schuldhafte Verletzung einer sozialrechtlichen Haupt- oder Nebenpflicht. In Betracht kommt hier eine unvollständige, unrichtig unterlassene Auskunftserteilung bzw. Beratung oder das Fehlen einer fördernden Betreuung des A i.S.v. §§ 14, 15 SGB I. Zwischen der Amtspflichtverletzung und der Wahl einer ungünstigen Gestaltung bzw. dem Eintritt eines wirtschaftlichen Nachteils ist zudem ein Kausalzusammenhang erforderlich. Liegen die Voraussetzungen vor, muss die BfA den A so stellen, als ob die Beratungspflicht ordnungsgemäß erfüllt worden wäre.

(a) Fraglich ist dabei, ob überhaupt das Handeln bzw. Unterlassen eines **bei der örtlichen LVA tätigen Beraters der BfA zugerechnet werden kann**.

Tatsächlich hatte hier ein entsprechend geschulter LVA-Bediensteter den Beratungstermin im September 1999 abgehalten. Dies geschieht in der Lebenswirklichkeit regelmäßig auch in Absprache mit der BfA für deren Versicherte. Zwar entscheidet der jeweilige Rentenversicherungsträger in eigener Verantwortung über Maßnahmen zur Information der Öffentlichkeit und insbes. zur konkreten Beratung hilfe- und ratsuchender Versicherter. Wird die Aufgabe allerdings gemeinsam wahrgenommen, so handelt es sich um eine **vereinbarte Zusammenarbeit, bei der ein Zurechnungszusammenhang** offenkundig ist. Ebenso wie **Auskünfte etwa der örtlichen Versicherungsämter der Kommunen, vgl. §§ 91–93 SGB IV**, ist das Handeln der Bediensteten anderer Rentenversicherungsträger bei gemeinsamen Beratungsterminen für alle gesetzlich Rentenversicherten **der BfA selbst zuzurechnen**.[157]

155 Muckel, Sozialrecht, 2. Aufl. 2007, S. 496 m.w.N.

156 Vgl. zu alledem BSGE 49, 76; 55, 261; 62, 96, Urt. v. 01.09.1999, B 13 RJ 73/98 m.w.N.

157 Vgl. Seewald, Kasseler Kommentar zum Sozialversicherungsrecht, Band I, Vor §§ 38–47 SGB I, Rdnr. 39 m.w.N.

(b) Abgesehen davon steht fest, dass A zum Beratungstermin im September 1999 auch **erforderliche schriftliche Unterlagen**, wie den Feststellungsbescheid gem. § 149 SGB VI, die Rentenauskunft vom Juni 1999 sowie seinen aktuellen Arbeitslosengeldbescheid, bei sich führte und dort vorlegte.

Ausgehend vom Gesamtinhalt dieser Unterlagen mit den darin enthaltenen Angaben u.a. für die Zugangsberechtigung des A zur Altersrente wegen Arbeitslosigkeit hätte sich dem damals anwesenden Berater im Sprechtag im September 1999 aufdrängen müssen, dass dem A hier ein unverzüglicher Antrag auf die Rente wegen Arbeitslosigkeit anzuraten gewesen wäre. Das ist allerdings tatsächlich nicht geschehen. Wegen der geringeren Arbeitslosengeldbezüge hätte es zudem **erkennbar im wirtschaftlichen Interesse des A** gelegen, alsbald die höhere Altersrente wegen Arbeitslosigkeit zu erhalten.[158]

Bei zutreffender Beratung und verständnisvoller Förderung des Auskunftsbegehrens des A durch den LVA-Mitarbeiter wäre demnach von einer unverzüglichen Rentenantragstellung des A auszugehen gewesen. Dabei liegt der **maßgebliche Beratungsmangel im Unterlassen sinnvoller Hinweise**. Aus der Lektüre der mitgebrachten Unterlagen hätte sich für den rechtskundigen, geschulten Beschäftigten der LVA ergeben, dass A bereits ab Jahresanfang 1999 berechtigt war, die Altersrente wegen Arbeitslosigkeit in Anspruch zu nehmen. Allerdings hat der Berater die Unterlagen nur kurz gegengelesen und sich mit den Fragen des A konkret nicht näher auseinandergesetzt, da er ja aktuell keinen Zugang zum Zentralrechner hatte.

(c) Auch das begründet eine **Pflichtverletzung des Bediensteten der LVA**.

In einer derartigen Situation dem betroffenen Versicherten nicht eine unverzügliche Rentenantragstellung zu empfehlen und – selbst bei Fehlfunktion der EDV-Anlage – nicht unmittelbar im Anschluss an den Sprechtag die Angelegenheit durch weitere Nachfragen bei der BfA als zuständigem Rentenversicherungsträger abzuklären, ist mit einer pflichtbewussten Beratung und Aufklärung nicht mehr vereinbar. Gleiches gilt i.S.d. sog. Spontanberatung für Gestaltungsmöglichkeiten etwa im Arbeitsförderungsrecht für Zuschussleistungen für ältere Arbeitnehmer (§ 421 j SGB III), auch wenn die Norm erst soeben in Kraft trat.[159]

Für die dadurch bedingten nachteiligen Folgen **hat die BfA durch frühestmöglichen Beginn der Rente wegen Arbeitslosigkeit an A einzustehen**.

(2) Im Wege des Herstellungsanspruchs ist A demnach so zu stellen, als hätte er auf zutreffende, vollständige und inhaltlich richtige Beratung im September 1999 hin unverzüglich den Antrag auf Altersrente wegen Arbeitslosigkeit gem. § 38 SGB VI in der bis zum 31.12.1999 geltenden Fassung gestellt.

---

158 Vgl. bereits BSG, Urt. v. 31.01.1980, 11 RA 2/79, SozR 2200, § 1251 RVO Nr. 75 sowie Runzer, Kompass 2004, 20–24 m.w.N.

159 BSG, Urt. v. 08.02.2007 – B 7 a AL 22/06 R; ebenso bereits BSG, Urt. v. 02.09.2004 – B 7 AL 18/04 R.

Das bedeutet, dass dem A für die Vergangenheit gem. § 99 Abs. 1 S. 2 SGB VI die höhere **Altersrente i.S.v. § 38 SGB VI a.F. ohne Rentenabschlag zusteht**.

Das bis Sommer 2000 bezogene Arbeitslosengeld kann er dabei aber nicht gleichzeitig beanspruchen. Vielmehr findet eine **interne Verrechnung gemäß §§ 102 ff. SGB X zwischen dem Arbeitsamt und der zur nachträglichen Rentengewährung verpflichteten BfA** statt. A kommt also nicht in den Genuss einer Doppelleistung, da bereits gezahltes Arbeitslosengeld von der ihm zustehenden Rentennachzahlung durch die BfA an das Arbeitsamt zu erstatten ist. Die Differenz zur höheren Rente verbleibt jedoch zu Recht bei ihm.

3.3 Schadensersatzansprüche wegen öffentlich-rechtlicher Pflichtverletzung

Als weitere Haftungsmöglichkeit wird darüber hinaus insbes. von der Literatur für pflichtwidrige Handlungen der Leistungsträger noch ein **öffentlich-rechtlicher Schadensersatzanspruch** angenommen. Analog zu schuldrechtlichen Grundsätzen, entsprechend §§ 275 ff., 311 ff. BGB, sollen damit Leistungsstörungen ausgeglichen werden.[160]

Das BSG ist in dieser Hinsicht insbes. angesichts der Rechtswegzuweisung, § 40 Abs. 2 VwGO, allerdings eher zurückhaltend.[161] Allein beim öffentlich-rechtlichen Vertrag, unter den vergleichsweise strengen Voraussetzungen gem. §§ 53 ff. SGB X, gelangte die Rechtsprechung über § 61 S. 2 SGB X zu einer **ergänzenden Anwendung der allgemeinen Leistungsstörungsregeln des Schuldrechts**, soweit sie mit den in dem jeweiligen Sozialleistungsbereich geltenden Rechtsregeln vereinbar sind.[162]

---

160 Vgl. Wallerath, SRH, 3. Aufl. 2003, S. 641, 642; aktuell zu Fehlverhalten in Pflegekindverhältnissen i.S.d. SGB VIII: Schlick, NJW 2008, 31 ff. (33, 34) m.w.N.

161 BSGE 53, 150, 156; BSGE 76, 233 ff.

162 BSG SozR 1300, § 61 Nr. 1.

3. Teil: Sozialhilferecht - SGB XII

Die Sozialhilfe hat eine langwierige gesetzliche Entwicklung, ausgehend vom **Fürsorgegedanken** und dem aus dem **Sozialstaatsprinzip des Art. 20 Abs. 1 GG** fließenden Anspruch des einzelnen auf **Sicherung des Existenzminimums** (Art. 2 Abs. 2 GG) genommen, deren vorläufiges Ende nunmehr durch das SGB XII erreicht ist.

Durch das Gesetz zur Einordnung des Sozialhilferechts in das Sozialgesetzbuch vom 27.12.2003[163] sind das bis zum 31.12.2004 geltende **Bundessozialhilfegesetz** (BSHG)[164] sowie das **Gesetz über eine bedarfsorientierte Grundsicherung im Alter und bei Erwerbsminderung** (GSiG)[165] aufgehoben worden.[166] Seit dem 01.01.2005 **regelt das neue SGB XII die Sozialhilfe sowie die Grundsicherungsleistungen**. Als Sonderrecht für asylsuchende Asylbewerber gilt seit 1993 **das Asylbewerberleistungsgesetz** (ASylbLG).

Ihrem Wesen nach soll die Sozialhilfe die **Führung eines menschenwürdigen Lebens** und andererseits den Leistungsempfängern dauerhaft ein von ihr unabhängiges Leben ermöglichen, § 1 SGB XII. **Ältere bedürftige Menschen bzw. behinderte und dauerhaft erwerbsgeminderte Bedürftige** erhalten Grundsicherungsleistungen (§§ 41–46 SGB XII). Nicht dauerhaft erwerbsgeminderte bzw. nicht arbeitssuchende Erwachsene einschließlich Kinder und Jugendliche erhalten Leistungen nach dem SGB XII.

1. Abschnitt: Sozialhilfe nach dem SGB XII

1. Einleitung und Überblick

Die Sozialhilfe ist **keine klassische Sozialversicherung**, sondern erbringt zur sozialen Grundabsicherung **subsidiäre Leistungen**, §§ 1, 2 Abs. 1 SGB XII.

163 BGBl. I, S. 3022.

164 BSHG i.d.F. der Bekanntmachung vom 23.03.1994, BGBl. I, S. 2975.

165 BGBl. I 2001, S. 1310 f.

166 Art. 68 Abs. 1 Nrn. 1, 5 des Gesetzes zur Einordnung des Sozialhilferechts in das Sozialgesetzbuch.

Die Sozialhilfe (SGB XII)

Träger	Örtliche Träger: Kreise und kreisfreie Städte, §§ 3 Abs. 2, 97 Abs. 1 SGB XII Überörtliche Träger werden von den Ländern bestimmt, §§ 3 Abs. 3, 97 Abs. 2, 3 SGB XII (z.B. Bezirke, Landschaftsverbände, Landeswohlfahrtsverbände)
Finanzierung	Sozialhilfe: aus den Steuermitteln der Länder und Kreise bzw. Städte; Grundsicherung: aus den Steuermitteln des Bundes
Leistungen	▸ Hilfe zum Lebensunterhalt (§§ 27–40 SGB XII) ▸ Grundsicherung im Alter und bei Erwerbsminderung (§§ 41–46 SGB XII) ▸ Hilfen zur Gesundheit (§§ 47–52 SGB XII) ▸ Eingliederungshilfe für behinderte Menschen (§§ 53–60 SGB XII) ▸ Hilfe zur Pflege (§§ 61–66 SGB XII) ▸ Hilfe zur Überwindung besonderer sozialer Schwierigkeiten (§§ 67–69 SGB XII) ▸ Hilfe in anderen Lebenslagen (§§ 70–74 SGB XII)
Leistungsformen	§ 10 Abs. 1 SGB XII Dienstleistung – Geldleistung – Sachleistung

Bei der Durchführung der Sozialhilfe sind die **folgenden drei Leitprinzipien** zu beachten:

- Das **Nachrangigkeitsprinzip, § 2 SGB XII**. Sozialhilfe erhält grds. nur derjenige, der keine Selbsthilfe leisten kann, sich also insbesondere durch seine Arbeitskraft, sein Einkommen bzw. Vermögen nicht unterhalten kann, nicht auf unterhaltspflichtige und -fähige Angehörige wie Eltern, Kinder oder Ehegatten tatsächlich zugreifen kann und schließlich auch keine Leistungen von anderen Sozialleistungsträgern erhält.
- Das **Individualisierungsprinzip, § 9 SGB XII**. Es gebietet, dass die Leistungen der Sozialhilfe sich nach den Besonderheiten des Einzelfalles richten, insbesondere nach der **Art des Bedarfs, den örtlichen Verhältnissen, den eigenen Kräften und Mitteln des Hilfebedürftigen bzw. seines Haushaltes**.
- Das **Bedarfsdeckungsprinzip, § 18 SGB XII**, stellt auf den gegenwärtigen, insbesondere materiellen Unterstützungsbedarf ab (Ausnahme: Grundsicherungsleistungen). Es schließt sowohl Leistungen für die Vergangenheit als auch rentenähnliche Dauerleistungen aus. Maßgeblich für die zukünftige Hilfeleistung ist die Kenntnis des Sozialhilfeträgers. Auf Sozialhilfe besteht ein Rechtsanspruch, § 17 Abs. 1 SGB XII. Die Leistung endet spätestens bei anderweitiger Existenzsicherung.

Als **Arten der Hilfeleistung** werden die **Hilfe zum Lebensunterhalt** im Sinne der §§ 27–40 SGB XII, die **Grundsicherung** (§§ 41–46 SGB XII) sowie der umfangreiche Katalog der **sonstigen Hilfen** (§§ 47–74 SGB XII) unterschieden. Als Formen der Hilfe sind die **Dienstleistung einschließlich Beratung, die Geld- bzw. die Sachleistung** vorgesehen, § 10 Abs. 1 SGB XII.

Die quantitative Bedeutung der Sozialhilfe hat infolge ihrer gegenüber dem SGB II grundsätzlichen Nachrangigkeit, vgl. § 5 Abs. 2 S. 1 SGB II, in der Praxis abgenommen. Der Gesetzgeber hat durch bewusste Ausweitung der Leistungsdichte des SGB II den Anwendungsbereich der Sozialhilfe eingeschränkt.

Die Sozialhilfe wird aus allgemeinen Steuermitteln und nicht aus Beiträgen finanziert, das Versicherungsprinzip gilt bei dieser Auffangleistung nicht. Die Kosten der Sozialhilfe tragen die Länder bzw. die höheren Gebietskörperschaften als überörtliche Träger und die Gebietskörperschaften (Kreise, kreisangehörige Gemeinden und kreisfreie Städte) als örtliche Träger.

Entscheidend für die tatsächliche Kostenlast gerade der Kommunen und Kreise ist die **Organisation der Trägerschaft**. Sozialhilfe wird von **örtlichen und überörtlichen Trägern gewährt, § 3 SGB XII**. Einzelheiten sehen die §§ 97 f. SGB XII, mit Sonderregelungen für stationäre Leistungen, vgl. § 98 Abs. 1, 2 SGB XII, vor.[167] Die Leistungspflicht richtet sich nach den **Vorschriften über die sachliche Zuständigkeit, § 97 SGB XII**. Da die sachliche Zuständigkeit der überörtlichen Träger für die Leistungen nach §§ 53 bis 72 SGB XII vorbehaltlich landesrechtlicher Abweichungen besteht (vgl. § 97 Abs. 2, 3 SGB XII), sind die örtlichen Träger nach der Grundregel des § 97 Abs. 1 SGB XII insbesondere für die Hilfe zum Lebensunterhalt nach §§ 27–40 SGB XII zuständig. Landesrechtlicher Bestimmung obliegt die Heranziehung kreisangehöriger Gemeinden oder Gemeindeverbände bzw. örtlicher Träger und die Organisation des Verwaltungsablaufs, § 99 SGB XII.

Für den **Rechtsschutz** in Streitfällen nach dem SGB XII sind nach **§ 51 Abs. 1 Nr. 6 a SGG** nunmehr die **Sozialgerichte** zuständig.[168] In diesem Verfahren werden keine Gerichtsgebühren erhoben, § 183 S. 1 SGG.

2. Leistungsarten

Grundsätzlich richten sich die Sozialhilfeleistungen nach der Besonderheit des Einzelfalles, § 9 Abs. 1 S. 1 SGB XII. Systematisch differenziert das SGB XII zwischen den **Leistungen der Sozialhilfe** (§§ 8–40 SGB XII), der **Grundsicherung im Alter und bei Erwerbsminderung (§§ 41–46 SGB XII)** und den **besonderen Hilfen (§§ 47–74 SGB XII)**. § 8 SGB XII unterscheidet nicht mehr zwischen der Hilfe zum Lebensunterhalt und den ehemaligen Hilfen in besonderen Lebenslagen (vormals: §§ 27–75 BSHG).

167 Zum Begriff des tatsächlichen Aufenthaltes vgl. LSG Bayern, Beschl. v. 30.11.2005 – L 11 B 452/05 SO ER.

168 Vgl. Gesetz zur Einordnung des Sozialhilferechts in das SGB vom 09.12.2004, BGBl. I, S. 3305.

2.1 Hilfe zum Lebensunterhalt

Die Hilfe zum Lebensunterhalt (HzL) bezieht sich auf die Gewährung des notwendigen Lebensunterhaltes. **Notwendiger Lebensunterhalt umfasst insbesondere Ernährung, Unterkunft, Kleidung, Körperpflege, Hausrat, Heizung und persönliche Bedürfnisse des täglichen Lebens**, §§ 27 Abs. 1, 19 Abs. 1 SGB XII. Bei Kindern und Jugendlichen gehört auch der durch die Entwicklung bedingte Bedarf zum notwendigen Lebensunterhalt, § 27 Abs. 2 SGB XII. Bestehen lediglich in bestimmten Bereichen Deckungslücken, sind diese ebenfalls zu schließen, § 27 Abs. 3 SGB XII. Bestimmte Sonderfälle werden ebenso erfasst, speziell drohende Wohnungs- bzw. Obdachlosigkeit gemäß § 34 Abs. 2 SGB XII bei mietrechtlichen Räumungsklagen nach §§ 543 Abs. 1, 2 Nr. 3, 569 Abs. 3 BGB.

Die bisherige **Hilfe zur Arbeit** (§§ 18–20 BSHG) ist weggefallen. In veränderter Form wird die **Aktivierung der Arbeitskraft** jetzt als Unterstützungsleistung in § 11 Abs. 3 S. 2 SGB XII genannt. Soweit durch Aufnahme einer zumutbaren Beschäftigung, vgl. hierzu § 11 Abs. 4 SGB XII, Einkommen erzielt werden kann, besteht hierzu eine Verpflichtung. Die praktische Bedeutung dieser Verpflichtung ist durch die zeitlich beschränkte Einsatzfähigkeit des Leistungsberechtigten eher gering. Könnte durch Erwerbstätigkeit von mehr als drei Stunden Einkommen erwirtschaftet werden, würde die Grenze zur Erwerbsfähigkeit im Sinne des § 8 Abs. 1 SGB II überschritten und von vornherein kein Anspruch auf Sozialhilfe bestehen.[169] Bei unberechtigter Weigerung zur Erfüllung einer Verpflichtung aus einer Leistungsabsprache i.S.v. § 12 SGB XII werden, anders als bei der Eingliederungsvereinbarung nach § 15 SGB II, hieraus keine Sanktionen abgeleitet, weil es sich nicht um einen öffentlich-rechtlichen Vertrag handelt.[170]

Abweichend von der bisher nach Regelsätzen zzgl. Hilfen in besonderen Lebenslagen gewährten BSHG-Sozialhilfe sollen die nach § 28 Abs. 1 SGB XII vorgesehenen, durch Rechtsverordnung der Landesregierungen festgelegten **Regelsätze den gesamten notwendigen Lebensunterhalt decken, § 28 Abs. 1 S. 1 SGB XII**. Hierzu sind die Regelsätze des BSHG um etwa 15 % erhöht worden.

Die Bundesexekutive hat von der in § 40 SGB XII vorgesehenen Verordnungsermächtigung durch den Erlass der **Regelsatzverordnung (RegelsatzVO)**[171] Gebrauch gemacht und in dieser Inhalt, Bemessung und Aufbau der Regelsätze im Einzelnen konkretisiert. Die Höhe der monatlichen Regelsätze, durch die der gesamte Lebensunterhaltsbedarf, wie Ernährung, Kleidung, Körperpflege, Hausrat und sonstige persönliche Bedürfnisse des täglichen Lebens, abgegolten werden soll (vgl. § 28 Abs. 3 S. 1 SGB XII), wird von den Landesregierungen durch eine jeweils zum 01.07. eines Jahres erlassene Rechtsverordnung festgesetzt. § 28 Abs. 2 S. 3 SGB XII erlaubt nunmehr auch den Trägern der Sozialhilfe, auf der Grundlage der festgelegten Mindestregelsätze regionale Regelsätze zu bestimmen.

---

169 Kritisch Roschner/Münder, SGB XII, § 11 Rdnr. 7 f.

170 Ders., a.a.O. § 12 Rdnr. 4.

171 Verordnung zur Durchführung des § 28 SGB XII (RegelsatzVO) vom 03.06.2004, BGBl. I, S. 1067, geändert durch Erste Verordnung zur Änderung der Regelsatzverordnung vom 20.11.2006, BGBl. I, S. 2657.

Regelsätze zum 01.01.2007[172]

Haushaltsvorstand/ Alleinstehende	zusammenlebende Ehepartner/ Lebenspartner	Haushalts-angehörige bis zur Vollendung des 14. Lebensjahres	Haushalts-angehörige vom Beginn des 15. Lebensjahres
100 v.H.	90 v.H.	60 v.H.	80 v.H.
347 €	**312 €**	**208 €**	**278 €**

Maßgebliche Prinzipien der Regelsatzermittlung sind u.a. die **Deckung des laufenden Bedarfs unter Berücksichtigung von Stand und Entwicklung von Nettoeinkommen, Verbraucherverhalten und Lebenshaltungskosten** auf der Grundlage der statistisch ermittelten Verbrauchsausgaben von Geringverdiener-Haushalten, § 28 Abs. 3 SGB XII.[173]

Zudem sieht **§ 28 Abs. 4 SGB XII** (vormals § 22 Abs. 4 BSHG) **das Lohnabstandsgebot** beim Regelsatz vor.

Danach soll bei Hausgemeinschaften von Ehepaaren mit drei Kindern die Summe der insgesamt zustehenden Regelsätze zusammen mit Durchschnittsbeträgen für Unterkunft/Heizung (§ 29 SGB XII) und einmalige Bedarfe (§ 31 SGB XII) und eines durchschnittlich abzusetzenden Betrages für Einkommen (vgl. § 82 Abs. 3 SGB XII) **rechnerisch unter dem monatlichen durchschnittlichen Nettoarbeitsentgelt unterer Lohn- und Gehaltsgruppen zuzüglich Kindergeld und Wohngeld bleiben**. Damit wird ein hinreichender Abstand zwischen Sozialhilfebeziehern und Erwerbstätigen der unteren Lohn- und Gehaltsgruppen gewährleistet, um den Anreiz zur (Wieder-)Aufnahme einer Erwerbstätigkeit zu erhalten.[174]

Neben den angegebenen Werten der Regelsatzverordnung werden die **Kosten für Unterkunft und Heizung** (Miete nebst Betriebskosten; Abrechnungsbeträge und Aufwendung für periodische Schönheitsreparaturen) erbracht, **soweit diese angemessen sind, § 29 Abs. 1 S. 1, 2, Abs. 3 S. 1 SGB XII**. Der Anspruch ist auf **Geldleistung** gerichtet. Ein **Sachleistungsanspruch**, etwa in Form der Bereitstellung angemessenen Wohnraums, besteht nicht.[175] Bei selbstgenutzten Eigenheimen oder Eigentumswohnungen sind insbesondere Schuldzinsen und Erhaltungsaufwendungen übernahmefähig.[176] § 29 SGB XII entspricht im Wesentlichen § 22 SGB II. Auf die dortigen Ausführungen, insbesondere zur Angemessenheit von Wohnraum, wird verwiesen. Bezieher von SGB XII-Leistungen erhalten nach § 1 Abs. 2 Nrn. 2, 3 WoGG **kein Wohngeld**.

172 Verordnung zur Durchführung des § 28 des Zwölften Buches Sozialgesetzbuch (Regelsatzverordnung) vom 03.06.2004, BGBl. I, 1067, geändert durch Erste Verordnung zur Änderung der Regelsatzverordnung vom 20.1.2006, BGBl. I, S. 2657.

173 Zur Möglichkeit der Kürzung des Regelbedarfssatzes s. LSG Niedersachsen-Bremen, Beschl. v. 28.07.2006 – L 8 SO 45/06 ER.

174 Vgl. dazu Wenzel, NDV 1996, 306.

175 Streitig, wie hier: Münder-Berlit, SGB XII, § 29 Rdnr. 8; VGH BW, FEVS 43, 470. A.A.: Brühl, ZfF 1991, 49, OVG Nds., info also 1992, 31; Schmidt, NVwZ 1996, 1041 (1045).

176 So Münder-Berlit SGB XII, § 29 Rdnr. 21 unter Bezugnahme auf die zu § 82 SGB XII erlassene Verordnung vom 28.11.1962 (BGBl. I, S. 692/BGBl. III, S. 2170-1-4), dort § 7 Abs. 2 Nrn. 1–5.

Unangemessen hohe Wohnungskosten werden immer bis zur Höhe der angemessenen Kosten, längstens für sechs Monate, übernommen. Der Leistungsempfänger muss in dieser Zeit **kostensenkende Maßnahmen** (z.B. Vermietung) ergreifen und notfalls in eine angemessene Wohnung umziehen. Bei **Umzugsverweigerung bzw. Bezug einer erneut zu teuren Wohnung** werden die über die Höchstfrist des § 29 Abs. 1 S. 3 SGB XII anfallenden unangemessenen Kosten bis zur Höhe der Angemessenheit übernommen. Nach § 29 Abs. 1 S. 4 SGB XII trifft den Leistungsempfänger die Obliegenheit, vor dem Umzug die Zustimmung zu den künftigen Aufwendungen einzuholen. Hierdurch soll er Klarheit über die angemessenen Unterkunftskosten erhalten, die übernahmefähig sind. Ein Verstoß gegen die Obliegenheit führt nach Satz 5 lediglich zu einer **Kürzung der ggf. erhöhten Wohnungskosten**. Der Anspruch auf Kostenübernahme ist also nicht von einer vorherigen Zustimmung abhängig. Allerdings eröffnet der Umzug in eine unangemessen teure Wohnung nicht über § 29 Abs. 1 S. 3 SGB XII den Anspruch auf eine übergangsweise Gesamtkostendeckung.[177] **Umzugskosten** (z.B. Maklergebühren, Kosten für Wohnungsanzeigen, unvermeidbare doppelte Mietaufwendungen), die wegen vom Sozialhilfeträger veranlassten oder notwendigen Umzugs anfallen, werden nach § 29 Abs. 1 S. 7 SGB XII zusätzlich übernommen.[178] Mietkautionen werden regelmäßig darlehensweise erbracht, Satz 7, 2. Halbs. In den genannten Fällen ist das gesetzlich eingeräumte **Ermessen des Sozialhilfeträgers** (vgl. § 29 Abs. 1 S. 7, 8 SGB XII) auf Null reduziert, im übrigen erfolgt die Gewährung nach pflichtgemäßem Ermessen nach vorheriger Zustimmung. Ermesseneinschränkend wirkt sich die Notwendigkeit des Umzugs in eine kostengünstigere Wohnung aus.

Besteht die Gefahr einer zweckfremden Nutzung der Unterkunftskosten, erfolgt eine Direktauskehrung an den Vermieter oder andere Empfangsberechtigte, § 29 Abs. 1 S. 6 SGB XII.

Unter den in § 29 Abs. 2 SGB XII genannten Voraussetzungen, insbesondere muss hinreichend angemessener freier Wohnraum regional vorhanden sein, kann der Sozialhilfeträger die **Unterkunftskosten einschließlich der Mietnebenkosten[179] durch eine monatliche Pauschale abgelten**. Außerdem darf der Sozialhilfeträger die Pauschalierung nicht ausnahmslos vornehmen, sondern muss diese in begründeten Fällen überprüfen.[180]

Auch für die **Übernahme der Heizkosten** (Voraus- und Nachzahlungen) enthält § 29 Abs. 3 SGB XII im Wesentlichen ähnliche Vorgaben, also Angemessenheit und Pauschalierungsmöglichkeit. Da ein Teil der Energiekosten (hier: Kochenergie, Beleuchtung, Warmwasserzubereitung, Energie für elektrische Geräte) bereits im Regelsatz enthalten ist, sind diese bei den Energiekostenvorauszahlungen herauszurechnen.[181]

---

177 Münder-Berlit, SGB XII, § 29 Rdnr. 52.

178 Durch Art. 10 des Verwaltungsvereinfachungsgesetzes vom 21.03.2005, BGBl. I, S. 818 (829), wurde § 29 Abs. 1 S. 7 SGB XII um Umzugskosten erweitert.

179 Vgl. hierzu Rothkegel, Sozialhilferecht, Teil III Kap. 4 Rdnr. 46.

180 Vgl. BT-Drs. 15/1514, 60.

181 Nach einem Beschluss des SG Freiburg v. 18.05.2005 – S 9 AS 1581/05 ER – sind die bisherigen Pauschalen von 9 € für die Warmwasserbereitung bzw. 19 € für den sonstigen Energieaufwand für einen Singlehaushalt zu niedrig. Die Pauschale für die Warmwasserbereitung sei auf mindestens 20,74 € heraufzusetzen.

Ebenso wie im SGB II werden **nach § 30 SGB XII Mehrbedarfe** anerkannt für Leistungsempfänger mit spezifischen Belastungen. Als gruppenspezifisch erhöhter Bedarf von zusätzlich 17% des jeweiligen Regelsatzes gilt dies für bestimmte Schwerbehinderte, werdende Mütter nach der 12. Schwangerschaftswoche und von 12–60% für Familien mit Kleinkindern sowie bestimmte weitere Gruppen von Behinderten, Kranken[182] und Genesenden.

Zusätzlich zu den Regelsätzen werden die in **§ 31 Abs. 1 SGB XII genannten einmaligen Bedarfe** (Erstausstattungen für Wohnungen, Bekleidung und bei Schwangerschaft/Geburt, mehrtägige Klassenfahrten) durch Geldleistung gesondert gedeckt.[183]

Fall 7: Hin und Her beim Umzug

Der 45-jährige K ist ledig und war viele Jahre lang als freischaffender Kunstmaler in Halle an der Saale tätig. Angesichts des dort sehr deutlichen wirtschaftlichen und sozialen Niedergangs stellte sich bei K im Laufe der Zeit jedoch eine Schaffenskrise mit depressiver Verstimmtheit ein. Deshalb entschloss er sich Ende 2004, wieder in die von seiner verwitweten Mutter allein genutzte Dreizimmerwohnung in Dresden zurückzukehren. Da K durch die kreative Krise zuletzt auch kaum noch verkäufliche Werke geschaffen hatte, war er nun annähernd mittellos. Derzeit ist er nicht in der Lage, regelmäßig einer Erwerbstätigkeit nachzugehen. Nach schriftlicher Kündigung seines Mietvertrages bei der öffentlichen Wohnungsbaugesellschaft zum 01.07.2005 beantragte er deshalb beim Sozialamt der kreisfreien Stadt Halle Ende Mai 2005 vorsorglich die Übernahme der Umzugskosten. Da K trotz mehrmaliger Nachfragen hierauf nichts mehr vom Sozialamt hörte, organisierte er wegen der für den 30.06.2005 vorgesehenen Übergabe der Hallenser Mietwohnung den Umzug nun selbst. Dazu mietete er einen Kleintransporter und bat zwei Wohnungsnachbarn, ihm gegen Zahlung einer Tagespauschale von jeweils 60 € beim Ausräumen der Wohnung behilflich zu sein. Einschließlich der Treibstoffkosten und der Miete für den Klein-Lkw kostete der Umzug insgesamt 380 €. Nach dem Wiedereinzug bei seiner Mutter in Dresden übermittelte K im August 2005 sämtliche Rechnungen an das Hallenser Sozialamt mit der Bitte um Ausgleich seiner Aufwendungen. Durch Bescheid vom 03.09.2005 lehnte das Sozialamt die Kostentragung nach dem SGB XII ab. Insbesondere hätte K keine Selbsthilfe ergreifen dürfen, sondern die Entscheidung des Sozialamtes abwarten müssen.

Wäre ein Widerspruch gegen diesen Bescheid erfolgreich?

(1) Zu prüfen ist zunächst, ob der K überhaupt zu dem nach dem SGB XII **anspruchsberechtigten Personenkreis** zählt. Wichtig ist dies vor allem, um eine Zuordnung zu den beiden in Betracht kommenden staatlichen Fürsorgesystemen zu ermöglichen, die seit dem 01.01.2005 das BSHG ersetzt haben. Die Zuordnung zum Leistungsbereich des SGB II – Grundsicherung für

182 Vom LSG NRW, Beschl. v. 20.01.2006 – L 20 (9) B 34/05 SO ER – wurde inzwischen ein Mehrbedarf für eine Magenschonkost bzw. bei einer Fettstoffwechselstörung abgelehnt. Gleiches gilt für eine Lactoseintoleranz, vgl. SG NRW, Beschl. v. 13.12.2006 – L 20 B 88/06 SO.

183 § 31 SGB XII entspricht § 23 Abs. 3 SGB II, vgl. AS-Skript Sozialrecht 2, 7. Abschnitt, III (2). Vgl. zum Anspruch auf Weihnachtsbeihilfe LSG NRW, Beschl. v. 21.12.2005 – L 20 B 66/05 SO ER; zum Anspruch auf Haushaltshilfe LSG NRW, Beschl. v. 16.09.2005 – L 20 B 9/05 SO ER.

Arbeitssuchende – bzw. zum SGB XII richtet sich danach, ob K **erwerbsfähig i.S.d. § 7 Abs. 1 S. 1 Nr. 2, 8 SGB II** ist. Ist dies der Fall, kann K wegen des **Vorrangs des SGB II** (vgl. § 21 S. 1 SGB XII) lediglich bestimmte ergänzende SGB XII-Leistungen (Schuldenübernahme nach § 34 SGB XII) erhalten.

Vorliegend ist von Erwerbsunfähigkeit auszugehen, sodass dem K nach dem SGB II keine Leistungen zustehen.

(2) In Betracht kommt ein Anspruch auf Kostenübernahme für die Umzugsaufwendungen als HzL i.S.d. § 27 SGB XII. Dabei ist zu prüfen, ob es sich um eine Leistung im Rahmen des Regelbedarfs handelt oder ob der Aufwand als einmaliger Bedarf zu beurteilen ist.

Laufende Leistungen zum notwendigen Lebensunterhalt als ambulante Leistung, also außerhalb von Einrichtungen (§ 13 Abs. 1 S. 1 SGB XII), werden i.S.d. **Anspruchsnorm des § 28 Abs. 1 S. 1 SGB XII nach Regelsätzen** erbracht. Beim Vorliegen der Voraussetzungen ist der Regelbedarf unabhängig von Ermessen durch den zuständigen Sozialhilfeträger zu gewähren.

Im vorliegenden Fall sind weder Ernährung noch Bekleidung oder sonstige spezifische persönliche Bedürfnisse i.S.v. § 27 Abs. 1 SGB XII betroffen. Auch die Frage einer Unterkunft als solcher stellt sich für K nicht. Vielmehr geht es um die Aufgabe einer Zweitwohnung und die mit dem dazu durchgeführten Umzug verbundenen Kosten. Zwar werden Umzugskosten gemäß § 29 Abs. 1 S. 7 SGB XII übernommen.[184] Diese Vorschrift steht aber im Zusammenhang mit einem Unterkunftswechsel während des Leistungsbezuges nach § 28 SGB XII. Da K aber gerade keine HzL erhielt, kann ein Anspruch auf Kostenübernahme bereits aus diesem Grund nicht auf § 29 Abs. 1 S. 7 SGB XII gestützt werden.

(3) Möglicherweise sind diese **Kosten nach § 31 Abs. 1 Nr. 1 SGB XII zu übernehmen**. Dann müssten die Umzugskosten als Erstausstattungskosten für eine Wohnung anzusehen sein.

(a) **Anspruchsberechtigt** sind zum einen die Personen, die laufende HzL nach der RegelsatzVO erhalten. K bezieht hier aber gerade keine laufende HzL nach dem SGB XII.

(b) Gleichwohl sieht **§ 31 Abs. 2 S. 1 SGB XII Leistungen für einmalige Bedarfe** auch dann vor, wenn zwar keine HzL erbracht wird, die betroffenen Personen aber den Bedarf nicht aus eigenen Kräften und Mitteln decken können.

Die Bedarfsleistungen werden nicht mehr als Ermessensleistungen, sondern im Rahmen gebundener Verwaltungsentscheidung erbracht. Lediglich im Hinblick auf die Pauschalierung ist dem Sozialhilfeträger ein Ermessen eingeräumt, § 31 Abs. 3 SGB XII.

184 Durch Art. 10 des Verwaltungsvereinfachungsgesetzes vom 21.03.2005, BGBl. I, S. 818 (829) wurde § 29 Abs. 1 S. 7 SGB XII um Umzugskosten erweitert.

Unabhängig vom fehlenden Bezug von HzL wäre es danach also grundsätzlich nicht ausgeschlossen, K die Aufwendungen für den Umzug von Halle nach Dresden zu erstatten.

(c) Die einmaligen Hilfen i.S.v. § 31 SGB XII sind **abschließend geregelt**. Das ist u.a. die Konsequenz aus der Aufgabe von laufenden und einmaligen Leistungen i.S.v. § 21 BSHG. Einige Leistungen, z.B. die sog. Erstlingsausstattung, die vormals zur Gewährung unter den offenen Rechtsbegriff der „besonderen Anlässe" i.S.v. § 21 Abs. 1 a Nr. 7 BSHG subsumiert werden mussten, sind in § 31 SGB XII ausdrücklich benannt. Wesentliche Teile des vormals umfangreichen Katalogs des § 21 BSHG sind aber weggefallen. Mangels Anspruchsgrundlage ist davon auszugehen, dass andere als die benannten Leistungen nicht mehr gesondert erbracht, sondern aus dem Regelsatz gedeckt werden müssen. Das gilt auch für den besonderen Bedarf bei Kindern und Jugendlichen, z.B. für Spielzeug, laufenden Schulbedarf oder ein Kinderfahrrad, vgl. § 27 Abs. 2 SGB XII. Dieser ist aus dem erhöhten Regelsatz zu decken.[185] Sofern für ALG II-Bezieher Schulden aufgrund der Nichtzahlung von Abschlagsbeträgen an Energieversorger bestehen, können diese nach § 34 Abs. 1 SGB XII übernommen werden.[186]

(d) **Erstausstattungen für eine Wohnung**, einschließlich Haushaltsgeräten, kommen z.B. nach einem Wohnungsbrand oder bei einer Erstanmietung in Betracht.[187] Da es hier ersichtlich nicht um Erstausstattungsleistungen geht, scheidet § 31 SGB XII als Anspruchsgrundlage aus.

(4) Vorliegend geht es auch nicht um die **Übernahme von Unterkunftskosten i.S.d. § 29 SGB XII**. Zu untersuchen ist aber, ob die Umzugskosten nicht als **HzL in Sonderfällen** übernahmefähig sind, **§ 34 Abs. 1 SGB XII**. Hiernach können Schulden übernommen werden, wenn dies zur Sicherung der Unterkunft oder zur Behebung einer Notlage gerechtfertigt ist. Anspruchsberechtigt sind nicht nur die Bezieher von Sozialhilfe bzw. Grundsicherungsleistungen (§ 41 SGB XII), sondern auch Hilfebedürftige i.S.d. des SGB II, vgl. § 5 Abs. 2 S. 2 SGB II, sofern deren Mietschulden nicht bereits nach § 22 Abs. 5 SGB II übernommen werden. Zur Sicherung der Unterkunft sind grds. Mietschulden zur Abwendung einer Kündigung oder fällige Tilgungsraten bei Eigenheimen/Eigentumswohnungen übernahmefähig,[188] worum es hier aber ebenfalls nicht geht.

Auch eine andere Notlage, die einen sachlichen Bezug zur Unterkunft des K aufweist, ist nicht gegeben, sodass insgesamt keine Übernahmefähigkeit nach § 34 SGB XII besteht.

---

185 Anders noch OVG NRW, Urteil v. 01.03.2004 – 12 A 3652/02 – zur Rechtslage nach dem BSHG.

186 LSG Niedersachsen-Bremen, Beschl. v. 19.08.2005 – L 7 AS 182/05 ER.

187 Vgl. BT-Drs. 15/1514, 60.

188 Münder-Berlit, SGB XII, § 34 Rdnr. 4 f.

(5) Ebenso verhält es sich mit einer **darlehensweisen Bedarfsdeckung nach § 37 SGB XII**. Diese kommt bereits deshalb nicht in Betracht, weil kein **unabweisbarer Bedarf** vorliegt. Hierzu wäre nämlich erforderlich, dass ein unaufschiebbarer Bedarf vorliegt, der nicht aus eigenem Vermögen (vgl. § 90 Abs. 2 Nr. 9 SGB XII) oder auf sonstige Weise gedeckt werden kann. Vorliegend hat K aber durch die Aufbringung der Umzugskosten bereits selbst zum Ausdruck gebracht, dass dies gerade nicht der Fall ist. Ein Widerspruch gegen den Bescheid vom 03.09.2005 wäre folglich nicht erfolgversprechend.

§ 37 Abs. 2 SGB XII ermächtigt den Sozialhilfeträger bei laufender HzL, das Darlehen mittels Einbehaltung von Teilbeträgen bis zu 5% des Eckregelsatzes i.S.d. § 2 Regelsatz-VO einzubehalten. Eine Darlehensgewährung nach Ermessen kommt auch dann in Betracht, wenn die HzL voraussichtlich nur für kurze Dauer, maximal für sechs Monate, gewährt werden muss, § 38 Abs. 1 SGB XII. Damit kann K keine Kostenübernahme nach dem SGB XII verlangen; ein Widerspruch gegen den Ablehnungsbescheid von September 2005 wäre also ohne Erfolgsaussicht.

– – –

Im Rahmen der HzL werden schließlich **Beiträge zur Kranken- und Pflegeversicherung** nach Maßgabe des § 32 SGB XII übernommen. Eine wie über den Leistungsbezug nach dem SGB II begründete **allgemeine Versicherungspflicht der Leistungsempfänger sieht das SGB XII nicht vor**. Anspruchsberechtigt sind **Bezieher von HzL**, die bereits vor dem Leistungsbezug **freiwillig krankenversichert** i.S.v. § 9 Abs. 1 Nr. 1 SGB V/§ 6 Abs. 1 Nr. 1 KVLG waren sowie Rentenantragsteller i.S.v. § 189 SGB V. Nicht versicherte Sozialhilfeempfänger sind durch die in §§ 47 ff. und 61 ff. SGB XII i.V.m. § 264 Abs. 2 SGB V vorgesehenen **Hilfen zur Gesundheit bzw. zur Pflege** sozial abgesichert. Sie haben ferner die Möglichkeit, sich nach § 9 SGB V **freiwillig in der GKV zu versichern**. Die anfallenden Beträge müssen bis auf die genannten Ausnahmen grds. aus dem Regelsatz aufgebracht werden, vgl. § 32 Abs. 2 S. 2 SGB XII.

Da freiwillige Mitglieder einer gesetzlichen Krankenkasse bzw. privat Krankenversicherte in der **sozialen Pflegeversicherung** pflichtversichert sind (§§ 20 Abs. 3, 23 Abs. 1 S. 1 SGB XI), werden auch diese Beiträge übernommen, § 32 Abs. 3 SGB XII.

Bei Bestehen einer Hausgemeinschaft wird widerlegbar vermutet, dass die Sozialhilfe beanspruchende Person von den anderen Hausgemeinschaftsmitgliedern unterstützt wird. Wenn dies nicht der Fall ist, erhält die nachfragende Person HzL, § 36 S. 1, 2 SGB XII. Bestimmte Personengruppen (schwangere Frauen, Frauen, die Kinder unter sechs Jahren betreuen, bestimmte Behinderte und Pflegebedürftige) sind insoweit nach S. 3 privilegiert.

Beachtlich ist zudem, dass die Differenzen zwischen den Regelsätzen für den Haushaltsvorstand und für einen Haushaltsangehörigen unter Ehepartnern bzw. Partnern einer eheähnlichen Gemeinschaft nach der Höhe ihrer jeweiligen Beteiligung an den Generalunkosten des Haushaltes aufzuteilen sind, sog.

Mischregelsatz. Sind die Beteiligungsquoten nicht festzustellen, erfolgt eine Aufteilung nach Kopfteilen.[189]

2.2 Sonstige Hilfen

2.2.1 System der sonstigen Hilfen

Leistungen, die neben der HzL erbracht werden, sind in den §§ 47–74 SGB XII benannt. Es handelt sich hierbei um **(flankierende) Hilfen**, die nach BSHG im Wesentlichen als Hilfe in besonderen Lebenslagen (vgl. §§ 27–75 BSGH) gewährt worden sind. Leistungen sind die **Hilfe zur Gesundheit (Fünftes Kapitel, §§ 33, 47–52 SGB XII)**, die **Eingliederungshilfe für behinderte Menschen (Sechstes Kapitel, §§ 53–60 SGB XII)**, die **Hilfe zur Pflege (Siebtes Kapitel, §§ 61–66 SGB XII)**,[190] die **Hilfe zur Überwindung besonderer sozialer Schwierigkeiten (Achtes Kapitel, §§ 67–69 SGB XII)** sowie die sonstigen, in §§ 70–74 SGB XII benannten Hilfen (**Hilfe zur Weiterführung des Haushaltes, § 70 SGB XII,**[191] **Altenhilfe, § 71 SGB XII, Blindenhilfe, § 72 SGB XII, Hilfe in sonstigen Lebenslagen, § 73 SGB XII und Übernahme von Bestattungskosten, § 74 SGB XII).** Schließlich ist der **notwendige Lebensunterhalt in Einrichtungen, § 35 SGB XII**, zu nennen. Diese Hilfen sind wie die HzL bedarfsabhängig, vgl. § 19 Abs. 3–5 SGB XII.

Fall 8: Obdachlos mit Kind?

Die 24-jährige unverheiratete D ist Mutter eines dreijährigen Kindes L. Der Kindesvater hatte D und L wenige Monate nach der Geburt verlassen, weil er wegen eines Haftbefehles untergetaucht ist. Der Kindesvater bleibt unauffindbar. D lernt im August 2005 den H kennen und lieben, der in Freiburg eine Gaststätte betreibt und bei dem D im Folgemonat mit L einzieht. D geht dem H an mehreren Abenden in der Woche als Aushilfe in der Gastwirtschaft zur Hand. An diesen Abenden betreut die im Nachbarort wohnende Mutter der D den L. Nachdem die Mutter der D verstorben ist, kann die D wegen der Kinderbetreuung ab Januar 2007 nicht mehr in der Gaststätte aushelfen. Daraufhin kommt es am 22.01.2007 zwischen D und H zu einem Streit, in dessen Verlauf der H die D und den L unter Androhung von Gewalt aus der Wohnung wirft. H droht mit weiteren Repressalien, wenn D und L nochmals bei ihm auftauchen sollten. D und L ziehen daraufhin noch in derselben Nacht in ein Frauenhaus, das allerdings nur Wohnheimplätze für Akutfälle bis zu drei Wochen anbieten kann.

D wird Anfang Februar 2007 in der Beratungsstelle für Frauen in Not bei der Stadtverwaltung Freiburg vorstellig und fragt nach den Möglichkeiten für eine längerfristige sichere Unterkunft für sich und ihren Sohn.

---

189 LSG Schleswig-Holstein, Beschl. v. 08.08.2005 – L 9 B 158/05 SO ER.

190 Vgl. hierzu LSG Niedersachsen-Bremen, Beschl. v. 24.08.2005 – L 8 SO 78/05 ER.

191 Das gilt auch für SGB II-Leistungsbezieher, LSG NRW, Beschl. v. 16.09.2005 – L 20 B 9/05 SO ER – sowie SG Oldenburg, Beschl. v. 30.05.2005 – S 2 SO 49/05 ER.

Vorüberlegung:

In Betracht kommt für D eine Hilfe zur Überwindung besonderer Schwierigkeiten i.S.v. § 67 SGB XII. Insoweit umfasst diese Hilfe u.a. die notwendigen Maßnahmen zur Beschaffung einer Wohnung, § 68 Abs. 1 S. 1 a.E. SGB XII. Voraussetzung der Hilfegewährung durch den dafür zuständigen Sozialhilfeträger ist das Vorliegen der Tatbestandsvoraussetzungen gemäß § 67 SGB XII sowie die Überprüfung, inwieweit Einkommen und Vermögen bzw. Unterhaltsverpflichtungen bei der Ermittlung des Bedarfs Berücksichtigung finden.

(1) Zuständiger Sozialhilfeträger

Die **Zuständigkeit für Hilfeleistungen i.S.d. SGB XII regeln die §§ 97-101 SGB XII**. Für die Sozialhilfe sachlich zuständig ist grundsätzlich der örtliche Träger, soweit nicht nach § 97 Abs. 2–5 SGB XII oder nach Landesrecht der überörtliche Träger zuständig ist, § 97 Abs. 1 SGB XII. Für die baden-württembergische Stadt Freiburg könnte dies als überörtlicher Träger der Sozialhilfe der Landeswohlfahrtsverband mit Sitz in Freiburg sein.

(a) § 97 Abs. 3 SGB XII enthält einen Katalog bundesgesetzlich vorgeschriebener Zuständigkeit für überörtliche Träger.

Gemäß § 97 Abs. 3 Nr. 3 SGB XII ist der überörtliche Träger der Sozialhilfe auch sachlich zuständig für die Hilfe zur Überwindung besonderer sozialer Schwierigkeiten nach § 67 SGB XII, soweit keine abweichende landesrechtliche Bestimmung vorliegt.

(b) Bei D geht es allerdings nicht nur um die längerfristige Unterbringung in einem Frauenhaus oder in einer gleichartigen Einrichtung. Auch kommt ein Heim- oder Anstaltsaufenthalt von D und L ersichtlich nicht in Betracht.

Die Zurverfügungstellung angemessenen Wohnraums fällt somit nicht in die Kompetenz des überörtlichen Trägers. Die landesrechtlichen Regelungen für die baden-württembergische Kommune Freiburg sind auch nicht weiter zu vertiefen.

Der überörtliche Träger der Sozialhilfe, der Landeswohlfahrtsverband Freiburg, ist also bereits mangels Anstalts- oder Heimunterbringung unzuständig.

(c) Damit verbleibt es bei der Grundregel des § 97 Abs. 1 SGB XII. Zuständig ist der **örtliche Träger der Sozialhilfe**. Das ist hier die Stadt Freiburg, vgl. § 98 Abs. 1 S. 1 SGB XII.

(2) Anspruchsvoraussetzungen nach § 67 SGB XII

D müsste zusammen mit L **zum betroffenen Personenkreis** zählen, eine in § 67 SGB XII grds. vorgesehene **besondere Unterstützung** begehren und dürfte im Übrigen auch **nicht durch Verweis auf Leistungen etwaig unterhaltspflichtiger Personen** von der Maßnahme ausgeschlossen sein.

(a) Den **Personenkreis der Hilfebedürftigen** definiert § 67 S. 1 SGB XII. Voraussetzung ist, dass deren **besondere Lebensverhältnisse mit sozialen Schwierigkeiten verbunden** sind und eigene Mittel zur Lösung fehlen.

(aa) Besondere Lebensverhältnisse können auch bei Fehlen einer ausreichenden Unterkunft bestehen. Dies ergibt sich u.a. aus der aufgrund von § 69 SGB XII erlassenen Durchführungsverordnung (DVO) zu § 67 SGB XII vom 24.01.2001.[192] Nach § 1 Abs. 2 DVO zu § 67 SGB XII zählen zum Personenkreis mit besonderen sozialen Schwierigkeiten auch diejenigen mit einer **fehlenden bzw. unzureichenden Wohnung**. Dabei ist primär nicht anzunehmen, dass D selbst über hinreichende finanzielle Mittel bzw. sonstige Möglichkeiten verfügt, um alsbald angemessenen Wohnraum zu finden bzw. anzumieten.

(bb) Fraglich ist zunächst einmal der **Verbleib von D und L in der Wohnung** des H. Zweifelhaft erscheint jedoch, ob dies zumutbar wäre. H selbst hat beide unter Gewaltandrohung ausdrücklich der Wohnung verwiesen und ist nach dem Sachverhalt auch nicht mehr bereit, L und D wieder dort aufzunehmen. Da H bei Wiedererscheinen Zwangsmaßnahmen in Aussicht gestellt hat, wäre es L und D unzumutbar, weiterhin in der Wohnung des H zu verbleiben.

(cc) Im übergangsweise aufgesuchten **Frauenhaus gilt wiederum eine zeitliche Aufnahmebeschränkung für drei Wochen**. Es handelt sich also lediglich um eine befristete Unterkunftsmöglichkeit bei Akutkonflikten. Eine dauerhafte Unterkunft steht auch dort nicht zur Verfügung.

(dd) Zu erwägen wären allerdings noch **Maßnahmen nach dem Gesetz zum zivilrechtlichen Schutz vor Gewalttaten und Nachstellungen**[193] (Gewaltschutzgesetz).

Geregelt ist darin u.a. ein **Betretungsverbot** gegen denjenigen, der im Rahmen häuslicher Gewalt eine vorsätzliche Körperverletzung begangen hat, § 1 Abs. 1 S. 3 Nr. 1 Gewaltschutzgesetz.[194] Die Durchsetzung erfolgt regelmäßig im Wege der einstweiligen **Anordnung durch das Familiengericht** beim zuständigen Amtsgericht, § 621 Abs. 1 Nr. 13 ZPO, § 23 a Nr. 7 GVG. Allerdings ist eine solche Anordnung, wenn auch mit Verlängerungsmöglichkeiten, grds. **nur befristet vorgesehen**, § 1 Abs. 1 S. 2 Gewaltschutzgesetz, sodass eine dauerhafte, sichere Wohnungsversorgung für L und D dadurch nicht zu gewährleisten ist. In Betracht käme schließlich noch ein **Überlassungsanspruch bei gemeinsam genutzter Wohnung gemäß § 2 Gewaltschutzgesetz**. Allerdings ist bei alleinigem Mietverhältnis des Täters dieser Anspruch auf 6 Monate, in Ausnahmefällen auf ein Jahr, gesetzlich befristet, § 2 Abs. 2 S. 2, 3 Gewaltschutzgesetz. Auch dies stünde einer dauerhaft sicheren Unterbringung von D und L entgegen. Zudem kann der Täter nach § 2 Abs. 5 Gewaltschutzgesetz von der

192 Verordnung zur Durchführung der Hilfe zur Überwindung besonderer sozialer Schwierigkeiten, BGBl. I, S. 179, geändert durch Gesetz zur Einordnung des Sozialhilferechts in das SGB vom 27.12.2003, BGBl. I, S. 3022, 3060.

193 BGBl. I 2001, S. 3513.

194 Vgl. dazu Hermann, NJW 2002, 3062–3065 m.w.N.

verletzten Person im Rahmen der Billigkeit eine Nutzungsvergütung verlangen. Damit müsste D dem H als Täter und alleinigem Mieter immerhin Aufwendungen für eine Wohnung ersetzen, was ihr ersichtlich nicht möglich ist. Im Übrigen berühren Gefahrabwehrmaßnahmen nicht den Anspruch auf Hilfe nach § 67 SGB XII, vgl. § 4 Abs. 3 DVO.

Zusammengefasst besteht für D damit rechtlich und tatsächlich keine zumutbare und auf Dauer angelegte Wohnungsversorgung mehr. Die Situation von D und L ist **insoweit mit der Obdachlosigkeit vergleichbar**. D zählt zusammen mit L **zum geschützten** Personenkreis gemäß § 67 SGB XII i.V.m. § 1 DVO.

(b) Fraglich sind die vom örtlichen Sozialhilfeträger in dieser besonderen Konfliktsituation **zu veranlassenden Maßnahmen i.S.v. § 67 SGB XII**. Als Maßnahme zur Beschaffung einer Wohnung verweist **§ 4 Abs. 2 DVO** auf die §§ 27–40 SGB XII und damit auch auf die Übernahme der Unterkunftskosten nach § 29 SGB XII. Hinzu kommt auch eine **Unterstützung bei der Wohnungssuche, § 4 Abs. 1 DVO**.

Dies kann u.a. in der **Hilfe zum Auffinden geeigneter Mietangebote**, z.B. in Tageszeitungen, bestehen. Darüber hinaus wäre ein Nachweis von gesetzlich zweckgebundenem Wohnraum, also die **Ausübung des Zuweisungsrechtes der Stadt Freiburg für Sozialwohnungen**, in Betracht zu ziehen. Schließlich wäre bei der Anbahnung eines konkreten Mietverhältnisses, soweit erforderlich, auch eine Unterstützung bei Besichtigungsterminen und Information möglicher Vermieter über die Kostendeckung durch das Sozialamt zu erwägen.

(3) Der **Hilfeanspruch könnte aber wegen etwaiger Unterhaltspflichten anderer Personen ausgeschlossen** sein. Zu denken wäre an eine **Inanspruchnahme des nichtehelichen Vaters des L** sowie eine Einstandspflicht des H für die Unterstützung der D bei der Wohnungssuche angesichts des Umstandes, dass **H längere Zeit mit D in einer eheähnlichen Gemeinschaft zusammengelebt** hat.

(a) Eine ausdrückliche Regelung zur **Nicht-Berücksichtigung von Einkommen und Vermögen Dritter bei Dienstleistungen** enthält § 68 Abs. 2 S. 1, 1. Halbs. SGB XII. Dienstleistung ist wiederum definiert in § 10 Abs. 2 SGB XII. Danach zählen hierzu außer der Beratung in Fragen der Sozialhilfe, § 14 SGB I, auch die Beratung und Unterstützung in sonstigen sozialen Angelegenheiten. Eine konkrete Kostenübernahme ist darin nicht geregelt, sodass diese Vorschrift für den Fall der D nicht näher zu erörtern ist.

(b) Eine weitere gesetzliche Sonderregelung zur Nichtberücksichtigung von Einkommen und Vermögen trifft § 68 Abs. 2 S. 1, 2. Halbs. SGB XII. Danach sind Einkommen und Vermögen der in § 19 Abs. 3 SGB XII genannten Personen nicht zu berücksichtigen, soweit dies den **Erfolg der Hilfe gefährden** würde.

(aa) Der Personenkreis des § 19 Abs. 3 SGB XII umfasst bei minderjährigen Leistungsberechtigten Eltern oder Elternteile und insbes. nicht getrennt lebende Ehegatten und Lebenspartner, § 19 Abs. 3 SGB XII. D ist aber weder verheiratet noch lebt sie mit H dauerhaft in eheähnlicher Gemeinschaft zusammen, nachdem es zur Trennung gekommen ist. Ihre Mutter ist zwischenzeitlich verstorben und D ist volljährig.

(bb) Die Inanspruchnahme des nichtehelichen Vaters des L als nach bürgerlichem Recht für L Unterhaltsverpflichtetem könnte jedoch die aktuelle Notlage der D, die absehbare Wohnungslosigkeit, beheben.

Die Unterhaltsleistungen werden nach **Tabellensätzen verschiedener Oberlandesgerichte in Familiensachen** im Bundesgebiet festgesetzt. Die Tabellensätze gewähren bei den noch nicht schulpflichtigen Kindern aber nur eine Mindestbeteiligung an den finanziellen Aufwendungen für Ernährung etc. Ergänzend wäre immer die eigene Unterhaltspflicht der D für L, insbesondere im Rahmen des Personenfürsorgerechts und damit der Berechtigung zur Aufenthaltsbestimmung einschließlich der Wohnraumbeschaffung, zu beachten. Unabhängig von der hier nicht näher zu vertiefenden Frage, ob der nichteheliche Vater des L überhaupt finanziell in der Lage wäre und auch tatsächlich Unterhalt zahlt, steht jedenfalls der amtlichen Hilfestellung bei der Beschaffung angemessenen Wohnraums nicht der gesetzliche Unterhaltsanspruch gegen den nichtehelichen Vater des L entgegen. Der Erfolg der Hilfe ist auf die Beschaffung angemessenen Wohnraums in nächster Zeit gerichtet. Die Inanspruchnahme des unterhaltspflichtigen nichtehelichen Vaters könnte diesen Bedarf allein nicht abdecken und bedeutete eventuell eine nicht hinnehmbare Verzögerung.

Nach dem Grundgedanken des § 68 Abs. 2 S. 2, 2. Halbs. SGB XII sollte **wegen der möglichen Gefährdung des Erfolgs** von einer vorrangigen Inanspruchnahme des nichtehelichen Vaters des L abgesehen werden.

(c) Denkbär wäre letztlich die Berücksichtigung etwaiger, auch **finanzieller Hilfeleistungen des H als bisheriger nichtehelicher Partner der D**.

Nach § 20 SGB XII dürfen **Personen, die in eheähnlicher oder lebenspartnerschaftlicher Gemeinschaft leben, bei der Sozialhilfe nicht besser gestellt werden als Ehegatten**. Als Ehegatten gelten auch Partner einer eingetragenen gleichgeschlechtlichen Lebenspartnerschaft.[195] Die gesetzliche Vermutung des § 36 SGB XII zum Zusammenleben einer Hilfesuchenden in Hausgemeinschaft gilt entsprechend, § 20 S. 2 SGB XII. Zugleich bestimmt § 36 S. 2 SGB XII jedoch, dass dem Hilfesuchenden Sozialhilfe zu gewähren ist, soweit er von den in § 36 S. 1 SGB XII genannten Personen tatsächlich keine Leistungen zum Lebensunterhalt erhält.

(aa) Ursprünglich führten D und H seit August 2005 eine eheähnliche Gemeinschaft. Für die Dauer des Bestandes einer eheähnlichen Gemeinschaft war D bei der Sozialhilfe gemäß § 20 SGB XII nicht besser zu stellen als eine verheiratete Person.

Sinn und Zweck der Norm erschließen sich aus der Regelsatzverordnung zu §§ 28 Abs. 2, 40 SGB XII.[196] Hiernach erhält regelmäßig nur ein Partner, nämlich der Haushaltsvorstand, den vollen Regelsatz. Die weiteren Angehörigen beziehen allein reduzierte Leistungen nach dem SGB XII. Würden nichtverheiratete Personen im

195 Vgl. VG Minden, Beschluss v. 20.08.2003 – 6 L 899/03 – m.w.N.; dazu auch Stüber, NJW 2003, 2771 (2772) und allgemein § 33 b SGB I.

196 Regelsatzverordnung vom 03.06.2004, BGBl. I, S. 1067.

Falle des eheähnlichen Zusammenlebens jeweils wie Alleinstehende behandelt, so bedeutete dies eine Bevorzugung gegenüber den Regelsätzen für Eheleute, was mit der Institutsgarantie des Art. 6 Abs. 1 GG zugunsten der Ehe nicht im Einklang stünde.[197]

(bb) Voraussetzung ist aber in jedem Fall das **Bestehen einer eheähnlichen Gemeinschaft** zwischen zwei geschlechtsverschiedenen Personen.

Die Definition der eheähnlichen Gemeinschaft hat sich im Laufe der Jahre insbesondere in der Rechtsprechung gewandelt. Zunächst genügte langjährig für eine eheähnliche Gemeinschaft zwischen Mann und Frau bereits das Bestehen einer **Wohn- und Wirtschaftsgemeinschaft**, auf innere Bindungen, Verpflichtungen zur Unterhaltsgewährung oder Absprachen hinsichtlich der gemeinsamen Lebensführung kam es nicht an.[198] Hingegen hat das BVerfG die eheähnliche Gemeinschaft i.S.d. damaligen AFG ausdrücklich am Leitbild der Ehe gemessen.[199]

Daher verlangt die gewandelte Rechtsprechung nun ein gegenseitiges Einstehen und die Verantwortung füreinander, u.a. in Notfällen des Lebens.[200] Eine **eheähnliche Gemeinschaft** ist eine auf Dauer angelegte Lebensgemeinschaft zwischen Mann und Frau, die daneben keine weitere Lebensgemeinschaft gleicher Art zulässt und sich durch innere Bindungen auszeichnet, die ein gegenseitiges Einstehen der Partner füreinander begründen, also über die Beziehungen einer reinen Haushalts- und Wirtschaftsgemeinschaft hinausgeht.[201] In Fortführung dieser grundsätzlichen Ausführungen hat das BSG den Begriff der nichtehelichen Lebensgemeinschaft wie folgt konkretisiert: „Nur wenn sich die Partner einer Gemeinschaft so sehr füreinander verantwortlich fühlen, dass sie zunächst den gemeinsamen Lebensunterhalt sicherstellen, bevor sie ihr persönliches Einkommen zur Befriedigung eigener Bedürfnisse verwenden, ist ihre Lage mit derjenigen nicht dauernd getrennt lebender Ehegatten im Hinblick auf die verschärfte Bedürftigkeitsprüfung vergleichbar."[202] Eine starre Grenze ist im Hinblick auf das Zeitmoment nicht anzuwenden, vielmehr sind die konkrete Lebenssituation, die nach außen erkennbare Intensität der gelebten Gemeinschaft sowie Dauer und Intensität der Bekanntschaft vor dem Zusammenleben entscheidend.[203]

(cc) Erforderlich wären folglich auch aktuell für D und H die Existenz innerer Bindungen und ein selbstverständliches gegenseitiges Einstehen beider.

In der Vergangenheit, insbesondere nach dem Zuzug der D mit L in die Wohnung des H im August 2005, mag eine solche Einstandsgemeinschaft bestanden haben. Zwi-

197 BVerwGE 15, 306 ff.

198 BVerwG, NJW 1985, 2284.

199 BVerfGE 87, 2344 (2364).

200 BVerwG, NJW 1995, 2802 f.

201 BVerfG, Urt. v. 17.11.1992 – 1 BvL 8/87, E 87, 234 (264). Hierzu Debus, SGb 2006, 82 ff.

202 BSG, Urt. v. 17.10.2002 – B 7 AL 96/00 – SozR 3-4100, § 119 Nr. 26.

203 LSG NRW, Beschl. v. 17.02.2006 – L 19 B 85/05; v. 25.05.2005 – L 9 B 17/05 AS ER; LSG Hessen, Beschl. v. 18.09.2006 – L 7 AS 23/06 ER – jeweils zum SGB II.

schenzeitlich ist diese allerdings tatsächlich zerbrochen. Spätestens mit der ultimativen Aufforderung zum Wohnungsauszug am 22.01.2007 war das Verhältnis ersichtlich nicht mehr von gegenseitiger Verantwortung auch in Wechselfällen des Lebens geprägt. Vielmehr war es nach dem angedrohten tätlichen Übergriff des H für die D unzumutbar, weiterhin in dieser Notlage bei H zu verbleiben.

Insoweit ist auch **§ 20 SGB XII bei eheähnlichen Lebensgemeinschaften angesichts des Bezuges auf die Verhältnisse zwischen Ehegatten einschränkend auszulegen**. Die eheähnliche Gemeinschaft erfordert tatsächliches Zusammenleben und gerade keine dauerhafte Trennung. Insoweit sind spätestens Ende Januar 2007 die tatsächlichen Voraussetzungen für die Regelung über die Mitinanspruchnahme eheähnlicher Lebenspartner weggefallen. Ein etwaiger Rückgriff auf H wäre damit gesetzlich ausgeschlossen.

Im Ergebnis ist damit das Sozialamt der Stadt Freiburg aus § 67 SGB XII i.V.m. der dazugehörigen DVO verpflichtet, die **notwendigen Maßnahmen, insbesondere zur Beschaffung einer zumutbaren neuen Wohnung für D und L**, zu erbringen.

– – –

2.2.2 Notwendiger Hilfebedarf in Einrichtungen, § 35 SGB XII

Nach bisherigem Sozialhilferecht umfasste die Hilfe in besonderen Lebenslagen auch den in der Einrichtung gewährten Lebensunterhalt, vgl. § 27 Abs. 3 S. 1 BSHG. Diese Verknüpfung wird durch § 35 SGB XII aufgelöst. Daher umfasst der **notwendige Lebensunterhalt bei (teil-)stationärer Unterbringung** in einer Einrichtung i.S.v. § 13 Abs. 2 SGB XII sowohl den Lebensbedarf in der stationären Einrichtung als auch den weiteren notwendigen Lebensbedarf.

Der **notwendige Lebensbedarf in der Einrichtung** ist der Grundsicherungsbedarf i.S.d. § 42 Abs. 1 Nrn. 1–3 SGB XII (dazu unten 2.3), also der Regelsatz zzgl. Unterkunftskosten und Mehrbedarf. Der notwendige Lebensunterhalt in einer stationären Einrichtung umfasst auch eine **einmalige Weihnachtsbeihilfe** als weiteren notwendigen Lebensunterhalt.[204] Probleme entstehen, wenn durch diese Leistungen die Kosten i.S.d. § 76 Abs. 2 SGB XII nicht gedeckt sind, weil eine klare gesetzliche Regelung fehlt. Aufgrund des **Bedarfsdeckungsprinzips** muss aber eine **ausreichende Leistung** erbracht werden. Daher bietet sich neben einem **Darlehen nach § 37 Abs. 1 SGB XII** eine (analoge) **Anwendung der §§ 47–74 SGB XII** unter Beachtung der Einkommensgrenze des § 82 SGB XII für jede ungedeckte Leistung der Einrichtung an.[205]

Der **weitere notwendige Lebensbedarf** besteht aus Kleidung und einem angemessenen Barbetrag zur Deckung persönlicher Bedürfnisse, der jeweils **einkom-**

204 BSG, Urt. v. 12.12.2007 – B 8/9b SO 22/06 R.

205 So zu Recht Münder-Armborst, SGB XII, § 35 Rdnr. 5, 7, der § 35 Abs. 1 S. 2 SGB XII insgesamt für „völlig missglückt" hält und Nachbesserungsbedarf sieht.

mens- und vermögensunabhängig gezahlt wird, § 35 Abs. 2 S. 1 SGB XII. **Bekleidungshilfe** wird regelmäßig durch Pauschalen erbracht. Sie ist im Unterschied zur HzL nicht bereits im Regelsatz enthalten. Die Höhe des Barbetrages beträgt für volljährige Hilfeempfänger **mindestens 27% des jeweiligen Regelsatzes** (s. dazu oben 2., S. 72 f.). Eine abweichende Bestimmung nach oben obliegt dem Sozialhilfeträger nach pflichtgemäßen Ermessen, vgl. § 17 Abs. 2 S. 1 SGB XII. **Minderjährige Hilfeempfänger** erhalten einen Barbetrag nach Maßgabe landesrechtlicher Bestimmung, § 35 Abs. 2 S. 3 SGB XII, der den Beträgen der jeweiligen Barbetragsregelung, § 39 Abs. 2 S. 2 des SGB VIII, entspricht.[206]

Leistungsempfänger, die am 31.12.2004 einen Anspruch auf den Barbetrag i.S.d. § 21 Abs. 3 S. 4 BSHG hatten, erhalten diesen über den 31.12.2004 hinaus in bisheriger Höhe, vgl. **§ 133 a SGB XII**.

Für volljährige Hilfeempfänger wird zudem der **Zuzahlungsbetrag nach § 62 SGB V** von Amts wegen als **Darlehen** übernommen, § 35 Abs. 3 S. 1 SGB XII, das in 1/12 Teilbeträgen zurückgezahlt werden muss, vgl. § 37 Abs. 2 S. 2 SGB XII.

Eine **Minderung** erfolgt, wenn der Barbetrag von dem Hilfeempfänger etwa wegen Krankheit oder Behinderung nicht sinnvoll verwendet werden kann, § 35 Abs. 2 S. 4 SGB XII. Bei Ansparung des Barbetrages von mehr als 1.600 € (vgl. § 90 Abs. 2 Nr. 9 SGB XII i.V.m. § 1 Abs. 1 Nr. 1 DVO[207]) ist dieses Geld grundsätzlich als Vermögen einzusetzen.[208] Das gilt auch für aus angespartem Blindengeld vorhandenes Vermögen.[209] Hingegen darf das für volljährige Kinder gewährte Kindergeld nicht als Einkommen angerechnet werden, wenn es an das Kind weitergeleitet wird.[210]

2.3 Grundsicherung im Alter und bei Erwerbsminderung, §§ 41–46 SGB XII

Das erst am 01.10.2003 in Kraft getretene **Grundsicherungsgesetz** (GSiG)[211] ist durch Artikel 68 Abs. 1 Nr. 5 des Gesetzes zur Einordnung des Sozialhilferechts in das SGB[212] **aufgehoben** worden. Ab dem 01.01.2005 sind die **Grundsicherungsleistungen im Vierten Kapitel des SGB XII** geregelt.

Die Grundsicherung ist eine Steuer-, also keine aus Beiträgen finanzierte Leistung. Der Bund leistet über einen besonderen Transfermechanismus unter Berücksichtigung des Wohngeldgesetzes (WoGG, § 34) an die Länder jährlich einen Anteil für leistungsbedingte Mehraufwendungen.[213]

---

206 Die Barbeträge nach § 39 Abs. 2 S. 2 SGB VIII werden von den nach Landesrecht zuständigen Behörden festgesetzt.

207 BGBl. I, S. 3022 (3060).

208 Vgl. Münder-Armborst, SGB XII, § 35 Rdnr. 12.

209 BSG, Urt. v. 11.09.2006 – L 20 SO 1/05.

210 Siehe dazu BSG, Urt. v. 11.12.2007 – B 8/9 b SO 23/06 R.

211 BGBl. I, S. 1310 (1335). Vgl. dazu Renn, info also 2002, 151 ff.; Kunkel, info also 2003, 101 f.; Schoch, info also 2002, 157 ff. (Teil 1), 205 ff. (Teil 2); 243 ff. (Teil 3).

212 BGBl. I, S. 3022.

213 Vgl. Marx, NDV 2002, 56 (57).

Sie ist keine Ersatz-, Mindest- bzw. Grundrente.[214] Da das Ziel des GSiG, erwerbsunfähigen und älteren Hilfebedürftigen eine menschenwürdige und unabhängige Existenz unter Vermeidung einer „verschämten Altersarmut“ zu gewährleisten,[215] verfehlt worden ist,[216] wurde die Grundsicherung im Vermittlungsverfahren in das SGB XII übernommen.[217]

2.3.1 Überblick

Die Grundsicherung ist nach § 8 Nr. 2 SGB XII eine **Leistung der Sozialhilfe**, vgl. auch die Einweisungsvorschrift gemäß § 28 Abs. 1 Nr. 1 a SGB I. Infolgedessen sind die Verfahrensregelungen einschließlich der Mitwirkungspflicht i.S.d. §§ 60 ff. SGB I anzuwenden. Die Grundsicherung bleibt auch nach Eingliederung in das Sozialhilfesystem eine **eigenständige, subsidiär greifende Unterhaltsleistung**. Dennoch gelten die SGB XII-Regelungen, soweit diese nicht ausdrücklich suspendiert werden, vgl. §§ 41 Abs. 2, 42 S. 1, 43 SGB XII.[218] Für das Verwaltungsverfahren gilt das SGB X. Ebenso wie beim SGB XII ist für die gerichtliche Überprüfung von Entscheidungen der Rechtsweg zu den Sozialgerichten, § 51 Abs. 1 Nr. 6 a SGG, eröffnet.

Die **Grundsicherungsleistungen entsprechen den Hilfen zum Lebensunterhalt außerhalb von Einrichtungen (§§ 27 ff. SGB XII)** und sind daher auf eine **volle Bedarfsdeckung** ausgerichtet. **Leistungen der Grundsicherung gehen daher Leistungen nach dem SGB II (§§ 5 Abs. 2 S. 2, 28 Abs. 1 S. 1 SGB II) und nach dem - sonstigen - SGB XII vor (§ 19 Abs. 2 S. 3 SGB XII).** Neben der Grundsicherung kann also grds. keine HzL gewährt werden. **Ergänzende HzL** kommt nur in Betracht, wenn keine oder keine ausreichenden Grundsicherungsleistungen erbracht werden.[219] In diesen Fällen wird die ergänzende HzL **darlehensweise** erbracht, § 42 S. 2 SGB XII i.V.m. § 37 SGB XII. Nicht ausgeschlossen sind Leistungen nach §§ 47–75 SGB XII. Grundsicherungsempfänger in stationären Einrichtungen sind regelmäßig auf ergänzende Leistungen der Sozialhilfe angewiesen.[220] Völlig unklar ist, ob diese Leistung ebenfalls als ergänzendes Darlehen mit der Folge einer Rückforderungsmöglichkeit gewährt wird.[221]

Die **antragsberechtigten Personen sind in § 41 Abs. 1 SGB XII** benannt. Danach können zur Sicherung des Lebensunterhalts im Alter und bei dauerhafter Erwerbsminderung Personen mit gewöhnlichem Aufenthalt in der Bundesrepublik, die

214 Vgl. Braun, SGb 2003, 237.

215 So BT-Drs. 14/4595, 43, vgl. dazu Dünn/Fasshauer/Rüb, DRV 2003, 249 ff.

216 So zu Recht Brühl/Schoch-Münder, Vor § 41 Rdnr. 1; Tänzer, info also 2003, 243 ff. Dies soll nach Ansicht von Dünn/Rüb, DRV 2004, 614 (627), durch die §§ 41 ff. SGB XII nunmehr erreicht worden sein.

217 Vgl. Beschlussempfehlung BT-Drs. 15/2260.

218 Dies war nach § 3 GSiG anders, weil das BSHG nur ausnahmsweise Anwendung gefunden hat. Kritisch hierzu Friedrichsen, NDV 2004, 347; Schellhorn, NDV 2004, 167 (172).

219 Schwabe, ZfF 2004, 121 (127).

220 Kritisch dazu Schoch, ZfF 2004, 197; S.a. Lachwitz, RdL 2004, 147.

221 Zu den erheblichen Problemen in diesem Zusammenhang vgl. Münder-Armborst, SGB XII, § 19 Rdnr. 71, § 35 Rdnr. 4 ff.

- das 65. Lebensjahr vollendet haben oder
- das 18. Lebensjahr vollendet haben, unabhängig von der jeweiligen Arbeitsmarktlage voll erwerbsgemindert i.S.v. § 43 Abs. 2 SGB VI sind und bei denen unwahrscheinlich ist, dass die volle Erwerbsminderung behoben werden kann,

auf Antrag (vgl. § 18 Abs. 1 SGB XII)[222] Grundsicherungsleistungen erhalten.

Zur Feststellung der Erwerbsminderung schaltet der Grundsicherungsträger den nach § 109 a Abs. 2 SGB VI **zuständigen Rentenversicherungsträger** ein, dessen Entscheidung für ihn bindend ist, § 45 Abs. 1 S. 1, 2 SGB XII. Dies ist bei einer Vorentscheidung durch den Rentenversicherer bzw. den Fachausschuss einer Werkstatt für Behinderte entbehrlich, § 45 Abs. 1 S. 3 SGB XII.[223]

Den Anspruchsinhalt legt § 42 SGB XII fest. Anspruch auf Leistungen haben solche Antragsberechtigten i.S.v. § 41 Abs. 1 SGB XII, die ihren Lebensunterhalt nicht aus eigenem Einkommen und Vermögen bestreiten können (§ 41 Abs. 2 SGB XII). Als Besonderheit sieht § 43 Abs. 2 S. 1 SGB XII vor, dass **Unterhaltsansprüche der Antragsberechtigten** gegenüber ihren Kindern und Eltern unberücksichtigt bleiben. Allerdings darf das Einkommen dieser Angehörigen **nicht den Betrag von 100.000 € jährlich übersteigen. Einkommen des nicht getrennt lebenden Ehegatten oder Lebenspartners sowie des Partners einer eheähnlichen Gemeinschaft**, die den Lebensunterhaltsbedarf i.S.v. §§ 27 ff. SGB XII übersteigen, ist aber ebenso anzurechnen wie nicht von der Verwertung ausgenommenes **Vermögen**, § 43 Abs. 1 S. 1 SGB XII. Die Vermutung des § 36 S. 1 SGB XII gilt nicht bei anderen Personen, die mit dem Grundsicherungsberechtigten in Hausgemeinschaft leben.

Ausdrücklich ausgeschlossen sind gemäß § 41 Abs. 3 SGB XII Personen, die **in den letzten zehn Jahren ihre Bedürftigkeit vorsätzlich oder grob fahrlässig herbeigeführt** haben. Diese Personen haben zwar keinen Anspruch auf Grundsicherungsleistungen, können aber HzL nach §§ 27 ff. SGB XII erhalten. Zu beachten ist hierbei die Möglichkeit der **Absenkung der HzL auf das zum Lebensunterhalt Unerlässliche (§ 26 Abs. 1 Nr. 1 SGB XII)**. Praktisch relevant wird § 41 Abs. 3 SGB XII, wenn der Antragsteller in den letzten 10 Jahren **Vermögen an seine Kinder verschenkt** hat.

Fall 9: Soll das alles ein?

Der am 07.07.1970 geborene Z ist serbischer Staatsangehöriger und gehört der Volksgruppe der Roma an. Er hält sich seit dem 15.05.2000 im Bundesgebiet auf, nachdem er mit seiner Mutter durch Schlepper nach Deutschland gekommen ist. Seine Mutter hatte bei ihrer Einreise Folgendes erklärt: „Ich bin mit meinem Sohn Z nach Deutschland gekommen. In Serbien gab es keine ausreichende Versorgung für uns, besonders, weil mein Sohn Z ärztlich behandelt werden und Medikamente bekommen musste. Das konnten wir

222 Kritisch hierzu: Rothkegel ZFSH/SGB 2004, 396 (403).

223 Über das Feststellungsverfahren haben die Sozialhilfeträger und der Verband Deutscher Rentenversicherungsträger gemäß § 45 Abs. 1 S. 4 SGB XII eine „Vereinbarung ... zur Regelung des Verfahrens und Unkostenerstattung gemäß § 109 a Abs. 2 SGB VI, § 5 Abs. 2 GSiG“ bereits getroffen.

nicht bezahlen. Wir haben in Serbien gemeinsam eine Wohnung bewohnt. Ich habe dort die Arbeit verloren und Z und ich haben als staatliche Unterstützung nur 20 DM erhalten, davon konnten wir nicht leben. Wir haben gehört, dass in Deutschland die Versorgung gut ist, daher sind wir mit einem Schlepper gekommen. In den letzten vier Wochen hat uns mein Cousin S unterstützt und andere haben uns übernachten lassen. Da uns die Duldung nicht sofort erteilt wurde, habe ich nicht zum Sozialamt kommen wollen."

Sein Antrag auf Anerkennung als Asylberechtigter wurde durch Bescheid des Bundesamtes für Migration und Flüchtlinge vom 25.01.2007 abgelehnt. Dieser Bescheid spricht ein Abschiebeverbot nach § 60 Abs. 7 S. 1 AufenthG aus, wonach von einer Abschiebung abgesehen werden soll, wenn dem Ausländer eine erhebliche individuelle oder konkrete Gefahr für Leib, Leben oder Freiheit droht. Da Z unter einer nachgewiesenen chronifizierten paranoiden Schizophrenie mit erheblichem Medikamentenbedarf leidet und eine Rückkehr in den Heimatstaat für Z eine erhebliche Verschlechterung seines Gesundheitszustandes befürchten lässt, hat das Bundesamt die tatbestandlichen Voraussetzungen des § 60 Abs. 7 S. 1 AufenthG bejaht. Eine unmittelbar drohende politische Verfolgung hat das Bundesamt indes nicht anerkannt und daher die Anerkennung der Asylberechtigung des Z verneint. Dieser Bescheid ist bestandskräftig und rechtmäßig.

Durch inzwischen ebenfalls bestandskräftigen Bescheid des Sozialamtes der Stadt M vom 22.07.2003 wurde der Antrag des Z auf Leistungen nach § 6 AsylbLG auf pflegegeldähnliche Leistungen abgelehnt, weil Z seit dem Jahr 2000 Leistungen nach § 1 a AsylbLG erhält und die Zahlung der beantragten Pflegegeldleistung nach § 6 AsylbLG nicht unerlässlich im Sinne dieser Vorschrift ist. Hiernach hat Z bis einschließlich Februar 2007 Leistungen nach § 3 AsylbLG erhalten. Die Leistungen nach dem AsylbLG wurden hierbei von Anfang an gekürzt, weil Z nach Ansicht der Stadt M in die Bundesrepublik eingereist ist, um Sozialhilfe zu erlangen.

Z wurde von der Stadt M, in der er seit 2003 wohnt, im Februar 2007 ein bis zum 11.02.2009 befristeter Aufenthaltstitel nach § 25 Abs. 3 AufenthG erteilt, weil die Rückkehr des Z nach Serbien eine Gefahr für Leib und Gesundheit bedeuten würde.

Das zuständige Versorgungsamt hat einen Grad der Behinderung von 100 sowie die Merkzeichen G, H und RF festgestellt. Die zuständige Pflegekasse hat die Voraussetzungen der Pflegestufe I anerkannt.

Im Februar 2007 beantragt Z, vertreten durch seinen Bruder M, der zugleich gerichtlich bestellter Betreuer des Z ist, ihm ab dem 01.03.2007 Leistungen nach §§ 41 ff. SGB XII zu gewähren. Das Sozialamt der Stadt M lehnt daraufhin durch Bescheid vom 22.03.2007 Grundsicherungsleistungen ab. Z ist über diesen Bescheid empört, zumal die Stadt M auch seine anteiligen Unterkunftskosten von 144,59 € nicht übernommen hat. Er beauftragt daher Rechtsanwalt R, die Erfolgsaussichten eines Widerspruchs gegen den Bescheid vom 22.03.2007 zu prüfen.

Hat ein Widerspruch in der Sache Aussicht auf Erfolg? Zu unterstellen ist, dass Z seit Antragstellung dauerhaft und vollständig erwerbsunfähig ist und über keinerlei finanzielle Mittel verfügt.

Lösung:

Der Widerspruch hat Aussicht auf Erfolg, wenn die Leistungsablehnung zu Unrecht erfolgt ist.

(I) HzL und Leistungen der Grundsicherung im Alter und bei Erwerbsminderung sind Personen zu leisten, die ihren notwendigen Lebensunterhalt nicht oder nicht ausreichend aus eigenen Kräften und Mitteln, insbesondere aus ihrem Einkommen und Vermögen, beschaffen können, § 19 Abs. 1, 2 SGB XII. Einkommen oder Vermögen, das von Z für den Lebensunterhalt einzusetzen wäre, ist nach den sachverhaltlichen Angaben nicht vorhanden. Z ist somit hilfebedürftig.

(II) Z ist, wie zu unterstellen ist, auch dauerhaft erwerbsgemindert i.S.v. § 43 Abs. 2 SGB VI und hält sich im Hoheitsbereich der Bundesrepublik auf, sodass auch die weiteren Eingangsvoraussetzungen des § 41 SGB XI für einen Bezug von Grundsicherungsleistugnen gegeben sind.

(III) Zu prüfen ist jedoch, inwieweit § 23 SGB XII, der als Sonderregelung den Bezug von Sozialhilfe für Ausländer regelt, den Leistungsanspruch des Z modifiziert.

(1) § 23 Abs. 1 SGB XII bestimmt zunächst, dass Ausländer, die sich in der Bundesrepublik tatsächlich aufhalten, wie Deutsche einen Anspruch auf die HzL (§§ 27 ff. SGB XII), Hilfe bei Krankheit (§ 48 SGB XII), Hilfe bei Schwangerschaft und Mutterschaft (§ 50 SGB XII) sowie Hilfe zur Pflege (§§ 61 ff. SGB XII) haben, sofern es sich nicht um Leistungsberechtigte i.S.d. § 1 AsylbLG handelt.

§ 1 Abs. 2 AsylbLG bestimmt, dass die in Abs. 1 der Vorschrift genannten Ausländer für die Zeit, in denen ihnen ein anderer Aufenthaltstitel als die in Abs. 1 Nr. 3 bezeichnete Aufenthaltserlaubnis mit einer Gesamtgeltungsdauer von mehr als sechs Monaten erteilt worden ist, nicht nach dem AsylbLG leistungsberechtigt sind.

§ 1 Abs. 1 Nr. 3 AsylbLG benennt Aufenthaltserlaubnisse nach §§ 23 Abs. 1, 24, 25 Abs. 4 S. 1, Abs. 5 AufenthG, nicht jedoch – wie im Fall des Z – einen Aufenthaltstitel nach § 25 Abs. 3 AufenthG. Folglich ist Z seit dem 11.02.2007 nicht mehr nach dem AsylbLG anspruchsberechtigt.

(2) Nach § 23 Abs. 1 S. 3 SGB XII sind die Hilfen nach §§ 47, 49, 51, 53 ff., 67 ff., 70-74 SGB XII im Unterschied zu deutschen Sozialhilfeempfängern als Ermessensleistungen ausgestaltet.

(3) Grundsicherungsleistungen nach den §§ 41–46 SGB XII bleiben nach § 23 Abs. 1 S. 2 SGB XII „unberührt“. Da im 4. Kapitel des SGB XII keine Differenzierung in der Leistungsberechtigung zwischen Deutschen und Ausländern erfolgt, bedeutet dies, dass in Deutschland lebende Ausländer (anders: Asylbwerber, vgl. Abs. 2) im Falle ihrer Bedürftigkeit wie Deutsche einen Anspruch auf Grundsicherungsleistungen haben. Dies spricht zunächst dafür, dass eine Leistungsablehnung, die die §§ 41 ff. SGB XII für Deutsche nicht vorsehen, unrechtmäßig erfolgt ist.

(4) Eine Leistungskürzung bzw. ein Rechtsverlust könnte indes auf § 23 Abs. 3 S. 1 SGB XII gestützt zu Recht erfolgt sein.

(a) Nach dieser Vorschrift haben Ausländer, die eingereist sind, um Sozialhilfe zu erlangen, keinen Anspruch auf Sozialhilfe. Das Tatbestandsmerkmal „um Sozialhilfe zu erlangen“ ist erfüllt, wenn dieser Zweck den Einreisentschluss geprägt hat. Es muss also ein finaler Zusammenhang zwischen dem Einreiseentschluss und der Inanspruchnahme von Sozialhilfe bestehen. Die Konjunktion „um-zu“ bezeichnet ein ziel- und zwecksgerichtetes Handeln und damit eine Zweck-Mittel-Relation, in der die Einreise das Mittel und die Inanspuchnahme von Sozialhilfe das Ziel bildet. Dieser erforderliche Zusammenhang besteht nicht nur dann, wenn die Inanspruchnahme von Sozialhilfe der einzige Einreisegrund ist. Beruht die Einreise auf verschiedenen Motiven, ist das Erfordernis des finalen Zusammenhangs auch erfüllt, wenn der Einreisezweck der Inanspruchnahme von Sozialhilfe von prägender Bedeutung gewesen war. Die Möglichkeit, auf Sozialhilfe angewiesen zu sein, muss für den Einreiseentschluss, sei es allein, sei es neben anderen Gründen, in besonderer Weise bedeutsam gewesen sein.[224]

(b) Vorliegend ist die Erklärung, die die Mutter des Z bei der Einreise abgegeben hat, dahingehend zu werten, dass einerseits die Aussicht auf hinreichende ärztliche Versorgung des Z in Deutschland ein Motiv für die Einreise gewesen ist. Daneben hat sie angegeben, dass sie von den geringen Einkünften, die für sie und Z in Serbien zur Verfügung standen, nachdem sie arbeitslos geworden war, nicht leben konnten und daher nach Deutschland gekommen sind. Dieser Teil der Erklärung spricht dafür, dass beide die Absicht hatten, in Deutschland finanziell abgesichert zu sein durch die Gewährung von Sozialhilfe. Darüber hinaus erscheint dieser Absicherungsaspekt auch als prägend für die Einreise, da die wirtschaftliche Besserstellung vorliegend bereits wegen der in Serbien nicht sichergestellen Grundversorgung im Vordergrund stand. Dahinter tritt wertungsmäßig die bessere medizinische Versorgung in Deutschland zurück. Schließlich war sowohl Z als auch seiner Mutter bewusst, dass sie ohne den Bezug von Sozialhilfe in Deutschland nicht würden leben können. Eine gewisse Indizfunktion hat in diesem Zusammenhang auch der Umstand, dass Z die Kürzung seiner AsylBLG-Leistungen, die aus dem gleichen Grund erfolgt ist, unwidersprochen akzeptiert hat.

(c) Rechtsfolge des § 23 Abs. 1 S. 1 SGB XII ist der Verlust des Anspruchs auf Sozialhilfe. Zu prüfen ist, ob der Anspruchsausschluss dauerhaft oder nur zeitlich beschränkt greift. Der Gesetzeswortlaut liefert hierzu keine eindeutigen Anhaltspunkte. Da die Grundsicherung jedoch nach § 8 Nr. 1 SGB XII eine Form der Sozialhilfe ist, gilt der Anspruchs-

224 BVerwG, FEVS 43, 113.

ausschluss auch für diese. Folglich hat Z keinen Anspruch auf (ungekürzte) Grundsicherungsleistungen.

(d) Nach § 23 Abs. 1 S. 3 SGB XII kann Sozialhilfe geleistet werden, soweit dies im Einzelfall gerechtfertigt ist. Diese Kann-Bestimmung bezieht sich auch auf die Fälle des § 23 Abs. 3 S. 1 SGB XII. Der Sozialhilfeträger hat somit nach pflichtgemäßem Ermessen zu prüfen, ob und ggf. in welcher Höhe er Leistungen gewährt.

(aa) Im vorliegenden Fall hat der Leistungsträger im Hinblick auf das „Ob" einer Leistungsgewährung zu berücksichtigen, dass Z bereits seit vielen Jahren Unterstützungsleistungen erhält. Daher wäre es nur schwer vermittelbar, aus welchen Gründen er nunmehr keine Leistungen mehr erhalten sollte, zumal Z sich seit Februar 2007 nicht lediglich geduldet, sondern aufgrund der Aufenthaltserlaubnis im Bundesgebiet aufhält. Die dem Z im Februar erteilte Aufenthaltserlaubnis wurde erteilt, weil bei einer Rückkehr des Z in seinen Heimatstaat eine Gefahr für Leib und Leben bestehen würde. Zudem hat Z das 37. Lebensjahr erreicht und es ist nicht zu erwarten, dass er aufgrund seiner fortgeschrittenen Erkrankung wieder in der Lage sein wird, seinen Lebensunterhalt aus eigener Kraft sicherzustellen. Dementsprechend ist das Ermessen des Leistungsträgers dahingehend auszuüben, dass grundsätzlich Leistungen der Sozialhilfe zu erbringen sind.

(bb) Im Hinblick auf die Höhe der Leistungen ist zu berücksichtigen, dass Z zum Zwecke des Erlangens von Sozialhilfe nach Deutschland eingereist ist. Es erscheint daher gerechtfertigt, ihm nur den unabweisbaren Lebensunterhalt zu gewähren. Die gesetzliche Regelsatzleistung für einen Haushaltsangehörigen beträgt seit dem 01.07.2007 278 €, bis zum 30.06.2007 276 € monatlich. Diese deckt zu einem Anteil von 42 € einmalige Bedarfslagen. Diese Berechnung ergibt sich aus der Gegenüberstellung der Regelsätze eines Haushaltsangehörigen vor und nach dem 01.01.2005. Von dem sich nach Abzug der 42 € ergebenden Betrag von 236 € bzw. 234 € sind weitere 20 v.H. abzuziehen, da nach der ständigen Rechtsprechung der Verwaltungsgerichte der unabweisbare Lebensunterhalt aus 80 v.H. des Regelsatzes besteht. Somit wird der restliche Regelsatz um den Betrag von 47,20 € bzw. 46,80 € gekürzt. Der gekürzte Regelsatz von 188,80 € bzw. von 187,20 € (bis zum 30.06.2007) zzgl. 42 € für einmalige Bedarfe beträgt somit ab dem 01.07.2007 230,80 € und bis dahin 229,20 €. Die Gewährung von monatlichen Grundsicherungsleistungen in dieser Höhe erscheint angemessen. Hinzu kommen die anteiligen Unterkunftskosten von 144,59 €.

Z hat hiernach bis zum 30.06.2007 einen Anspurch auf insgesamt 373,79 € (229,20 €/Regelsatz zzgl. 144,59 €/Unterkunftskosten) bzw. ab dem 01.07.2007 auf 375,39 €. Im Hinblick auf diese Leistungshöhe hat ein Widerspruch gegen den Bescheid vom 22.03.2007 Aussicht auf Erfolg.

2.3.2 Leistungsansprüche nach

SGB II	Grundsicherung	SGB XII
▸ erwerbsfähige Personen im Alter von 15–64 Jahren und ▸ die mit diesen in Bedarfsgemeinschaft lebenden Angehörigen (§ 7 Abs. 2, 3 SGB II)	▸ Personen ab Vollendung des 65. Lebensjahres oder ▸ dauerhaft Erwerbsgeminderte ab Vollendung des 18. Lebensjahres	▸ nicht erwerbsfähige Personen unter 17 Jahren ▸ nicht dauerhaft erwerbsgeminderte Personen zwischen 18 und 64 Jahren (Ausnahmen: Bedarfsgemeinschaft mit erwerbsfähiger Person, § 7 Abs. 3 SGB II, Auszubildende i.S.d. § 22 Abs. 1 SGB XII; Asylbewerber, § 23 Abs. 2 SGB XII; beschränkter Anspruch für Ausländer nach § 23 SGB XII) ▸ Personen, die keinen Anspruch nach dem SGB II haben (Ausländer i.S.d. § 8 Abs. 2 SGB II) ▸ Personen, die keinen Anspruch nach §§ 41 ff. SGB XII haben (fehlender gewöhnlicher Aufenthalt/Herbeiführung der Bedürftigkeit/Berücksichtigung der Unterhaltsansprüche nach § 43 Abs. 2 S. 6 SGB XII/keine ausreichende Grundsicherung bei stationärer Unterbringung)
▸ ALG II (§ 19 SGB II) ▸ Sozialgeld (§ 28 SGB II)	▸ Grundsicherungsleistungen nach §§ 41–43 SGB XII	▸ HzL (§§ 27-40 SGB XII) ▸ Hilfen nach §§ 47–74 SGB XII
vorrangig vor HzL	**vorrangig** vor Sozialgeld (§§ 5 Abs. 2 S. 3, 28 Abs. 1 S. 1 SGB II)	**nachrangig** gegenüber Grundsicherung (§ 19 Abs. 2 S. 3 SGB XII) **nachrangig** ggü. ALG II

2.3.3 Leistungen der Grundsicherung

Die **Grundsicherungsleistungen entsprechen im Wesentlichen der HzL außerhalb von Einrichtungen** gemäß §§ 27–32 und 34–37 SGB XII. **Krankenversicherungsbeiträge** werden nach Maßgabe des § 32 SGB XII übernommen, § 42

S. 1 Nr. 4 SGB XII. **Beiträge für die Altersvorsorge** i.S.d. § 33 SGB XII werden mangels Verweisung nicht übernommen, vgl. § 42 S. 1 SGB XII.

Ergänzende bzw. parallele Leistungen der Grundsicherung kommen, soweit sie nicht ausdrücklich ausgeschlossen sind, in Betracht. Relevant wird dies vor allem für Grundsicherungsempfänger mit geringer Rente. Dagegen kommen ergänzende Leistungen der Sozialhilfe für Grundsicherungsempfänger nicht in Betracht.[225] Ein Fehlbedarf kann nur durch ein ergänzendes Darlehen nach § 37 SGB XII gedeckt werden, § 42 S. 2 SGB XII.

Wohngeld erhalten Grundsicherungsberechtigte, deren Unterkunftskosten bei der Grundsicherung berücksichtigt worden sind, ebenso wenig wie Sozialhilfeempfänger, vgl. **§ 1 Abs. 2 Nr. 2 WoGG**.[226]

Die Grundsicherungsleistungen werden nach § 44 Abs. 1 S. 1 SGB XII regelmäßig für ein Jahr bewilligt. Bei einer für den Berechtigten ungünstigen Änderung beginnt der neue Bewilligungszeitraum am Ersten des Folgemonats (§ 44 Abs. 1 S. 3 SGB XII).

Für die **Bedürftigkeitsprüfung** (Einsatz von Einkommen und Vermögen) gelten gem. § 41 Abs. 2 SGB XII die §§ 82-84, 90 SGB XII entsprechend, **vgl. dazu im Skript Sozialrecht 2 - Sozialversicherungsrecht -, 7. Abschnitt „Grundsicherung für Arbeitssuchende", 3.4**, wobei die Besonderheiten des § 43 SGB XII zu berücksichtigen sind.

Träger der Grundsicherung sind die in § 3 SGB XII genannten örtlichen (Kreise, kreisfreie Städte) bzw. die überörtlichen Träger (Länder selbst oder die von ihnen bestimmten höheren Kommunalverbände, in NRW z.B. die Landschaftsverbände), in deren Bereich der Antragsberechtigte seinen gewöhnlichen Aufenthalt hat, § 98 Abs. 1 S. 2 SGB XII. Darüber hinaus gibt es ein **besonderes Zusammenarbeitsgebot mit den Trägern der Rentenversicherung** gemäß § 46 SGB XII.

Beachtlich ist schließlich, dass Grundsicherungsempfänger, die mit einem Leistungsbezieher nach dem SGB II eine Bedarfsgemeinschaft i.S.d. § 7 SGB II bilden, Grundsicherung in Höhe von 90 v.H. der Regelleistung erhalten.[227]

3. Einsatz eigener Mittel

Bereits in § 2 Abs. 1 SGB XII ist angeordnet, dass derjenige keine Sozialhilfe erhält, der sich durch Einsatz seiner Arbeitskraft, seines Einkommens und seines Vermögens selbst helfen kann oder erforderliche Hilfe von anderen, insbesondere von Angehörigen, erhält. Bekräftigt wird dies durch § 19 SGB XII. Entscheidend für den Leistungsbezug nach dem SGB XII ist damit die **Bedürftig-**

225 Schwabe, ZfF 2004, 121 (127).

226 § 1 Abs. 2 WoGG geändert durch Artikel 25 des Vierten Gesetzes für moderne Dienstleistungen am Arbeitsmarkt vom 24.12.2003, BGBl. I, S. 2954.

227 BSG, Urt. v. 16.10.2007 - B 8/9b SO 2/06 R.

keit, die trotz **Einsatz von Einkommen und Vermögen i.S.d.** **§§ 82–91 SGB XII** nicht anders als durch Sozialhilfeleistungen zu beheben sein darf. Beim Einkommen differenziert das Gesetz zum einen nach allgemeinen Bestimmungen in §§ 82–84 SGB XII bezüglich der HzL und andererseits nach Einkommensgrenzen für die übrigen Leistungen (Hilfe zur Gesundheit/Pflege, Eingliederungshilfe, Hilfe zur Überwindung besonderer sozialer Schwierigkeiten oder in anderen Lebenslagen). Die **Anrechnung von Vermögen regeln die §§ 90–91 SGB XII**. Schließlich erfassen die **§§ 92–95 SGB XII die Einschränkung der Anrechnung bzw. die Verpflichtung Dritter**, vor allem Rückgriffe gegen unterhaltspflichtige Angehörige.

3.1 Einkommen

Allgemein definiert § 82 Abs. 1 SGB XII das **Einkommen als alle Einkünfte in Geld oder Geldeswert mit Ausnahme einiger Sozialleistungen**. Entscheidend sind für die allgemeine Einkommensermittlung die nach rechnerischem Abzug von Steuern und Erwerbskosten etc. **verbleibenden Einkünfte, vgl. § 82 Abs. 2 Nrn. 1–5 SGB XII**, die **besonderen Absetzungen i.S.v. § 82 Abs. 3 SGB XII** und schließlich als Selbstbehalt die Freibeträge nach § 85 SGB XII.

Grundsätzlich ist auch nach neuem Sozialhilferecht der **Einkommensbegriff weit gefasst**. Hierbei gilt zur Bestimmung des Einkommens die bisherige aufgrund des BSHG erlassene Rechtsverordnung weiter.[228] Öffentlich-rechtliche Transferleistungen werden dabei jedoch nur insoweit berücksichtigt, als die Sozialhilfe im Einzelfall demselben Zweck dient, § 83 Abs. 1 SGB XII. Nicht als Einkommen gelten das **Schmerzensgeld i.S.v. § 253 Abs. 2 BGB** bzw. bestimmte **Zuwendungen aus der freien Wohlfahrtspflege (§ 84 Abs. 1 SGB XII) und nach der Regelanordnung des § 84 Abs. 2 SGB XII freiwillige Leistungen Dritter**.

Bei den übrigen Leistungen nach §§ 47–74 SGB XII gelten die §§ 85–89 SGB XII sowie **§ 43 SGB XII bei der Grundsicherung**. Für die maßgeblichen Einkommensgrenzen sind nach wie vor **erkennbar höhere Freibeträge in § 85 Abs. 1 SGB XII** vorgesehen. Sonderregelungen gelten darüber hinaus für minderjährige und unverheiratete Hilfesuchende, § 85 Abs. 2 SGB XII, für Schwerstpflegebedürftige und Blinde (§ 87 Abs. 1 S. 3). Elterneinkommen und -vermögen von schwangeren oder alleinerziehenden Frauen werden nicht berücksichtigt, § 19 Abs. 4 SGB XII. Die Einkommensanrechnung bei Grundsicherungsempfängern, die in einer (teil-)stationären Einrichtung leben, erfolgt für die HzL nunmehr nach § 82 Abs. 4 SGB XII.[229] Die Länder und die Sozialhilfeträger haben die Möglichkeit, höhere Grundbeträge bei der Ermittlung der Einkommensgrenze außerhalb der HzL anzuwenden, § 86 SGB XII.

Soweit insgesamt die Einkommensgrenzen im Einzelfall feststehen, bestimmen **§§ 87, 88 SGB XII die angemessene Berücksichtigung des anzurechnenden Einkommens**, die u.a. abhängig ist von der Art des Bedarfs, Art und Schwere der Behinderung oder der Pflegebedürftigkeit, der Dauer und Höhe der Aufwendungen und den Belastungen des Hilfebedürftigen bzw. seiner unterhaltsberechtigten Angehörigen.

228 Verordnung zur Durchführung des § 82 des Zwölften Buches Sozialgesetzbuch vom 28.11.1962 (BGBl. I, S. 692), zuletzt geändert durch Verwaltungsvereinfachungsgesetz vom 14.03.2005 (BGBl. I, S. 815).

229 Vgl. LSG Bayern, Beschl. v. 28.07.2005 – L 11 B 249/05 SO ER.

3.2 Vermögen

Der Einsatz des Vermögens ergibt sich aus § 90 SGB XII. Vermögen ist nach **§ 90 Abs. 1 SGB XII das gesamte verwertbare Vermögen**. Sozialhilferechtlich bedeutet es eine **Bestandsgröße, d.h. umfasst begrifflich im Unterschied zum Einkommen bereits vorhandene Gegenwerte bzw. rechtlich gesicherte Anwartschaften**.[230]

Ausnahmen hiervon listet **§ 90 Abs. 2 Nrn. 1–9 SGB XII katalogartig als Schonvermögen** auf. Dies betrifft u.a. Gegenstände eines **angemessenen Hausrats**, § 90 Abs. 2 Nr. 4 SGB XII, **Gegenstände zur Berufsausbildung oder Erwerbstätigkeit**, wie z.B. ein Kfz, Werkzeuge, Arbeitsbekleidung etc., § 90 Abs. 2 Nr. 5 SGB XII, **Familien- bzw. Erbstücke**, deren Veräußerung für den Hilfebedürftigen oder seine Familie eine besondere Härte bedeuten würde, § 90 Abs. 2 Nr. 6 SGB XII (z.B. Kunstgegenstände, Möbel oder Schmuckstücke verstorbener Eltern etc.), darüber hinaus **Gegenstände, die zur Befriedigung geistiger u.a. Bedürfnisse dienen** und deren Besitz ausdrücklich nach dem Gesetz kein Luxus ist, § 90 Abs. 2 Nr. 7 SGB XII, etwa Bücher, Musikinstrumente, Briefmarkensammlung, Fotoausrüstung, Videorecorder oder Stereoanlage. Zur Bestimmung der Höhe der **vermögensgeschonten Barbeträge** (§ 90 Abs. 2 Nr. 9 SGB XII) ist zwischenzeitlich die bisherige Rechtsverordnung[231] übernommen worden. Danach sind **Beträge von mindestens 1.600 € bei der HzL und 2.600 € bei den übrigen Leistungen anrechnungsfrei**.

Privilegiert bei der Vermögensanrechnung sind Personen i.S.v. § 19 Abs. 3 SGB XII, die einer Rehabilitation bedürfen, § 92 SGB XII. Die für die Reha-Leistung aufzubringenden Kosten werden trotz der nachgelagerten Verpflichtung zum Kostenbeitrag aus dem Vermögen (vgl. § 92 Abs. 1 S. 2 SGB XII) zunächst in voller Höhe übernommen. Für die in Abs. 2 Nrn. 1–8 SGB XII genannten Maßnahmen ist der Kostenbeitrag grundsätzlich auf die Kosten für den Lebensunterhalt begrenzt.

Die korrekte Vermögensbeurteilung war bereits unter der Geltung des BSHG Streitgegenstand diverser verwaltungsgerichtlicher Entscheidungen. Es steht zu erwarten, dass sich die Auseinandersetzungen in diesem Bereich fortsetzen werden, zumal § 90 Abs. 2 SGB XII im Wesentlichen der Vorgängervorschrift des bisherigen § 88 BSHG nachgebildet ist. Wegen der Einzelheiten wird auf die Darstellung einzelner Streitfälle in der Erstauflage des AS-Skripts Sozialrecht 1, 2004, S. 88, verwiesen.

Stellt die sofortige zumutbare Vermögensverwertung eine Härte dar oder ist sie nicht möglich, kommt eine **darlehensweise Bewilligung der Sozialhilfe nach § 91 SGB XII** in Betracht, wobei der Sozialhilfeträger die Rückzahlung des Darlehens dinglich oder auf andere Weise sichern kann.

---

230 BVerwG, JZ 2000, 46 ff.

231 Verordnung zur Durchführung des § 90 Abs. 2 Nr. 9 des Zwölften Buches Sozialgesetzbuch vom 11.02.1988 (BGBl. I, S. 150), geändert durch Art. 15 des Gesetzes zur Einordnung des Sozialhilferechts in das SGB vom 27.12.2003, BGBl. I, S. 3022 (3060 f.).

4. Unterhaltsansprüche

Die Verpflichtungen anderer, insbesondere von Angehörigen, regeln §§ 93–95 SGB XII.

Zum einen handelt es sich dabei um den **Übergang von Ansprüchen gegen andere, die kein Leistungsträger i.S.v. § 12 SGB I sind, § 93 Abs. 1 S. 1 SGB XII**. Der Übergang des Anspruchs nach schriftlicher Anzeige gemäß dieser Vorschrift hängt davon ab, ob bei rechtzeitiger Leistung des anderen entweder Hilfe gar nicht gewährt worden oder Aufwendungsersatz bzw. ein Kostenbeitrag zu leisten wäre, vgl. im Einzelnen § 93 Abs. 1 S. 3 SGB XII. Die schriftliche Anzeige bewirkt hierbei regelmäßig den Übergang des Anspruchs für Zeiträume länger als zwei Monate, vgl. § 93 Abs. 2 SGB XII. Die Regelung betrifft **keine Unterhaltsleistungen nach Familienrecht**, sondern erfasst wird z.B. die Überleitung von Pflichtteils-[232] oder Beihilfeansprüchen[233] oder der Rückforderungsanspruch des verarmten Schenkers nach § 528 Abs. 1 BGB, der große praktische Bedeutung hat. In diesem Fall wird durch Verwaltungsakt, § 31 SGB X, vom Beschenkten die Herausgabe dessen verlangt, was der Schenker benötigt.

Von weiterer großer Bedeutung ist der **kraft Gesetzes eintretende Übergang von Ansprüchen des Sozialhilfeträgers gegen Unterhaltspflichtige nach Familienrecht**, § 94 Abs. 1 S. 1 SGB XII. Diese cessio legis betrifft überwiegend säumige Unterhaltsverpflichtete i.S.d. §§ 1601 ff. BGB. Tatsächlich wird damit insbesondere eine Haftung erwachsener Kinder für pflegebedürftige Eltern vollzogen, die die Heimunterbringungskosten nicht oder nicht vollständig aus eigenen Mitteln bestreiten können. Zur Durchsetzung des übergehenden Anspruchs begründet dabei § 95 SGB XII eine besondere Rechtsstellung des Sozialhilfeträgers einschließlich der eigenen Rechtsmittelberechtigung. Der Ablauf von Fristen, die ohne sein Verschulden verstrichen sind, wirkt schließlich auch nicht gegen ihn, § 95 S. 2 SGB XII.

Fall 10: Und ewig zahlt der Sohn

Der 51-jährige W ist ledig und wohnt in Düsseldorf. Er bezieht eine Pension von 1860 € sowie eine Zusatzrente von 518 € monatlich. Außerdem hat W Einkünfte aus der Vermietung von zwei Mehrfamilienhäusern in der Düsseldorfer Innenstadt i.H.v. 6.122 € monatlich. Der am 18.01.1930 geborene Vater V des W ist seit dem 01.02.2007 in einem Pflegeheim untergebracht. Er leidet an einer schweren Demenzerkrankung und kann sich nicht mehr allein versorgen. Die Mutter des W ist bereits 1980 bei einem Autounfall tödlich verunglückt. W hat keine Geschwister. V verfügt über eine kleine Rente und erhält Leistungen gemäß Pflegestufe I nach dem SGB XI. Weitere Einkünfte oder Vermögen hat er nicht. Das örtlich zuständige Sozialamt fordert den W am 10.02.2007 unter Hinweis auf den Übergang von Unterhaltsansprüchen im Hinblick auf die geleistete Grundsicherung von 450 € monatlich zur Darlegung seiner Einkommens- und Vermögensverhältnisse auf. Der Bewilligungszeitraum der Grundsicherungsleistungen umfasst die Zeit vom 14.02.2007 bis zum 30.06.2007. Diese Angaben werden von W frist- und wahrheitsgerecht erteilt. Das Sozialamt beziffert dann am 25.05.2007 gegenüber W die übergegangenen Unterhaltsansprüche für die Zeit vom 14.02. bis

232 VGH Hessen, RdL 2/1995, 34.

233 BVerwGE 64, 333.

zum 28.02.2007 mit 139 € und für die Zeit ab dem 01.03.2007 mit 148 € monatlich. W ist hiermit nicht einverstanden und lässt dies dem Sozialamt am 17.06.2007 durch einen von ihm beauftragten Rechtsanwalt mitteilen. Das Sozialamt überprüft daraufhin im Juli 2007, ob eine Klage gegen W auf Zahlung des ausstehenden Unterhalts für die Zeit vom 14.02. bis zum 30.06.2007 Aussicht auf Erfolg hat. Das Sozialamt will auch wissen, ob es über den 30.06.2007 hinaus Leistungen an V erbringen muss, wenn W sich weigert, Unterhalt an V zu leisten, obschon die Voraussetzungen hierfür ab dem 01.07.2007 vorliegen.

(I) **Zulässigkeit der Zahlungsklage**

Fraglich ist zunächst, welcher **Rechtsweg für eine Zahlungsklage betreffend etwaig übergegangene Ansprüche nach § 94 Abs. 1 SGB XII** eröffnet ist.

(1) In Betracht käme insoweit der **Rechtsweg zu den Sozialgerichten**, §§ 51 Abs. 1 Nr. 6 a SGG. Der Rechtsweg zu den Sozialgerichten ist gegeben in allen öffentlich-rechtlichen Streitigkeiten und nach ausdrücklicher Benennung auch in Angelegenheiten der Sozialhilfe.[234] Aufgrund dieser Tatsache könnte eine Zuständigkeit des Sozialgerichts auch für die gerichtliche Geltendmachung gesetzlich übergegangener Unterhaltsansprüche i.S.v. § 94 SGB XII begründet sein. Allerdings enthält **§ 94 Abs. 5 S. 3 SGB XII eine eigenständige Rechtswegzuweisung**. Für Ansprüche gemäß § 94 Abs. 1–4 SGB XII ist damit der **Zivilrechtsweg** eröffnet.

(2) Die **sachliche Zuständigkeit des Gerichts wird im Zivilrechtsweg durch das GVG** bestimmt, § 1 ZPO.

§ 23 a Nr. 2 GVG sieht ausdrücklich eine besondere sachliche Zuständigkeit der Amtsgerichte in bürgerlichen Rechtsstreitigkeiten vor, die eine durch Ehe oder Verwandtschaft begründete gesetzliche Unterhaltspflicht betreffen. Die gesetzliche Unterhaltspflicht nach dem BGB ist somit **vor dem Familiengericht beim örtlich zuständigen Amtsgericht** zu überprüfen, soweit der Anspruch auf einen Dritten übergegangen ist.[235] Mithin ist die angestrebte Klage gegen W im Zivilrechtsweg vor dem zuständigen Familiengericht beim Amtsgericht Düsseldorf zu erheben.[236]

Beachte: Die grundsätzliche Zulässigkeit von Klagen, gerichtet auf zukünftige Leistungen, ist nach § 94 Abs. 4 S. 2 SGB XII ausdrücklich gegeben.[237]

(II) **Begründetheit der Zahlungsklage**

Die Klage ist begründet, wenn ein **Zahlungsanspruch auf rückständigen Unterhalt** in einer Gesamthöhe von 731 € (139 € zzgl. 592 € [148 € x 4 Mo-

234 Beachte, dass §§ 50 a S. 1 Nr. 1, 52 SGG u.a. das Sachgebiet der Sozialhilfe ausdrücklich besonderen Spruchkörpern der Verwaltungsgerichte nach entsprechender landesgesetzlicher Übertragung zuweisen. Hiervon hat nur das Land Bremen Gebrauch gemacht und besondere Fachkammern beim dortigen VG eingerichtet.

235 OLG Bremen, FamRZ 1984, 511.

236 Auch insoweit gilt der Beibringungsgrundsatz, hierzu i.e. Münder, in: ders., SGB XII, § 94 Rdnr. 90 f.

237 Zu den Prozessvoraussetzungen für eine Klage auf wiederkehrende bzw. auf zukünftige Leistungen vgl. §§ 258 f. ZPO.

nate]) **entstanden** und nach gesetzlichem Forderungsübergang gemäß § 94 SGB XII **durchsetzbar** ist.

(1) Ausgangspunkt dafür ist zunächst **ein nach bürgerlichem Recht bestehender Unterhaltsanspruch** des V gegen W.

(a) Dieser Anspruch richtet sich nach §§ 1601 ff. BGB. Gemäß § 1601 BGB sind **Verwandte in gerader Linie verpflichtet, einander Unterhalt zu gewähren**. Unterhaltsberechtigt ist demgegenüber, wer außerstande ist, sich selbst zu unterhalten, § 1602 Abs. 1 BGB. In der Rangfolge sind die Abkömmlinge vor den Verwandten aufsteigender Linie unterhaltspflichtig, § 1606 Abs. 1 BGB. W stammt als leibliches Kind seines Vaters in gerader Linie von diesem ab, § 1589 BGB. Er ist somit **vorrangig zum Unterhalt verpflichtet**, soweit die übrigen Voraussetzungen vorliegen.

Die Einkünfte des V reichen zur Unterhaltsbedarfsdeckung nicht aus. Sein **Unterhaltsbedarf umfasst auch die notwendigen Kosten eines erforderlichen stationären Aufenthaltes in einem Pflegeheim**.[238] Die Heimkosten sind weder durch die Rente des V noch durch die Leistungen der zuständigen Pflegekasse nach § 43 SGB XI vollständig gedeckt. Demzufolge ist V **außerstande, sich selbst zu unterhalten** und damit bedürftig. Insgesamt verbleibt nach den sachverhaltlichen Angaben ein ungedeckter Bedarf von 450 € monatlich. Für diesen Fehlbetrag ist der Sozialhilfeträger ab dem 14.02.2007 mit Grundsicherungsleistungen nach §§ 41 ff. SGB XII eingetreten.

(b) Der Unterhaltsanspruch ist nach § 94 Abs. 1 S. 2 SGB XII ausgeschlossen, soweit der **Unterhaltsanspruch des V durch laufende Zahlung erfüllt** wird.

Laufende Zahlungen hat W nicht erbracht, sodass die Differenz der monatlichen Kosten für die Pflegheimunterbringung im Falle des V grundsätzlich auf den nach §§ 41 ff. SGB XII leistenden Sozialhilfeträger kraft Gesetzes übergegangen ist. Ein **Ausnahmetatbestand i.S.d. § 94 Abs. 3 SGB XII**, insbesondere eigene Hilfebedürftigkeit des W i.S.d. §§ 27 ff. SGB XII, ist nicht gegeben, zumal W hier erkennbar über eigenes Einkommen und Vermögen verfügt.

(2) Da V aber Grundsicherungsleistungen erhält, könnte sich insoweit ein **Ausschluss des Anspruchsübergangs nach § 94 Abs. 1 S. 3, 2. Halbs. SGB XII** ergeben. Hiernach ist der **Übergang des Anspruchs nach dem Vierten Kapitel SGB XII gegenüber Eltern und Kindern ausgeschlossen**. § 94 Abs. 1 S. 3, 2. Halbs. SGB XII ist im Zusammenhang mit **§ 43 Abs. 2 S. 1 SGB XII** zu lesen, wonach Unterhaltsansprüche der Personen, die Grundsicherungsleistungen i.S.d. §§ 41 ff. SGB XII beziehen, gegenüber Kindern und Eltern **bis zu einem jährlichen Gesamteinkommen von 100.000 €** unberücksichtigt bleiben.

---

238 Vgl. AG Rheinbach, FamRZ 1992, 1336.

Im vorliegenden Fall verfügt W über monatliche Gesamteinkünfte von 8.500 € monatlich, das entspricht 102.000 € jährlich. Die grundsätzliche **Auskunftsverpflichtung von (potentiell) Unterhaltspflichtigen** ergibt sich hierbei aus **§ 117 SGB XII**. Die **gesetzliche Vermutung** des § 43 Abs. 2 S. 2 SGB XII, dass das Einkommen des Unterhaltspflichtigen unterhalb der Grenze von 100.000 € liegt, ist nach Auskunftserteilung **widerlegt**. Demzufolge besteht bereits kein Anspruch des V auf Grundsicherungsleistungen, vgl. § 43 Abs. 2 S. 6 SGB XII. Dies muss der Sozialhilfeträger im Prozess durch Vorlage entsprechender Beweismittel darlegen und beweisen.

Folge der erst nachträglich widerlegten gesetzlichen Vermutung (§ 43 Abs. 2 S. 2 SGB XII) ist, dass der Sozialhilfeträger hieraus aber erst nach Ablauf des Bewilligungszeitraumes, hier ab dem 01.07.2007, Konsequenzen ziehen kann.[239] Solange die Vermutung nicht widerlegt ist, besteht also ein Anspruch des V auf die Grundsicherungsleistungen. Eine **Überleitung des Unterhaltsanspruchs** für die Zeit vom 14.02.2007 bis zum 30.06.2007 **kommt also nicht in Betracht**. Folglich wäre die Klage insoweit unbegründet.

In dem Verzicht auf den automatischen Unterhaltsrückgriff gegenüber Angehörigen nach § 43 Abs. 2 SGB XII wird eine wesentliche Verbesserung durch die Grundsicherung gesehen.[240] Andererseits tritt auch eine Verbesserung der Lebenssituation behinderter oder pflegebedürftiger Menschen vor Erreichen des 65. Lebensjahres ein. Diese müssen zur finanziellen Entlastung ihrer Angehörigen nun nicht mehr in Einrichtungen, Anstalten usw. leben. Im Gegensatz zu § 36 Abs. 1 S. 1 SGB XII wird nämlich für diese Antragsteller nicht vermutet, dass sie mit Personen in einer Hausgemeinschaft leben und von diesen unterhalten werden, **§ 36 Abs. 1 S. 2 SGB XII**. Darüber hinaus dürfte die Grundsicherung nach dem SGB XII keine spürbare finanzielle Verbesserung mehr bedeuten, weil die Grundsicherungsleistungen im Wesentlichen der HzL entsprechen.

(III) Zukünftige Zahlungsverpflichtung des Sozialamtes

Die gesetzliche Vermutung des § 43 Abs. 2 S. 2 SGB XII ist für die Zeit ab dem 01.07.2007 widerlegt. V hat somit ab diesem Zeitpunkt **keinen Anspruch auf Grundsicherungsleistungen i.S.d. § 43 Abs. 2 S. 6 SGB XII**. Der Anspruch ist auch dann nicht gegeben, wenn W sich zukünftig weigert, Unterhalt an V zu zahlen.

In diesem Fall muss V seinen bestehenden Unterhaltsanspruch gegen W selbst einklagen. Für diese Klage bleibt V i.S.d. § 265 Abs. 2 S. 1 ZPO aktiv legitimiert.[241]

Von besonderer Bedeutung bzgl. des Elternunterhalts sind die **Vorgaben, die das Bundesverfassungsgericht in seiner Entscheidung vom 07.06.2005 gemacht hat**.[242] Im Streitfall wollte der Sozialhilfeträger die

239 Brühl/Schoch-Münder, SGB XII, § 43 Rdnr. 18.

240 So Braun, SGb 2003, 237 (238).

241 Münder, in: ders., § 94 Rdnr. 93.

242 Urteil des Ersten Senats des BVerfG v. 07.06.2005 – 1 BvR 1508/96.

dem Grunde nach gegenüber der in einem Pflegeheim untergebrachten Mutter unterhaltspflichtige Tochter zur Deckung angeblicher Unterhaltsrückstände durch ein von ihm gewährtes zinsloses Darlehen bzw. durch ein Schuldanerkenntnis heranziehen. Durch letzteres sollte der Sozialleistungsträger eine Sicherungshypothek auf das Grundstück der Tochter eintragen und sich hieraus nach dem Tod der Tochter schadlos halten können. Dieser abenteuerlichen Konstruktion hat das BVerfG eine deutliche Absage erteilt und hierin einen Verstoß gegen Art. 2 Abs. 1 GG gesehen. Hierbei ist das Gericht auch auf die schrittweise Reduzierung der Leistungen aus der gesetzlichen Rentenversicherung (GRV) eingegangen und hat insbesondere hervorgehoben, dass §§ 41 ff. SGB XII der allgemeine Rechtsgedanke entnommen werden kann, dass sich die Verpflichtung zur Leistung von Elternunterhalt in Grenzen halten muss. Besonders hervorgehoben hat das BVerfG dabei die in § 43 Abs. 2 SGB XII vorgesehene Einkommensgrenze von 100.000 € p.a., die als selbstbehaltliches Einkommen der Kinder nicht für den Elternunterhalt zur Verfügung stehen.

Weiterhin von Bedeutung bleiben die Ausführungen des **BGH** im Rahmen der **Grundsatzentscheidung vom 23.10.2002**,[243] wonach dem unterhaltspflichtigen Kind ein angemessener Selbstbehalt i.S.v. § 1603 BGB verbleiben muss. Der Selbstbehalt richtet sich nach Einkommen, Vermögen und sozialem Rahmen sowie Lebensstellung des Kindes. Garantiert werden muss der Lebensbedarf einschließlich einer angemessenen Altersvorsorge auch bei Berücksichtigung der bestehenden Unterhaltsverpflichtung für die Eltern. Soweit der Unterhaltsverpflichtete keinen seinen Verhältnissen unangemessenen Aufwand betreibt oder ein Leben im Luxus führt, muss er nun keine spürbare und dauerhafte Senkung seines berufs- und einkommenstypischen Unterhaltsniveaus mehr hinnehmen. Eine Konkretisierung des sog. angemessenen Selbstbehalts findet sich z.B. in den Leitlinien des OLG Hamm mit mindestens 1.400 € monatlich zzgl. eines etwaigen freien Anrechnungsbetrages von 625 € monatlich.[244]

Zur weiteren Präzisierung hat der BGH[245] mittlerweile entschieden, dass erwachsene Kinder für die Heimkosten ihrer pflegebedürftigen Eltern kein Vermögen einsetzen müssen, das „für die eigene allgemeine Lebensführung benötigt wird" bzw. der „angemessenen eigenen Altersvorsorge" dient. Der Vermögensstamm des Kindes muss nach dieser Entscheidung nicht für den Elternunterhalt aktiviert werden, wenn hierdurch der eigene angemessene Unterhalt gefährdet wird. Zusätzlich zur GRV können außerdem anrechnungsfrei 5 v.H. des Bruttoeinkommens für die Altersvorsorge angespart werden. Welche Vermögenswerte der Sozialhilfeträger unangetastet lassen muss, ist stets eine Frage des Einzelfalles.

---

243 BGH, Urt. v. 23.10.2002 – XII ZR 266/99 – NJW 2003, 128 ff.

244 Ziff. 21.3.2 der Leitlinien des OLG Hamm zum Unterhaltsrecht, Stand: 01.07.2007.

245 BGH, Urt. v. 30.08.2006 – XII ZR 98/04.

In der Tendenz ist somit beim Elternunterhalt eine zunehmende Großzügigkeit der höchstrichterlichen Rechtsprechung insgesamt zu erkennen.

– – –

5. Weitere Vorschriften

1) Als Sondernormen sehen §§ 102–105 SGB XII Ansprüche auf Kostenersatz gegen den Hilfebedürftigen selbst bzw. dessen Erben vor. Bei § 103 SGB XII geht es um die **Rückforderung zu Unrecht erbrachter Leistungen wegen sozialwidrig herbeigeführter Notlagen volljähriger Hilfebedürftiger**, § 103 Abs. 1 S. 1 SGB XII. Maßgeblich ist hierfür ein vorsätzliches oder grob fahrlässiges Verhalten[246] bzw. die ggf. auch betrügerische Erschleichung nicht zustehender Sozialleistungen. Als weitere Rechtsvorschrift zum Kostenersatz i.S.v. § 103 SGB XII regelt **§ 26 Abs. 2 SGB XII die Aufrechnung bei Falschangaben**. Schuldhafte Falschangaben rechtfertigen eine Aufrechnung mit laufenden Leistungen **bis zur Grenze des zum Lebensunterhalt Unerlässlichen**.

Zudem regelt **§ 102 SGB XII den Kostenersatz durch Erben**. Insoweit ist bei vorangegangenem Sozialhilfebezug des Erblassers die **Ausschlagung der Erbschaft beim Nachlassgericht, §§ 1944 ff. BGB**, empfehlenswert, um die **Erbenhaftung für Nachlassverbindlichkeiten gemäß §§ 1967 ff. BGB i.V.m. § 102 Abs. 2 S. 1 SGB XII** zu vermeiden.

Drittleistungen können dem Leistungsberechtigten allerdings nicht entgegengehalten werden, wenn der Dritte eine Leistung nur erbringt, weil der Sozialhilfeträger die Hilfe nicht rechtzeitig erbringt oder ablehnt.[247]

Kostenerstattungen im Verhältnis einzelner Träger zueinander regeln die §§ 106–112 SGB XII. Insbesondere geht es hierbei um Fälle des Einrichtungsaufenthaltes, Unterbringung eines Kindes in einer anderen Familie sowie bei Zuzug aus dem Ausland.[248]

2) Darüber hinaus enthält das Gesetz Anforderungen an die zur Durchführung des SGB XII tätig werdenden Personen. So benennt **§ 6 Abs. 1 SGB XII als Merkmale von Fachkräften** die persönliche Eignung, entsprechende Ausbildung bzw. besondere Erfahrungen im Sozialwesen. Zudem ist nach § 116 SGB XII die **Beteiligung sozial erfahrener Personen** vorgesehen, die vor dem Erlass allgemeiner Verwaltungsvorschriften bzw. eines Widerspruchsbescheides angehört werden sollen. Die sozial erfahrenen Personen sollen vor allem aus Vereinen, die Bedürftige betreuen, oder aus Vereinigungen von Sozialleistungsempfängern herangezogen werden.

3) Des Weiteren sieht **§ 23 SGB XII die Sozialhilfeberechtigung von Ausländern, die in § 2 Asylbewerberleistungsgesetz (AsylbLG) benannt sind**, vor, vgl. auch § 1 Abs. 2 AsylbLG. Erfasst sind auch Ausländer ohne dauerhaftes Aufent-

---

246 In der Rechtsprechung wird z.B. die Aufgabe eines Berufes zwecks Aufnahme eines Studium als im Einzelfall sozialwidrig angesehen, vgl. BVerwGE 51, 61; VG Hannover, ZfF 1986, 135. Zu weiteren Fällen vgl. Schoch, ZfSH/SGB 1989, 33 (40).

247 LSG NRW, Beschl. v. 18.10.2006 – L 20 B 73/06 SO ER.

248 Zu letzterem vgl. OVG Koblenz, Urt. v. 15.01.2004 – 12 A 11814/03.

haltsrecht, die z.B. aus humanitären Gründen trotz Ausreisepflicht und grds. Vollziehbarkeit aufenthaltsbeendender Maßnahmen nicht aus dem Bundesgebiet abgeschoben werden können, § 2 Abs. 1, 3 AsylbLG. Dabei darf nach der **Neufassung des § 2 Abs. 1 AsylbLG** ab 2003 die Dauer des Aufenthaltes nicht selbst rechtsmissbräuchlich, etwa durch Verhalten nach Flucht in die Bundesrepublik, herbeigeführt worden sein,[249] vgl. zur Abgrenzung **in diesem Teil den 2. Abschnitt, S. 104 ff.** Hingegen ist die **Sozialhilfe für Deutsche mit Lebensmittelpunkt im Ausland** mittlerweile grundsätzlich ausgeschlossen und nur in eng begrenzten Ausnahmefällen möglich, vgl. **§ 24 Abs. 1 S. 1 SGB XII**.[250] Für **Notlagen bei einem zeitweiligen Auslandsaufenthalt** gilt das **Konsulargesetz (KonsularG)**. Nach § 5 Abs. 4 KonsularG ist u.a. eine besondere Hilfe zur Rückreise vorgesehen, allerdings ist der Hilfeempfänger ebenso wie unterhaltspflichtige Verwandte bzw. sogar Erben zum Auslagenersatz verpflichtet, § 5 Abs. 5 S. 1–3 KonsularG.

4) Praktisch bedeutsam in allen Streitfällen ist der **richtige Rechtsweg bei Klagen auf Leistungen nach dem SGB XII**. Grundsätzlich ist dafür der **Rechtsweg zu den Sozialgerichten eröffnet, § 51 Abs. 1 Nr. 6 a SGG**, wobei **besondere Spruchkammern der Verwaltungsgerichte für die Sozialhilfe und die Grundsicherung nach Landesrecht** bestimmt werden können, vgl. § 50 a SGG.

Voraussetzung für die **sozialgerichtliche Klage** ist regelmäßig die Erhebung eines zulässigen Widerspruchs mit anschließendem **Vorverfahren gemäß §§ 78 ff. SGG**. Gegen den abschlägigen Widerspruchsbescheid, § 85 Abs. 3 SGG, ist **innerhalb eines Monats** nach Zustellung **Klage beim zuständigen Sozialgericht** zu erheben, § 87 SGG. Angesichts der häufigen **Eilbedürftigkeit im Sozialhilferecht** zur Sicherung des lebensnotwenigen Bedarfs wird zudem ein **Antrag auf Erlass einer einstweiligen Anordnung nach § 86 b Abs. 2 SGG** beim jeweiligen Sozialgericht in Betracht kommen.[251] Unter der Geltung des BSHG war beim Eilrechtsschutz die Tendenz zur Begrenzung des Bedarfs auf das zum Lebensunterhalt Unerlässliche zu beobachten.[252] Es steht zu erwarten, dass sich diese Neigung künftig fortsetzen wird.[253] Wegen der Besonderheiten des sozialgerichtlichen Verfahrens wird im Übrigen auf die **Darstellung in diesem Skript, 7. Teil**, verwiesen.

5) In Abkehr von der bisherigen ständigen Rechtsprechung der Verwaltungsgerichte hat das BSG entschieden, dass Sozialhilfebescheide auch Dauerverwaltungsakte darstellen können, mit der Folge, dass im Rücknahmefall die §§ 45, 48 SGB X zu beachten sind.[254]

---

249 Vgl. hierzu BSG, Urt. v. 08.02.2007 – B 9b AY 1/06 R.

250 LSG Baden-Württemberg, Beschl. v. 21.12.2005 – L 7 SO 4166/05 ER-B. Neuregelung u.a. als Konsequenz eines Beschlusses des OVG Niedersachsen vom 11.08.2003, NJW 2003, 3289 f. („Florida-Rolf").

251 Vgl. auch den Überblick von Groth, NJW 2007, 2294 ff. m.w.N.

252 So z.B. VG Meiningen, Beschl. v. 08.04.2004 – 8 E 541/03; OVG Koblenz, NVwZ-RR 2003, 657; VG Münster, Beschl. v. 03.04.2003 – 5 L 348/03.

253 Das LSG Schleswig-Holstein hält einen Anordnungsgrund auch bei einem geltend gemachten Bedarf von 34 € für gegeben, vgl. Beschl. v. 08.08.2005 – L 9 B 158/05 SO ER.

254 BSG, Urt. v. 08.02.2007 – B 9b AY 1/06 R – zum AsylbLG. S.a. LSG Berlin-Brandeburg, Beschl. v. 27.01.2006 – L 15 B 1105/05 SO ER.

2. Abschnitt: Asylbewerberleistungsgesetz

1. Überblick zur gesetzlichen Regelung

Generell sind **auch Ausländer mit tatsächlichem Aufenthalt in der Bundesrepublik Deutschland sozialhilfeberechtigt**, § 23 Abs.1 S. 1 SGB XII. Angesichts steigender Asylbewerberzahlen mit einem wachsenden Anteil sog. Wirtschaftsflüchtlinge wurde aber **1993 zunächst das Asylrecht für politisch Verfolgte in Artikel 16 a GG neu geregelt**. Sodann erfolgte die Herausnahme der Vorschriften für Asylbewerber und bestimmte Gruppen gleichgestellter Ausländer aus dem BSHG durch das **ab November 1993 geltende Asylbewerberleistungsgesetz (AsylbLG)** vom 30.06.1993.[255] Wesentlicher Unterschied zum hier nicht mehr anwendbaren SGB XII, vgl. § 9 Abs. 1 AsylbLG, § 23 Abs. 2 SGB XII, ist dabei die gesetzliche Ausrichtung auf das **für das Existenzminimum unerlässliche Maß an Daseinssicherung**.[256]

Entscheidend dafür war, den **Leistungsumfang auf das zum Lebensunterhalt Unerlässliche zu beschränken**,[257] um weitgehend **Geld- durch Sachleistungen zu ersetzen**, § 3 Abs. 1 AsylbLG.[258] Zudem sollten **außerhalb von Aufnahmeeinrichtungen Wertgutscheine** ausgegeben werden, soweit Sachleistungen aufgrund der Unterbringung oder der örtlichen Gegebenheiten nicht möglich sind, § 3 Abs. 2 AsylbLG.

Mit dem 2. AsylbLG-Änderungsgesetz vom 25.08.1998,[259] in Kraft getreten zum 01.09.1998, wurden Sondertatbestände wie Abschiebe- und Untersuchungshaft oder unbegründete Arbeitsverweigerung neu geregelt. Verbunden war diese Neuregelung mit einer **Leistungskürzung in den Fällen, in denen die betroffenen Personen allein zum Zweck des Bezugs von Sozialleistungen nach Deutschland** gekommen waren oder in denen aufenthaltsbeendende Maßnahmen aus solchen Gründen, die die Betroffenen selbst zu vertreten haben, nicht vollzogen werden konnten.[260]

Im Zuge der Neuregelung der Sozialhilfe und der Grundsicherung für Arbeitssuchende sind im Wesentlichen redaktionelle Anpassungen des AsylbLG erfolgt. Des Weiteren wurden die bislang zu §§ 118, 120 SGB XII bzw. zu § 117 BSHG erlassenen Rechtsverordnungen übernommen.[261] § 23 Abs. 2 SGB XII stellt klar, dass Leistungsberechtigte i.S.d. § 1 AsylbLG keinen Anspruch auf Sozialhilfe haben. § 7 Abs. 1 S. 2, 2. Halbs. SGB II schließt dies gleichfalls für die

255 BGBl. I, S. 1074 ff.
256 Vgl. dazu Horrer, Das Asylbewerberleistungsgesetz, Diss. iur. Berlin 2001, 1. Kapitel.
257 BT-Drs. 12/4451, 6.
258 Vgl. dazu Horrer, Das Asylbewerberleistungsgesetz, 1. Kapitel, C. 2; 2. Kapitel A.
259 BGBl. I, S. 2505.
260 Siehe Streit/Hübschmann, ZAR 1998, 266 ff.; ebenso Hohm, NVwZ 1998, 1045 ff..
261 Art. 20 des Gesetzes zur Einordnung des Sozialhilferechts in das SGB vom 27.12.2003, BGBl. I, S. 3022 (3062); Art. 19 a des Vierten Gesetzes für moderne Dienstleistungen am Arbeitsmarkt vom 24.12.2003, BGBl. I, S. 2954 (2984 f.).

SGB II-Leistungen aus.[262] Auch gerichtlich ist der Leistungsausschluss für Asylbewerber nach dem SGB II bestätigt worden mit der Begründung, dass der gegenwärtige und notwendige Bedarf durch die Leistungen nach §§ 3 ff. AsylbLG hinreichend gedeckt wird.[263] Lediglich in den Fällen, in denen ein besonderer Härtefall vorliegt, kann über § 23 Abs. 2 S. 2 SGB XII ausnahmsweise Hilfe zur Krankheit zur Behebung eines akut lebensbedrohlichen Zustandes oder für eine schwere oder ansteckende Erkrankung geleistet werden.[264]

2. Berechtigter Personenkreis und Leistungen

Die **Leistungsberechtigten sind in § 1 AsylbLG** benannt. Leistungsberechtigt ist nunmehr nach § 1 Abs. 1 Nr. 6 AsylbLG auch der Lebenspartner des Leistungsberechtigten. Für sämtliche Gruppen entscheidend ist der tatsächliche Aufenthalt im Bundesgebiet, vgl. die Aufzählung in § 1 Abs. 1 Nrn. 1–6 AsylbLG. Die **Mindestdauer des Aufenthaltes** beträgt regelmäßig sechs Monate, § 1 Abs. 2 AsylbLG. Die **Leistungsberechtigung endet** entweder mit der Ausreise bzw. mit Ablauf des Monats, in dem die Leistungsvoraussetzung entfällt oder entweder das Bundesamt für Migration und Flüchtlinge den Ausländer als Asylberechtigten anerkennt bzw. ein Gericht das Bundesamt zu dieser Anerkennung verurteilt, vgl. § 1 Abs. 3 Nrn. 1, 2 AsylbLG. Darüber hinaus wurde für einen bestimmten **Personenkreis gemäß § 1 a AsylbLG** der Leistungsumfang nochmals nachhaltig eingeschränkt. Diese Antragsteller sowie deren Familienangehörige erhalten Leistungen nur noch, soweit dies im Einzelfall unabweisbar geboten ist, § 1 a Nr. 1, 2 AsylbLG.

Die **Leistungen sollen als Sachleistungen erbracht werden**, § 3 AsylbLG. **Grundleistungen** betreffen den notwendigen Bedarf an Ernährung, Unterkunft etc., vgl. § 3 Abs. 1 S. 1 AsylbLG. Soweit **Kleidung** nicht geleistet werden kann, kann sie in Form von Wertgutscheinen oder vergleichbarer nicht in Bargeld bestehender Weise erbracht werden. Zudem können **Gebrauchsgüter des Haushaltes** auch geliehen werden. Der Leistungsanspruch ist bei rechtsmissbräuchlichem Verhalten, z.B. beim Vernichten der Ausweispapiere zum Zwecke der Verzögerung des Asylverfahrens, auf Sachleistungen und einen geringen Barbetrag beschränkt.[265]

Regelmäßig soll die **Unterbringung in Gemeinschaftsunterkünften** erfolgen. Dann werden zur Deckung der Bedürfnisse des täglichen Lebens altersabhängig geringe Geldsummen, regelmäßig **monatlich unter 50 €, als Taschengeld** zur Verfügung gestellt, vgl. § 3 Abs. 1 S. 4 AsylbLG.

---

262 Vgl. hierzu LSG Bayern, Beschl. v. 12.01.2006 – L 11 B 598/05 AS ER.

263 LSG Bayern, Beschl. v. 12.01.2006 – L 11 B 598/05 AS ER.

264 Vgl. hierzu LSG Berlin-Brandenburg, Beschl. v. 15.11.2005 – L 23 B 1008/05 AY ER. Für die analoge Anwendung des § 22 SGB XII spricht sich das LSG Berlin-Brandenburg, Beschl. v. 15.11.2005 – L 23 B 1008/05 AY ER – aus.

265 BSG, Beschl. v. 08.05.2006 – L 20 B 17/06 AY ER.

Darüber hinaus enthält § 3 Abs. 2 AsylbLG **Regelungen für Personen außerhalb von Aufnahmeeinrichtungen** i.S.d. § 44 Asylverfahrensgesetz. Soweit eine sog. Vollversorgung in einer Aufnahmeeinrichtung nicht möglich ist, werden den Berechtigten entsprechende Geldbeträge, vorrangig in Form von Wertgutscheinen, zur Verfügung gestellt. Wegen der Einzelheiten mit differenzierter Berechnung für den Haushaltsvorstand und sonstige Angehörige einschließlich Kinder siehe § 3 Abs. 2 S. 2 AsylbLG. Verglichen mit den neuen SGB XII-Regelsätzen ergibt sich ein deutliches Gefälle gegenüber diesen.[266] Grundsätzlich haben Asylbewerber, soweit der Sozialhilfeträger die Unterbringung in einer Gemeinschaftsunterkunft etc. tatsächlich anbietet, **zudem keinen Anspruch auf Übernahme etwa der Unterkunftskosten für eine frei angemietete Wohnung**.[267]

Neben dem Grundbedarf sind **Leistungen im Falle der Krankheit, Schwangerschaft und Geburt gemäß § 4 AsylbLG** vorgesehen. Auch dabei handelt es sich um eine **begrenzte Garantie medizinischer Grundbehandlung** nur für erforderliche Leistungen, § 4 Abs. 1 AsylbLG. Die Vergütung der Ärzte für medizinische Behandlungen regelt dabei § 4 Abs. 3 AsylbLG. Grundsätzlich hat allerdings die zuständige Behörde die ärztliche und zahnärztliche Versorgung sicherzustellen.

Geregelt ist auch die Schaffung von Gelegenheiten zur Arbeit i.S.v. § 5 AsylbLG, speziell in Aufnahmeeinrichtungen und gemeinschaftlichen Übergangsheimen. Ausgezahlt wird dafür ein **Betrag von 1,05 € pro Arbeitsstunde**. Im Falle unbegründeter Ablehnung einer solchen Tätigkeit, insbesondere zugunsten der jeweiligen Einrichtung bzw. Gemeinde etc., ist ein Anspruch auf Leistungen nach dem Gesetz ausgeschlossen, § 5 Abs. 4 S. 2 AsylbLG, worüber der Berechtigte vorher entsprechend zu belehren ist, vgl. § 5 Abs. 4 S. 3 AsylbLG, §§ 60 ff., 66 SGB I und § 39 Abs. 1 S. 2 SGB XII.

Schließlich sieht **§ 6 AsylbLG als Auffangvorschrift noch sonstige Leistungen** vor, die u.a. im Einzelfall zur Sicherung des Lebensunterhalts oder der Gesundheit unerlässlich, für Kinder geboten oder zur Erfüllung einer verwaltungsgerichtlichen Mitwirkungspflicht zu beanspruchen sind. Grundsätzlich sind auch hier Sach-, nur in Sonderfällen Geldleistungen, zu gewähren. Praktisch zählen hierzu etwa Hygienemittel für Wöchnerinnen, besondere Ernährung bei Magenerkrankungen, Ausstattung für Säuglinge etc., Mittel für den Schulbesuch oder Kosten für Fahrten zu Behörden. Durch § 6 Abs. 2 AsylbLG wurden weitergehende medizinische Hilfen für Personen mit besonderen Bedürfnissen, wie z.B. nach Folter oder Vergewaltigung, hinzugefügt.

266 Das war bereits unter der Geltung der niedrigeren BSHG-Regelsätze der Fall, vgl. Ost/Mohr/Estelmann, Grundzüge des Sozialrechts, 2. Aufl. 1998, 408.

267 OVG NRW, Beschluss vom 11.06.1993 – 24 B 1158/93.

Fall 11: Extreme Notwendigkeit

Ismail Gulsanow (G) ist 1984 geboren und lebte seitdem in der Nähe der tschetschenischen Hauptstadt Grosny. Nach dem Terroranschlag tschetschenischer Rebellen auf ein Musical-Theater in Moskau im Oktober 2002 kam es auch in Grosny zu einer Großrazzia russischer Sondereinsatztruppen. Dabei wurde G Anfang November 2002 zusammen mit anderen überwiegend jugendlichen Passanten festgehalten. Das Einsatzkommando sonderte eine Anzahl besonders verdächtig erscheinender junger Männer ab und befahl G, eine entsicherte Handgranate in diese Menschengruppe zu werfen. G weigerte sich. Der Sprengsatz explodierte in seinen Händen und riss ihm beide Unterarme ab. Durch eine Notoperation wurde zwar das Leben des G gerettet. Er war jetzt aber völlig hilflos. Auf Vermittlung der deutschen Gesellschaft für bedrohte Völker kam G im Januar 2003 in die Bundesrepublik. Bereits bei seiner Einreise in das Bundesgebiet beantragte G die Gewährung politischen Asyls nach Artikel 16 a GG. Nach Einschaltung des Vereins Pro Asyl e.V. wurde G in einer chirurgischen Fachklinik im baden-württembergischen Zollern-Alb-Kreis aufgenommen. Die medizinische Behandlung wurde aus Spendengeldern gezahlt. Nach weitergehender Stabilisierung sahen die Ärzte im März 2003 gute Chancen für eine prothetische Versorgung der Unterarmstümpfe. Unter Vorlage entsprechender ärztlicher Bescheinigungen wandte sich G daher an das Sozialamt in der Kreisstadt B und beantragte die Kostenübernahme zur Anpassung zweier spezieller Unterarmprothesen. Im April 2003 wurde G vom Amtsarzt im Kreisgesundheitsamt untersucht. Dieser führte in seinem Gutachten aus, dass bei G nach deutschem Schwerbehindertenrecht ein Grad der Behinderung von 100 vorliege. Nur mit den Prothesen könne die Hilflosigkeit spürbar und dauerhaft reduziert werden. Die Entscheidung, ob die Prothesen bis zum Abschluss des Asylverfahrens tatsächlich angepasst werden sollten, überließ er aber ausschließlich den Verwaltungsbeamten. Die Bearbeitung des Antrags zog sich hin. Im Mai 2004 machten die behandelnden Ärzte der Fachklinik das Sozialamt darauf aufmerksam, dass die Muskulatur der Armstümpfe bei G sich weiter zurückbilde und deshalb die Prothesenversorgung, insbesondere zur Linderung bestehender Phantomschmerzen des G, zunehmend dringlicher werde. Der betreuende Verein Pro Asyl meldete sich ebenfalls beim Sozialamt und wies ergänzend auf verfassungsrechtliche Ansprüche des G auf körperliche Unversehrtheit und vor allem aufgrund der garantierten Menschenwürde hin. Das städtische Sozialamt leitete nun angesichts eigener Zuständigkeitszweifel den Vorgang an das Landratsamt des Zollern-Alb-Kreises und zur Prüfung im Hinblick auf eine grundsätzliche Bedeutung weiter.

Wie ist die Rechtslage?

Zu entscheiden ist über die Prothesenversorgung des G. Diese Leistung stellt eine **medizinische Maßnahme nach § 4 AsylbLG** dar.

(I) **Zuständigkeit für diese Leistung**

Die Landesregierungen oder die von ihnen beauftragten Behörden bestimmen u.a. die für die **Durchführung des Gesetzes zuständigen Stellen, vgl. § 10 S. 10 AsylbLG.**[268] Angesichts des Aufenthalts von G in Baden-Württemberg gelten die dortigen Vorschriften. Dort wird nach Leistungsarten differenziert und danach die jeweilige untere bzw. höhere Aufnahmebehörde zur Ausführung verpflichtet.

268 Beachte: Die Streichung von § 10 AsylbLG ist vom BMWA angekündigt, vgl. Ergebnisse der 1. Runde „Bürokratieabbau und Deregulierung in den Regionen" vom 12.05.2005.

Für die **Teilleistung Unterkunftsgewährung sind die Gemeinden zuständig**, für sonstige Leistungen bei kommunal untergebrachten Asylbewerbern ist das **Landratsamt als untere Aufnahmebehörde** vorgesehen. Da G bereits in der Kreisstadt B, also einer Gemeinde, untergebracht ist und dort auch seinen gewöhnlichen Aufenthalt i.S.v. § 10 a Abs. 2, 3 AsylbLG aufgrund örtlicher Zuständigkeit hat, ist hier der Landrat des Zollern-Alb-Kreises für Leistungen bei Krankheit i.S.v. § 4 AsylbLG zuständig.

(II) **Voraussetzungen des § 4 AsylbLG**

Gemäß § 4 Abs. 1 S. 1 AsylbLG sind **bei akuten Erkrankungen und Schmerzzuständen u.a. die erforderliche ärztliche Behandlung** einschließlich der Versorgung mit Arznei- und Verbandsmitteln sowie sonstige erforderliche Leistungen zu gewähren.

(1) Bei Verlust beider Unterarme infolge der Detonationsverletzungen handelt es sich nicht um eine akute Erkrankung, sondern um einen **schwer schädigenden Dauerzustand**. Zudem bestehen bei G die als Phantomschmerzen bei traumatischen Gliedmaßenverlusten häufig fortbestehenden Schmerzzustände. Insoweit begründen derartige **akute Schmerzzustände** ebenfalls den medizinischen Versorgungsanspruch gemäß § 4 Abs. 1 AsylbLG. Hinzu kommt die ärztlich bescheinigte und bestätigte Notwendigkeit, diese Schmerzzustände **durch Prothesenversorgung zu lindern**.

(2) Vom Leistungsumfang her ist zwar die Versorgung mit Körperersatzstücken, hier die Anpassung von Unterarmprothesen, ausdrücklich nicht benannt. Allerdings folgt aus dem **Regelungszusammenhang des § 4 Abs. 1 AsylbLG, dass auch sonstige, u.a. zur Besserung bzw. Linderung von Krankheiten oder Krankheitsfolgen erforderliche, Leistungen zu gewähren sind**. Darüber hinaus sind Prothesen unabdingbar, um nach Verlust von Händen und Unterarmen bei G zumindest die Folgewirkungen zu bewältigen. Insoweit kann allein durch die Prothesenversorgung der bestehenden Hilflosigkeit spürbar und dauerhaft entgegen gewirkt werden. Mithin sind hier **bei G die tatbestandlichen Voraussetzungen für eine Leistung bei Krankheit gegeben**.

(III) Allerdings könnten sich **Einschränkungen gerade aufgrund des noch laufenden Asylverfahrens** des G ergeben, zumal seine Anerkennung als politisch Verfolgter nicht sicher zu erwarten ist. Deshalb bestehen auch Bedenken des Sozialamtes der Stadt B, ob dem G **bis zu einer Entscheidung über den Asylantrag überhaupt die Prothesenversorgung zusteht**. Zu beachten ist dabei u.a. der vom Gesetzgeber gerade mit den Änderungsgesetzen von 1996 und 1998 bezweckte **Effekt, keinen Anreiz dafür zu schaffen, aus wirtschaftlichen Gründen nach Deutschland zu kommen**, vgl. auch die Anspruchseinschränkung des § 1 a Nr. 1 AsylbLG.

(1) Zu berücksichtigen ist hier jedoch zum einen das **Recht auf körperliche Unversehrtheit i.S.v. Art. 2 Abs. 2 S. 1 GG**. Dieses schützt regelmäßig als Abwehrrecht den Grundrechtsträger, wozu auch Ausländer und nicht nur Bundesbürger zählen, vor beeinträchtigenden Eingriffen durch innerstaatliche Hoheitsträger in der Bundesrepublik Deutschland. Die Verletzung der körperlichen Integrität des G war jedoch bereits in Tschetschenien verursacht worden. Im Übrigen handelt es sich bei § 4 AsylbLG um eine verfassungsgemäße einfach-gesetzliche Norm. Die Vorschrift bestimmt gewollte Begrenzungen staatlicher Hilfe- und Unterstützungsmaßnahmen u.a. für gesundheitlich beeinträchtigte Asylbewerber. Zur Linderung der eingetretenen Verletzung seiner körperlichen Unversehrtheit kann G also **keine Rechte geltend machen, die den Leistungsrahmen des § 4 AsylbLG übersteigen**.

(2) In Betracht kommt noch der Anspruch des G auf **Schutz der Menschenwürde i.S.v. Art. 1 Abs. 1 GG**. Ausfluss eines menschenwürdigen Existenzminimums wäre die Möglichkeit für G, mit Hilfe der Unterarmprothesen zumindest einfachste körperliche Grundverrichtungen wieder selbst ausüben zu können. Jedoch gilt zur Garantie der Menschenwürde u.a. § 1 a a.E. AsylbLG. Dort heißt es, dass allein die **Leistungen erbracht werden, die im Einzelfall nach den Umständen unabweisbar geboten** sind. Hier sind allerdings gerade die Prothesen unabweisbar gebotene Körperersatzstücke, um G nach dem Verfassungsprinzip der Menschenwürde minimale Verrichtungen wieder selbst zu ermöglichen. Dafür spricht auch das Urteil des VGH Baden-Württemberg.[269] Danach **schließt § 4 Abs. 1 AsylbLG u.a. Ansprüche nur bei chronischen Krankheiten und ohne Schmerzzustände aus**. Einem Leistungsberechtigtem mit ständigen Schmerzzuständen wurde deshalb in dieser Entscheidung die Versorgung mit orthopädischen Schuhen zugesprochen. Dies erweist, dass erst recht bei Verlust der Hände und Verstümmelung bis zu den Unterarmen mit den dadurch bedingten Phantomschmerzen eine Versorgung durch Körperersatzstücke unabweisbar, erforderlich und notwendig ist.

Die denkbare **Überlegung, zu Abschreckungszwecken Anreize für ausländische Flüchtlinge zu vermeiden, aus wirtschaftlichen Gründen nach Deutschland zu kommen**, ist demgegenüber hier nicht vertretbar. Die Grenze dieses Gesetzeszwecks ist dort erreicht, wo sich Leistungsansprüche aus § 1 a AsylbLG i.V.m. dem Schutz der Menschwürde aus Artikel 1 Abs. 1 GG als Garantie des Existenzminimums ergeben.

(3) Ergänzend könnte aber auch noch aus dem **Diskriminierungsverbot in Art. 3 Abs. 3 S. 2 GG zugunsten Behinderter** ein Anspruch des G auf die Prothesenversorgung folgen. Nach diesem besonderen Gleichheitssatz darf niemand wegen seiner Behinderung benachteiligt werden. Laut ärztlicher Einschätzung entspricht der Verlust beider Unterarme bei G einem Grad der Behinderung (GdB) von 100 nach dem SGB IX.

(a) Problematisch ist dabei jedoch einerseits, dass eine **Anerkennung als Schwerbehinderter** gemäß § 2 Abs. 2 SGB IX u.a. neben der Behinderung einen **Wohnsitz bzw. gewöhnlichen Aufenthalt im Bundesgebiet** erfordert. Grundsätzlich trifft § 10 a Abs. 3 S. 1 und 2 AsylbLG zwar eine Regelung zum gewöhnlichen Aufenthalt von Asylbewerbern. Das ist der Ort, an dem jemand nicht nur vorübergehend verweilt, wofür auch ein zeitlich zusammenhängender Aufenthalt von mindestens 6 Monaten Dauer spricht, vgl. auch § 30 Abs. 1, 3 SGB I. Hier ist aber auch beim rechtmäßigen Aufenthalt von Asylbewerbern regelmäßig nur von einer vorübergehenden Duldung zur Vermeidung einer alsbaldigen Ausreise auszugehen. In der Rechtsprechung wurde bisher **nur ausnahmsweise für bestimmte Flüchtlinge, wie Bürgerkriegsflüchtlinge aus dem Kosovo, anerkannt**, dass diesen auch ein Schwerbehindertenausweis bei Gliedmaßenverlusten (Amputation beider Beine eines Minenopfers) zusteht.[270]

(b) Unabhängig von den danach begründeten Zweifeln an einer amtlichen Anerkennung als Schwerbehinderter i.S.d. SGB IX ist andererseits jedoch entscheidend die **Bedeutung des Benachteiligungsverbotes gemäß Art. 3 Abs. 3 S. 2 GG**. Dieses Diskriminierungsverbot schützt vor Benachteiligung, begründet aber keinen Anspruch auf Begünstigungen für Behinderte.[271] Das gilt auch für sonstige Fördermaßnahmen außerhalb der finanziellen Leistungen. Insoweit stellt Art. 3 Abs. 3 S. 2 GG als **objektive Wertentscheidung** eine zusätzliche Rechtfertigung für aktive Maßnahmen zugunsten Behinderter dar. Anders als bei geschlechtsspezifischer Diskriminierung, die durch ein spezielles Gebot zur Gleichstellung oder Förderung von Frauen ausgestaltet wurde, vgl. Art. 3 Abs. 3 S. 2 GG,[272] lässt sich auch aus dem 1994 neu einge-

269 Urteil des VGH Baden-Württemberg v. 04.05.1998 – 7 B 920/98.

270 BSG, SGb 1999, 625.

271 Vgl. Sannwald, NJW 1994, 3313 ff.

272 Dazu auch BVerfGE 85, 191 (206).

führten Diskriminierungsverbot des Art. 3 Abs. 3 S. 2 GG jedoch **keine Verpflichtung des Staates zu weitergehenden Nachteilsausgleichen und Fördermaßnahmen** herleiten.

Selbst wenn G tatsächlich die Schwerbehinderteneigenschaft zuerkannt würde und er einen förmlichen Ausweis nach dem SGB XI ausgehändigt erhielte, **begründet Art. 3 Abs. 3 S. 2 GG jedenfalls keine weitergehenden Ansprüche** als bereits dargestellt.

(IV) Insgesamt liegen bei G die **Leistungsvoraussetzungen für eine medizinisch notwendige Patientenversorgung i.S.d. § 4 Abs. 1 AsylbLG** vor. Einschränkungen gerade aufgrund des noch laufenden Asylverfahrens des G greifen nicht ein. Insbesondere spricht für den konkreten Leistungsanspruch auch noch der Schutz der Menschenwürde gemäß Art. 1 Abs. 1 GG. Die in Baden-Württemberg zur Ausführung zuständige untere Aufnahmebehörde, der örtliche Landrat, ist nach alledem verpflichtet, diese erforderliche Leistung an G zu bewilligen.

– – –

3. Sonstige Vorschriften

Ergänzende **Regelungen zur Bedürftigkeit** enthält das Gesetz im Übrigen noch für die **Berücksichtigung von Einkommen und Vermögen**, § 7 AsylbLG.

Das BVerfG[273] hat § 7 Abs. 1 S. 1 AsylbLG i.d.F. vom 30.06.1993 als mit Art. 3 Abs. 1 GG unvereinbar erklärt, soweit Leistungsberechtigte auch einen Schadensausgleich nach § 253 Abs. 2 BGB zunächst für den Lebensunterhalt aufbrauchen müssen und den Gesetzgeber bis zum 30.06.2007 aufgefordert, eine verfassungskonfome Neuregelung zu schaffen.

Im Übrigen ist indes vor der Inanspruchnahme von Leistungen nach diesem Gesetz vorhandenes Einkommen und Vermögen aufzubrauchen, § 7 Abs. 1 AsylbLG, mit Freigrenzen für **Einkommen aus Erwerbstätigkeit** nach § 7 Abs. 2 AsylbLG. Zudem ist bei vorhandenem Vermögen noch die Stellung einer **Sicherheitsleistung** vorgesehen, § 7 a AsylbLG. Angesichts der ganz überwiegend mittellosen Personen i.S.v. § 1 AsylbLG ist die praktische Bedeutung dieser Vorschriften eher gering. **Zu Unrecht erbrachte Unterkunftskosten** sind abweichend von § 50 SGB X nur zu 44 v.H. zu erstatten. Ausnahme: Der Leistungsempfänger ist bösgläubig i.S.v. § 45 Abs. 2 S. 3 SGB X oder hat unberechtigt Unterkunftsleistungen nach dem AsylbLG oder dem **WoGG** bezogen, vgl. § 7 b AsylbLG.

Bei Aufnahme einer unselbstständigen oder selbstständigen Erwerbstätigkeit ist dies unverzüglich binnen drei Tagen der zuständigen Behörde zu melden, § 8 a AsylbLG.

Als ergänzende Bestimmung ist schließlich noch die **Unterstützung von Rückführungs- und Weiterwanderungsprogrammen** zu erwähnen, vgl. § 11 Abs. 1 AsylbLG.

In Streitfällen nach dem AsylbLG sind nunmehr die **Sozialgerichte** entscheidungsbefugt, §§ 50 Abs. 1 Nr. 6 a, 50 a S. 1 Nr. 1 SGG.

---

273 BVerfG, Beschl. v. 11.07.2006 – 1 BvR 293/05.

4. Teil: Soziale Förderung

Die soziale Förderung gehört nach der neueren Einteilungslehre in der Sozialrechtswissenschaft zu den **Ausgleichsleistungen**, vgl. oben 1. Teil, 2. Abschnitt 2.2.[274] Die Vorschriften zur sozialen Förderung sind auf verschiedene Einzelgesetze verteilt. Funktionell umfasst sie zum einen den **Ausgleich für besondere Belastungen** und zum anderen **spezielle Unterstützungssysteme**. Gemeinsame Zielsetzung ist es, dem Einzelnen die Angleichung seiner sozialen Entfaltungsmöglichkeiten an durchschnittliche gesellschaftliche Standards zu sichern und dadurch größere Chancengleichheit herzustellen.[275] Maßgeblich zählen hierzu das Recht der **Ausbildungs- und Berufsförderung**, der **familienbezogenen Leistungen**, das **Kinder- und Jugendhilferecht** sowie die Bestimmungen zur **Teilhabe behinderter Menschen**.

1. Abschnitt: Ausbildungsförderung

Im Wesentlichen betrifft die **Ausbildungsförderung Schüler und insbes. Studenten**. Dazu gilt das 1971 normierte Bundesausbildungsförderungsgesetz (BAföG). Hinzugekommen ist in neuerer Zeit die **Hilfe zur Finanzierung der beruflichen Weiterqualifikation** von Handwerkern, Technikern und sonstigen Fachkräften. Dies regelt das ab 1996 geltende Aufstiegsfortbildungsförderungsgesetz (AFBG), sog. „Meisterbafög". Beide Gesetze konkretisieren die sozialen Rechte i.S.v. § 3 Abs. 1, Abs. 2 Nr. 2 SGB I zur Bildungsförderung, nämlich individuelle Förderung einer Ausbildung bzw. der beruflichen Weiterbildung.

1. BAföG

1.1 Einleitung und Überblick

Das BAföG wurde am 26.08.1971 als Bundesgesetz verabschiedet,[276] nachdem zuvor 1969 die Gesetzgebungskompetenz in Art. 74 Abs. 1 Nr. 13 GG auch auf **Ausbildungsbeihilfen durch den Bund** erweitert worden war. Seit dem Inkrafttreten vor über 30 Jahren wurde das BAföG vielfach geändert.[277] Einheitliche Grundvoraussetzung für Leistungen ist gemäß § 1 BAföG, dass dem Auszubildenden **die für den Lebensunterhalt und die Ausbildung erforderlichen Mittel** nicht anderweitig zur Verfügung stehen dürfen und er eine **förderungsfähige Ausbildung entsprechend der Neigung, Eignung und Leistung** anstrebt.

274 Ebenso Eichenhofer, Sozialrecht, 6. Aufl. 2007, Rdnr. 10 ff.

275 Gitter/Schmitt, Sozialrecht, 5. Aufl. 2001, S. 284, ebenso Waltermann, Sozialrecht, 6. Aufl. 2006, S. 36, 37 m.w.N.

276 BGBl. I 1971, S. 1409.

277 Zuletzt durch Gesetz v. 23.12.2007, BGBl. I 2007, S. 3254 ff.

Tatsächlich waren z.B. im Jahr 2005 ca. 800.000 Personen nach dem BAföG leistungsberechtigt. Neben rund 500.000 Studierenden zählten dazu auch mehr als 300.000 Schüler. Eine Vollförderung erhielten rund die Hälfte der betroffenen Personen, im Übrigen kam eine Teilförderung in Betracht, da eigenes Einkommen und Vermögen bzw. entsprechendes Einkommen der Eltern oberhalb der gesetzlich bestimmten Freigrenzen anzurechnen waren. Die Gesamtkosten beliefen sich auf rund 1,5 Milliarden Euro. Diese tragen gemäß § 56 BAföG zu 65% der Bund und zu 35% die Bundesländer. Die durchschnittliche mtl. Förderung für Studierende betrug rund 380 €.

1.2 Leistungen und Leistungsvoraussetzungen

Voraussetzungen jeder finanziellen Unterstützung nach dem BAföG sind

- eine **förderungsfähige Ausbildung**,
- das **Vorliegen der persönlichen Leistungsvoraussetzungen** sowie
- die **Förderungsbedürftigkeit**.

1.2.1 Förderungsfähige Ausbildungen, §§ 2–7 BAföG

Gemäß **§ 2 Abs. 1 S. 1 BAföG** wird Ausbildungsförderung geleistet u.a. für den Besuch weiterführender allgemeiner Schulen, von Fachschulen, Abendschulen, höheren Fachschulen, Akademien sowie Hochschulen. Allerdings gilt eine **wesentliche Einschränkung beim Schülerbafög gem. § 2 Abs. 1 a BAföG**. Danach ist u.a. für den Besuch allgemeinbildender und Berufsfachschulen ab Kl. 10 die Ausbildungsförderung im Wesentlichen nur vorgesehen, wenn der Auszubildende nicht bei seinen Eltern wohnt, von deren Wohnung aus eine entsprechend zumutbare Ausbildungsstätte auch nicht erreichbar ist sowie einen eigenen Haushalt führt, es sei denn, die Verweisung des Auszubildenden auf die Wohnung bei den Eltern ist ausnahmsweise aus schwerwiegenden sozialen Gründen unzumutbar, § 2 Abs. 1 a S. 2 BAföG. Darüber hinaus ist die Teilnahme an Praktika gem. § 2 Abs. 4 BAföG förderungsfähig. Die **Mindestdauer des Ausbildungsgangs muss ein Schul- oder Studienhalbjahr** umfassen. Zudem muss die Ausbildung generell die Arbeitskraft des Auszubildenden voll in Anspruch nehmen, § 2 Abs. 5 BAföG.

Kraft Gesetzes ausgeschlossen ist die Ausbildungsförderung in den Fällen des § 2 Abs. 6 BAföG u.a. bei **anderweitiger Förderung nach landesrechtlichen Regelungen bzw. durch ein Begabtenförderungswerk** etc. Jedoch ist noch die Teilnahme an bestimmten Fernunterrichtslehrgängen unter den Voraussetzungen des § 3 BAföG förderungsfähig.

BAföG wird grds. nur geleistet, wenn die **Ausbildungsstätte in der Bundesrepublik** liegt, § 4 BAföG, mit Ausnahmen gem. §§ 5, 6 BAföG. Die **Unterstützung einer Ausbildung im Ausland** mit einer Mindestdauer von 3–6 Monaten setzt voraus, dass diese förderlich ist, zumindest ein Teil der Ausbildung auf vorgeschriebene oder übliche Ausbildungszeiten angerechnet werden kann sowie ausreichend Sprachkenntnisse vorliegen, § 5 Abs. 2 BAföG. Darüber hinaus sieht § 6 BAföG als Ermessensregelung die **Förderung der Deutschen im Ausland** vor, soweit die besonderen Umstände des Einzelfalls dies rechtfertigen, etwa wenn während der Ausbildung eine wirtschaftliche Notlage eintritt, die die

Fortsetzung der Ausbildung gefährden würde. Bei Förderung von Auslands-Ausbildungsgängen gilt u.a. für entstehende Reisekosten sowie z.T. erhobene Studiengebühren die spezielle Regelung der BAföG-Auslandszuschlagsverordnung.[278]

Förderungsfähig ist grds. nur die **Erstausbildung für einen berufsqualifizierenden Abschluss, § 7 Abs. 1 BAföG**. Ausnahmen davon gelten nach § 7 Abs. 2 BAföG für eine einzige weiter qualifizierende Ausbildung bzw. nur bei besonderen Einzelfallumständen, vgl. § 7 Abs. 2 S. 1 Nr. 1–5, S. 2 BAföG, z.B. einem Diplomphysiker, der mit einem Jurastudium die Zulassung als Patentanwalt erwerben will bzw. bei Diplom-Juristen, die auch einen – ausländischen – Bachelor-Abschluss in Rechtswissenschaften haben.[279]

Hingegen wird bei einem kompletten **Wechsel der Studienrichtung bzw. beim Studienabbruch** Ausbildungsförderung nur unter den strikten Voraussetzungen des § 7 Abs. 3 BAföG gewährt. Insbes. muss ein **wichtiger bzw. unabweisbarer Grund** für den Ausbildungsabbruch bzw. Wechsel der Fachrichtung vorliegen, § 7 Abs. 3 S. 1 Nr. 1, Nr. 2, S. 2, S. 3 BAföG. Solche anzuerkennenden Gründe lagen nach der Rechtsprechung nur dann vor, wenn die Fortsetzung der bisherigen Ausbildung nach allen Einzelumständen nicht zumutbar war.[280]

Allerdings gilt seit Ende 2004 kraft Gesetzes, dass ein einmaliger (erster) Fachrichtungswechsel bzw. Studienabbruch durch einen wichtigen Grund gerechtfertigt ist, „zweite Chance" i.S.v. § 7 Abs. 3 S. 4 BAföG.[281]

Die **Förderungsdauer ist in § 15 BAföG geregelt** und umfasst ab Antragstellung maximal den Zeitraum bis zum Erreichen der **Förderungshöchstdauer von 9 Semestern, § 15 a BAföG, für Universitätsstudiengänge bzw. 7–8 Semestern bei Fachhochschulen**. Ausnahmen gelten aber ebenfalls bei schwerwiegenden Gründen, Mitwirkung in studentischen Vertretungsgremien sowie beim erstmaligen Nichtbestehen der Abschlussprüfung, vgl. § 15 Abs. 3 BAföG. Zudem sieht **§ 15 Abs. 3 a BAföG die Studienabschlussförderung** vor. Danach kann der Förderungszeitraum um maximal 12 Monate verlängert werden, soweit die Abschlussprüfung zeitlich kurz bevorsteht. Mit der Regelung soll vermieden werden, dass die Ausbildungsförderung endet, obwohl der Studienabschluss tatsächlich nahe bevorsteht.[282] Während der individuellen Hilfe zum Studienabschluss wird die Förderung gem. §§ 17 Abs. 3 S. 1 Nr. 3, 18 BAföG in Form eines Bankdarlehens erbracht.

1.2.2 Die persönlichen Förderungsvoraussetzungen, §§ 8–10 BAföG

Deutsche, EU-Bürger sowie bestimmte weitere Gruppen von Ausländern sind förderungsfähig i.S.d. § 8 Abs. 1, Abs. 2 BAföG. Zudem müssen die Leistungen des Auszubildenden es erwarten lassen, dass das angestrebte Ausbildungsziel erreicht wird, § 9 BAföG. Die **Eignungsregelung** verlangt, neben **generellen Zugangsvoraussetzungen** wie der allgemeinen Hochschulreife oder gleichgestell-

278 Vgl. BGBl. I 2001, S. 390 ff.

279 So BVerwG, Beschl. v. 17.10.2006 – 5 B 78/06 m.w.N.

280 BVerwGE 50, 161 ff., etwa bei allein erziehenden Müttern, BVerfG, Beschl. v. 11.06.2003, 1 BvR 1573/02, NJW 2003, 3458.

281 21. BAföG-Änderungsgesetz v. 02.12.2004, BGBl. I, S. 3127.

282 Richter, SRH, 3. Aufl. 2003, S. 1578.

ten Qualifikationen, **Nachweise über Fortschritte im Ausbildungsgang**, vgl. § 48 BAföG. Schließlich wird Ausbildungsförderung nicht geleistet, wenn der Auszubildende bei Beginn des Abschnitts, für den er die Förderung beantragt, das 30. Lebensjahr vollendet hat, mit Ausnahmeregelungen u.a. für später qualifizierte Absolventen von Abendschulen, bei persönlichen oder familiären Gründen, insbes. der Kindererziehung etc., vgl. im Einzelnen § 10 Abs. 2 S. 1, S. 2 BAföG.

1.2.3 Art und Umfang der Leistungen nach dem Bedarf, §§ 11 ff. BAföG

Grundsätzlich wird die **Förderung für den Lebensunterhalt und die Ausbildung bedarfsgemäß** erbracht, § 11 Abs. 1 BAföG. Auf diesen Bedarf sind u.a. Einkommen und Vermögen des Auszubildenden, seiner Eltern und eines etwaigen Ehegatten anzurechnen. Der Bedarf ist in **pauschalierten Höchstbeträgen** geregelt.

Den **monatlichen Bedarf für Schüler regelt § 12 BAföG**. Die Ausnahmeregelung des § 2 Abs. 1 a BAföG, fehlender Wohnsitz des Auszubildenden bei seinen Eltern während der Ausbildung, ist in § 12 Abs. 2 S. 2 BAföG ebenfalls erfasst. Konkret bestimmt darüber hinaus **§ 12 Abs. 3 a BAföG im Sinne einer Eigentumswohnungs-Klausel**, dass ein Auszubildender auch dann bei seinen Eltern wohnt, wenn der von ihm bewohnte Raum in deren Eigentum steht.

Den **Bedarf für Studierende regelt § 13 BAföG**. Auch dort sind jährlich angepasste Pauschalsätze festgelegt, die unter Einschluss von angemessenen Unterkunftskosten und z.B. Aufwendungen für die Krankenversicherung der Studierenden erweitert werden. Der **Bedarf für Praktikanten** hängt vom Zusammenhang mit einer schulischen oder sonstigen Ausbildung ab, vgl. § 14 S. 1, S. 2 BAföG. Schließlich gilt nach § 14 a BAföG eine besondere **Härtefallverordnung**.[283]

Die **Einkommensanrechnung ist in §§ 21–25 a BAföG geregelt**. Als Einkommen gilt regelmäßig die Summe der positiven Einkünfte i.S.v. § 2 Abs. 1 und 2 Einkommensteuergesetz (EStG). Zum **eigenen Einkommen des Auszubildenden** zählen auch Einkünfte z.B. aus entgeltlicher Beschäftigung neben dem Studium. Einnahmen von derzeit bis zu 350 € monatlich etwa für typische Studentenjobs wie Aushilfe, Kellner etc. wirken sich aber nach den Freibetragsregeln nicht BAföG-schädlich aus, vgl. §§ 22, 23 BAföG. Von dem ebenfalls zu berücksichtigenden **regelmäßigen Einkommen der Eltern werden auch Freibeträge** anrechnungsfrei gestellt, vgl. §§ 25, 25 a BAföG.

Rechtspolitisch war jahrelang insbes. beim berücksichtigungsfähigen Elterneinkommen eine faktische **Benachteiligung sog. Mittelstandshaushalte** kritisiert worden. Mit der ab April 2001 geltenden **Neuregelung der Elternfreibeträge bei der Einkommensanrechnung, vgl. § 25 BAföG**, wurde allerdings der Kreis der Leistungsberechtigten um 16% erkennbar vergrößert. Ab 01.10.2008 werden die Elternfreibeträge erneut angepasst und um 8% erhöht. Der Bund rechnet daher mit weiteren 100.000 BAföG-Beziehern. Der Leistungshöchstbetrag ab

283 S. BGBl. I.1999, S. 850 zur Erhöhung der Leistungen an Auszubildende wegen besonderer Aufwendungen, etwa bei hohem Mietniveau oder besonders aufwendigen Lernmitteln, Ost/Mohr/Estelmann, Grundzüge des Sozialrechts, 2. Aufl. 1998, S. 413.

diesem Zeitpunkt beläuft sich auf 643 € monatlich inkl. der Zuschläge für Miete und Kosten der Krankenversicherung.

Ausnahmen von der Einkommensanrechnung gelten im Wesentlichen nur für die **elternunabhängige Förderung, vgl. § 11 Abs. 3 BAföG**. Hier wird gesetzlich angenommen, dass unter den besonderen Voraussetzungen des § 11 Abs. 3 BAföG keine Unterhaltsansprüche gegen die Eltern mehr gegeben sind.[284] Abgestellt wird insbes. auf eine vorangegangene mehrjährige eigene Erwerbstätigkeit des Auszubildenden. Im Übrigen darf er nicht in der Lage sein, sich aus dem Ertrag dieser früheren Beschäftigung selbst zu unterhalten, § 11 Abs. 3 S. 2 BAföG.

In einem weiteren Berechnungsschritt erfolgt die **Anrechnung eigenen Vermögens des Auszubildenden**, §§ 26–30 BAföG. Darüber hinaus greifen jedoch auch hier Freibeträge ein, beim Vermögen des Auszubildenden selbst derzeit 5.200 €, 1.800 € für den Ehegatten und 1.800 € für jedes Kind des Auszubildenden. Ausdrücklich wird aber das **Vermögen des Ehegatten sowie Vermögen der Eltern des Auszubildenden nicht angerechnet**, vgl. §§ 26 Abs. 2, 29 BAföG.

Problematisch sind neuerdings insbes. Bankguthaben bei Beziehern des Studenten-BAföG mit z.T. erheblichen Zinseinkünften geworden. Seit 2002 werden für alle Antragsteller **Kontrollmitteilungen** von der Bundesfinanzverwaltung an die BAföG-Ämter über Konten etc. übermittelt. Infolgedessen kam es ab Ende 2002 zur **Aufdeckung von Falschangaben in knapp 10% der geförderten Fälle**.[285] Neben Geldbußen und z.T. sogar strafrechtlicher Verfolgung wegen Betrugs gem. § 263 StGB führen die verschwiegenen Zinseinnahmen bzw. eigenen Vermögenswerte auch zur Erstattungspflicht für unrechtmäßig bezogene Fördergelder, §§ 50, 45, 48 SGB X i.V.m. § 53 BAföG.

Bei bloßer **Leistungsunwilligkeit der Eltern – trotz gesetzlich bestehender Unterhaltspflicht** – wird eine **Vorausleistung** erbracht. Dabei geht der bürgerlichrechtliche Unterhalts- und Auskunftsanspruch, vgl. §§ 1601 ff., 1605 BGB, kraft Gesetzes gemäß § 37 BAföG auf das jeweils fördernde Bundesland über. Auch beim Streit über die **Anspruchsüberleitung** ist der Rechtsweg zum Verwaltungsgericht vorgesehen, § 54 Abs. 1 BAföG.[286]

1.3 Leistungsgewährung, Rückzahlung und sonstige Vorschriften

Vorgesehen ist die Leistung heute **zur Hälfte als nicht zu erstattender Zuschuss**. Für die andere **Hälfte als Darlehen** gilt § 17 Abs. 2 BAföG. Dies betrifft den größten Teil der Geförderten, nämlich Studenten einschließlich gleichgestellter Fachschüler etc., rund 2/3 der gegenwärtig 810.000 BAföG-Empfänger. Die **Darlehensrückzahlung** beginnt 5 Jahre nach Ende der festgesetzten Förderungshöchstdauer. Für die Rückzahlung sind bis zu 20 Jahre vorgesehen, § 18 Abs. 3 BAföG. Die monatlichen Rückzahlungsraten von mindestens 205 € wer-

---

284 Mrozynski, SGB I, 4. Aufl. 2004, § 18 Rdnr. 20, 21.

285 Vgl. auch Bohnert, NJW 2003, 3611–3613.

286 S. auch BVerwGE 49, 313–319.

den jeweils pro Kalendervierteljahr entrichtet. Das **unverzinsliche Staatsdarlehen** wird zentral vom **Bundesverwaltungsamt in Köln** eingezogen.

Die Rückzahlung des Staatsdarlehens ist auch einkommensabhängig, § 18 a BAföG: Soweit die dortigen Einkommensgrenzen unterschritten werden, wird die Darlehensrückzahlung **gestundet, § 18 a Abs. 1, Abs. 2 BAföG**. Zudem kann das Darlehen auch in größeren Teilbeträgen vorzeitig zurückgezahlt werden. Soweit dies geschieht, ist auf Antrag ein **Nachlass von der Darlehensrestschuld** zu gewähren, § 18 Abs. 5 b BAföG. Schließlich sind noch Regelungen über den **Teilerlass des Darlehens** vorgesehen, insbes. für Auszubildende mit einem überdurchschnittlichen Studienerfolg gem. § 18 b Abs. 1 BAföG, bei frühzeitigem Studienabschluss nach § 18 b Abs. 3 BAföG, sowie bei Kindererziehung bzw. -betreuung nach Maßgabe des § 18 b Abs. 5 BAföG.[287]

In diesem Zusammenhang sind auch **wiederholte Änderungen der Darlehensregelungen** bedeutsam. So hatten einige BaföG-Empfänger z.T. noch vollständige Zuschüsse, andere nur zunächst Zuschüsse und später anteilige Darlehen erhalten. Die unterschiedliche Behandlung ist nach der Rechtsprechung des BVerfG aber verfassungsgemäß, da sie durch gewichtige Gründe des Gemeinwohls gerechtfertigt war. Dies gilt nach dem Beschluss vom 16.08.2002,[288] auch für die Weiterförderung eines Studierenden, der nach Überschreiten der Förderungshöchstdauer allein ein vollständig **verzinsliches Bankdarlehen** erhielt. Mit dieser 1996 neu eingeführten Finanzierungsform konnte der Staat nämlich, wenn auch zulasten von Langzeitstudenten, BAföG-Leistungen zugunsten derjenigen umverteilen, die das Studium rechtzeitig abschließen.

Diese Entscheidung bestätigte das **neue Bankdarlehen** gem. § 18 c BAföG. Das Darlehen wird von der **Deutschen Ausgleichsbank in Bonn** verwaltet, vgl. § 18 d BAföG. Gewährt wird das Darlehen – neben den Fällen der Überschreitung der Regelstudienzeit – beim einmaligen Wechsel des Ausbildungsgangs, vgl. §§ 18 b Abs. 1, 17 Abs. 3 BAföG, also speziell nach § 7 Abs. 2, Abs. 3 BAföG. Der Bezieher des Darlehens ist verpflichtet, Mindestraten von 105 € monatlich für die Dauer von längstens 20 Jahren an die Ausgleichsbank. zurückzuzahlen.

Die neu geschaffenen **Studiengebühren** stellen eine weitere finanzielle Belastung während der Hochschulausbildung dar. Zwar wird für die bis zu 500 € pro Semester auch ein **Studienbeitragsdarlehen** angeboten. Dieses ist jedoch, verglichen mit den BAföG-Bedingungen, ungleich belastender. Insoweit wird in der Lit. bereits vertreten, dass aufgrund familienrechtlicher Unterhaltspflicht, §§ 1602, 1603 BGB, finanziell leistungsfähige Eltern verpflichtet sind, die Studiengebühren direkt für ihre Kinder zu zahlen.[289]

Die Durchführung des BAföG im Übrigen obliegt den nach §§ 40 ff. BAföG bestimmten **Ämtern für Ausbildungsförderung, u.a. beim Studentenwerk, § 40 Abs. 2 BAföG**. Die Ämter für Ausbildungsförderung führen das Gesetz gem. §§ 45 ff. BAföG aus. Die Entscheidung ergeht durch **Verwaltungsakt, § 31 SGB X, § 50 BAföG**. Die Zahlweise ergibt sich aus § 51 BAföG. Der Rechtsweg ist in Streitfällen ausdrücklich zum **Verwaltungsgericht** eröffnet, **§ 54 Abs. 1 BAföG**.

---

287 Richter, SRH, 3. Aufl. 2003, S. 1572, 1573.

288 1 BvR 1594/99.

289 Waldeyer u.a., NJW 2007, 2957–2960.

2. Aufstiegsfortbildungsförderung („Meister-BAföG")

Mit dem ab 01.01.1996 geltenden Gesetz zur Förderung der beruflichen Aufstiegsfortbildung,[290] (AFBG) sind nun auch **finanzielle Fördermöglichkeiten** zur Unterstützung von Personen mit einer abgeschlossenen beruflichen Erstausbildung **speziell zur Erlangung eines Meistertitels oder einer ähnlichen Qualifikation vorgesehen**. Nach § 1 AFBG haben die Teilnehmer an Maßnahmen der beruflichen Aufstiegsfortbildung einen Rechtsanspruch auf individuelle Förderung. Diese umfasst die **Beiträge zu den Maßnahmekosten und zum Lebensunterhalt während des Besuchs von Vollzeitmaßnahmen**. Die erforderlichen Mittel hierfür dürfen jedoch nicht anderweitig zur Verfügung stehen.

Die **Voraussetzungen für die Förderung regelt im Einzelnen § 2 AFBG:**

- Danach muss zunächst ein **anerkannter Ausbildungsberuf** nach § 25 Berufsbildungsgesetz, § 25 Handwerksordnung bzw. ein vergleichbarer anerkannter Berufsabschluss gegeben sein.
- Darüber hinaus muss Ziel der Fördermaßnahme ein **weiterführender Abschluss oberhalb eines Facharbeiter- bzw. Gesellenbriefs** oder einer Gehilfenprüfung bzw. Berufsfachschulabschlussqualifikation sein.

  Ausgeschlossen sind Umschulungen bzw. die zweite Berufsausbildung.

  Bei den Leistungen ist zu unterscheiden zwischen der **Kostenübernahme für die Maßnahme** als solcher sowie **Aufwendungen für privaten Lebensunterhalt**.
- Die **Kosten für Lehrveranstaltungen (sog. Maßnahmebeitrag)** einschließlich Prüfungsgebühren werden bis maximal 10.226 € durch ein Darlehen der Deutschen Ausgleichsbank in Bonn finanziert. 32% davon sind Zuschussleistungen.
- Darüber hinaus sind **monatliche Unterhaltsbeiträge für die Auszubildenden** vorgesehen, maximal 614 € für Alleinstehende ohne Kinder, 777 € für Verheiratete sowie 956 € für Verheiratete mit einem Kind, zuzüglich 179 € für jedes weitere Kind.

In diesem Zusammenhang erfolgt jedoch bei den Unterhaltsleistungen eine **Anrechnung von Einkommen**. Zudem ist die **Anrechnung von Vermögen** vorgesehen, allerdings auch wiederum mit Freibeträgen, u.a. für den Ehegatten in Höhe von 1.790 € und für jedes Kind ebenfalls i.H.v. 1.790 €. Auch kann zur Vermeidung unbilliger Härten im Rahmen einer Ermessensentscheidung von einer Vermögensanrechnung abgesehen werden.

Der Darlehensvertrag setzt ein konkret errechnetes Angebot des Antragstellers voraus. Beim Vertragschluss mit der **Deutschen Ausgleichsbank in Bonn** ist diese zur Darlehensgewährung verpflichtet, sog. **Kontrahierungszwang**. Bei der Rückzahlung gelten seit dem AFBG-Ände-

290 BGBl. I, S. 623.

rungsgesetz mit Wirkung ab Januar 2002 **Erleichterungen für Existenzgründer bzw. Betriebsübernehmer**. Auch dies führte zu einem Anstieg der Meister-BAföG-Empfänger auf 122.000 Personen im Jahr 2003. Zudem können bis zu 75% des Darlehensanteils für die Lehrgangs- und Prüfungsgebühren erlassen werden. Nicht erlassfähig sind die Darlehensanteile für den Zuschuss zum Lebensunterhalt. Im Übrigen erfolgt die **Rückzahlung des Darlehens** nach Ablauf einer zinsfreien Phase bis zu maximal 4 Jahren nach Maßnahmebeginn, wobei dann **innerhalb von 10 Jahren monatliche Raten von mindestens 128 €** zurückzuzahlen sind.

Das AFBG wird verwaltungsmäßig von den Bundesländern ausgeführt, **überwiegend von den Ämtern bzw. Landesämtern für Ausbildungsförderung, z.T. auch durch Industrie- und Handelskammern bzw. regionale Handwerkskammern**. Auskünfte über die jeweils zuständige Stelle erteilen die Ämter für Ausbildungsförderung. Die Entscheidung der jeweiligen Verwaltungsstellen über die Feststellung einer förderungsfähigen Fortbildungsmaßnahme sind öffentlichrechtlich und können bei Streitigkeiten im **Rechtsweg vor den allgemeinen Verwaltungsgerichten nach § 40 VwGO** überprüft werden.

Für Auseinandersetzungen mit der Deutschen Ausgleichsbank im Zusammenhang mit der **Darlehensrückzahlung** ist wegen der privat-rechtlichen Darlehensgewährung der **Zivilrechtsweg gem. § 13 GVG** eröffnet.

2. Abschnitt: Familienförderung

Bereits aus **Art. 6 GG** folgt eine **besondere staatliche Schutz- und Fürsorgepflicht für die Familien** einschließlich der Erziehung der Kinder. Dabei ist die staatliche Gemeinschaft jedenfalls im Sinne eines Wächteramts mit einbezogen, Art. 6 Abs. 2 S. 1 und S. 2 GG. Zudem ist jeder Mutter in Art. 6 Abs. 4 GG ein Anspruch auf den Schutz und die Fürsorge der Gemeinschaft garantiert.

Ausgehend von diesen Verfassungsgewährleistungen sieht **§ 6 SGB I ein soziales Recht auf Minderung des Familienaufwandes** für diejenigen Personen vor, die Kindern Unterhalt leisten oder zu leisten haben. Konkret bestimmen die Einweisungsvorschriften des § 25 SGB I, dass Kinder- und Erziehungsgeld bzw. seit 2007 Elterngeld nach den maßgeblichen gesetzlichen Regelungen beansprucht werden können. Im Übrigen ist gem. § 68 Nr. 14 SGB I auch das **Unterhaltsvorschussgesetz** als besonderer Teil des SGB aufgeführt. Mithin bestimmen die drei Regelungsmaterien Kinder- bzw. Eltern/Erziehungsgeld sowie Unterhaltsvorschuss als Gegenstand selbstständiger Leistungsgesetze im Wesentlichen den **sozialrechtlichen Lastenausgleich zugunsten der Personen mit unterhaltsberechtigten Kindern**.

1. Kindergeld

Das Kindergeld ist seit 1996 durch die **Rechtsaufspaltung** in das **steuerrechtliche Kindergeld nach dem Einkommensteuergesetz (EStG)** sowie das **sozialrechtliche Kindergeld i.S.d. Bundeskindergeldgesetzes (BKGG)** gekennzeichnet. Das Jahressteuergesetz 1995 hat Kindergeld als Teil des Familienleistungsausgleichs[291] im Wesentlichen zu einer steuerlichen Leistung umgeformt.

Seitdem ist **für unbeschränkt einkommensteuerpflichtige Personen das steuerrechtliche Kindergeld durch eine Steuervergütung** bzw. einen Kinderfreibetrag, vgl. §§ 62–78 bzw. §§ 31, 32 EStG einschließlich der Anspruchsberechtigung, der Höhe, Festsetzung und Zahlung der Leistung geregelt. Die Leistung selbst wird dann **nicht dem Kind, sondern für das Kind** erbracht.[292]

Hingegen ist das sozialrechtliche, nach §§ 68 Nr. 9, 25 Abs. 1, 3 SGB I als besonderer Teil des SGB geltende, **Kindergeldrecht nach dem BKGG nur noch für einen Bruchteil der Berechtigten maßgebend.**[293] Angesichts der Voraussetzungen in § 1 Abs. 1 Nr. 1–4, Abs. 2, Abs. 3 BKGG, die im Wesentlichen **Lebenssachverhalte mit Auslandsbezug bzw. Ausländereigenschaft** im Bundesgebiet betreffen, hat das BKGG in seinem verbliebenen Anwendungsbereich zudem einen ausgeprägt internationalen Charakter.

Entscheidend für die **Abgrenzung beider Gesetze ist primär die unbeschränkte Steuerpflicht der anspruchstellenden Person** i.S.v. § 1 Abs. 1, 2 EStG. Da diese Steuerpflicht einen Großteil der möglichen Berechtigten trifft, sind mittlerweile weit über 90% aller Leistungsfälle für Kindergeld nach dem EStG zu entscheiden.[294]

1.1 Kindergeld im Sinne des EStG

Grundvoraussetzung für das steuerrechtliche Kindergeld ist nach den **Abgrenzungsklauseln des § 62 Abs. 1 EStG bzw. § 1 Abs. 1 BKGG**, dass der Kindergeldberechtigte mit Wohnsitz oder gewöhnlichem Aufenthalt im Bundesgebiet unbeschränkt steuerpflichtig sein oder als unbeschränkt steuerpflichtig behandelt werden muss. Den **Personenkreis der Kinder** definiert § 63 Abs. 1 S. 1 Nr. 1 EStG, darüber hinaus auch Pflegekinder i.S.v. § 32 Abs. 1 Nr. 2 EStG sowie die Kinder des Ehegatten (Stiefkinder), die von der berechtigten Person in den Haushalt mit aufgenommen wurden, schließlich nach § 63 Abs. 1 S. 1 Nr. 3 EStG bei tatsächlich Obhut ausübenden Großeltern die in deren Haushalt aufgenommenen Enkel, vgl. zum **Kinderbegriff beim Kinderfreibetrag § 32 EStG**. Entscheidend für die Bezugsberechtigung ist jedenfalls die Haushaltsaufnahme bzw. Obhut.[295]

Daran anknüpfend wird das **Kindergeld von den Familienkassen einkommensunabhängig** ausgezahlt. Entscheidend ist allein die Anzahl der Kinder. Im Einzelnen bestimmt § 66 Abs. 1 EStG seit 2002, dass **für das erste bis einschließlich dritte Kind monatlich 154 € steuerrechtliches Kindergeld** gezahlt werden, für **das vierte und jedes weitere Kind monatlich jeweils 179 €**.

---

291 BGBl. I, S. 1995, 1275; dazu: BT-Drs. 13/1558, 139 ff.

292 Vgl. dazu Gitter/Schmitt, Sozialrecht 5. Aufl. 2001, S. 294.

293 Mrozynski, SGB I, 4. Aufl. 2004, § 25 Rdnr. 3.

294 Vgl. auch Vial/Schweetz, SGb 1997, 245 ff. m.w.N.

295 Dazu BFH, Urt. v. 23.03.2005, III R 91/03 (NJW 2005, 2175, 2176), insbes. zum Bestimmungsrecht bei getrennt lebenden Eltern.

Gesetzliche Ausschlussgründe enthält § 65 EStG, insbes. bei anzurechnenden Leistungen, die im Wesentlichen im Ausland für Kinder gewährte Zahlungen betreffen.

Die Bewilligung erfolgt nach der Zuständigkeitsregelung des § 70 EStG überwiegend durch die nun als **Familienkassen bezeichneten früheren Kindergeldkassen bei den Arbeitsämtern**. Diese werden als Finanzbehörden tätig. Daher ist zu beachten, dass im **Verwaltungsverfahren hier die Abgabenordnung (AO), nicht das SGB einschließlich des SGB X gilt, vgl. §§ 67–70 EStG**. Im öffentlichen Dienst zahlt der Dienstherr bzw. Arbeitgeber das Kindergeld aus und nimmt zugleich die Aufgabe der Familienkasse wahr, § 72 EStG. Maßgeblich ist in jedem Fall eine von der Familienkasse ausgestellte Bescheinigung über das monatlich auszuzahlende Kindergeld. Sie muss dem Arbeitgeber vorgelegt werden. Dieser zahlt dann **zusammen mit dem Arbeitsentgelt das Kindergeld tatsächlich** aus, vgl. §§ 70 Abs. 1 S. 1, 72 Abs. 8, 68 Abs. 2 EStG.

Selbstständige, Arbeitslose oder nicht Erwerbstätige erhalten direkt das Kindergeld von den Familienkassen bei den Arbeitsämtern. **Bei der Zahlung durch Arbeitgeber erfolgt die Verrechnung im Wege der Lohnsteueranmeldung**. Der in einem Betrieb tatsächlich angefallene Auszahlungsbetrag für Kindergeld wird mit dem gesamten, dem Finanzamt geschuldeten Lohnsteuerbetrag in Relation gesetzt. Verbleiben dabei höhere Kindergeldauszahlungen als Lohnsteueransprüche der Finanzverwaltung, so ist das zuständige Betriebsstättenfinanzamt verpflichtet, auf Antrag den übersteigenden Betrag für Leistungen des Kindergeldes an den auszahlenden Arbeitgeber zu erstatten, vgl. im Einzelnen § 72 Abs. 8 S. 2, S. 3 EStG.

Die **Anspruchsdauer ist gesetzlich grundsätzlich beschränkt bis zur Vollendung des 18. Lebensjahres**. Vielfältige Sondertatbestände mit längerer Bezugszeit regelt im Übrigen § 32 Abs. 4, 5 EStG. Praktisch bedeutsam ist dabei u.a. die Sonderregelung in § 32 Abs. 4 S. 1 Nr. 2 a EStG bei Kindern über 18 Jahren, die sich noch in einer Schul- und insbes. Berufsausbildung befinden. Hier gilt für die Kindergeldberechtigung die **jährliche Einkommensgrenze von 7.188 €, § 32 Abs. 4 S. 2 EStG**. Ein Verzicht auf Teile von Einkünften oberhalb des Grenzbetrags ändert nichts an der Anwendung der kindergeldschädlichen Einkommensanrechung im Steuerrecht, § 32 Abs. 4 S. 9 EStG: **Unbeachtlich ist auch der Verzicht des auszubildenden Kindes auf Einmalzahlungen wie Weihnachtsgeld**, das den Grenzbetrag insgesamt überschreitet. Das Weihnachtsgeld schließt in jedem Fall Kindergeld für das gesamte Kalenderjahr aus.[296] Allerdings ist **nunmehr für das Einkommen der Kinder der Netto- und nicht der Bruttobetrag maßgebend**. Abziehbar sind insbes. die gesetzlichen Sozialversicherungsbeiträge, sodass gerade für Auszubildende nun häufiger doch noch Kindergeld zu beanspruchen sein wird.[297]

Im Übrigen ist die Familienkasse auch berechtigt, das Kindergeld ans das volljährige Kind selbst auszuzahlen, wenn die kindergeldberechtigten Eltern tatsächlich keinen Unterhalt leisten. Das Angebot der Mutter des auswärts wohnenden Kindes, Naturalunterhalt durch Kost und Logis zu erbringen, ersetzt

296 BFH, Urt. v. 11.03.2002, VIII R 16/02; ebenso zuletzt BFH, 04.11.2003, VIII R 59/03.

297 BVerfG, Beschl. v. 11.01.2005, 2 BvR 167/02; zur Rechtsanwendung im Einzelnen auch: BFH, Urt. v. 10.05.2007 – III R 103/06 = NJW 2007, 3023–3024.

nicht die zivilrechtlich geschuldete tatsächliche Leistung von Unterhalt gegenüber dem Kind.[298]

Hingegen galt zur **anderen Rechtslage nach den §§ 2 Abs. 2 S. 2, 20 Abs. 1 BKGG generell beim sozialrechtlichen Kindergeld vor der Rechtsaufspaltung ab 01.01.1996**, dass ein Verzicht auf Teile der dem Kind zustehenden Einkünfte und Bezüge kindergeldrechtlich anzuerkennen und eine derartige (Teil-)Verzichtserklärung auch nicht sittenwidrig sei.[299]

Bei der steuerlichen Kindergeldleistung i.S.d. EStG richten sich **auch die Rechtsbehelfe nach den finanz- und steuerrechtlichen Vorschriften**. D.h., bei belastenden Entscheidungen über das steuerrechtliche Kindergeld ist zunächst ein **Einspruchsverfahren gem. §§ 347 ff. AO** durchzuführen und dann der **Rechtsweg zum Finanzgericht, § 33 Finanzgerichtsordnung (FGO), eröffnet.**

1.2 Sozialrechtliches Kindergeld (BKGG)

Entscheidend beim BKGG ist gegenüber dem steuerrechtlichen Kindergeld gemäß § 1 Abs. 1 BKGG, dass die antragstellende Person **nicht nach § 1 Abs. 1 und 2 EStG unbeschränkt steuerpflichtig** ist und auch nicht gem. § 1 Abs. 3 EStG so behandelt wird. Zudem werden **beim sozialrechtlichen Kindergeld verschiedene Formen des Auslandsbezugs von Deutschen** erfasst:

- Erhalt von Unterhaltsleistungen nach dem Entwicklungshelfergesetz oder als Missionar bei einem benannten Missionswerk, vgl. § 1 Abs. 1 BKGG,
- Ausübung einer außerhalb Deutschlands zugewiesenen Tätigkeit i.S.v. § 123 a Beamtenrechtsrahmengesetz (BRRG), § 1 Abs. 1 Nr. 3 BKGG,
- Anspruchsberechtigung für Ehegatten von Mitgliedern der Truppe oder des zivilen Gefolges eines Nato-Mitgliedsstaates.

Im Übrigen **erhalten Ausländer sozialrechtliches Kindergeld**, soweit

- sie ihrerseits nicht unbeschränkt steuerpflichtig sind bzw. nach dem EStG nicht als solche behandelt werden, vgl. § 1 Abs. 1 BKGG,
- gem. § 1 Abs. 3 BKGG nur dann, wenn sie im Besitz einer Niederlassungs- oder Aufenthaltserlaubnis im Sinne des neuen Aufenthaltsrechts sind.

Wesentliche Kindergeldvoraussetzung für Ausländer ist demnach ein **qualifizierter Aufenthaltstitel**. Die **bloße Verlängerung eines Abschiebestopps** für bestimmte Personenkreise, beispielsweise in der Vergangenheit für afghanische Staatsangehörige vor dem Hintergrund der dortigen Bürgerkriegsverhältnisse, genügte daher nicht. Der Anspruch auf Kindergeld setzt insoweit nach § 1 Abs. 3 S. 1 BKGG grds. weiterhin voraus, dass ein entsprechender qualifizierter Aufenthaltstitel vorliegt und im Sinne **unmittelbaren tatsächlichen Besitzes real in den Händen gehalten** wird.[300]

Ausländische **Arbeitnehmer, die bloß zur vorübergehenden Dienstleistung nach Deutschland entsandt wurden, erhalten kein Kindergeld**, § 1 Abs. 3 S. 2,

298 BFH, Beschl. v. 22.12.2005 – III S. 26/05; FamRZ 2006, Heft 9, S. 622–623.

299 Vgl. Urt. des BSG v. 12.04.2000, B 14 Kg 4/99 R, SGb 2000, 544.

300 BSG, Urt. v. 10.07.1997, 14/10 RKg 1/95.

1. Halbs. BKGG. Der Ehegatte eines solchen nach Deutschland entsandten ausländischen Arbeitnehmers ist jedoch kindergeldberechtigt unter den Voraussetzungen des § 1 Abs. 3 S. 2, 2. Halbs. BKGG.

Im Weiteren **definiert § 2 BKGG die berücksichtigungsfähigen Kinder**, vgl. § 2 Abs. 1 Nr. 1–3 BKGG. Bei Kindern, die das 18. Lebensjahr vollendet haben, gelten vergleichbare Regelungen wie beim steuerrechtlichen Kindergeld, siehe im Einzelnen § 2 Abs. 2, 3 BKGG. Im Übrigen gibt es auch die Regelung des sog. **Zählkindes** für die Ermittlung der zustehenden Kindergeldbeträge. Das sind **berücksichtigungsfähige Kinder i.S.v. § 2 BKGG, für die keine Kindergeldzahlungen erbracht** werden. Sie werden jedoch bei der Berechnung der Zahl der Kinder und der Reihenfolge, insbes. für die **Ermittlung der Kindergeldhöhe nach § 6 BKGG**, mitgezählt.[301] Ausgeschlossen sind jedoch Kinder im Ausland, soweit die Eltern nicht auch einen Ausnahmetatbestand i.S.v. § 1 Abs. 1 BKGG erfüllen.[302]

Das **Zusammentreffen mehrerer Ansprüche ist in § 3 BKGG geregelt**, wonach grds. für jedes Kind nur einer Person Kindergeld zusteht. Die tatsächliche Kindergeldauszahlung hängt im Wesentlichen von der **Obhut** ab, also davon, bei welcher Person das Kind im Haushalt aufgenommen wurde. Bei gemeinsamer Haushaltsführung mehrerer berechtigter Personen findet eine Bestimmung nach Absprache statt, ansonsten durch das Vormundschaftsgericht, § 3 Abs. 2 S. 2, S. 3–5 BKGG.

Ausschlussgrund beim Kindergeld ist u.a. ebenfalls der Bezug von Leistungen für Kinder, die von einer zwischen- bzw. überstaatlichen Einrichtung gewährt werden und dem Kindergeld vergleichbar sind, vgl. den Katalog in § 4 Abs. 1 Nr. 1–3 BKGG. Unterschreiten derartige anderweitige Leistungen mit vergleichbarer Zielsetzung den Zahlbetrag des bundesdeutschen Bruttokindergeldes, so wird der Unterschiedsbetrag als Kindergeld gewährt, allerdings nur bei monatlichen Summen über 5 €, vgl. § 4 Abs. 2 BKGG.

Für die Kindergeldleistung ist ein schriftlicher Antrag bei der zuständigen Familienkasse zu stellen, § 9 Abs. 1 S. 1, S. 2 BKGG. Soweit **Kindergeld nach Vollendung des 18. Lebensjahres fortgezahlt** werden soll, hat der Berechtigte anzuzeigen, dass die Voraussetzungen des § 2 Abs. 2 BKGG vorliegen, vgl. § 9 Abs. 2 BKGG. Dabei ist insbes. die Fortsetzung einer Berufsausbildung etc. anzugeben.

Die **Höhe des sozialrechtlichen Kindergeldes entspricht dem steuerrechtlichen Kindergeld**, § 6 Abs. 1 BKGG.

Das BKGG wird von der **Bundesagentur für Arbeit unter der Bezeichnung Familienkasse ausgeführt, § 7 BKGG**. Konkret ist das die Arbeitsagentur, in deren Bezirk die berechtigte Person ihren Wohnsitz, gewöhnlichen Aufenthalt bzw. den Ort der Erwerbstätigkeit hat, § 13 Abs. 1 S. 1–3 BKGG. In den übrigen Fällen ist die Arbeitsagentur Nürnberg als örtliche Arbeitsagentur am Dienstsitz der Bundesagentur zuständig, § 13 Abs. 1 S. 4 BKGG, vgl. auch § 369 Abs. 4

301 Vgl. dazu auch Muckel, Sozialrecht 2007, S. 403.

302 Dazu Bayerisches LSG, Urt. v. 19.07.2007 – L 14 KG 6/07 m.w.N.

SGB III. Eine Ablehnungsentscheidung muss durch schriftlichen Bescheid ergehen. Gleiches gilt bei Entziehung des Kindergeldes, § 14 Abs. 1 BKGG. Entscheidungen nach dem **BKGG werden im Rechtsweg vor den Sozialgerichten überprüft, aufdrängende Zuweisung gemäß § 15 BKGG** i.V.m. § 51 Abs. 1 Nr. 10 SGG.

Fall 12: Irland gleich Inland

Herr K ist im Oktober 1932 geboren, hatte Musik und Germanistik studiert und war ab 1969 als Lehrer an der Deutschen Schule in Dublin, Republik Irland, tätig. Während dieser Zeit heiratete er die Irin Maureen (M). Aus der Ehe ging die 1978 geborene Tochter Alison hervor. Die Familie übersiedelte Anfang 1979 in die Bundesrepublik und bezog das von K ererbte Elternhaus im rheinischen Bad Godesberg. K wurde zunächst angestellter Gesamtschullehrer, wollte dann aber nicht mehr als „Staatspädagoge" arbeiten und machte sich 1982 als freier Musikdozent, u.a. an Volkshochschulen, sowie als Gitarrenlehrer ohne Versicherungspflicht selbstständig. Aus diesen freiberuflichen Tätigkeiten erzielte er regelmäßig nur geringe Einkünfte i.H.v. monatlich ca. 1.000 DM. Die Familie existierte in bescheidenen Lebensverhältnissen; im Übrigen ernährten sie sich aus dem bewusst ökologisch genutzten Hausgarten. Die erste Ehe wurde dann 1988 geschieden. Die Tochter Alison kehrte zusammen mit ihrer Mutter, der auch das Sorgerecht zugesprochen worden war, nach Irland zurück.
Aus einer zweiten, 1994 mit einer rund 30 Jahre jüngeren, ehemaligen Musikschülerin geschlossenen Ehe des K gingen die Zwillingstöchter Antje und Anke, die im Dezember 1997 geboren wurden, hervor. Die zweite Ehefrau des K übte wegen der Haushaltsführung und Kindererziehung überhaupt keine Erwerbstätigkeit aus. Im Februar 1998 beantragte K bei der Familienkasse des Arbeitsamts Bonn die Zahlung von Kindergeld nach dem BKGG für Antje und Anke als zweites und drittes Kind. Zur Berechnung der Kinderzahl machte er geltend, dass Alison, die Tochter aus der ersten Ehe, als Zählkind zu berücksichtigen sei. Sie habe zwar mittlerweile das 18. Lebensjahr vollendet, befinde sich aber noch in der Berufsausbildung zur Fremdsprachensekretärin in Galway/Irland und halte sich zudem während ihrer Urlaubs- bzw. Ferienzeit bei weiterhin gutem familiären Einvernehmen in seinem Wohnhaus in Bad Godesberg auf. Dort sei sie dann auch polizeilich gemeldet.
Mit Bescheid vom April 1998 bewilligte die Familienkasse jedoch nur Kindergeld für die beiden Zwillinge als erstes und zweites Kind. Auf den Rechtsbehelf des K dagegen erging ein abschlägiger Widerspruchsbescheid vom Juni 1998 mit der Begründung, die Berechnung des Kindergelds für Antje und Anke unter Berücksichtigung der Tochter Alison aus der ersten Ehe scheitere daran, dass Alison nicht regelmäßig in der Bundesrepublik lebe. Daher gälten auch keine europarechtlichen Besonderheiten. Ende Juni 1998 suchte K daraufhin einen Fachanwalt für Sozialrecht auf und bat um Beratung, ob eine Klage gegen diese Entscheidung erfolgversprechend sei.

Vorüberlegung:

Wesentliches Ziel einer Klage des K kann hier nur die Berücksichtigung der Tochter Alison aus erster Ehe als sog. Zählkind bei der Berechnung des Kindergeldes für die Zwillingstöchter Antje und Anke sein. Für **Zählkinder werden zwar keine Kindergeldzahlungen erbracht**. Sie zählen aber bei der Berechnung der Zahl und Reihenfolge der Kinder zur **Ermittlung der Kindergeldhöhe mit, § 6 BKGG**.

Nach **§ 6 BKGG in der für Geburten zwischen 1997 und 2001 maßgebenden alten Gesetzesfassung** wurde bei der Höhe des Kindergelds danach unterschieden, ob Kindergeld für die ersten beiden oder auch ein drittes Kind begehrt wurde. Die Monatsbeträge **im Jahr 1998 für das erste und zweite Kind betrugen jeweils 220 DM, beim dritten Kind aber schon 300 DM**. Hingegen gibt es für das erste bis einschließlich dritte Kind seit der Neufassung des § 6 Abs. 1 BKGG bzw. § 66 Abs. 1 EStG ab 2002 monatlich 154 € Kindergeld. Erst für das vierte und jedes weitere Kind wird die höhere Summe von monatlich 179 € gezahlt. Seitdem stellt sich die **Frage der sog. Zählkinder beim Abgrenzungsproblem, ob ein viertes bzw. weiteres Kind zum höheren monatlichen Zahlbetrag von 179 € berechtigt**.

Hier hätte K 1998 bei **Mitberücksichtigung der Tochter Alison aus der ersten Ehe** als Zählkind jedenfalls für die jüngere Zwillingstochter Anke Anspruch auf das **Kindergeld des dritten Kindes**, d.h. monatlich bereits 300 DM, gehabt. Diese für ihn günstigere Mitberücksichtigung von Alison bei der Kindergeldberechnung konnte K **mit Aussicht auf Erfolg gerichtlich geltend machen, wenn die entsprechende Klage zulässig und begründet war**.

(A) Zulässigkeit der Klage

(I) Der **Rechtsweg für Streitigkeiten beim sozialrechtlichen Kindergeld ergibt sich aus § 15 BKGG**. Danach sind die Gerichte der Sozialgerichtsbarkeit zuständig. Allerdings müsste dafür **das BKGG, in Abgrenzung zum EStG, überhaupt anwendbar** sein.

(1) Das hängt nach § 1 Abs. 1 S. 1, 1. Halbs. BKGG davon ab, ob K in der Bundesrepublik nicht unbeschränkt steuerpflichtig war bzw. so galt, vgl. auch § 1 Abs. 1–3 EStG. Da K als freier Gitarrenlehrer 1997/1998 Einkünfte unterhalb von 12.000 DM jährlich erzielte und damit das damals steuerfreie Existenzminimum nach den anzuwendenden Einkommensteuer-Tabellen jeweils erkennbar unterschritt, war er schon insoweit nicht steuerpflichtig. Zudem erzielte seine zweite Ehefrau auch keine eigenen Einkünfte. Insoweit ist die Anwendung sozialrechtlichen Kindergelds nach § 1 Abs. 1 S. 1, 1. Halbs. BKGG eröffnet.

(2) Damit ist die Familienkasse nach § 7 BKGG für die Durchführung des Kindergeldanspruchs zuständig. Ein etwaiger Anspruch ergibt sich eben nicht aus den §§ 62 ff. EStG. Der **Rechtsweg zum Finanzgericht gem. § 33 FGO wäre daher nicht vorrangig**.

(II) Da das Kindergeld gem. § 5 Abs. 1 BKGG eine Anspruchsleistung darstellt, ist die **richtige Klageart die Anfechtungs- und Leistungsklage, § 54 Abs. 4 SGG**. Mit der Ablehnung der beantragten Kindergeldleistung unter Berücksichtigung der Tochter Alison aus erster Ehe als Zählkind war ein ablehnender Bescheid i.S.v. § 14 Abs. 1 BKGG ergangen. Dagegen hatte K bereits ein Widerspruchsverfahren durchgeführt und damit auch die **Voraussetzung des Vorverfahrens gem. § 78 SGG** erfüllt. Insoweit konnte K binnen der **Klagefrist von 4 Wochen, vgl. § 87 Abs. 1 SGG**, nach Bekanntgabe oder Zustellung des abschlägigen Widerspruchsbescheids im Juni 1998 vor dem – örtlich zuständigen – Sozialgericht in Köln grds. eine zulässige Klage erheben.

(B) Begründetheit

Begründet ist die Klage, wenn der Kindergeldanspruch für die Zwillingstöchter unter Berücksichtigung der Tochter Alison als Zählkind, vgl. § 2 Abs. 1, 2 BKGG, zu ermitteln ist.

(I) Ansprüche des K unmittelbar nach dem BKGG

Zwar war K gem. § 1 Abs. 1 S. 1, 1. Halbs. BKGG in der Bundesrepublik Deutschland nicht unbeschränkt steuerpflichtig bzw. galt auch nicht als unbeschränkt steuerpflichtig i.S.v. § 1 Abs. 3 EStG. Weitere Leistungsvoraussetzungen regeln jedoch die §§ 1 Abs. 1 Nr. 1–4, 2 BKGG.

(1) Da K **weder Entwicklungshelfer noch Mitglied von NATO-Truppen** war, vgl. § 1 Abs. 1 Nr. 2 bzw. Nr. 4 BKGG, könnte seine **Anspruchsberechtigung aus § 1 Abs. 1 Nr. 3 BKGG** folgen. In Betracht kommt, soweit K während der zehnjährigen Tätigkeit an der deutschen Schule in Dublin von 1969 bis 1979 verbeamtet gewesen sein sollte, die Ausübung einer außerhalb Deutschlands zugewiesenen Tätigkeit i.S.v. § 123 a BRRG. Allerdings müsste diese Tatsache aber nach allgemeinen Grundsätzen **aktuell bei Antragstellung** vorliegen. Unabhängig von einer etwaigen Verbeamtung ist danach die frühere Beschäftigung in Irland i.S.d. § 1 Abs. 1 Nr. 3 BKGG auf keinen Fall entscheidend, da K nach den aktuellen Verhältnissen im Zeitpunkt des Kindergeldantrags Anfang 1998 inländischer Freiberufler war.

(2) In Betracht kommt also nur noch § 1 Abs. 1 Nr. 1 BKGG. Ein **versicherungspflichtiges Beschäftigungsverhältnis** i.S.v. § 24 SGB III hatte K hier jedoch gerade nicht. Vielmehr war er nicht sozialversicherungspflichtig. Er unterlag der Versicherungspflicht zur Arbeitslosenversicherung aber auch aus dem Grunde nicht mehr, da er im Oktober 1997 **bereits das 65. Lebensjahr vollendet** hatte. Danach ist hier eine **Anspruchsberechtigung des K** jedenfalls gem. § 1 Abs. 1 Nr. 1, 2. Var. BKGG i.V.m. § 28 Nr. 1 SGB III anzunehmen

(3) Zudem müssten auch die allgemeinen Voraussetzungen des **§ 2 Abs. 2 BKGG zur Berücksichtigung eines Kindes nach Vollendung des 18. Lebensjahres** erfüllt gewesen sein. Hier war die Tochter Alison 1978 geboren und befand sich im maßgeblichen Zeitpunkt nach Antragstellung Anfang 1998 noch in der Ausbildung zur Fremdsprachensekretärin. Für die (verbleibende) Dauer dieser Berufsausbildung könnte sie grundsätzlich als sog. Zählkind zu berücksichtigen sein.

(4) Weitere Voraussetzung der **Berücksichtigung ist aber ein Wohnsitz oder gewöhnlicher Aufenthalt in Deutschland**, vgl. § 2 Abs. 5 S. 1 BKGG. Danach werden Kinder, die weder einen Wohnsitz noch den gewöhnlichen Aufenthalt in Deutschland haben, nicht berücksichtigt. Einen **Wohnsitz, vgl. § 30 Abs. 3 S. 1 SGB I**, hat Alison aber nicht im Bundesgebiet, denn insbes. die Tatsache der Ausbildung zur Fremdsprachensekretärin im irischen Galway lässt nicht darauf schließen, dass sie z.B. in Bad Godesberg tatsächlich ihren Lebensmittelpunkt hätte. Ein **gewöhnlicher Aufenthalt i.S.v. § 2 Abs. 5 S. 1, 2. Alt. BKGG** erfordert nach § 30 Abs. 3 S. 2 SGB I Umstände für die Annahme, dass Alison an diesem Ort oder in diesem Gebiet nicht nur vorübergehend verweilt. Dafür genügt eine polizeiliche Meldung, vgl. **dazu bereits oben Fall 4**, auch für Ferien- und Urlaubszeiten, jedoch allein nicht.[303]

Demgemäß fehlte es am Inlandsbezug i.S.d. § 2 Abs. 5 S. 1 BKGG, sodass eine **Mitberücksichtigung der Tochter Alison bei der Kindergeldberechnung jedenfalls unmittelbar nach dem BKGG nicht möglich** war.

---

303 BSG SozR 5870 § 1 Nr. 4, ebenso BSG, Urt. v. 14.04.1983, 10 RKg 15/82.

(II) **Europarechtliche Sonderreglungen**

Ein Anspruch auf diese Mitberücksichtigung könnte sich jedoch noch aus europarechtlichen Vorschriften ergeben. Deren Geltung bleibt von den inländischen Wohnsitzregelungen etc. ausdrücklich unberührt, § 30 Abs. 2 SGB I. In Betracht kommt einerseits die **Verordnung (EWG) Nr. 1408/71 hinsichtlich Familienleistungen für in der EU zu- bzw. abwandernde Personen**. Zum anderen ist als höherrangige Regelung auch noch die garantierte **Niederlassungsfreiheit i.S.v. Art. 52 EG-Vertrag (= Art. 43 EG-Vertrag neue Fassung)** zu beachten.

(1) Nach **Art. 73 Verordnung (EWG) 1408/71** (Wanderarbeitnehmerverordnung) sind die im Ausland wohnhaften Familienangehörigen bei der Gewährung von Familienleistungen so zu behandeln, wie wenn sie im zuständigen Staat leben würden. Als **Äquivalenzregel** soll die Vorschrift gewährleisten, dass Familienangehörige im Rahmen des europäischen Sozialrechts **bei den Familienleistungen so behandelt werden, als ob sie im zuständigen Staat lebten**.[304] Entsprechende Normen sieht auch die ab 2009 anzuwendende VO (EG) 883/2004 in Art. 67 sowie Art. 5 (Äquivalenzregel) für den Familienlastenausgleich/die Kindergeldberechtigung vor.[305]

Auf den fehlenden Lebensmittelpunkt der Tochter Alison in Deutschland i.S.v. § 2 Abs. 5 S. 1 BKGG käme es allerdings dann nicht mehr an, wenn K bei der Antragstellung 1998 schon vom **Anwendungsbereich des Art. 73 Verordnung (EWG) 1408/71 hinsichtlich der Familienleistungen** nicht mehr erfasst gewesen wäre.

Insoweit ist auf die **allgemeinen Begriffsbestimmungen u.a. für Selbstständige, Art. 1 Verordnung (EWG) 1408/71**, zurückzugreifen. Hier war K als Freiberufler von der Beitragspflicht zur bundesdeutschen Sozialversicherung befreit. Zudem unterfiel er jedenfalls ab dem 65. Lebensjahr nicht mehr der Beitragspflicht zur Bundesanstalt für Arbeit, § 28 Nr. 1 SGB III. Für den Personenkreis der Selbstständigen, die nicht für ihre Altersvorsorge versicherungs-oder beitragspflichtig sind, greift Art. 73 Verordnung (EWG) 1408/71 nach dem Urt. des EuGH[306] nicht ein.

Nach dieser verbindlichen **Auslegung des EuGH zu Familienleistungen an Selbstständige i.S.d. Wanderarbeitnehmerverordnung**,[307] bleibt es also beim Ausschluss von Alison als Zählkind.

(2) Etwas anderes könnte jedoch noch aus der **Garantie der Niederlassungsfreiheit in Art. 52 a.F. des EG-Vertrages (= Art. 43 EG-Vertrag n.F.)** folgen.

(a) Art. 52 S. 3 EG-Vertrag a.F. gewährleistet u.a. die Aufnahme und Ausübung selbstständiger Erwerbstätigkeit sowie die Gründung und Leitung von Unterneh-

---

304 Vgl. Haverkarte/Huster, Europäisches Sozialrecht, 1999, Rdnr. 322 ff. m.w.N.

305 Eichenhofer, Sozialrecht, 6. Aufl. 2007, S. 55 m.w.N.

306 Vom 30.01.1997, Rechtssachen C - 4/95 und C - 5/95.

307 Vgl. Eichenhofer, SGb 1997, 449 ff.

men. Danach sind die Angehörigen der anderen Mitgliedsstaaten den eigenen Staatsbürgern beim **Niederlassungsrecht** gleichzustellen. Im Übrigen bejaht der EuGH auch angesichts der **Garantie der Freizügigkeit nach Art. 48 EG-Vertrag a.F. (= Art. 39 EG-Vertrag n.F.)** jedenfalls **bei abhängig Beschäftigten eine indirekte Diskriminierung durch § 2 Abs. 5 S. 1 BKGG, also die Nichtberücksichtigung von Kindern**, die weder den Wohnsitz noch ihren gewöhnlichen Aufenthalt in Deutschland haben.[308]

(b) Problematisch ist hier allerdings, ob sich K als **deutscher Staatsangehöriger im Bundesgebiet überhaupt auf europarechtliche Regelungen u.a. über den sozialen Schutz für Wanderarbeitnehmer etc. berufen kann**. Grds. sind die Bestimmungen des EG-Vertrages zum Niederlassungsrecht, Art. 52 EG-Vertrag a.F. (= Art. 43 EG-Vertrag n.F.), innerhalb eines Mitgliedsstaates nicht für die dortigen Staatsangehörigen einschlägig.

Beachtlich ist hier aber die Tatsache, dass **K zehn Jahre in der Republik Irland lebte**, die zudem bereits seit Beginn der 1970er Jahre zur EG/ EU gehört. Bei jedem Gemeinschaftsbürger, der von seinem Recht auf Freizügigkeit als Arbeitnehmer bzw. der Niederlassungsfreiheit für Selbstständige Gebrauch macht und in einem anderen Mitgliedsstaat eine Berufstätigkeit ausübt, ist – wiederum unabhängig von Wohnort und Staatsangehörigkeit – der Anwendungsbereich der gemeinschaftsrechtlichen Vorschriften zur Freizügigkeit bzw. zur Niederlassungsfreiheit eröffnet.[309]

Insoweit spricht für die **Anwendung der europarechtlichen Garantien zugunsten des K auch im Bundesgebiet**, dass er 1979 nach dem Auslandsaufenthalt in Irland in die Bundesrepublik zurückkehrte und zunächst als angestellter Lehrer arbeitete. Insoweit hat K **durch den Umzug nach Irland und die Rückkehr von dort in die Bundesrepublik das Recht auf Freizügigkeit im eroparechtlichen Sinne wahrgenommen**. Er ist damit grds. zur Gruppe der jedenfalls vom EG-Vertrag besonders erfassten sog. Wanderarbeitnehmer zu zählen.

(c) Mithin ergibt sich aus der **einfach-gesetzlichen Regelung des § 1 Abs. 1 Nr. 1 BKGG i.V.m. der unmittelbar wirkenden Garantie der Niederlassungsfreiheit gem. Art. 52 EG-Vertrag a.F.**, dass die europarechtlich diskriminierende Vorschrift des § 2 Abs. 5 S. 1 BKGG zum Lebensmittelpunkt der nach Irland zurückgekehrten Tochter Alison keine Anwendung findet. Alison ist demnach tatsächlich als Zählkind zu berücksichtigen. Ausgehend davon galt die jüngere Zwillingstochter Anke bereits als drittes Kind. K hatte daher 1998 Anspruch auf ein höheres Kindergeld von monatlich 300 DM gem. § 6 Abs. 1 BKGG in der bis Ende 2001 geltenden Gesetzesfassung.

Ergebnis: Die Klage ist zulässig und wegen der jedenfalls 1998 vorzunehmenden Berücksichtigung der Tochter Alison als Zählkind insoweit auch begründet.

– – –

2. Erziehungsgeld

2.1 Übersicht

Das seit 1986 geltende Gesetz zum Erziehungsgeld und Erziehungsurlaub/Elternzeit, Bundeserziehungsgeldgesetz (BErzGG), bezweckt ebenfalls die **Ver-**

308 Urt. des EuGH v. 12.06.1997, Rechtssache C – 266/95, vgl. auch LSG NRW, Urt. v. 19.06.1998, L 13 KG 58/96 m.w.N.

309 Urt. des EuGH v. 23.02.1994, Rechtssache C – 419/92.

wirklichung des sozialen Rechts gem. § 6 SGB I auf Minderung der durch Kindesunterhalt entstehenden wirtschaftlichen Belastungen. Nach der Einweisungsvorschrift des § 25 Abs. 2 SGB I kann dazu grds. für jedes Kind Erziehungsgeld in Anspruch genommen werden. Das BErzGG selbst ist unterteilt in den **ersten Abschnitt über das Erziehungsgeld, §§ 1–14 BErzGG**, nach § 68 Nr. 15 SGB I ein besonderer Teil des SGB , sowie die **zum Arbeitsrecht gehörenden §§ 15–21 BErzGG betreffend den Erziehungsurlaub**, ab 01.01.2001 „Elternzeit".

Die **sozialrechtliche Geldleistung gem. §§ 1–14 BErzGG** soll nach der Geburt eines Kindes für einen bestimmten Zeitraum einen **Ausgleich der durch die Nichtausübung von Erwerbstätigkeit entstehenden finanziellen Nachteile** bewirken.[310] Zudem soll es die **Hinwendung des erziehenden Elternteils zum Kind in den ersten Lebensabschnitten unterstützen**.[311]

Für Geburten ab 01.01.2007 gilt nunmehr das neue Bundeselterngeld- und Elternzeit-Gesetz (BEEG),[312] im Einzelnen dargestellt nachfolgend unter 3.

2.2 Gesetzesnovelle zum 01.01.2001

Das BErzGG wurde durch Gesetz vom 12.10.2000, BGBl. I 2000, S. 1426 ff., mit Wirkung ab Januar 2001 in wesentlichen Teilen reformiert. Die **Neuerungen gelten für ab dem 01.01.2001 geborene Kinder**, vgl. § 24 Abs. 1 S. 1 BErzGG n.F.

So wurden die **Einkommensgrenzen gem. §§ 5 Abs. 2, 6 BErzGG** heraufgesetzt, die **Anspruchsberechtigung für bestimmte Gruppen von Ausländern** einschließlich anerkannter Asylberechtigter gesetzlich klargestellt, § 1 Abs. 6 S. 2 ff. BErzGG n.F., sowie die **Erziehungsgeldberechtigung für Angehörige von Mitgliedsstaaten der Europäischen Union**, u.a. zum Teil auch mit Wohnsitz im EU-Ausland und Beschäftigungsverhältnis im Bundesgebiet, gesetzlich geändert, vgl. § 1 Abs. 6 S. 1, Abs. 7 BErzGG n.F. Des Weiteren kann der erziehende Elternteil nun eine zulässige teilweise **Erwerbstätigkeit an 30 statt bisher an 19 Stunden wöchentlich** ausüben, § 2 Abs. 1, 1. Alt. BErzGG n.F. Die Regelungen zum Bezug u.a. von Arbeitslosengeld aufgrund vorangehender Erwerbstätigkeit neben dem Erziehungsgeld wurden entsprechend angepasst, § 2 Abs. 2 S. 1 BErzGG.

Rechtänderungen in § 1 Abs. 6 BErzGG für Ausländer erfolgten sodann durch das **neue Zuwanderungsrecht**.

Die Änderungen in den Ausländerregelungen des § 1 Abs. 6 S. 2 Nr. 1–4 BErzGG betreffen die neue Niederlassungs- und modifizierte Aufenthaltserlaubnis, Art. 10 Nr. 4 Zuwanderungsgesetz vom 30.07.2004.[313] Die Vorschrift gilt ab 01.01.2005, Art. 15 Abs. 3 Zuwanderungsgesetz vom 30.07.2004,[314] jeweils i.V.m. den Vorschriften des Aufenthaltsgesetzes.

---

310 Gitter/Schmitt, Sozialrecht, 5. Aufl. 2001, S. 297.

311 So bereits die Gesetzesmotive, BT-Drs. 10/3792, 239 ff.

312 Gesetz v. 05.12.2006, BGBl. I, S. 2748 ff.

313 BGBl. I 2004, S. 1950 ff. (2004).

314 BGBl. I 2004, S. 1950 ff. (2010).

Neu vorgesehen ist eine Wahlmöglichkeit zur Dauer und Höhe des Erziehungsgeldes gem. § 5 Abs. 1 BErzGG. Beim sog. „**Budget**" reduziert sich die gesamte Bezugsdauer auf die ersten zwölf Lebensmonate. Zugleich erhöht sich aber der monatliche Erziehungsgeldanspruch um rund 50%. Konkret beträgt die Leistung längstens bis zur Vollendung des 12. Lebensmonats ab 2004 monatlich 450 €. Beim vollen Leistungszeitraum längstens bis zur Vollendung des 2. Lebensjahres sind es hingegen monatlich 300 €, § 5 Abs. 1 S. 1 Nr. 1, Nr. 2, Abs. 2 BErzGG n.F.[315]

Für **Erziehende schon ab durchschnittlichen Einkommen** bietet die Wahl des Budget aus wirtschaftlichen Gründen gerade wegen der Einkommensanrechnung ab dem 7. Lebensmonat gem. §§ 5, 6 BErzGG durchaus Vorteile. Diese **Entscheidung entweder für das Budget oder die volle Bezugsdauer ist grundsätzlich verbindlich**, § 5 Abs. 1 S. 4, S. 5 BErzGG. Nachteilig ist dies für Berechtigte, die ggf. mit Blick auf die monatlich höhere Budgetleistung kein Erziehungsgeld für 24 Monate wählen, obwohl gerade für **geringverdienende Erziehende** ohne jede Einkommensanrechnung der Höchstzeitraum von 24 Monaten mit dem höheren Gesamtbetrag von 7.200 € anstatt bloß 5.400 € beim Budget möglich gewesen wäre. Die einmal getroffene Entscheidung für das Budget kann aber gem. § 5 Abs.1 S. 4, 2. Halbs. BErzGG nur bei einer besonderen Härte geändert werden. Daneben sollen keine Anfechtungsmöglichkeiten wegen eines Inhalts- oder Erklärungsirrtums i.S.d. § 119 Abs. 1 BGB eingreifen. Für die besondere Härte muss jedoch gem. § 1 Abs. 5 S. 1 BErzGG u.a. eine schwere Krankheit, Behinderung oder Tod eines Elternteils oder erhebliche wirtschaftliche Existenzgefährdung vorliegen.[316]

Schließlich gibt es in einigen Bundesländern zudem ein **landeseigenes Erziehungsgeld**. Die gesetzlichen Bezeichnungen sind z.T. unterschiedlich. Jedenfalls werden Leistungen nach diesen Landesgesetzen regelmäßig im Anschluss an die Zahlung von Bundeserziehungsgeld nach z.T. abweichenden Gesetzesvoraussetzungen sowie mit landesverschiedenen monatlichen Zahlbeträgen erbracht.[317]

3. Elterngeld

Für Geburten ab dem 01.01.2007 gilt das **Bundeselterngeld- und Elternzeitgesetz (BEEG)** vom 05.12.2006.[318] Danach können Mütter und Väter ein Elterngeld beantragen, wenn sie dafür vorübergehend die Ausübung ihres Berufs unterbrechen oder reduzieren. Das Elterngeld ist auf bis zu 14 Monate Leistungsdauer angelegt und löst das Erziehunggeld nach dem BErzGG angesichts der Stichtagsregelung in § 27 BEEG ab. Das bedeutet, dass Erziehungsgeld voraussichtlich mit Ablauf des Jahre 2008 (Erschöpfung der üblichen Höchstanspruchsdauer von 2 Jahren nach dem bisherigen Gesetz) regelmäßig nicht mehr zur Auszahlung gelangt.

3.1 Gesetzliche Stichtagsregelung

Problematisch war aber bereits die Übergangsvorschrift in § 27 BEEG für den zeitlichen Anwendungsrahmen der Neuregelung. Nach § 27 Abs. 1 BEEG gilt,

315 Dazu auch Ungewitter, Die Versorgungsverwaltung 2005, S. 59–66.

316 Vgl. auch Urt. des SG Aachen vom 28.10.2001, S 4 EG 3/01, rechtskräftig, unveröffentlicht.

317 Vgl. dazu Grüner/Dalichau, Bundeserziehungsgeldgesetz mit landesrechtlichen Vorschriften, Kommentar, Loseblattwerk, Starnberg, Juli 1997 ff., Band II.

318 BGBl. I, S. 2748 ff.

dass für die vor dem 01.01.2007 geborenen Kinder die Vorschriften des BErzGG in der bis zum 31.12.2006 geltenden Fassung weiter anzuwenden sind; ein Anspruch auf Elterngeld besteht in diesen Fällen ausdrücklich nicht. Die Stichtagsregelung ist bereits kurz nach ihrem In-Kraft-Treten Gegenstand einer isolierten **Verfassungsbeschwerde** gewesen. Das BVerfG hat allerdings eine unmittelbar gegen die ablehnende Behördenentscheidung erhobene Verfassungsbeschwerde nach dem Subsidiaritätsprinzip – d.h. mangels Rechtswegerschöpfung i.S.v. § 90 Abs. 2 S. 1 BVerfGG – nicht zur Entscheidung angenommen.[319]

Die strenge Stichtagsregelung ist sodann in der Instanzrechtsprechung vor den Sozialgerichten regelmäßig als verfassungsrechtlich unbedenklich bestätigt worden. Insbes. angesichts der Rüge eines Verstoßes gegen den allgemeinen **Gleichheitsgrundsatz in Art. 3 Abs. 1 GG**, aber auch gegen weitere Verfassungsnormen, wie den Prinzipien des Schutzes von **Ehe und Familie nach Art. 6 GG**, war die Stichtagsregelung unter Berücksichtigung der Gesetzesmotive grundrechtlich nicht zu beanstanden. Vielmehr wurde die strenge zeitliche Zäsur als sachgerecht und noch im Rahmen des dem Gesetzgeber zukommenden legislativen Ermessenspielraums bestätigt. Namentlich wären die finanziellen Auswirkungen für den Gesetzgeber bei Wahl- bzw. Optionsmöglichkeiten der Eltern, etwa mit Wechsel vom Erziehungsgeld zum Elterngeld für bereits im Jahr 2006 geborene Kinder, kaum mehr eindeutig kalkulierbar gewesen. Mithin ist die Anknüpfung an das Geburtsdatum ab dem 01.01.2007 für die Anwendbarkeit des jeweiligen Gesetzes – BErzGG bzw. sodann BEEG – aus akzeptablen Gründen erfolgt.[320]

Das soll auch in Fällen gelten, in denen allein aufgrund bloßer Zufälligkeit – Geburt eines Kindes am 31.12.2006 – eine Zahlung von Elterngeld aufgrund der Stichtagsregelung des § 27 Abs. 1 BEEG kraft Gesetzes ausgeschlossen ist.[321]

Dem ist nun abschließend auch das BSG gefolgt und hat mit Urteilen vom Januar 2008 u.a. auf sozialgerichtliche Sprungrevisionen hin entschieden, dass die strikte Stichtagsregelung des § 27 Abs. 1 BEEG ebenso wie das Fehlen von Wahl- bzw. Optionsrechten für Lebensmonate von Kindern, die im Jahr 2006 geboren waren, nach dem 01.01.2007 nicht als Grundrechtsverletzung anzusehen ist.[322]

Bestätigt wurde damit die bereits in den Gesetzesmotiven zum BEEG erfolgte Abwägung bzgl. der Grundrechtsbedeutung bei Anknüpfung an eine **strikte Stichtagsregelung im Rahmen legislativen Ermessens.**[323]

Vorbehaltlich einer anders lautenden Entscheidung des BVerfG ist insoweit die erfolgte gesetzgeberische Stichtagsregelung betreffend die Anwendbarkeit des BEEG ausschließlich für Geburten ab dem 01.01.2007 als verbindlich anzusehen.

3.2 Normzweck

Das Elterngeld beträgt **67% des letzten Nettolohns** und ist begrenzt auf maximal 1.800 € monatlich. Für Alleinerziehende, Geringverdiener sowie Bezieher von Arbeitslosengeld II ist ein monatlicher Sockelbetrag von 300 € vorgesehen. El-

---

319 BVerfG, Beschl. v. 14.06.2007 – 1 BvR 1075/07, NJW 2007, 2982.

320 Namentlich so Urteile des SG Aachen vom 26.06.2007 – S 13 EG 8/07 und S 13 EG 10/07; zustimmend SG Düsseldorf, Gerichtsbescheid 27.07.2007 – S 19 EG 5/07.

321 So SG München – S 30 EG 32/07.

322 BSG, Urt. v. 23.01.2008 – B 10 EG 3/07 R, B 10 EG 4/07 R sowie B 10 EG 5/07 R.

323 Dazu bereits BT-Drs. 16/1889, S. 28, 29.

terngeld wird zusätzlich zum Kindergeld gewährt und ist regelmäßig auf 12 Monate Zahlungsdauer ausgelegt. Zwei weitere Monate (**„Vätermonate"**) werden bewilligt, wenn der beruftätige Elternteil dafür die Kinderbetreuung übernimmt. Alleinerziehende hingegen erhalten das Elterngeld für die volle Dauer von 14 Monaten.

Anders als beim Erziehungsgeld, das einen bestimmten finanziellen Ausgleich für die durch die Nichtausübung von Erwerbstätigkeit bestehenden finanziellen Nachteile unter Hinwendung des erziehenden Elternteils zum Kind in den ersten Lebensabschnitten, maximal bis zu 24 Monaten, bilden sollte, ist das BEEG darauf ausgerichtet, insbes. besser verdiendende Frauen, die ihrer Berufstätigkeit wegen (bisher) auf Kinder verzichteten, dazu zu veranlassen, sich leichter als bisher für Kinder zu entscheiden. Im Übrigen sollen auch durch die sog. zwei **Partnermonate** die Väter angesprochen werden, sich bei der Kindesbetreuung und -erziehung intensiver einzubringen.[324] Jedenfalls soll durch das Elterngeld den Familien primär im ersten Lebensjahr des Kindes mehr Geld zur Verfügung gestellt werden und es dadurch zugleich **Einkommensbeschränkungen im Vergleich zu kinderlosen Paaren bzw. Frauen stärker ausgeglichen** werden.

Wegen des Bezugs auf **vorangegangene Erwerbstätigkeit** ist das Elterngeld nach einem Teil der Lit. verfassungsrechtlich zumindest bedenklich im Hinblick auf Art. 6 GG sowie den allgemeinen Gleichheitssatz nach Art. 3 Abs. 1 GG.[325] Hingegen sind das neugefasste rechtspolitische Ziel und die Gestaltungsmöglichkeit des Bundesgesetzgebers aus guten Gründen anzuerkennen. Insoweit gilt, dass sich das Elterngeld nunmehr in Ausgestaltung und Zielsetzung von anderen **Transferleistungen bei der Elternschaft** unterscheidet. Es hat das Ziel, das durch die Kindererziehung entfallende Erwerbseinkommen für einen gesetzlich fixierten begrenzten Zeitraum zu ersetzen. Anders als von kritischen Einzelstimmen in der Lit. betont, soll das Elterngeld gerade nicht den Lebensunterhalt von Geringverdienern oder einkommensschwachen Familien (ergänzend) sichern.[326]

Auch wenn dadurch sog. **Mittelschicht-Ehepaare** zur Elternschaft motiviert werden sollen, gilt jedenfalls, dass für das vor der Geburt erzielte Einkommen kein höherer Betrag als netto 2.700 € pro Kalendermonat angesetzt wird und auch die Begrenzung der Leistungsdauer auf maximal 14 Kalendermonate – nach denen dann staatlich angebotene bzw. hinzukommende verstärkt zu fördernde Betreuungseinrichtungen für Kleinkinder in Anspruch genommen werden sollen – insgesamt einem auch verfassungsrechtlich noch zu akzeptierendem Eheverständnis i.S.v. Art. 6 GG folgt sowie im Übrigen gerade qualifizierten jüngeren Frauen ohne massive Einschränkungen beim Erwerbseinkommen bzw. dem beruflichen Fortkommen die Geburt und die Betreuung eines eigenen Kindes in den ersten maximal 14 Kalendermonaten zu Recht erheblich erleichtern soll.[327]

3.3 Voraussetzungen, Leistungen und sonstige Vorschriften

Die **Grundvoraussetzungen für den Elterngeldanspruch** regelt § 1 Abs. 1 BEEG. Danach gilt das Gesetz für Personen, die ihren Wohnsitz oder gewöhn-

324 Vgl. Jung, SGB 2007, 449; ebenso amtliche Begründung zum BEEG, BT-Drs. 16/1889 v. 20.06.2006, 1 ff.

325 So Seiler, NVwZ 2007, 129, 130, 131 m.w.N.

326 So ausdrücklich Scheibe/Fuchsloch, ZRP 2006, 37 ff. (39, 40) m.w.N.; dazu auch Brosius-Gesdorf, NJW 2007, 177–182 m.w.N.

327 Vgl. dazu auch Jung, SGb 2007, 449 ff.; ebenso Zorn, NZS 2007, 580, 581 m.w.N.

lichen Aufenthalt in Deutschland haben (Nr. 1), mit ihrem Kind in einem Haushalt leben (Nr. 2), dieses Kind selbst betreuen und erziehen (Nr. 3) und keine oder keine volle Erwerbstätigkeit ausüben (Nr. 4). Elterngeld erhalten im Übrigen nach § 1 Abs. 2 BEEG nicht nur Arbeitnehmer, sondern selbstständig Tätige, Beamte, Studierende oder Personen, die keine Erwerbstätigkeit ausüben.

Für den räumlichen Anwendungsbereich ist entscheidend der **Wohnsitz oder gewöhnliche Aufenthalt in Deutschland** i.S.v. § 30 SGB I. Da es sich um eine Familienleistung i.S.d. VO (EWG) 1408/71 handelt, kommt das Gesetz auch für Grenzgänger zur Anwendung, die ein Arbeitsverhältnis in Deutschland, ihren Wohnsitz aber im EU-Ausland haben (ebenso nach der ab 2009 anzuwendenden VO EU [EG] 883/2004).[328]

Ausnahmen von dem inländischen Lebensmittelpunkt sieht § 1 Abs. 2 BEEG insbes. bei fortbestehender Sozialversicherungspflicht wegen Entsendung des Arbeitnehmers i.S.v. § 4 SGB IV ins Ausland vor. Weitere Ausnahmen regelt § 1 Abs. 2 BEEG für Entwicklungshelfer und sonstige ins Ausland entsandte Personen i.S.d. Gesetzes ebenso wie für deren Ehegatten und Lebenspartner im gleichen Haushalt, § 1 Abs. 2 S. 2 BEEG.

Für **Ausländer aus Nicht-EU-Staaten** gelten die Ausnahmeregelungen nach § 1 Abs. 7 BEEG. Die Bezugsberechtigung dieses Personenkreises unterliegt dabei dem Gesetzeszweck, dass Familienleistungen nur an solche Eltern gezahlt werden sollen, die sich voraussichtlich dauerhaft im Inland aufhalten.[329] Im Einzelnen muss es sich dabei um Personen mit einer Freizügigkeitsberechtigung, einer Niederlassungserlaubnis, einer Aufenthaltserlaubnis zur Ausübung einer Erwerbstätigkeit – ohne Ausnahmefälle nach § 16 bzw. § 17 AufenthG –, um Personen mit einer Aufenthaltsgewährung zum vorübergehenden Schutz, § 24 AufenthG, sowie im Wesentlichen um einen Aufenthalt aus dringenden humanitären oder persönlichen Gründen oder erheblichen öffentlichen Interessen, § 25 Abs. 4 S. 1 AufenthG, handeln.[330]

Weiteres wesentliches Tatbestandsmerkmal ist, dass die anspruchstellende Person mit ihrem Kind in einem Haushalt lebt, § 1 Abs. 1 Nr. 2 BEEG. Allerdings erstreckt § 1 Abs. 3 BEEG die Anspruchsberechtigung auf bestimmte Personen, die insbes. als noch nicht Verwandte ein Kind mit dem Ziel der Annahme als Kind im Haushalt tatsächlich mit aufgenommen haben. Bei erfolgter Adoption tritt an die Stelle des Zeitpunktes der Geburt der Zeitpunkt der Aufnahme des Kindes bei der berechtigten Person für die Ermittlung der Elterngeldberechtigung.[331]

Weiteres Merkmal des Elterngeldanspruchs ist die **Betreuung und Erziehung**, § 1 Abs. 1 Nr. 3 BEEG. Ausnahmen wegen zeitlich befristeter Verhinderung aus wichtigen Gründen bleiben allerdings nach § 1 Abs. 5 BEEG unberührt. Bei länger andauernden Hinderungsgründen an der tatsächlichen Betreuung und Erziehung kommt eine Anspruchsberechtigung von Verwandten bis zum 3. Grad und deren Ehegatten in Betracht, soweit nach § 1 Abs. 4 BEEG die biologischen Eltern wegen schwerer Krankheit, Schwerbehinderung oder infolge Tod an der Kindesbetreuung verhindert sind.

---

328 Vgl. BT-Drs. 16/1889, 1 ff., 18; ebenso Völzke, Juris Praxisreport 1/2007 v. 11.01.2007, Anm. 4.

329 BT-Drs. 16/1889, 19.

330 Vgl. Scheibe, Sozialrecht aktuell 2006, 127.

331 Siehe Völzke, Praxisreport Sozialrecht 1/2007 v. 11.01.2007, Anm. 4.

Schließlich verlangt § 1 Abs. 1 Nr. 4 BEEG für die Elterngeldberechtigung, dass die anspruchstellende Person keine oder keine volle Erwerbstätigkeit ausübt. Entsprechend den Regelungen im bisherigen BErzGG zum Erziehungsgeld gilt auch hier eine **leistungsunschädliche Teilzeittätigkeit** mit der regelmäßigen Grenze von 30 Wochenarbeitsstunden, § 1 Abs. 6 BEEG.

Der Leistungsumfang ist grds. in § 2 BEEG geregelt. Wie bereits oben unter 3.2 dargelegt, ist das Elterngeld - abweichend vom bisherigen Erziehungsgeld - grds. als Entgeltersatzleistung ausgestaltet und knüpft zur Berechnung der Höhe regelmäßig an das bis dahin erzielte Erwerbseinkommen an. In der - als gesetzlicher Normalfall vorgesehenen - Konstellation einer vollschichtigen Erwerbstätigkeit des erziehenden Elternteils in den letzten 12 Kalendermonaten vor Geburt des elterngeldberechtigenden Kindes gilt nach § 2 Abs. 1 BEEG, dass das Elterngeld 67% des in den 12 Monaten vor der Geburt durchschnittlich erzielten Einkommens beträgt, jedoch begrenzt auf maximal 1.800 €. Für den Fall, dass das Einkommen niedriger als 1.000 € war, sieht § 2 Abs. 2 BEEG eine fiktive Erhöhung kraft Gesetzes vor.

Der gesetzlich begrenzte Höchstbetrag von 1.800 € als Verdienstgrundlage entspricht einem Nettoverdienst von ca. 2.700 € bzw. einem Bruttoverdienst von ca. 4.000 €.[332]

Die **Einkommensermittlung** selbst bestimmt sich nach steuerrechtlichen Grundsätzen.

Regelmäßig zugrunde gelegt wird das Erwerbseinkommen des Antragstellers in den letzten 12 Monaten vor Geburt des Kindes, allerdings ohne Berücksichtigung von Einmalzahlungen, zu denen auch Provisionen bzw. ein 13. Monatsgehalt, selbst wenn dies auf das Gesamtkalenderjahr als laufender Arbeitslohn aufgeteilt sein sollte, zählen.[333] Da das Einkommen nach steuerrechtlichen Grundsätzen i.R.d. § 2 BEEG ermittelt wird, sind im Übrigen steuerfreie Einnahmen zur Berechnung des Umfangs des Elterngeldanspruchs nicht zu berücksichtigen, namentlich nicht das nach § 3 Nr. 1 a Einkommensteuergesetz (EStG) ausdrücklich steuerfreie Krankengeld.[334]

Besonderheiten gelten des Weiteren bei Eltern, die bereits ein oder mehrere Kinder haben. Nach § 2 Abs. 4 BEEG greift in dem Fall eine Erhöhung ein, wenn ein Geschwisterkind unter 3 Jahren oder zwei Geschwisterkinder unter 6 Jahre sind, regelmäßig um 10%, mindestens aber um 75 € pro Kalendermonat.

Für Mehrlingsgeburten gilt, dass das weitere bzw. die weiteren Kinder nicht ebenfalls im vollen Umfang Elterngeld berechtigend anerkannt werden. Vielmehr sieht § 2 Abs. 6 BEEG vor, dass das zu berücksichtigende Einkommen um je 300 € für das zweite und jedes weitere Kind erhöht wird.

Den **Mindestbetrag des Elterngeldes** regelt § 2 Abs. 5 BEEG. Danach wird Elterngeld mindestens i.H.v. 300 € kalendermonatlich gezahlt, und zwar auch dann, wenn vor der Geburt des Kindes überhaupt kein Einkommen erzielt wurde, wie dies u.a. bei Schülern, Studenten, Hausfrauen oder Leistungsberechtigten nach dem SGB II mit geringen Grundsicherungsansprüchen der Fall ist.

332 So zu § 2 Abs. 2 BEEG BT-Drs. 16/1889 v. 20.06.2006, amtliche Begründung; ebenso Jung, SGb 2007, 449.

333 Vgl. ausdrücklich so Urt. des SG Münster v. 25.09.2007 - S 2 EG 26/07 (rechtskräftig) m.w.N.; ebenso BT-Drs. 16/2785, 37.

334 Dazu Urt. des SG Münster v. 17.12.2007 - S 2 EG 34/07, unter Bezug auf BT-Drs. 16/2785, 37 m.w.N.

Die **Leistungsdauer** ist grds. nach § 4 BEEG begrenzt auf 12 Kalendermonate, bei leiblichen Kindern gerechnet ab dem Tag der Geburt. Die Leistung wird auf bis zu 14 Kalendermonate verlängert, wenn sog. Partner- bzw. Vätermonate in Anspruch genommen werden. Dafür muss ein Elternteil mindestens 2 Monate seine Erwerbstätigkeit einschränken, um das Kind zu versorgen. Gesetzeszweck der Regelung ist es, einen Anreiz dafür zu bieten, nicht allein einem Elternteil die Erwerbsarbeit und dem anderen Teil die Betreuungsaufgabe zu überlassen.[335]

Eine besondere Ausnahmeregelung in zeitlicher Hinsicht enthält § 6 S. 2 BEEG. Danach kann die Bezugszeit auf bis zu 28 Kalendermonate verlängert werden. Dies setzt allerdings voraus, dass die Berechtigten ausdrücklich beantragen, dass ihnen jeweils nur der halbe Monatsbetrag ausbezahlt wird. Rechnerisch bleibt mithin trotz Verdoppelung der Bezugszeit und Halbierung des monatlichen Zahlbetrags der Gesamtzahlbetrag des Elterngeldes i.S.d. BEEG insgesamt unverändert.[336]

Anzurechnende andere Leistungen sind, wie bereits beim Erziehungsgeld, insbes. das Mutterschaftsgeld, das nach § 3 Abs. 1 BEEG für die Dauer des Bezugs auf das Elterngeld angerechnet wird. Nach § 3 Abs. 2 BEEG werden sonstige Leistungen, die als Einkommensersatz dienen, etwa Arbeitslosengeld oder Krankengeld, grds. ebenfalls angerechnet, allerdings erst der 300 € übersteigende Betrag dieser Ausgleichsleistung. Einkommensabhängige Sozialleistungen, wie z.B. das Arbeitslosengeld 2, werden im Gegenzug durch die Leistung von Elterngeld nach § 10 Abs. 1 BEEG jedoch nicht gemindert. Im Übrigen wird Kindergeld – wie schon nach dem BerzGG – ebenfalls unabhängig und zusätzlich zum Elterngeld ausgezahlt.

Besonderheiten im Verfahren sieht § 7 BEEG vor, der eine schriftliche Antragstellung als Leistungsvoraussetzung verlangt und eine rückwirkende Zahlung nur für die letzten drei Monate vor Beginn des Antragsmonats eröffnet. Besondere Auskunftspflichten, namentlich zur Einkommenshöhe und -entwicklung während des Bezugszeitraums, enthält § 8 Abs. 1 BEEG. Soweit bereits bei Antragstellung mitgeteilt wird, das voraussichtlich kein Einkommen aus Erwerbstätigkeit erzielt wird, wird das Elterngeld unter Widerrufsvorbehalt gezahlt und kann dann bei ggf. geänderten Verhältnissen aufgrund von § 8 Abs. 2 BEEG zurückgefordert werden. Bei Zweifeln hinsichtlich des tatsächlichen voraussichtlichen Einkommens aus einer Erwerbstätigkeit wird Elterngeld im Übrigen nach § 8 Abs. 3 BEEG vorläufig erbracht, unter Zugrundelegung des glaubhaft gemachten Einkommens bis zum Nachweis des tatsächlich erzielten Einkommens. Für die einkommensbezogenen Anspruchsvoraussetzungen ist der Arbeitgeber nach § 9 BEEG auskunfts- und nachweispflichtig; bei unrichtigen bzw. unvollständigen Angaben kann ein Bußgeld bis zu 2.000 € verhängt werden, § 14 BEEG.

In der Rechtswirklichkeit ist das Elterngeld seit In-Kraft-Treten des Gesetzes zum Jahresanfang 2007 bis Anfang 2008 von über 400.000 Menschen in Anspruch genommen worden. Allerdings sind immer mehr als 90% der überwiegend bezugsberechtigten Empfängerinnen in den ersten 12 Kalendermonaten tatsächlich die Frauen und Kindesmütter. Deren zum Teil geringe Gehälter bewirken wiederum, dass nur in wenigen Fällen höhere Elterngeldbeträge zur Auszahlung gelangen. So sind mehr als die Hälfte aller Elterngeldbezieherinnen mit monatlich

335 So ausdrücklich BT-Drs. 16/1889, 23.

336 So Völzke, Juris Praxisreport Sozialrecht 1/2007 v. 11.01.2007, Anm. 4.

weniger als 500 € gefördert worden, während nur etwa 15% der Empfänger mehr als 1.000 € pro Kalendermonat erhielten. Beachtlich ist hierbei allerdings der Umstand, dass **Elterngeld nicht als Grundeinkommen** angelegt ist und eine **Grundsicherung durch andere sozialrechtliche Gestaltungsmittel**, wie etwa die Grundsicherung für Arbeitslose nach dem ALG 2 i.S.d. SGB II, gesetzlich vorgesehen ist. Zudem erfordert das Elterngeld – anders als das BErzGG – ausdrücklich keine Bedürftigkeitsprüfung außerhalb der gesetzlichen Kappungsregelung bei dem Nettoverdienst über 1.800 € mehr. Schließlich gilt, dass die verfassungsrechtlich als gerechtfertigt anzusehende Zielsetzung des BEEG u.a. ist, Rücksicht zu nehmen und die unterschiedlichen Präferenzen für Beruf und Familie zu unterstützen.[337]

Hinsichtlich der Gesetzesausführung gilt im Übrigen, dass die Landesregierungen oder die von ihnen beauftragten Stellen die zum Gesetzesvollzug zuständigen Behörden bestimmen, § 12 Abs. 1 BEEG. Bei der ausschließlich bundesrechtlichen Regelung trägt demgemäß auch der Bund die Ausgaben für das Elterngeld, § 12 Abs. 2 BEEG.

Nach der aufdrängenden Spezialzuweisung in § 13 Abs. 2 BEEG gilt letztlich, dass über **öffentlich-rechtliche Streitigkeiten** in Angelegenheiten des Elterngeldes die Sozialgerichte nach Maßgabe des Sozialgerichtsgesetzes (SGG) entscheiden.

Der im zweiten Abschnitt des Gesetzes geregelte Anspruch auf Elternzeit, wie bisher ausgestaltet maximal bis zur Vollendung des dritten Lebensjahres eines Kindes, gilt nach den §§ 15–21 BEEG weiterhin und betrifft die hier nicht zu vertiefende arbeitsrechtliche Anspruchsgrundlage für die Freistellung in einem fortbestehenden Arbeitsverhältnis.

– – –

4. Unterhaltsvorschuss

Aus dem Bereich der Familienleistungen ist schließlich auch noch bedeutsam das Gesetz zur Sicherung des Unterhalts von Kindern alleinstehender Eltern **(Unterhaltsvorschussgesetz, UnterhVG)**, vom 23.07.1979.[338]

Das **Gesetz bezweckt, den Unterhaltsausfall zugunsten eines alleinstehenden erziehenden Elternteils und des Kindes aufzufangen**. Dabei muss der andere Elternteil, bei dem das Kind nicht lebt, sich der Pflicht zur Zahlung von Unterhalt ganz oder teilweise entziehen, dazu nicht oder nicht ausreichend in der Lage oder gar verstorben sein.[339]

Anspruchsvoraussetzungen sind gemäß § 1 UnterhVG:

- das unterhaltsberechtigte Kind darf nicht älter als 12 Jahre sein,
- es muss im Bundesgebiet bei einem der Elternteile leben, der ledig, verwitwet oder geschieden oder vom anderen Ehegatten dauernd getrennt lebt,[340]

337 Ebenso Völzke, Juris Praxisreport Sozialrecht 1/2007 v. 11.01.2007, Anm. 4, unter Bezug auf BT-Drs. 16/1889, 15.

338 BGBl. I 1979, S. 1184.

339 BT-Drs. 8/1952, 6.

340 BVerwG, Urt. v. 02.06.2005 – 5 C 24.04 (nicht erfüllt beim Bestehen einer eingetragenen Lebenspartnerschaft).

- das Kind erhält nicht regelmäßig Unterhalt vom anderen Elternteil oder entsprechende Waisenbezüge i.S.v. § 2 Abs. 1, 2 UnterhVG, § 1 Abs. 1 UnterhVG.

Sonderregelungen für Ausländer trifft darüber hinaus § 1 Abs. 2 a UnterhVG, wonach ein Titel nach dem Aufenthaltsgesetz verlangt wird bzw. Sondervorschriften für Angehörige eines Mitgliedsstaats der Europäischen Union angelegt sind.

Ausgeschlossen ist der Anspruch von vornherein, wenn beide Elternteile zusammenleben oder ein Elternteil sich weigert, die zur Durchführung eines Vaterschaftsfeststellungsverfahrens oder Ermittlung des Aufenthaltsortes des anderen Elternteils erforderlichen Angaben zu machen, § 1 Abs. 3 UnterhVG, sowie bei Vorausleistung, § 1 Abs. 4 UnterhVG. Nicht als Unterhaltsleistung gelten Ratenzahlungen zur Tilgung von Krediten für ein Familieneigenheim, auch wenn die betreffenden Kinder selbst dort mietfrei wohnen.[341]

Rechtsfolge ist die **Unterhaltsleistung gem. § 2 UnterhVG längstens für einen Zeitraum von insgesamt 72 Monaten** (= maximal 6 Jahre), § 3 UnterhVG. Die **Leistung beginnt auf Antrag**, vgl. im Einzelnen § 4 UnterhVG. **Rückzahlungspflichten** sehen § 5 Abs. 1, 2 UnterhVG u.a. im Zusammenhang mit **vorsätzlich oder fahrlässig falschen oder unvollständigen Angaben** vor. Die Regelungen zur Feststellung der Erstattungspflicht für Sozialleistungen i.S.v. §§ 50 SGB I, 45, 48 SGB X sind vergleichbar. **Die Rückgriffsquote beträgt allerdings in den alten Bundesländern 18% bzw. im Beitrittsgebiet sogar nur 9%.**[342]

Zur Durchsetzung der bestehenden familienrechtlichen Ansprüche auf Unterhalt bestimmt § 6 UnterhVG **umfangreiche Auskunfts- und Anzeigepflichten** des anderen Elternteils, dessen Arbeitgebers, von Versicherungsunternehmen sowie Sozialleistungsträgern gemäß § 69 SGB X.

Der Unterhaltsvorschuss bewirkt keine Entlastung des unterhaltspflichtigen Elternteils, sondern allein eine zinslose Ersatzzahlung an das berechtigte Kind. Die hälftige Annahme gezahlten Kindergeldes, anders als im § 1612 b Abs. 5 BGB, ist dabei auch mit Art. 3, 6 GG vereinbar.[343] Bei tatsächlicher Nichtleistung erfolgt ein Forderungsübergang kraft Gesetzes (cessio legis) gem. § 7 UnterhVG.[344]

Das UnterhVG wird in der Regel von den **Jugendämtern** ausgeführt, vgl. §§ 8, 9 UnterhVG. Deren öffentlich-rechtliche Verwaltungstätigkeit eröffnet bei Streitigkeiten den **Rechtsweg zur allgemeinen Verwaltungsgerichtsbarkeit, § 40 VwGO**.

---

341 BVerwG, Urt. v. 24.02.2005 - 5 C 17.04 (= DÖV 2006, 77-78).

342 Tennstedt, SRH, 3. Aufl. 2003, S. 78; kritisch zum gesamten Gesetz: Stephan, ZfF 2006, 1-6 m.w.N.

343 Siehe OVG Berlin, Beschl. v. 05.10.2005 - 6 N 5.05.

344 Vgl. Gitter/Schmitt, Sozialrecht, 5. Aufl. 2001, S. 301 m.w.N.

3. Abschnitt: Öffentliche Kinder- und Jugendhilfe

1. Einführung, Grundlagen und Überblick

Das Sozialgesetzbuch beinhaltet seit 1991 auch die Kinder- und Jugendhilfe in dem als Art. 1 **Kinder- und Jugendhilfegesetz (KJHG)** am 26.06.1990,[345] verabschiedeten **Achten Buch (SGB VIII)**. Es konkretisiert das **soziale Recht des § 8 SGB I**. Danach sollen junge Menschen in ihrer Entwicklung gefördert und zusammen mit den Personensorgeberechtigten die Erziehung in der Familie unterstützt werden. Wesentliche Leistungen benennt die **Einweisungsvorschrift § 27 Abs. 1 Nr. 1–4 SGB I**. Zuständig zur Gesetzesausführung sind Kreise und kreisfreie Städte, nach Landesrecht auch kreisangehörige Gemeinden. Sie arbeiten mit Trägern der freien Jugendhilfe zusammen, § 27 Abs. 2 SGB I.

Vor der gesetzlichen Neuregelung standen beim **früheren Jugendwohlfahrtsgesetz (JWG) der fürsorgerische Aspekt** sowie Ermächtigungsgrundlagen für **Eingriffe in das Elternrecht bei Erziehungsversagen** im Mittelpunkt. Dergleichen ist zwar weiterhin vorgesehen, z.B. familiengerichtliche Maßnahmen bei Gefährdung des Kindeswohls, vgl. § 1666 BGB, ergänzt durch Vorschriften zur elterlichen Sorge, §§ 1626 ff. BGB. Jedoch sind heute Dienstleistungen und Angebote zur Unterstützung vorrangig.[346]

Von Verfassungs wegen garantiert **Art. 6 GG die Institution der Familie und das primäre Elternrecht**. Daran knüpft § 1 SGB VIII an. Bestätigt wird das **staatliche „Wächteramt“** bei der Pflege und Erziehung von Kindern durch ihre Eltern, § 1 Abs. 2 S. 1, S. 2 SGB VIII. Im Übrigen wird klargestellt, dass jeder junge Mensch ein Recht auf **Förderung seiner Entwicklung sowie auf Erziehung zu einer eigenverantwortlichen und gemeinschaftsfähigen Persönlichkeit** hat, was wiederum u.a. durch positive Lebensbedingungen einschließlich einer kinder- und familienfreundlichen Umwelt gewährleistet werden soll, § 1 Abs. 3 Nr. 1–4 SGB VIII.

Im Rahmen der **Föderalismusreform**[347] sind jedoch wesentliche Grundlagen eines bundeseinheitlichen Jugendhilferechts zugunsten ländereigener Regelungen modifiziert worden: Zwar besteht unverändert die Kompetenz des Bundes zur konkurrierenden Gesetzgebung auf dem Gebiet des Kinder- und Jugendhilferechts nach Art. 74 Abs. 1 Nr. 7 GG („öffentliche Fürsorge“) fort. Dies ist zu begrüßen. Während der Diskussion zur Föderalismusreform hat sich in den beiden vergangenen Jahren fast die gesamte Fachöffentlichkeit in der Kinder- und Jugendhilfe für den Fortbestand des genannten Kompetenztitels ausgesprochen.[348] Allerdings ist es im Zuge der Reform zu weitgehenden Änderungen von Art. 84 und 125 GG gekommen,[349] weshalb ein **Wegfall von (Landes-)Jugendämtern bzw. der Jugendhilfeausschüsse befürchtet** wird.[350] U.a. angesichts der aktuellen Fälle von (tödlicher) Kindesvernachlässigung bzw.

345 BGBl. I 1990, S. 1163 ff.

346 Vgl. Waltermann, Sozialrecht, 6. Aufl. 2006, S. 242 f.

347 Gesetz v. 28.08.2006, BGBl. I, S. 2034–2039.

348 Siehe Wabnitz, Sozialrecht aktuell 2006, 153 ff. m.w.N.

349 So Oehlmann-Austermann, Sozialrecht aktuell 2006, 118–120.

350 Wabnitz, Sozialrecht aktuell 2006, 153 ff. m.w.N.; Oehlmann-Austermann, Sozialrecht aktuell 2006, 118–120.

-misshandlung gilt jedoch, dass gerade der Jugendschutz klare Strukturen benötigt mit Blick auf die Personensorgeberechtigten und mit Blick auf ein einheitliches Leistungsrecht, auf die jugendamtlichen Kontrollaufgaben in Wahrnehmung des staatlichen Wächteramts nach Art. 6 Abs. 2 S. 2 GG, die (vorläufige) Inobhutnahme von Kindern und Jugendlichen in Notsituationen und schließlich auf die unverzichtbare Zusammenarbeit mit den Gerichten, deren Aufgaben ausschließlich bundesrechtlich vorgegeben sind.[351]

Die **tatsächliche Hilfe** ist gekennzeichnet durch eine Vielfalt an Trägern mit unterschiedlichen Inhalten, Methoden und Arbeitsformen, vgl. §§ 3, 4 SGB VIII. Die **besondere Bedeutung freier Träger, die rund 2/3 der Leistungen verantworten**, unterstreicht § 4 Abs. 2 SGB VIII. Danach ist im Einzelfall die öffentliche gegenüber der freien Jugendhilfe subsidiär. Zudem ist bei noch verhältnismäßigem Aufwand ein Wunsch- und Wahlrecht zwischen verschiedenen Trägern garantiert, § 5 SGB VIII. **Leistungsberechtigt** sind junge Menschen, Eltern und sonstige Personensorgeberechtigte sowie Ausländer mit zumindest geduldetem Aufenthalt im Inland, § 6 Abs. 1, 2 SGB VIII. Tatsächlich zählten dazu z.B. im Jahr 2003 rund 180.000 hilfesuchende junge Menschen. Die **wesentlichen Betroffenen** definiert § 7 Abs. 1 Nr. 1–6 SGB VIII, nämlich Kinder, die noch nicht 14 Jahre alt sind, Jugendliche, die 14, aber noch nicht 18 Jahre alt sind, junge Volljährige von 18 bis 27 Jahren sowie die Personensorge- und Erziehungsberechtigten.

Kinder und Jugendliche sind **unter Berücksichtigung ihres Entwicklungsstandes** an allen sie betreffenden Entscheidungen der öffentlichen Jugendhilfe zu beteiligen und dürfen sich dazu an die Jugendämter wenden, § 8 Abs. 1, 2 SGB VIII.

2. Leistungen der Jugendhilfe

Gemäß **§ 2 Abs. 2 SGB VIII ist ein Regelkatalog der Leistungen** für Kinder, Jugendliche etc. vorgesehen. Im Einzelnen handelt es sich um Jugend- und Jugendsozialarbeit einschließlich des erzieherischen Kinder- und Jugendschutzes, §§ 11–14 SGB VIII, die Förderung der Erziehung in der Familie, §§ 16–21 SGB VIII, bzw. in Tageseinrichtungen und Tagespflege, §§ 22–25 SGB VIII, Hilfen zur Erziehung und ergänzende Leistungen, vgl. §§ 27–35 ff. SGB VIII, Hilfe für seelisch behinderte Kinder und Jugendliche sowie ergänzende Leistungen nach §§ 35 a–37, 39, 40 SGB VIII sowie Hilfen für junge Volljährige, § 41 SGB VIII. Schlagwortartig werden hier „harte Ansprüche auf weiche Leistungen" bei unbestimmten Rechtsbegriffen geregelt.[352]

Die **Jugendarbeit, die Jugendsozialarbeit sowie der erzieherische Kinder- und Jugendschutz** sind in den §§ 11–15 SGB VIII geregelt.

Jugendarbeit i.S.v. § 11 Abs. 1 SGB VIII soll die zur Entwicklungsförderung erforderlichen Angebote zur Verfügung stellen, die Interessen junger Menschen

351 So Wabnitz, Sozialrecht aktuell 2006, 153 ff. (155); ebenso Oehlmann-Austermann, Sozialrecht aktuell 2006, 118 ff. (120).

352 Münder, SRH, 3. Aufl. 2003, S. 1274.

berücksichtigen, sie zur Selbstbestimmung befähigen sowie gesellschaftliche Mitverantwortung und soziales Engagement fördern.

Tatsächlich durchgeführt wird die **Jugendarbeit** ganz überwiegend, zu **annähernd 85%, von freien Trägern**, regelmäßig förmlich anerkannten Institutionen i.S.v. § 74, 75 SGB VIII, speziell kirchlichen Verbänden, aber auch Sportvereinen sowie Natur- und Umweltschutzgruppen.[353] Diese Trägerschaft erklärt sich aus der **Vielfalt der Jugendarbeit, vgl. § 11 Abs. 3 Nr. 1-6 SGB VIII**, wozu u.a. außerschulische Jugendausbildung ebenso wie Sport, Spiel und Geselligkeit, Kinder- und Jugenderholung einschließlich der Jugendberatung zählen. Bei der Durchführung legt § 12 SGB VIII speziell Wert auf Selbstorganisation sowie gemeinschaftliche und verantwortliche Gestaltung.

Die **Jugendsozialarbeit beinhaltet sozialpädagogische Hilfsangebote**, die die schulische und berufliche Ausbildung, Eingliederung in die Arbeitswelt und Integration junger Menschen mit sozialen Benachteiligungen bzw. individuellen Beeinträchtigungen in erhöhtem Maße vorsieht, § 13 Abs. 1 SGB VIII. Praktische Bedeutung hat sie u.a. bei individuellen Hilfeleistungen für sog. **Straßenkinder**.

Nach der in den Sozial- und Erziehungswissenschaften gängigen Begriffsbestimmung sind dies Minderjährige, also Kinder und Jugendliche, die mindestens zwei Wochen ohne Erlaubnis der Eltern oder eines Vormundes **ohne Unterkunft praktisch auf der Straße leben**. Tatsächlich wird ihre Zahl auf bundesweit **rund 2.500** geschätzt, die jüngsten z.T. 12 Jahre alt, die meisten im Alter ab 16. Rund 40% dieser minderjährigen Straßenkinder stammen aus Familien ausländischer Zuwanderer. Straßenkinder in Deutschland stammen **aus allen gesellschaftlichen Schichten**, schichtspezifische Besonderheiten bestehen kaum. Häufiges Motiv für das Verlassen der Ursprungsfamilie ist die **Furcht vor Misshandlungen, sexuellem Missbrauch oder Vernachlässigung** dort. Überwiegend halten sie sich dann in der Anonymität von Großstädten ohne nähere soziale oder persönliche Beziehungen auf und versuchen, ihr wirtschaftliches Überleben durch **Bettelei bzw. Straftaten wie Diebstahl** bis hin zur Prostitution zu organisieren. **Freie und öffentliche Träger der Jugendhilfe** versuchen, Straßenkinder durch individuelle Hilfestellung zu unterstützen. So werden individuelle **Hilfepläne, vgl. § 36 Abs. 2 SGB VIII**, ausgearbeitet, z.T. auch eine ambulante intensive Betreuung ohne verpflichtende Unterbringung, angelehnt an § 35 SGB VIII, angeboten. Besonders problematisch ist die Lage bei solchen Jugendlichen, die sich auch den **vorläufigen Maßnahmen zu ihrem Schutz, der Inobhutnahme gem. §§ 42, 43 SGB VIII** in Heimen oder sonstigen betreuten Wohnformen, entziehen und darüber hinaus kaum noch Kontakt zu ihren Familien haben.

Um Jugendliche in ihrer Entwicklung von vornherein gegen gefährliche bzw. schädliche Einflüsse widerstandsfähiger zu machen, sind **erzieherische Kinder- und Jugendschutzmaßnahmen** nach § 14 SGB VIII vorgesehen. Sie sollen junge Menschen u.a. zur Kritik- und Entscheidungsfähigkeit und Eigenverantwortung hinführen. Darüber hinaus sollen Eltern und andere Erziehungsberechtigte besser befähigt werden, Kinder und Jugendliche **vor gefährdenden Einflüssen, etwa Drogenkonsum oder geistige Manipulation durch Sekten etc.**, zu bewahren.[354]

Anders als bei **sanktionsbewehrten Regelungen wie dem „Gesetz zum Schutz der Jugend in der Öffentlichkeit" (JÖSchG)** mit Androhung von Geldbußen nach Ordnungswidrigkeitenrecht, z.B. beim unbegleiteten Aufenthalt Minderjähriger in Gaststätten in den Abend- und Nachtstunden, haben Maßnahmen gem. § 14 SGB VIII **präventiven Charakter** und bezwecken, schädlichen Einflüssen entgegenzuwirken.[355]

353 Vgl. Gitter/Schmitt, Sozialrecht, 5. Aufl. 2001, S. 308 m.w.N.

354 Vgl. Gitter/Schmitt, Sozialrecht, 5. Aufl. 2001, S. 309; ebenso bereits BT-Drs. 11/5984, S. 56.

355 Siehe Eichenhofer, Sozialrecht, 6. Aufl. 2007, S. 311, 312.

Ein weiterer wesentlicher Regelungsbereich ist die **Förderung der Erziehung in der Familie, §§ 16–21 SGB VIII**. Die Hilfen bezwecken Unterstützung in der Erziehung und sollen, angesichts der verfassungsrechtlichen Garantie des Elternrechts gemäß Art. 6 Abs. 2 S. 2 GG, dazu beitragen, Mütter, Väter und andere Erziehungsberechtigte in die Lage zu versetzen, die **Erziehungsverantwortung besser wahrzunehmen**, § 16 Abs. 1 S. 2 SGB VIII. Neben Unterstützung und Beratung in Fragen der **Partnerschaft**, § 17 Abs. 1 SGB VIII, zielt das Gesetz für den Fall der Trennung oder Scheidung der Eltern auf einvernehmliche Regelungen zur Wahrnehmung der elterlichen Sorge, die dann **Bedeutung für die familiengerichtliche Sorgerechtsentscheidung** haben können, § 17 Abs. 2 SGB VIII.

Soweit Scheidungssachen von Eltern mit minderjährigen Kindern bei den Familiengerichten rechtshängig gemacht werden, werden dem örtlichen Jugendamt Namen und Anschriften der Eltern mitgeteilt, um über Angebote der Jugendhilfe zu unterrichten, vgl. § 17 Abs. 3 SGB VIII.

Alleinerziehende, d.h. Mütter oder Väter, die ohne Partner für ein Kind sorgen, haben Anspruch auf Beratung und Unterstützung in der Personensorge sowie bei der Geltendmachung von Unterhalts- oder Unterhaltsersatzansprüchen des Kindes bzw. Jugendlichen gegen Unterhaltsverpflichtete, § 18 Abs. 1 SGB VIII. Zudem existieren Regelungen zur Vermittlung von Kenntnissen zum Umgangsrecht der Abkömmlinge gegenüber dem anderen Elternteil, § 18 Abs. 3 SGB VIII.

Nicht nur ihrerseits noch minderjährige, sondern auch bereits volljährige **Eltern haben bis zur Vollendung des 21. Lebensjahres Anspruch auf Beratung und Unterstützung bei der Geltendmachung von Unterhaltsansprüchen, § 18 Abs. 4 SGB VIII**. Darüber hinaus ist auch ohne ausdrückliche Erwähnung der Regelung des § 19 Abs. 1 SGB VIII zu entnehmen, dass **gemeinsame Wohnformen für Alleinerziehende mit Kindern unter 6 Jahren** angeboten werden, wenn dies nach dem Persönlichkeitsbild zur Unterstütung geboten erscheint, § 19 Abs. 1 SGB VIII.[356] Zudem kann eine schwangere Frau auch schon vor der Geburt des Kindes in einer geeigneten Wohnform für Jugendliche bzw. soeben volljährig gewordene alleinerziehende Eltern betreut werden. Dies soll mit einer Motivation zur schulischen oder beruflichen Ausbildung bzw. Berufstätigkeit verbunden sein, § 19 Abs. 2 SGB VIII.

Speziell für **familiäre Notsituationen** regelt § 20 SGB VIII Unterstützungsleistungen differenziert danach, ob beide Elternteile oder ein Elternteil allein das Kind erzieht. Bei gemeinsam erziehenden Eltern ist Unterstützung dann vorgesehen, wenn der **überwiegend betreuende Elternteil aus gesundheitlichen oder anderen Gründen diese Aufgabe nicht wahrnehmen kann**. Dafür gilt § 20 Abs. 1 S. 2 Nr. 1–3 SGB III u.a. in den Fällen berufsbedingter Abwesenheit zur Gewährleistung des Kindeswohls. Wenn ein alleinerziehender Elternteil oder beide Elternteile aus gesundheitlichen oder anderen zwingenden Gründen ausfallen, soll das Kind im elterlichen Haushalt weiter versorgt und betreut werden, soweit Tageseinrichtungen bzw. Tagespflege nicht ausreichen, § 20 Abs. 2 SGB VIII.

§ 21 SGB VIII schließlich soll die **Erfüllung der Schulpflicht** von Kindern bzw. Jugendlichen gewährleisten, deren Eltern wegen ständigen berufsbedingten Ortswechseln selbst nicht in der

356 Dazu auch VGH Bayern, Beschl. v. 31.08.2005 – 12 BV 02.2651.

Lage sind, einen geregelten Schulbesuch sicherzustellen, etwa bei Schaustellern.[357] Soweit die Eltern aus ihrem Einkommen und Vermögen nicht dafür aufkommen können, vgl. §§ 91–93 SGB VIII, sind **Kosten der Unterbringung betroffener schulpflichtiger Kinder** unter den Voraussetzungen des § 21 S. 2 SGB VIII vom **Träger der öffentlichen Jugendhilfe** zu übernehmen.

Des Weiteren sieht das SGB VIII u.a. die **Förderung von Kindern in Tageseinrichtungen bzw. -pflege** vor. Tageseinrichtungen sind Kindergärten, Horte und andere Einrichtungen, in denen sich Kinder für einen Teil des Tages oder ganztags aufhalten, § 22 Abs. 1, 1. Halbs. SGB VIII. Das **pädagogische Angebot umfasst Betreuung, Bildung und Erziehung**, § 22 Abs. 2 SGB VIII. Die Erziehungsberechtigten sind an den Entscheidungen in wesentlichen Angelegenheiten solcher Einrichtungen zu beteiligen, § 22 Abs. 3 S. 2 SGB VIII. Neben der individuellen Einzeltagespflege gem. § 23 SGB VIII ist insbes. der **gesetzliche Anspruch auf einen Kindergartenplatz** nach § 24 SGB VIII von Bedeutung.[358]

Seit der Neuregelung zum 01.01.1996 hat ein Kind ab vollendetem 3. Lebensjahr bis zum Schuleintritt grundsätzlich Anspruch auf den Besuch eines Kindergartens, für Kinder unter 3 Jahren sind nach Bedarf Plätze vorzuhalten. Im Übrigen sind bedarfsabhängig Ganztagesplätze zur Verfügung zu stellen, § 24 S. 2, S. 3 SGB VIII. Einzelheiten zur **flächendeckenden Versorgung mit Kindergartenplätzen regeln jedoch die Bundesländer**, die wiederum gesetzlich fixierte Fristen für die Umsetzung des allgemeinen Anspruchs wahren müssen, vgl. § 24 a SGB VIII.

Ein wesentlicher Schwerpunkt des Jugendhilferechts ist die **Hilfe zur Erziehung** – unter Einverständnis der Personensorgeberechtigten i.S.d. BGB[359] – **gem. §§ 27 ff. SGB VIII**. Unter den Voraussetzungen des § 27 Abs. 1 SGB VIII richten sich Art und Umfang der Hilfe nach dem erzieherischen Bedarf im Einzelfall. Das engere soziale Umfeld des Kindes oder Jugendlichen soll einbezogen werden, § 27 Abs. 2 S. 2 SGB VIII. Speziell sind **pädagogische und damit verbundene therapeutische Leistungen** vorgesehen, darüber hinaus bei Bedarf auch Ausbildungs- und Beschäftigungsmaßnahmen i.S.v. §§ 13 Abs. 2 i.V.m. 27 Abs. 3 SGB VIII.[360] Dabei ist Selbstbeschaffung aber auszuschließen; der Bedarf ist rechtzeitig beim Jugendhilfeträger per Antrag anzumelden.[361]

Zu den Angeboten in aufsteigender Reihenfolge gehören **Erziehungsberatungsstellen i.S.d. § 28 SGB VIII[362] sowie soziale Gruppenarbeit gem. § 29 SGB VIII**. Vorgesehen ist darüber hinaus **gem. § 30 SGB VIII ein Erziehungsbeistand**, der jedoch den Lebensbezug zur Ursprungsfamilie erhalten und zugleich die Verselbstständigung junger Menschen fördern soll. Langfristig von der Mitarbeit der Familie abhängig ist die Unterstützung durch die **sozialpädagogische Familienhilfe**, vgl. § 31 SGB VIII. Als weitere Maßnahme existieren **Tagesgruppen, § 32 SGB VIII**.[363]

---

357 Vgl. Gitter/Schmitt, Sozialrecht, 5. Aufl. 2001, S. 310.

358 Siehe Eichenhofer, Sozialrecht, 6. Aufl. 2007, S. 315, 316 m.w.N.

359 Dazu VGH Baden-Württemberg, Urt. v. 19.04.2005 – 9 S 109/03: für Vormund (§ 1793 BGB), aber nicht für Ergänzungspfleger (§ 1909 BGB).

360 Vgl. auch zur Kooperation mit der freien Jugendhilfe bei §§ 27 ff. SGB VIII: Krölls, Zeitschrift des NDV 2000, 56–59.

361 Hauck/Stähr, SGB VIII, 2004, § 27 Rdnr. 53.

362 Zum Rechtsanspruch auf Erziehungsberatung: VG Hamburg, 08.12.2004, 13 K 1904/04, Sozialrecht Aktuell 2005, 148–150.

363 Vgl. auch Bürger, Zentralblatt für Jugendrecht (ZfJ) 2000, 446–454.

Soweit all dies nicht genügt, erfolgt die **Herausnahme entsprechend entwicklungsbeeinträchtigter Kinder bzw. Jugendlicher aus der Ursprungsfamilie zur Vollzeitpflege** gem. § 33 SGB VIII. Schließlich regelt § 34 S. 1, S. 2 Nr. 1–3 SGB VIII die Hilfe zur Erziehung in einer Einrichtung rund um die Uhr, also **Heimerziehung oder sonstige betreute Wohnformen**. Bei besonderen Erziehungsproblemen sieht **§ 35 SGB VIII schließlich eine intensive sozialpädagogische Einzelbetreuung** vor.

Gemeinsame Leistungsgrundsätze für die Hilfe zur Erziehung enthalten die §§ 36–40 SGB VIII. Neben der Erstellung eines Hilfeplans gem. § 36 SGB VIII ist nach §§ 37, 38 SGB VIII eine Zusammenarbeit mit den Erziehungsberechtigten – ggf. auch unter Einschaltung des Jugendamts – anzustreben.[364] Für den regelmäßigen Lebensbedarf ebenso wie einmalige Beihilfen oder Zuschüsse sind Pauschbeträge in den einzelnen Bundesländern festzusetzen, § 39 SGB VIII. Für die Kinder bzw. Jugendlichen besteht ergänzend ein Anspruch auf Krankenhilfe, vgl. § 40 SGB VIII i.V.m. dem SGB XII.

Eine Sonderstellung nimmt im Übrigen die **Eingliederungshilfe für seelisch behinderte Kinder und Jugendliche nach § 35 a SGB VIII** ein.[365] Bei Vorliegen der Voraussetzungen sind ambulante, teilstationäre und stationäre Formen unter Berücksichtigung des individuellen Bedarfs als Hilfe zu erbringen, § 35 a Abs. 1 S. 2 Nr. 1–4 SGB VIII. Problematisch ist dabei in der Praxis die **Abgrenzung der bereits bestehenden oder drohenden seelischen Behinderung zu echten Lernstörungen**, die zu einer Gefährdung des Schulerfolgs führen und daher wegen genereller Gefährdung des Kindeswohls Maßnahmen gem. § 27 SGB VIII rechtfertigen könnten.[366]

Letztlich ist noch die **Hilfe für junge Volljährige in § 41 SGB VIII** vorgesehen. Jungen Volljährigen, die das 18., aber noch nicht das 27. Lebensjahr vollendet haben, soll danach Hilfe für die **Persönlichkeitsentwicklung und zur eigenverantwortlichen Lebensführung** nur bis zur Vollendung des 21. Lebensjahres, in begründeten Einzelfällen aber auch für einen begrenzten Zeitraum darüber hinaus gewährt werden, § 41 Abs. 1 SGB VIII. Zudem ist eine nachgehende Betreuung gemäß § 41 Abs. 3 SGB VIII vorgesehen, womit diese Personen zumindest beraten und unterstützt werden. Der Anspruch steht dem betroffenen jungen Volljährigen selbst zu.[367] Ausgenommen ist jedoch Hilfe zum Lebensunterhalt; diese richtet sich nach Sozialhilfe- bzw. Grundsicherungsrecht (SGB XII/SGB II).[368]

3. Weitere Aufgaben der Jugendhilfe

Die §§ 42–60 SGB VIII betreffen die **institutionalisierte Jugendhilfe, d.h. Jugendämter bzw. Landesjugendbehörden**. Vorgesehen sind u.a. hoheitliche Eingriffe, Genehmigungs- und Überwachungsaufgaben sowie die Mitwirkung in gerichtlichen Verfahren zu Personensorge, Pflegschaft und Vormundschaft.

364 Kunkel, ZfJ 1998, 205–210.

365 Zur Abgrenzung bei überwiegend seelischer Behinderung mit Zuständigkeit der Sozialhilfe: VGH Bayern, Urt. v. 09.06.2005 – 12 BV 02.969.

366 Mrozynski, ZfJ 2000, 251–258.

367 Münder, SRH, 3. Aufl. 2003, S. 1281; mit Abstellen auf den Entwicklungsprozess: VGH Bayern, Beschl. v. 28.06.2005 – 12 CE 05.1287.

368 Dazu auch BVerwG, Beschl. v. 02.03.2006 – 5 C 15.05.

Die **Inobhutnahme gem. § 42 SGB VIII** setzt eine Gefährdung des Kindeswohls voraus. Dann erfolgt die **vorläufige Unterbringung** bei einer geeigneten Person, in einer Einrichtung oder sonstigen betreuten Wohnform, § 42 Abs. 1 S. 1 SGB VIII. Auf eigene Bitte des Kindes oder Jugendlichen ist die Inobhutnahme für das Jugendamt verpflichtend, § 42 Abs. 2 SGB VIII. Die Personensorge- bzw. Erziehungsberechtigten müssen unverzüglich unterrichtet werden. Bei deren Widerspruch wird entweder die **Inobhutnahme aufgehoben oder eine Entscheidung des Familiengerichts über die erforderlichen Maßnahmen herbeigeführt**, § 42 Abs. 2 S. 3 Nr. 1, Nr. 2 SGB VIII.

Während der Inobhutnahme hat das Jugendamt den **notwendigen Unterhalt und Krankenhilfe** zu gewährleisten. Es übt das Recht der Beaufsichtigung, Erziehung und Aufenthaltsbestimmung aus und hat **für das Wohl des Kindes bzw. Jugendlichen zu sorgen**, vgl. im Einzelnen § 42 Abs. 1 SGB VIII. Nicht mehr entscheidend ist seit 2005, aus wessen Einflussbereich der Betroffene herausgenommen wird.[369] In besonderen Fällen sind darüber hinaus auch **freiheitsentziehende Maßnahmen vorgesehen, speziell bei Gefahren für das Leben oder die körperliche Unversehrtheit** des Kindes bzw. Jugendlichen oder Gefahren für Leib oder Leben Dritter, § 42 Abs. 3 S. 2 SGB VIII. Die Freiheitsentziehung steht **unter Richtervorbehalt**, muss also ohne gerichtliche Entscheidung spätestens mit Ablauf des folgenden Tages beendet werden, § 42 Abs. 3 S. 3 SGB VIII. Anderenfalls ist ein Antrag auf Entscheidung beim Familiengericht zu stellen.

Ergänzt werden diese Eingriffsbefugnisse durch die Regelung in § 43 SGB VIII zur **Herausnahme eines Kindes oder Jugendlichen ohne Zustimmung des Personensorgeberechtigten**. Bei der Herausnahme gem. § 43 SGB VIII wird neben der **Gefährdung des Wohls des Kindes bzw. Jugendlichen i.S.d. § 1666 BGB** als weitere Voraussetzung Gefahr im Verzug verlangt. Die Herausnahme **aus ungeeigneten Familien oder Einrichtungen** führt zu einer vorläufigen anderweitigen Unterbringung.[370]

Die **Familienpflege** und insbes. die **Betreuung in Einrichtungen** sind Gegenstand der §§ 44–49 SGB VIII.

Auch bereits die **Betreuung bzw. Aufnahme eines Kindes bzw. Jugendlichen außerhalb des Elternhauses in einer anderen Familie** bedarf einer öffentlich-rechtlichen Erlaubnis. Die aufnehmende Pflegestelle, d. h. eine Pflegeperson i.S.d. § 44 Abs. 1 S. 1 SGB VIII, muss das Wohl des Kindes oder Jugendlichen gewährleisten, anderenfalls erfolgt eine Herausnahme, § 44 Abs. 2 SGB VIII. Zudem muss sie das Jugendamt über wichtige Ereignisse betreffend das Wohl des Kindes oder Jugendlichen informieren, § 44 Abs. 4 SGB VIII.

Ein **besonderer Erlaubnisvorbehalt gilt jedoch für Einrichtunge**n, in denen Kinder bzw. Jugendliche ganztägig oder für einen Teil des Tages betreut werden bzw. Unterkunft erhalten, vgl. § 45 Abs. 1, 2 SGB VIII. Ausnahmen sieht § 45 Abs. 1 S. 2 Nr. 1–3 SGB VIII speziell für Jugendfreizeiteinrichtungen, Schülerheime bzw. allgemeine Hotel- und Gaststättenbetriebe vor. Die Entscheidung über die Erlaubnis ergeht durch Verwaltungsakt, § 31 SGB X. Wesentliches Merkmal ist die **Eignung der betreuenden Kräfte**. Dazu zählt in jedem Fall auch

369 So unter Bezug auf das KJH-Weiterentwicklungsgesetz v. 08.09.2005, BGBl. I, S. 2729: Waltermann, Sozialrecht, 6. Aufl. 2006, S. 245, 246.

370 Hauck/Mainberger, SGB VIII 2004, § 43 Rdnr. 6.

eine **pädagogische Leitung**. Abgesehen von Nebenbestimmungen kommen auch nachträgliche Auflagen in Betracht, § 45 Abs. 2, S. 1, S. 5 SGB VIII.

Die **Entscheidung über Rücknahme oder Widerruf der Erlaubnis nach §§ 45, 48 SGB** X ist kraft Gesetzes sofort vollziehbar. Widerspruch und Anfechtungsklage haben gem. § 45 Abs. 2 S. 6 SGB VIII ausdrücklich keine aufschiebende Wirkung. Infrage kommen auch **Ortsbesichtigungen von Mitarbeitern der Jugendämter mit umfangreichen Eingriffs- und Zutrittsbefugnissen** gem. § 46 Abs. 2 SGB VIII. Der Träger einer erlaubnispflichtigen Einrichtung i.S.v. § 45 SGB VIII hat **umfangreiche Meldepflichten nach § 47 SGB VIII**, u.a. bei Betriebsaufnahme, Schließung der Einrichtung sowie bei wesentlichen Änderungen. Zudem ist der jeweiligen Behörde u.a. bei jeder Neu-(Aufnahme) und einmal jährlich eine **genaue Aufstellung über die in der Einrichtung betreuten Kinder** vorzulegen, § 47 Abs. 2 S. 1 Nr. 1–4 SGB VIII.

Für **sonstige betreute Wohnformen** gelten §§ 40–48 SGB VIII analog, soweit dort Kinder und Jugendliche betreut oder untergebracht werden, § 48 a SGB VIII.

Erhebliche Funktionen haben darüber hinaus die öffentlichen Träger der Jugendhilfe in **gerichtlichen Verfahren gem. §§ 50 ff. SGB VIII**. Das Jugendamt unterstützt das Vormundschafts- und das Familiengericht bei allen Maßnahmen, die die **Personensorge für Kinder und Jugendliche** betreffen. Im Übrigen hat es in Verfahren nach dem Gesetz über die Angelegenheiten der freiwilligen Gerichtsbarkeit (FGG) unter den Voraussetzungen des § 50 Abs. 1 S. 2 SGB VIII mitzuwirken.

Konkret geschieht dies durch Unterrichtung, Hinweise und weitere Hilfen, § 50 Abs. 2 SGB VIII. Bei Gefährdung des Wohles des Kindes oder Jugendlichen hat das Jugendamt das zuständige Familien- bzw. Vormundschaftsgericht von sich aus zu informieren, § 50 Abs. 3 SGB VIII. Des Weiteren ist das Jugendamt im **Verfahren zur Annahme als Kind (früher Adoption)** gem. § 51 SGB VIII beteiligt. Dann ist es aber nicht Hilfsorgan der Vormundschafts- und Familiengerichte, sondern nimmt eine eigenständige Position, u.a. mit Anhörungsrechten, wahr.[371]

Mit der Funktion als **Jugendgerichtshilfe nach § 52 SGB VIII** wird im Übrigen das Jugendamt in Verfahren nach dem Jugendgerichtsgesetz (JGG) einschließlich der Betreuung des Jugendlichen bzw. jungen Volljährigen im gesamten **Jugendstrafverfahren** beratend tätig.

Als weiterer Aufgabenbereich ist die Beratung und Unterstützung bei **Verfahren zur Vaterschaftsfeststellung und Geltendmachung von Unterhaltsansprüchen gem. §§ 52 a ff. SGB VIII** vorgesehen.

Zudem wird das **Jugendamt auch als Beistand, Pfleger oder Vormund** nach Maßgabe der Vorschriften des BGB tätig. Die Aufgabe selbst wird einer natürlichen Person, einem Beamten oder Angestellten dieses Amtes, übertragen, vgl. im Einzelnen § 55 SGB VIII. Die Einzelheiten regelt § 56 SGB VIII, wobei auch miteinander verheiratete Eltern eines Kindes, z.B. im Fall einer Trennung, Beistandschaft in Anspruch nehmen können. Praktisch bedeutsam ist dabei gerade für unverheiratete bzw. jugendliche Mütter die Beurkundung und Beglaubigung von **Erklärungen zur Vaterschaftsanerkennung durch Urkundspersonen beim Jugendamt, § 59 SGB VIII** sowie die Unterstützung einer etwaigen **Zwangsvollstreckung zur Durchsetzung der väterlichen Unterhaltspflicht** mit Fertigung vollstreckbarer Urkunden gemäß § 60 SGB VIII.

---

371 Münder, SRH, 3. Aufl. 2003, S. 1283, 1284.

4. Verfahrensregelungen, Kostentragung und sonstige Vorschriften

Neben der Bezugnahme auf die allgemeinen Vorschriften zum **Sozialdatenschutz** in §§ 67–85 a SGB X, vgl. § 61 SGB VIII, gilt noch ein **besonderer Vertrauensschutz bei den persönlichen und erzieherischen Hilfen**, vgl. § 65 Abs. 1 S. 1 Nr. 1–3 SGB VIII. Entscheidend ist die Einwilligung des Betroffenen bzw. die aufgabenentsprechende Beiziehung durch ein Vormundschafts- oder Familiengericht, § 50 Abs. 3 SGB VIII. Für selbst Betroffene gilt das Einsichtsrecht in die sie betreffenden Daten nach dem 18. Lebensjahr, § 68 Abs. 3 SGB VIII.

Ergänzend zu institutionalisierten Trägern wie kommunalen Jugendämtern und weiteren landesrechtlich bestimmten Stellen, vgl. §§ 69, 70 SGB VIII, sieht § 71 SGB VIII als besonderes Gremium den **Jugendhilfeausschuss** vor.[372] Dieses Gremium befasst sich mit allen **Angelegenheiten der Jugendhilfe, insbes. mit aktuellen Problemlagen, der Planung der Jugendhilfe und der Förderung der freien Jugendhilfe, § 71 Abs. 2 Nr. 1–3 SGB VIII**. Auf Landesebene ist derzeit noch unter dem Vorbehalt von Änderungen aufgrund der Föderalismusreform (s.o. S. 137) Entsprechendes vorgeschrieben, vgl. §§ 70 Abs. 3, 71 Abs. 4 SGB VIII. Die Jugendhilfeausschüsse setzen sich überwiegend zusammen aus jugendhilfeerfahrenen Mitgliedern der Vertretungskörperschaften des Trägers, insbes. der Magistrate bzw. Gemeinde- oder Stadträte, sowie zu einem geringeren Anteil aus Personen, die von Trägern der freien Jugendhilfe unter Berücksichtigung der Jugend- und Wohlfahrtsverbände vorgeschlagen werden, § 71 Abs. 1 Nr. 1, Nr. 2 SGB VIII.[373]

Schließlich sind die **hauptberuflichen Mitarbeiter der öffentlichen Jugendhilfe** als Fachkräfte nach persönlicher Eignung und entsprechender Ausbildung bzw. besonderen Erfahrungen in der Sozialarbeit zu bestimmen. Sie haben im Übrigen durch Fortbildung und Praxisberatung ihren Kenntnisstand sicherzustellen, vgl. im Einzelnen § 72 SGB VIII.

Die **Leistungserbringung regeln die §§ 78 a–g SGB VIII**. Danach können u.a. **Rahmenverträge, § 78 f SGB VIII**, abgeschlossen sowie Schiedsstellen, § 78 g SGB VIII, eingerichtet werden. Zweck ist die **einheitliche und transparente Gestaltung** der Leistungsanforderungen und Entgeltregelungen für diverse Leistungsformen im Jugendhilferecht, vgl. § 78 a Abs. 1 Nr. 1–7 SGB VIII. Die freien Träger haben jedoch nur Anspruch auf pflichtgemäße Ermessensausübung und nicht auf eine bestimmte Förderung gemäß § 74 Abs. 1, 3 SGB VIII.[374]

Zuständigkeitsregeln enthalten die §§ 85–88 SGB VIII. Die **örtliche Zuständigkeit richtet sich regelmäßig nach dem gewöhnlichen Aufenthalt der Eltern**, anderenfalls nach der Mutter bzw. einem einzelnen lebenden Elternteil, vgl. § 86 Abs. 1 SGB VIII. Abweichende Regelungen, überwiegend nach dem tatsächlichen Aufenthalt der betroffenen Kinder bzw. Jugendlichen, gelten ins-

372 Dazu grundlegend David, Diss. jur. Münster 1992, Lang-Verlag Frankfurt/Main 1993.

373 Siehe ebenfalls David, DVBl. 1994, 1112–1117 m.w.N.

374 OVG NRW, Beschl. v. 26.09.2003, 12 B 1727/03.

bes. bei Eilmaßnahmen, Pflegefamilien und Wohneinrichtungen, §§ 87–87 e SGB VIII.[375]

Für die **Kosten** gelten bei konkurrierenden Zuständigkeiten die §§ 89–89 h SGB VIII,[376] für Maßnahmekosten im Übrigen die Grundsätze nach §§ 91–94 SGB VIII zur **Heranziehung u.a. der Eltern unter Berücksichtigung etwaig ersparter Aufwendungen** in Form eines Kostenbeitrags, § 94 SGB VIII,[377] ergänzt durch Vorschriften über die Anspruchsüberleitung **(cessio legis)** gem. §§ 95, 96 SGB VIII.

Der **Rechtsweg für Klagen im Zusammenhang mit dem SGB VIII** hängt vom **Sachverhalt bzw. Streitgegenstand** ab. Während für hoheitliche Eingriffe der Jugendämter, u.a. betreffend Einrichtungen i.S.d. §§ 44–49 SGB VIII, regelmäßig der **Verwaltungsrechtsweg, § 40 VwGO**, eröffnet ist, gilt im Übrigen die **ZPO bzw. das GVG mit Zuständigkeit insbes. der Familiengerichte**.

4. Abschnitt: Rehabilitation und Teilhabe Behinderter

1. Überblick, Gesetzesentwicklung, Konzept und Regelungsmaterien

Kernstück des bundesdeutschen Schwerbehindertenrechts ist das **zum 01.07. 2001 in Kraft getretene Neunte Buch des Sozialgesetzbuchs (SGB IX)**.[378] Das SGB IX realisierte die förmliche Eingliederung in das Sozialgesetzbuch, nachdem das **Schwerbehindertengesetz (SchwbG)** zuvor als Besonderer Teil gem. § 68 Nr. 2 SGB I galt. Das SGB IX erfasst auch das ab 01.10.1974 gültig gewesene **Gesetz über die Angleichung der Leistungen zur Rehabilitation (RehaAnglG)** vom 07.08.1974.[379] Gegenstand des SGB IX ist damit die Rehabilitation (Teil 1 des SGB IX) und die Teilhabe behinderter Menschen am Arbeits- und gesellschaftlichen Leben, das eigentliche Schwerbehindertenrecht in Teil 2 des SGB IX. Tatsächlich anerkannt als Schwerbehinderte sind 6,7 Mio. Menschen in der Bundesrepublik Deutschland.[380]

Das SGB IX konkretisiert das **soziale Recht des § 10 SGB I** zur Teilhabe Behinderter mitsamt dem Leistungskatalog in der Einweisungsvorschrift des § 29 SGB I.

375 Dazu VGH Bayern, Beschl. v. 31.08.2005 – 12 BV 02.2651: Keine Zuständigkeitsänderung bei bloßem Wechsel der Hilfeart; und ebenso VGH Bayern, Beschl. v. 01.09.2005 – 12 B 02.1664 für den Fall eines Umzugs ins Ausland.

376 Siehe OVG NRW, Urt. v. 22.03.2006 – 12 A 2094/05: Zum Erstattungsstreit gem. §§ 102 ff. SGB X.

377 Geschützte Elternvermögen, aber auch noch bei rund 10.000 € Bankguthaben, OVG SH, 07.04.2004, 2 LB 63/03.

378 BGBl. I 2001, S. 1046 ff.

379 BGBl. I 1974, S. 1881 ff.

380 So Sozialbericht 2005; www.bmas.de.

Die **Entwicklung des Schwerbehindertenrechts in der Bundesrepublik Deutschland** stand zunächst unter dem Eindruck der Folgen des 2. Weltkriegs. Insbes. für Kriegsverletzte etc. wurde das **Gesetz über die Beschäftigung Schwerbeschädigter vom 16.06.1953**,[381] geschaffen, das Hilfeleistungen für Schwerbeschädigte zur Erlangung bzw. Erhaltung eines geeigneten Arbeitsplatzes enthielt. Es sah eine **Beschäftigungspflicht** für öffentliche und private Arbeitgeber sowie eine **Ausgleichsabgabe** für nicht besetzte Pflichtplätze vor. Maßgeblich für die Anwendung des Gesetzes ist die Minderung der Erwerbsfähigkeit (MdE) von 50% und der kausale Zusammenhang der körperlichen Beeinträchtigungen mit Kriegsereignissen bzw. politischer Verfolgung. Reformiert wurde dies durch das **am 29.04.1974 bekannt gemachte Gesetz zur Sicherung der Eingliederung Schwerbehinderter in Arbeit, Beruf und Gesellschaft (SchwbG)**.[382] Entscheidend war nicht mehr die kausale Verursachung der Behinderung, sondern das **bloße Ausmaß körperlicher Beeinträchtigung**. Das Schwerbehindertenrecht gilt seitdem z.B. auch für Opfer privater Unfälle im Zivilleben und Menschen mit krankheitsbedingt erworbener oder von Geburt an bestehender Behinderung. Folglich erhöhte sich auch die Gesamtzahl anerkannter schwerbehinderter Menschen erheblich. **1986 wurde dann der eher kausalitätstypische Begriff der MdE durch Grad der Behinderung (GdB) als Maßstab** des Ausmaßes gesundheitlicher Beeinträchtigungen ersetzt. Das SchwbG von 1986 wurde letztmals durch das **Gesetz zur Bekämpfung der Arbeitslosigkeit Schwerbehinderter vom 01.10.2000**,[383] reformiert. Danach wurden die Mittel der Ausgleichsabgabe – Folge der Nichtbesetzung eines Pflichtarbeitsplatzes mit einem Behinderten – verstärkt für die Integration Schwerbehinderter auf dem allgemeinen Arbeitsmarkt bestimmt.[384]

Der heutige Rechtszustand richtet sich im Wesentlichen nach dem im **Juli 2001 in Kraft gesetzten Teil 2 des SGB IX, Schwerbehindertenrecht, §§ 68 ff. SGB IX**, zuletzt novelliert im Dezember 2007.[385]

Die **Regelungsinhalte sind weitgehend unverändert geblieben**. Allerdings erfolgten z.T. sprachliche Anpassungen. Wesentlicher Zweck des SGB IX ist es, Menschen mit Behinderungen eine **selbstbestimmte und gleichberechtigte Teilhabe am gesellschaftlichen und speziell Arbeits-Leben** zu ermöglichen.

Auch dadurch soll das **seit 1994 geltende Verbot der Behindertendiskriminierung in Art. 3 Abs. 3 S. 2 GG** („Niemand darf wegen seiner Behinderung benachteiligt werden") mit verwirklicht werden. Das Diskriminierungsverbot allein genügt nämlich in der Praxis nicht für Problemlösungen in verschiedensten Lebensbereichen, etwa beim **integrierten Schulbesuch behinderter Kinder**,[386] oder bei **angeblicher Lärmbelästigung durch geistig behinderte Menschen an einem Urlaubsort**.[387] Neben dem im SGB IX u.a. für derartige Benachteiligungen vorgesehenen, neu eingeführten Verbandsklagerecht, § 63 SGB IX,[388] ist auf Bundesebene **seit Mai 2002 durch das Gesetz zur Gleichstellung behinderter Menschen (BGG)** für die Träger öffentlicher Gewalt u.a. verbindlich angeordnet, die **Barrierefreiheit zu gewährleisten**.

381 BGBl. I 1953, S. 389.

382 BGBl. I 1974, S 1005 ff.

383 Vgl. dazu BT-Drs. 14/3799.

384 S. Stähler/Wimmer, NZS 2002, 570 ff. m.w.N., s. auch Koggens/Maaß, NZA 2000, 1025 ff.

385 Gesetz zur Änderung des BVG und anderer Vorschriften v. 13.12.2007, BGBl. I 2007, S. 2904.

386 BVerfG, NJW 1998, 131.

387 Urt. des OLG Köln, NJW, 1998, 763.

388 Vgl. dazu Welti, NJW 2001, 2210 sowie Bayerischer VGH, Beschl. v. 17.11.2004, 12 CE 04.1580.

2. Behinderung und Feststellungsverfahren nach dem SGB IX

Die Regelungen für Behinderte und von Behinderung bedrohte Menschen sollen – unter Berücksichtigung der besonderen Bedürfnisse betroffener Frauen und Kinder – durch Leistungen nach dem SGB IX diese Ziele fördern, vgl. § 1 S. 1, S. 2 SGB IX. Ausschlaggebend für die **Anwendung ist regelmäßig die versorgungsamtliche Feststellung der Behinderung**, an die die Vorschriften über die Integration Behinderter, zur Abwehr behinderungsbezogener Benachteiligungen sowie Inanspruchnahme vielfältiger Nachteilsausgleiche für Behinderte anknüpfen.

2.1 Begriff und Anerkennung der Behinderung

Anknüpfungspunkt für das SGB IX ist regelmäßig der **Behinderungsbegriff des § 2 SGB IX mit besonderer Hervorhebung der schwerbehinderten Menschen**. Gem. § 2 Abs. 1 SGB IX sind Menschen behindert, wenn ihre körperliche Funktion, geistige Fähigkeit oder seelische Gesundheit mit hoher Wahrscheinlichkeit länger als 6 Monate von dem für das Lebensalter typischen Zustand abweichen und daher ihre Teilhabe am Leben in der Gesellschaft beeinträchtigt ist. **Schwerbehindert sind Menschen i.S.v. § 2 Abs. 2 SGB IX ab einem Grad der Behinderung (GdB) von wenigstens 50**, die zudem den Wohnsitz, einen gewöhnlichen Aufenthalt oder eine Beschäftigung auf einem Arbeitsplatz (§ 72 SGB IX) rechtmäßig im Geltungsbereich des Gesetzes innehaben müssen. Die Regelungen im SGB IX Teil 2 sind gem. § 68 SGB IX auf Schwerbehinderte und **Gleichgestellte, sog. minderbehinderte Menschen**, zugeschnitten, während die **drohende Behinderung im Rehabilitationsrecht, 1. Teil des SGB IX**, ausgestaltet ist.

2.1.1 GdB und sozialmedizinischer Maßstab

Der GdB bezeichnet nach der neuen Terminologie des SGB IX die **Auswirkung auf die Teilhabe am Leben in der Gesellschaft ohne Unterschied, ob ein gesundheitlicher Schaden angeboren, Folge eines Unfalls oder einer Erkrankung** ist. Allerdings finden alterstypische Beeinträchtigungen, z.B. altersentsprechende Verschleißerscheinungen, keine besondere Berücksichtigung.

Die **Festlegung des GdB erfolgt in Zehnergraden, eine Feststellung erfordert den GdB von mindestens 20, § 69 Abs. 1 S. 5 SGB IX**. Dabei wird jede gesundheitliche Störung zunächst einzeln bewertet. Bei **Vorliegen mehrerer Beeinträchtigungen** ist entscheidend, inwieweit sich diese gegenseitig beeinflussen. Danach ist, **ohne bloß rechnerische Addition der jeweiligen Einzel-GdB-Werte, das Ausmaß der Gesamtauswirkung zu bestimmen**. Sodann ist schließlich der festzustellende GdB (**„Gesamt-GdB“**) zu ermitteln.[389]

---

389 Vgl. auch Kunze, Die Versorgungsverwaltung 1994, S. 70–74.

Zur GdB-Bewertung werden regelmäßig die vom Bundesministerium für Arbeit und Soziales (BMAS) herausgegebenen **„Anhaltspunkte für die ärztliche Gutachtertätigkeit im sozialen Entschädigungsrecht und nach dem Schwerbehindertenrecht“**, derzeitige Fassung 2004/2005 (AP 2004/2005) bzw. leicht erweiterter Neudruck vom Januar 2008 angewandt.

Die wichtigste Neuerung durch das BVG-Änderungsgesetz[390] ist die Verrechtlichung der vom Bundesministerium für Arbeit und Soziales (BMAS) herausgegebenen „Anhaltspunkte 2008“.[391]

Nach § 69 Abs. 1 SGB IX werden das Vorliegen einer Behinderung und der Grad der Behinderung (GdB) von den für die Durchführung des Bundesversorgungsgesetzes zuständigen Behörden festgestellt. Um eine **einheitliche Feststellungspraxis** sicherzustellen und um zu gewährleisten, dass die unterschiedlichen Beeinträchtigungen angemessen und in sachgerechter Relation zueinander bewertet werden können, werden dabei seit langem die AP angewandt.

Ihnen wurde von der Rspr. des BSG trotz fehlender gesetzlicher Ermächtigung rechtsnormähnliche Qualität zuerkannt.[392] Das Fehlen der gesetzlichen Grundlage war nicht nur wegen des verfassungsrechtlichen Vorbehalts des Gesetzes, sondern auch wegen § 31 SGB I zu beanstanden. Abgesehen davon hat namentlich eine Fachkammer am SG Düsseldorf es abgelehnt, die Anhaltspunkte für die Festsetzung von Behinderungsgraden anzuwenden. Ihre Anwendung sei mit elementaren Grundsätzen der Verfassung nicht vereinbar.[393] Dieser Streit wird jetzt durch die Verrechtlichung der AP gelöst. Für die AP selbst und die Organisation, das Verfahren und die Zusammensetzung des Ärztlichen Sachverständigenbeirats, der dieses Regelwerk erarbeitet und ständig überprüft, ist nun eine materielle Rechtsgrundlage in Gestalt von § 30 Abs. 17 BVG geschaffen worden.[394]

Hingegen weichen **die in der Unfallversicherung verwandten Richtlinien zur MdE-Bildung** z.T. von den Vorgaben dieser Verwaltungsvorschrift zum BVG ab und sind auch insoweit nicht mit § 69 Abs. 1 SGB IX vereinbar. Mithin **bleiben für die Bildung des GdB die allgemeinen Auswirkungen der Funktionsstörungen maßgebend**. Die Beeinträchtigung und Gefährdung der Teilhabe durch Funktionsstörungen sind dabei **unabhängig vom ausgeübten Beruf** zu beurteilen.[395]

Nach dieser Entscheidung besteht zudem **keine Wechselwirkung zwischen der Feststellung einer Schwerbehinderung i.S.d. SchwbG/SGB IX und der Rente wegen Erwerbsunfähigkeit, § 44 SGB VI a.F., bzw. wegen Erwerbsminderung gem. § 43 SGB VI** in der ab 01.01.2001 geltenden Neufassung. Die Frage nach dem Bestehen der Schwerbehinderung ist

---

390 BVG-Änderungsgesetz v. 13.12.2007, BGBl. I, S. 2904.

391 AHP; www.bmas.de.

392 BSG v. 11.10.1994 – 9 RVs 1/93 – BSGE 75, 176 = SozR 3-3870 § 3 Nr. 5.

393 SG Düsseldorf v. 13.02.2002 – S 31 SB 282/01 – SGb 2002, 333.

394 Vgl. ausführlich: Düwell, juris Praxis Report Arbeitsrecht 3/2008 v. 16.01.2008, Anm. 6.

395 BSG, Urt. v. 09.10.1987, 9 a RVs 5/86, auch Beschl. v. 08.08.2001, B 9 SB 5/01B.

für die Feststellung der Erwerbsunfähigkeit bzw. vollen Erwerbsminderung n.F. auch nicht als Vorfrage entscheidungserheblich.[396]

2.1.2 Verfahren zur Anerkennung der Behinderung

Für das Verfahren zur Feststellung der Behinderung i.S.v. § 2 SGB IX gilt § 69 SGB IX. Auf Antrag des behinderten Menschen stellen danach die für die Durchführung des BVG zuständigen Behörden das Vorliegen einer Behinderung sowie den GdB in Form eines Bescheides fest. Zudem sind durch das BVG-Änderungsgesetz vom Dezember 2007 im SGB IX einige Bestimmungen novelliert worden. Wegen der Schaffung einer Rechtsgrundlage für die AP werden in § 69 Abs. 1 S. 5 SGB IX jetzt die für das Feststellungsverfahren zuständigen Behörden auch an die Maßstäbe der aufgrund des § 30 Abs. 17 BVG erlassenen Rechtsverordnungen gebunden. Insoweit handelt es sich um eine zwingende Folgeänderung, die durch § 30 Abs. 17 BVG bedingt ist.

Regelmäßig ist dafür die in den Bundesländern **unterschiedlich organisierte bzw. bezeichnete Versorgungsverwaltung zuständig**, etwa Ämter für Familie, Soziales und Versorgung, die Versorgungsämter oder entsprechende Behörden. In Nordrhein-Westfalen sind – abweichend von unterschiedlichen Modellen in anderen Bundesländern[397] – zum 01.01.2008 kraft Gesetzes die Versorgungsämter aufgelöst und ihre Aufgaben nach dem SGB IX auf die Kreise und kreisfreien Städte übertragen worden.[398] Die **Kommunalisierung** ist nach bereits vorliegender, allerdings noch vom BSG überprüfbarer Rspr. des LSG NRW aufgrund § 69 Abs. 1 S. 7 SGB IX bundesrechtlich zulässig und im Übrigen auch mit dem Grundgesetz, insbes. Art. 84 GG, vereinbar.[399]

Voraussetzung für die Feststellung ist ein **Antrag bei dem für den Wohnsitz zuständigen Versorgungsamt bzw. der entsprechenden Landesbehörde**. Nach medizinischer Überprüfung unter Berücksichtigung aktueller Arztauskünfte, Unterlagen über Krankenhausaufenthalte oder Rehabilitationsbehandlungen etc. erfolgt dann **nach Beteiligung des ärztlichen Dienstes der Versorgungsverwaltung** eine Entscheidung über den GdB und ggf. festzustellende gesundheitliche Merkmale für die Gewährung von Nachteilsausgleichen. Bei **wesentlicher Änderung der gesundheitlichen Verhältnisse**, insbes. Verschlimmerung bestehender Leiden oder Hinzutreten neuer Beschwerden, kann jederzeit ein **Antrag auf Neufeststellung, also zur Überprüfung der Auswirkungen der gesundheitlichen Beeinträchtigungen in Zukunft, gemäß § 48 Abs. 1 SGB X** gestellt werden.

Für **Beurteilungen zu gesundheitlichen Beeinträchtigungen in anderen Rechtsgebieten gilt im Übrigen § 69 Abs. 2 SGB IX als Sonderregelung**. Entscheidend ist danach, ob anderweitige Feststellungen etwa schon in einem Rentenbescheid, einer entsprechenden Verwaltungs- oder Gerichtsentscheidung oder einer vorläufigen Bescheinigung der dafür zuständigen Dienststelle vorliegen. Bedeutsam ist das u.a. für die MdE aus dem Recht der gesetzlichen Unfallversicherung (SGB VII) oder dem sozialen Entschädigungsrecht, d.h. nach BVG, SVG, OEG etc. Ausnahmen regelt wiederum § 69 Abs. 2 S. 1, 2. Halbs.,

396 Vgl. bereits BSG, Beschl. v. 09.12.1987, 5b BJ 156/87.

397 Siehe Puschke, Die Versorgungsverwaltung 2006, S. 37 ff., 53 ff. m.w.N.

398 2. Gesetz zur Straffung der Behördenstruktur v. 30.10.2007 (GV NRW 482).

399 LSG NRW, Urt. v. 12.02.2008 – L 6 SB 101/06 m.w.N. www. sozialgerichtsbarkeit.de, Revisions-AZ BSG B 9 SB 1/08 R.

S. 2 SGB IX. Die Vorschrift gilt nur, soweit keinerlei anderweitige Gesundheitsstörungen geltend gemacht werden.[400]

2.2 Schwerbehinderung im Sinne des SGB IX

Gemäß § 2 Abs. 2 SGB IX sind Menschen schwerbehindert, wenn bei ihnen ein GdB von wenigstens 50 vorliegt. Zudem muss ein Wohnsitz, gewöhnlicher Aufenthalt oder Beschäftigung auf einem Arbeitsplatz i.S.v. § 73 SGB IX rechtmäßig bestehen.

2.2.1 Voraussetzungen und Feststellung

Entscheidend für die Feststellung der Schwerbehinderung ist, dass der **GdB zumindest 50 erreichen muss**. Der Gesamt-GdB lässt sich dabei **nicht rechnerisch aus den Einzel-GdB-Werten bestimmen**. Die **bloße Addition** vieler Einzel-GdB-Werte zu verschiedensten Gesundheitsstörungen oder die **Anwendung mathematischer Formeln** („Summe aller GdB geteilt durch 2“) ist nicht zulässig. Vielmehr bestimmt auch **Nr. 19 Abs. 4 AP 2004/2005 bzw. AP-Neufassung 2008**, ausgehend von den funktionellen Auswirkungen der einzelnen Funktionsbeeinträchtigungen, dass **in einer Zusammenschau der Gesamt-GdB zu ermitteln ist**. Dabei ist vom höchsten Einzel-GdB auszugehen und zu überprüfen, ob und inwieweit durch weitere Funktionsbeeinträchtigungen das Ausmaß der Beeinträchtigung vergrößert wird.

Regelmäßig gelten **folgende Prüfungsschritte:**

- Feststellung der **wechselseitigen Beziehungen der Funktionsbeeinträchtigungen in den einzelnen Funktionssystemen**
- Prüfung, **welcher Einzel-GdB** unter Berücksichtigung der wechselseitigen Beziehungen **nach den AP 2004/2005 bzw. 2008 generell geeignet ist, eine Erhöhung des höchsten Einzel-GdB zu rechtfertigen**
- **Bildung des Gesamt-GdB** sowie
- **Vergleich mit einer typischen (hochbewerteten) Einzelbehinderung**

Maßgeblich ist u.a. die Frage, ob eine **Verstärkung oder Überschneidung** vorliegt bzw. Beeinträchtigungen auch **allein unabhängig voneinander bestehen**, z.B. bei Diabetes,[401] Hörminderung und Gehbehinderung, AP 2004/2005/2008, Nr. 19 Abs. 3.

Die **Feststellung der Schwerbehinderteneigenschaft i.S.d. SGB IX erfordert erhebliche Funktionsbeeinträchtigungen**, die in ihrem Schweregrad etwa dem Verlust eines Beines im Unterschenkel, dem Verlust der Hand oder einer Versteifung großer Teil der Wirbelsäule entsprechen müssen.[402] Problematisch ist

400 BSG, Urt. v. 05.07.2007 – B 9/9 aSB 12/06 R.

401 Zu den Maßstäben bei Diabetes: LSG NRW, Urt. v. 31.08.2006 – L 7 SB 39/05.

402 BSG, Urt. v. 16.03.1994, 9 RVs 6/93.

insbes. die Frage, inwieweit **mehrere vergleichsweise leichte Behinderungen an verschiedenen Körperabschnitten** mit einer derartigen erheblichen Funktionsbeeinträchtigung vergleichbar sind. Die angemessene Bewertung der Einzel-GdB ebenso wie der Vorschlag zum Gesamt-GdB hängen in der Praxis von **schlüssigen, nachvollziehbaren und überzeugenden sozial-medizinischen Feststellungen**, regelmäßig in Form medizinischer Gutachten speziell im sozialgerichtlichen Streitverfahren, ab.

Regelmäßig wird **bei mehreren leichteren Einzelbehinderungen** verlangt, dass zumindest ein Einzel-GdB-Wert 30, der nicht zum unteren Bereich von 20 hin tendiert, vorliegt und weitere Einzel-GdB-Werte von jeweils zumindest 20 bestehen, die sich funktional in ihren Auswirkungen verstärken bzw. voneinander unabhängig sind und dadurch den betroffenen behinderten Menschen in mehreren Funktions- und Körperabschnitten beeinträchtigen. Zu unterscheiden sind davon die Fälle, in denen **eine einzelne Gesundheitsstörung bereits für sich allein die Schwerbehinderung bedingt**. Beispielhaft nach der AP 2004/2005 bzw. der Neuauflage Januar 2008 für solche besonders gravierenden Behinderungen sind abstoßend wirkende Entstellungen des Gesichts, Nr. 26.2, Hirnschäden mit mittelschwerer Leistungsbeeinträchtigung, Nr. 26.3, Krebsbefall eines Auges mit Entfernung des Augapfels, Nr. 26.4, völliger Verlust der Nase, Ziff. 26.6, Nierenschaden mit dauerhafter Dialysebehandlung, (GdB 100!), Nr. 26.12, Kleinwuchs zwischen 120–130 cm, Nr. 26.18, sowie weitere Fälle insbes. von Gliedmaßenverlusten, z.B. Verlust eines Armes im Unterarm, 26.18, oder Verlust eines Beines im Unterschenkel.

Nach erfolgter Feststellung der Schwerbehinderteneigenschaft wird ein Bescheid erteilt. Im Rechtsverkehr wird der **Status durch Ausstellung eines Schwerbehindertenausweises dokumentiert, vgl. § 69 Abs. 5 SGB IX**. Der Ausweis benennt jedoch **nicht die konkreten Gesundheitsstörungen**. Er weist regelmäßig nur den Gesamt-GdB, ergänzend weitere **Merkzeichen zur Inanspruchnahme von Nachteilsausgleichen**, aus. Die Einzelheiten zur Gestaltung des Ausweises, zur Gültigkeit und zum Verwaltungsverfahren sind gem. § 70 SGB IX in der zuletzt zum 01.07.2001 geänderten **Schwerbehindertenausweisverordnung** (SchwbAusweisVO),[403] geregelt. Der Nachweis beginnt regulär ab Eingang des **Feststellungsantrags**. Bei begründetem Interesse, u.a. für Ermäßigungen im Steuerrecht oder auch für einen vorzeitigen Rentenzugang als Schwerbehinderter nach dem SGB VI, kann auch ein früherer Zeitpunkt eingetragen werden, vgl. § 6 Abs. 1 S. 2 SchwbAusweisVO.[404]

Fall 13: Prader-Willi-Prozess

(Fall nach SG Münster, Urt. v. 12.10.2000, S 4 SB 167/96, rechtskräftig)

Cordula (C) ist im November 1979 geboren, lebt in einer Kleinstadt im Westmünsterland und leidet seit ihrer Geburt am sog. Prader-Willi-Syndrom. Medizinisch handelt es sich dabei um eine von der Hirnanhangdrüse ausgehende Erkrankung u.a. mit Minderwuchs, Unterentwicklung der Geschlechtsreife, hochgradiger Muskelschwäche, extremer Bewegungsarmut sowie anfallsartig auftretendem übermäßigem Essverlangen. Nach der 4. Klasse besuchte C eine

403 BGBl. I 2001, S. 1131.

404 A.A.: SG Duisburg, Urt. v. 28.02.2006 – S 24 SB 4/05; differenzierend: LSG Berlin-Brandenburg, Urt. v. 19.04.2007 – L 11 SB 22/06: nur in offenkundigen Fällen; ebenfalls dazu: BSG, Beschl. v. 11.10.2006 – B 92 SB 1/06 BH.

Hauptschule. Währenddessen wurde auf ihren Antrag vom Versorgungsamt Münster mit Bescheid vom März 1994 wegen Übergewichtigkeit bei Prader-Willi-Syndrom der GdB 20 i.S.d. SchwbG anerkannt. Nach Schulabschluss durchlief C einen viermonatigen Förderlehrgang, der sie aber auch nach Auffassung des Arbeitsamtes nicht dazu befähigte, eine anerkannte Berufsausbildung auf dem freien Arbeitsmarkt zu absolvieren. C ist seit Ende 1995 bei einer Behindertenwerkstatt der Caritas im Versand beschäftigt. Auf Neufeststellungsantrag vom Januar 1997 hin erkannte das Versorgungsamt mit Bescheid gem. § 48 Abs. 1 SGB X vom Mai 1997 dann den GdB 50 an. In den darauffolgenden Jahren hatte C durch die vielfältigen Begleiterkrankungen zunehmend Arbeitsunfähigkeitserkrankungen. Wegen dieser Verschlimmerungen stellte sie im August 2001 erneut einen Änderungsantrag mit Bescheinigungen ihrer behandelnden Ärzte, eines Internisten, Orthopäden sowie ihrer Frauenärztin. Das Versorgungsamt lehnte im November 2001 eine Erhöhung des GdB über 50 ab, der Widerspruch der C dagegen blieb erfolglos.
Mit dem am 14.12.2001 erteilten abschlägigen Widerspruchsbescheid und einer handschriftlichen Vollmacht der C suchten nun ihre Eltern am 23.12.2001 das Sozialgericht Münster auf und erhoben zu Protokoll des Urkundsbeamten eine Klage gegen das Land Nordrhein-Westfalen mit dem Ziel, den GdB zumindest auf 80 zu erhöhen. Als gravierende Mehrfachbehinderung spräche dafür die Stoffwechselerkrankung mit starkem Übergewicht, innerer Unruhe, Schlafstörungen, Wutanfällen mit Selbstgefährdung und der Notwendigkeit zu ständiger Aufsicht außerhalb des Hauses, wofür aber noch keine Pflegestufe nach dem SGB XI beantragt worden sei. Geistig sei C schließlich hinter gesunden Menschen deutlich zurückgeblieben.
Das Sozialgericht holte u.a. medizinische Sachverständigengutachten eines Orthopäden sowie eines Internisten und Sozialmediziners ein. Der Orthopäde Dr. S diagnostizierte leichte Funktionsbeeinträchtigungen der Wirbelsäule und beginnende degenerative Knieveränderungen und schlug dafür EinzelGdB von jeweils 10 vor. Der Sozialmediziner Dr. M bestätigte den Zustand der Adipositas per magna bei Prader-Willi-Syndrom und eine Retardierung mit einem Intelligenzalter von etwa 10–12 Jahren, vergleichbar einem Intelligenzquotienten von 60–70. Der GdB 70 sei für diese Gesamtstörung angemessen. Den medikamentös relativ gut ausgleichbaren Hormonausfall schätzte Dr. M mit dem Einzel-GdB 20 ein und schlug vor, unter Berücksichtigung des Prader-Willi-Syndrom seit Änderungsantrag im August 2001 den GdB bei C nun mit insgesamt 80 zu bemessen.
Wie wird das Sozialgericht (SG) entscheiden?

Die Klage der C vor dem SG hat Erfolg, wenn sie zulässig und begründet ist.

(A) Zulässigkeit

(I) C müsste den **richtigen Rechtsweg** beschritten haben. **§ 51 Abs. 1 Nr. 7 SGG n.F.** bestätigt seit 2002 ausdrücklich die Zuständigkeit der Sozialgerichtsbarkeit u.a. für öffentlich-rechtliche Streitigkeiten bei der Feststellung von Behinderungen, deren Grad sowie weiterer gesundheitlicher Merkmale.

Die Vorschrift nimmt u.a. die bisherige Rechtswegzuweisung für Schwerbehindertensachen nach dem bis 30.06.2001 geltenden § 4 Abs. 6 SchwbG auf.

Das SG ist mithin für Streitigkeiten zur Behinderung, zum GdB und in weiteren Angelegenheiten des § 69 SGB IX zuständig.

(II) Bedenken könnten jedoch an der **prozessualen Vertretung der Beteiligten** bestehen.

(1) Für C sind bei der Klageerhebung vor dem SG am 23.12.2001 ihre Eltern unter Vorlage einer schriftlichen Vollmacht aufgetreten.

Insoweit gilt **§ 73 Abs. 1 S. 1 SGG**. Danach können sich Beteiligte in jeder Lage des Verfahrens durch **prozessfähige Bevollmächtigte vertreten** lassen. Die Vorlage einer ausdrücklichen schriftlichen Vollmacht wäre insoweit auch entbehrlich gewesen, da u.a. bei den Verwandten in gerader Linie die Bevollmächtigung unterstellt werden kann, § 73 Abs. 2 S. 2 SGG. Trotz der bestehenden Entwicklungsverzögerung ist C schließlich auch **selbst prozessfähig** i.S.v. § 71 Abs. 1 SGG. Insbes. ist **keine Betreuung mit Einschränkungen und Einwilligungsvorbehalt**, z.B. für den Bereich der Vermögens- und Gesundheitsangelegenheiten,[405] angeordnet. Ebensowenig ist ein Anhalt für Geschäftsunfähigkeit gem. § 104 BGB allein wegen der verminderten Intelligenzleistung der C gegeben.

Mithin war C hier durch ihre Eltern ordnungsgemäß vertreten.

(2) Bei der Frage der **prozessualen Vertretung des beklagten Bundeslandes** ist bedeutsam, dass in Nordrhein-Westfalen mit Wirkung ab dem 01.01.2001 das bis dahin als Landesbehörde **selbstständige Landesversorgungsamt aufgelöst** und in eine unselbstständige Abteilung der Bezirksregierung Münster umgewandelt worden ist.

Diese im Rahmen der Verwaltungsmodernisierung in Nordrhein-Westfalen erfolgte Umstrukturierung ist allerdings wegen der **fortbestehenden fachlichen und personellen Qualität der Versorgungsverwaltung** auch vom BSG gebilligt worden.[406] Zudem erklärt § 71 Abs. 5 SGG in der Fassung durch das 6. SGG-Änderungsgesetz vom 17.08.2001[407] mit Wirkung ab 02.01.2002 nun nicht nur ein Landesversorgungsamt, sondern auch die Stelle, die diese Aufgabe übertragen erhalten hat, für **befugt, das jeweilige Bundesland u.a. in Angelegenheiten des Schwerbehindertenrechts zu vertreten**. Insoweit ist die ordnungsgemäße Vertretung des Landes NRW durch die Bezirksregierung Münster gewahrt gewesen.[408]

(III) Zweifelhaft könnte allerdings noch sein, ob **ein allgemeines Rechtsschutzbedürfnis für die Klage der C** besteht, da ihr bereits 1997 der GdB von 50 und damit die Schwerbehinderteneigenschaft zuerkannt worden war.

(1) Grundsätzlich **erfordert jede Rechtsverfolgung im Wege der gerichtlichen Klage ein Rechtsschutzbedürfnis (Rechtsschutzinteresse)**. Daran fehlt es, wenn die begehrte gerichtliche Entscheidung die rechtliche oder wirtschaftliche Stellung des Klägers nicht verbessern würde.[409] Korrespondierend zum Prinzip der staatlichen Rechtsgewährung gilt, dass **niemand die Gerichte unnütz oder unlauter in Anspruch nehmen darf**.[410]

---

405 Vgl. dazu Meyer-Ladewig/Keller/Leitherer, SGG, Kommentar, 8. Aufl., 2005, § 71 Rdnr. 4.

406 Urt. v. 10.06.2001, B 9 V 5/00 R.

407 BGBl. I 2001, S. 2144 ff.

408 Vgl. auch LSG NRW, Urt. v. 20.02.2002, L 10 SB 141/01.

409 BSG, Urt. v. 24.06.1998, B 9 SB 17/97 R, SozR. 3-3870 § 4 Nr. 24 m.w.N.; dazu auch LSG Hamburg, Urt. v. 20.06.2006 – L 4 SB 30/05 (= NZS 2007, 279 f).

410 Meyer-Ladewig/Keller, SGG-Kommentar, 8. Aufl. 2005, Vor § 51 SGG, Rdnr. 16–19.

(2) Dabei gilt aber **kein strenger Maßstab, im Zweifel wird das Rechtsschutzinteresse zu bejahen sein**. Es gelten aber **Ausnahmen, wenn die Rechtsverfolgung offensichtlich keine nennenswerten Vorteile bringen kann**.[411]

(a) Hier könnte das **Rechtsschutzbedürfnis für die GdB-Erhöhung bereits unmittelbar aus dem Gesetz** folgen. Gem. § 69 Abs. 1 S. 3 SGB X sind die Auswirkungen der Funktionsbeeinträchtigung als GdB, nach Zehnergraden von 20–100 abgestuft, festzustellen. Aus dieser Norm allein ergibt sich aber noch kein Rechtsschutzinteresse für die gerichtliche Überprüfung des GdB.[412] Ebenso wie bei der bis Juni 2001 geltenden Vorschrift des § 3 Abs. 2 SchwbG **stellt § 69 Abs. 1 S. 3 SGB IX allein klar, dass Zehnergrade, allerdings nicht mehr Fünfergrade, anzuerkennen sind**.[413] Für das rechtlich-wirtschaftliche Interesse allein genügt auch nicht die Tatsache des **Änderungsantrags, denn nicht jede Verschlimmerung führt aus sich heraus zu einer Erhöhung des Gesamt-GdB**.[414]

(b) Zudem stehen C wegen der bereits durch Bescheid vom Mai 1997 erfolgten Anerkennung als Schwerbehinderte bereits der **Sonderkündigungsschutz i.S.v. §§ 85–92 SGB IX** als auch der **Anspruch auf bezahlten fünftägigen Zusatzurlaub im Urlaubsjahr, § 125 SGB IX**, zu.

(c) Für ein Rechtsschutzinteresse spricht jedoch zum einen die **weitgehende Unselbstständigkeit der C außerhalb des häuslichen Bereichs**. Insoweit kommt nämlich ein künftiger Antrag auf Feststellung der **Voraussetzungen des Merkzeichens B**, Anspruch auf Freifahrtberechtigung für Begleitpersonen z.B. in öffentlichen Verkehrsmitteln, ernstlich in Betracht. Andererseits ergäbe sich für die erwerbstätige C ein **steuerlich relevanter Vorteil durch Erhöhung des Pauschbetrags bei der Veranlagung zur Einkommensteuer**, wenn der bisherige GdB 50 erhöht würde. Nach § 33 b Abs. 3 S. 2 EStG werden zum Ausgleich der außergewöhnlichen Belastungen infolge der Behinderung Pauschbeträge in der Lohnsteuerkarte eingetragen. Die Pauschbeträge sind abgestuft nach dem GdB bemessen. Beim GdB 50 beträgt der Pauschbetrag 570 € jährlich, bei einem GdB von 80 hingegen bereits 1.060 €, § 33 b Abs. 3 S. 2 EStG in der Neufassung vom 19.10.2002.[415]

Soweit aber auch solche Nachteilsausgleiche nicht einschlägig sind, ist bei einer **bloßen „Grad-Streitigkeit“** außerhalb des Schwerbehindertenstatus ohne arbeits- oder steuerrechtliche Folgewirkungen im weitesten Sinn **kein Rechtsschutzinteresse anzunehmen**. Die Klage ist dann **auch im Schwerbehindertenrecht bereits aus prozessualen Gründen abzuweisen**.[416] Gleiches hat auch dann zu gelten, wenn ein deutscher Staatsangehöriger mit ständigem Wohnsitz („eingetragener Resident“) **auf der spanischen Urlaubsinsel Mallorca Feststellungen nach deutschem Schwerbehindertenrecht allein vorbeugend für den Fall erstrebt, dass er als Altersrentner in Zukunft pflegebedürftig** werden und dann Leistungen der deutschen gesetzlichen Pflegeversicherung nach dem SGB XI auch in Spanien in Anspruch nehmen möchte. In diesem Fall ist ebenfalls das **aktuell zu beurteilende Rechtsschutzinteresse zu verneinen**, zumal ein Wohnsitz oder gewöhnlicher Aufenthalt im Bundesgebiet, vgl. § 2 Abs. 2 SGB IX, fehlte.[417]

---

411 BSG SozR 2200 § 1251 Nr. 8; ebenso BFH, NJW 1977, 1256; BGH, NJW 1990, 2060 und BGHZ 55, 201, 206.

412 LSG Baden-Württemberg, Urt. v. 05.07.1999, L 8 SB 4422/98, SGb 1999, 703.

413 Vgl. BSG, Urt. v. 03.02.1988, 9/9 a RVs 18/96.

414 LSG Baden-Württemberg, Urt. v. 05.07.1999, a.a.O.

415 BGBl. I 2002 S. 4210; zur Anerkennung bei einem behinderten Kind: BFH, Urt. v. 02.06.2005 – III R 15/04.

416 Vgl. z.B. SG Münster, Urt. v. 12.05.2000, S 6 SB 35/00, rechtskräftig; dazu auch LSG Baden-Württemberg, Urt. v. 16.03.2006 – L 6 SB 4102/05.

417 SG Münster, Gerichtsbescheid v. 31.08.2000, S 4 SB 119/00, rechtskräftig; zum Auslandswohnsitz auch: BSG, Urt. v. 05.07.2007 – B 9/9 a SB 2/07 R (Italien) – B 9/9 a SB 2/06 R (Schweiz).

Aus **steuerlichen Gründen** und wegen der ernsthaft in Betracht kommenden **zukünftigen Feststellung von Nachteilsausgleichen, die einen höheren GdB als 50 verlangen**, liegt hier aber für die Klage der C das erforderliche Rechtsschutzinteresse vor.

(IV) Zudem sind die **weiteren Prozessvoraussetzungen**, Durchführung eines **Vorverfahrens als Klagevoraussetzung i.S.v. § 78 SGG**, nach dem Sachverhalt bei fristgerechter Widerspruchseinlegung durch C, ebenso wie die **fristwahrende Klageerhebung gem. § 87 Abs. 1, 2 SGG** binnen eines Monats nach Bekanntgabe des Widerspruchsbescheids, hier durch förmliche Niederschrift beim Urkundsbeamten der Geschäftsstelle, § 90 SGG, gewahrt.

Damit ist die **Klage insgesamt zulässig**.

(B) Begründetheit

Die Klage ist begründet, wenn C auf den Änderungsantrag vom August 2001 hin ein GdB von insgesamt 80, jedenfalls ein höherer GdB als 50, zusteht,

(I) Dieser Anspruch **beurteilt sich nach § 48 Abs. 1 S. 1 SGB X i.V.m. § 69 Abs. 1 und Abs. 3 SGB IX.**

Gem. § 48 Abs. 1 S. 1 SGB X ist ein Verwaltungsakt mit Dauerwirkung mit Wirkung für die Zukunft aufzuheben, soweit in den maßgebenden tatsächlichen oder rechtlichen Verhältnissen eine wesentliche Änderung eingetreten ist. Bei den **Feststellungsbescheiden gem. § 69 Abs. 1, 2 SGB IX handelt es sich um Verwaltungsakte mit Dauerwirkung**. Dies war ausdrücklich auch bereits nach dem früheren SchwbG anerkannt.[418] Eine **Aufhebung i.S.d. § 48 Abs. 1 S. 1 SGB X erfolgt nur insoweit, als eine Änderung der Verhältnisse eingetreten ist**.[419] Die Prüfung einer solchen Änderung erfordert im Wesentlichen einen Vergleich zwischen den Verhältnissen, die bei Erlass des letzten bindenden Bescheids vorgelegen haben, und denen, die bei der Antragstellung bzw. bei weiteren zwischenzeitlichen Änderungen im Verwaltungs- und Gerichtsverfahren, im Zeitpunkt der letzten mündlichen Verhandlung des erkennenden Gerichts bestehen.[420]

(II) Im Feststellungsbescheid vom Mai 1997 wurde die Schwerbehinderteneigenschaft aufgrund der Adipositas bei Prader-Willi-Syndrom anerkannt. Im Vergleich dazu macht C nun **eine erhebliche Verschlimmerung sowie das Hinzutreten weiterer Gesundheitsstörungen** geltend.

(1) Die **Bewertung richtet sich hier noch nach den zwischen 1996 und April 2004 entscheidungserheblichen Anhaltspunkten für die ärztliche Gutachtertätigkeit im sozialen Entschädigungsrecht und nach dem Schwerbehindertengesetz 1996 (AP 1996).** Insoweit sind die **AP als normähnlich wirkende Regelungen heranzuziehen**.[421] Dem zeitweise vertretenen Ansatz eines Teils der Rechtsprechung des SG Düsseldorf, die „Behindertentabelle“ mit MdE-Bewertungen im Wesentlichen aus dem Recht der gesetzlichen Unfallversicherung anzuwenden, war bereits mit der Rechtsprechung des LSG NRW nicht zu folgen.[422]

---

418 BSGE 60, 287 ff., 290.

419 BSG, Urt. v. 19.09.2000, B 9 SB 3/00 R; differenzierend: LSG Schleswig-Holstein, Urt. v. 27.04.2006 – L 2 SB 39/05.

420 Vgl. LSG NRW, Urt. v. 20.02.2002, L 10 SB 141/01.

421 BVerfG, Beschl. v. 06.03.1995, SozR 3-3870 § 3 SchwbG Nr. 6.

422 Urt. v. 06.06.2002, L 7 SB 193/00, vom 12.06.2002, L 7 SB 39/02 und L 7 SB 65/02 sowie vom 08.08.2002, L 7 SB 70/02.

(2) Demnach ist **im ersten Prüfungsschritt der GdB der Einzelerkrankungen** zu bestimmen und **anschließend darauf basierend der Gesamt-GdB** zu bilden.

(a) Wesentlich für eine **etwaige Verschlimmerung der Behinderung der C erscheint die Entwicklung des Prader-Willi-Syndroms** einschließlich der Folgeerkrankungen. Für dieses Krankheitsbild schlägt der sozialmedizinische Sachverständige Dr. M in seinem Gerichtsgutachten für das SG nun den GdB 70 vor. Das Prader-Willi-Syndrom als solches wird jedoch in den AP 1996 nicht ausdrücklich aufgeführt. Allerdings **bestimmt Nr. 26.1 Abs. 2 AP 1996** – und auch AP 2004/2005 – **für Gesundheitsstörungen, die in der GdB-Tabelle nicht genannt werden, dass der GdB dann in Analogie zu vergleichbaren Gesundheitsstörungen zu beurteilen ist.**[423] Medizinisch handelt es sich bei dem Prader-Willi-Syndrom um eine Erkrankung u.a. mit Intelligenzdefizit. Vergleichbar mit diesen Gesundheitsstörungen sind die im Abschnitt „Nervensystem und Psyche", Nr. 26.3 in den AP 1996 vorgesehenen Beeinträchtigungen der geistigen Entwicklung. Für Einschränkungen der geistigen Leistungsfähigkeit – u.a. im Jugendalter mit einem Intelligenzrückstand entsprechend einem Intelligenzalter von etwa 10–12 Jahren bei Erwachsenen – wird ein Intelligenzquotient von 60–70 eingeschätzt und nach Nr. 26.3 AP 1996 mit dem GdB von 50–70 bewertet. Zusätzlich erfordert dies noch, dass der behinderte Mensch wegen der Behinderung trotz beruflicher Förderung, z.B. in besonderen Rehabilitationseinrichtungen, nicht in der Lage ist, sich auch unter Nutzung der Sonderregelungen für Behinderte beruflich zu qualifizieren. Der **deutliche Intelligenzrückstand** ist nach dem medizinischen Gutachten des Dr. M unbestritten belegt. Die weiteren Voraussetzungen sind nach dem Sachverhalt ebenfalls anzunehmen. C ist im Versand einer Behindertenwerkstatt tätig, da sie auch nach Ansicht des Arbeitsamts trotz eines 1995 absolvierten mehrmonatigen Förderlehrgangs **keine anerkannte Berufsausbildung erfolgversprechend absolvieren konnte**. Zudem muss C wegen der beim Prader-Willi-Syndrom bestehend ausgeprägten Essstörung mit dem Unvermögen, die Esslust zu stoppen, ständig überwacht werden. Ebenso ist ständige Hilfestellung durch zumindest ein Elternteil wegen der geistig-körperlichen Entwicklungsverzögerung u.a. bei außerhäuslichen Aktivitäten geboten. Nach diesem Ausmaß der Beeinträchtigung ist **der in AP 1996 Nr. 26.3 vorgesehene Bewertungsspielraum mit dem vergleichsweise hohen Einzel-GdB 70** insgesamt voll anzuwenden.

(b) Des Weiteren besteht der Zustand der **verzögerten Geschlechtsentwicklung mit hormoneller Störung**. Nach Nr. 26.14 AP 1996 sind bei Unterentwicklung, Verlust oder Ausfall beider Eierstöcke im jüngeren Lebensalter bei noch bestehendem Kinderwunsch oder bei unzureichender Ausgleichbarkeit des Hormonausfalls durch Substitution Einzel-GdB von 20–30 angemessen. Die durch Stoffwechselfehlfunktionen bedingte Störung der Eierstöcke gilt nach den heutigen medizinischen Erkenntnissen regelmäßig als gut behandelbar. Der Entwicklungsrückstand bei der Geschlechtsreife einschließlich der Hormonstörung ist daher durch den Einzel-GdB 20 im Einklang mit dem internistischen Sachverständigengutachten des Dr. M angemessen bewertet.

(c) Für die bestehenden **geringgradigen Funktionsbeeinträchtigungen der Wirbelsäule und bloß beginnende degenerative Knieveränderung** schlägt schließlich der orthopädische Sachverständige Dr. S jeweils Einzel-GdB von 10 vor. Nach den AP 1996 Ziffer 26.18 erscheint dies einerseits unter Berücksichtigung des vergleichsweise jungen Lebensalters der C sowie andererseits wegen der nicht besonders ausgeprägten körperlichen Beeinträchtigungen durch die orthopädischen Beschwerden auch als angemessen.

423 Gleiches gilt auch nach den AP 2004/2005 bzw. Januar 2008 weiter.

(III) Ausgehend von den medizinischen Vorschlägen und Beurteilungsempfehlungen erfolgt dann die **Bildung des Gesamt-GdB**. Die Einschätzungen der Sachverständigen sind im gerichtlichen Verfahren aber nochmals selbstständig zu überprüfen. Insoweit hat der Sachverständige die Aufgabe, aufgrund seines **medizinischen Erfahrungswissens die notwendige Tatsachenkenntnis zu verschaffen**. Dem Gericht jedoch obliegt die **Entscheidung darüber, inwieweit diese Tatsachen den gesetzlichen Tatbestand erfüllen**.[424]

(1) Der Gesamt-GdB beruht auf einer **Überprüfung der Gesetzesanwendung** und ist damit eine juristische und nicht allein medizinische Feststellung. Konkret erfolgt die **Gesamt-GdB-Bildung unter Heranziehung der AP 1996 Nr. 19**, entsprechend auch nach Nr. 19 AP 2004/2005/2008. Bei mehreren Funktionsbeeinträchtigungen ist im Übrigen auch die Zunahme der Beschwerden im Vergleich zum vorangehenden Feststellungsbescheid zu berücksichtigen.[425]

(2) Dabei ist eine **bloße Addition der Einzel-GdB-Werte weder vorgesehen noch zulässig**. Insoweit kann der für das Prader-Willi-Syndrom angenommene GdB 70 nicht ohne weiteres mit dem GdB 20 für die hormonell bedingte Entwicklungverzögerung und den Einzel-GdB von je 10 für die Wirbelsäulen- und Kniebeschwerden zusammengefasst werden.

(3) Auszugehen ist vielmehr nach AP 1996 Nr. 19 von der **höchsten Einzel-Behinderung, hier dem Prader-Willi-Syndrom**.

(a) Zweifelhaft ist, inwieweit die **orthopädischen Leiden einen höheren GdB begründen** könnten. Von Ausnahmefällen, etwa hochgradiger Schwerhörigkeit eines Ohres bei schwerer beidseitiger Sehminderung, abgesehen, können **leichte Gesundheitsstörungen, die ihrerseits nur den GdB 10 ergeben, grundsätzlich nicht zu einer Erhöhung des Gesamt-GdB führen**, vgl. AP 1996 Nr. 19 Abs. 4. Die geringen Funktionsbeeinträchtigungen der Wirbelsäule und die Knieveränderungen erhöhen den Gesamt-GdB also nicht.

(b) Auch **leichtere Funktionsbeeinträchtigungen mit dem GdB 20 rechtfertigen vielfach keine wesentliche Erhöhung**, vgl. AP 1996, Nr. 19 Abs. 4 S. 2. Insoweit könnte sich die geschlechtliche Entwicklungsverzögerung der C mit Hormonstörung bei der Gesamt-GdB-Bildung ebenso wenig erhöhend auswirken. Allerdings ist nach AP 1996 Nr. 19 Abs. 3 auch darauf abzustellen, **ob die Auswirkungen einzelner Funktionsbeeinträchtigungen voneinander unabhängig sind und damit ganz verschiedene Bereiche im Ablauf des täglichen Lebens betreffen**.[426] Hier besteht das Prader-Willi-Syndrom mit seinen bereits vielfältigen Begleiterkrankungen unabhängig neben der verzögerten Geschlechtsentwicklung mit Hormonstörung. Insoweit ist C auch **erkennbar in mehr als einem körperlichen Funktionsbereich im Ablauf des täglichen Lebens** beeinträchtigt. Danach ist es gerechtfertigt, jedenfalls die geschlechtliche Entwicklungsverzögerung mit Hormonstörung (Einzel-GdB 20) erhöhend zu berücksichtigen, den GdB demgemäß insgesamt um einen weiteren GdB-Anteil von 10 zu erhöhen und nun auf 80 heraufzusetzen.

Im **Ergebnis** ist der Anspruch auf Feststellung eines höheren GdB als 50, hier bereits 80, anzunehmen. Das SG wird also der zulässigen und begründeten Klage insgesamt stattgeben.

– – –

424 Vgl. BGH, Urt. v. 07.03.2001, X ZR 176/99, ebenso LSG NRW, Urt. v. 20.02.2002, L 10 SB 141/01 m.w.N.

425 Vgl. auch BSG, Urt. v. 13.12.2000, SozR 3-3870 § 4 SchwbG Nr. 28 m.w.N.

426 Zur Schwerbehinderung bei GdB 30 + 20 + 20 im Einzelfall: LSG NRW, Urt. v. 28.06.2007 – L 7 SB 152/04.

2.2.2 Beendigung des Schwerbehindertenschutzes

Wesentliche Änderungen in den gesundheitlichen Verhältnissen bedingen auch **Änderungen in den Feststellungen der Versorgungsämter zum GdB** etc. Wesentlich ist die Änderung aber nicht nur dann, wenn sich der GdB durch Verschlimmerung der gesundheitlichen Verhältnisse erhöht, sondern auch **positiv durch Besserung um zumindest den GdB 10 ändert**.[427] Nach § 69 Abs. 1 S. 3 SGB IX bedingen dabei bloße 5-er Grade auch keine Neufeststellung i.S.v. § 48 SGB X.

Daher muss auch der **Neufeststellungsantrag** eines Betroffenen – trotz eigenen Empfindens einer Verschlimmerung – **nicht automatisch zur Heraufsetzung oder auch nur Bestätigung des bereits anerkannten GdB** nach dem SGB IX führen.

Darüber hinaus ist insbes. bei bösartigen Krebserkrankungen ein bestimmter Zeitablauf abzuwarten, die sog. **Heilungsbewährung**, etwa bei der Krebserkrankung der weiblichen Brust nach AP 2004/2005/2008, Nr. 26.14 5 Jahre, beim bösartigen Dickdarmtumor 2 Jahre, AP 2004/2005/2008, Nr. 26.10, S. 80.[428]

Die Heilungsbewährung trägt dem labilen Gesamtzustand nach derart schweren Erkrankungen Rechnung. Die bloße Befürchtung einer Rezidiverkrankung genügt aber nicht für den dauerhaften Fortbestand der Schwerbehinderung. Nach einer bestimmten Anzahl von **Jahren ohne Krankheitsrückfall** wird aufgrund medizinischer Erfahrung mit hoher Wahrscheinlichkeit angenommen, dass die unmittelbare Lebensbedrohung und damit auch die vielfältigen Auswirkungen der Krankheit auf die Lebensführung entfallen sind.[429] Der **Zeitablauf ohne Auftreten neuer Krankheitsanzeichen rechtfertigt insoweit die Änderung von Amts wegen gem. § 48 Abs. 1 SGB X**.[430]

Infolge geänderter medizinischer Erkenntnisse und Behandlungsmethoden ist z.B. **die Heilungsbewährung nach Herzinfarkt seit 1996 entfallen**. Die zuvor gültigen AP 1983 sahen beim Zustand nach Herzinfarkt für 2 Jahre noch den GdB 50, also die Schwerbehinderteneigenschaft, vor. Entscheidend ist nun ab den AP 1996 allein die verbliebene Leistungsbeeinträchtigung der Herzmuskelfunktion. Den Wegfall der Heilungsbewährung bei Herzinfarkt ab 1996 hat auch die Rechtsprechung gebilligt.[431]

Bei **Herabsetzung des GdB schreibt § 24 Abs. 1 SGB X die Anhörung des Betroffenen vor Erlass eines belastenden Verwaltungsaktes vor.** In Schwerbehindertensachen wird von der Rechtsprechung verlangt, dass das Versorgungsamt **konkret die Gründe für die Herabsetzung** nennt. Der bloße Hinweis auf Ergebnisse ärztlicher Untersuchungen bzw. pauschale Angaben genügt nicht. Vielmehr sind die entscheidungserheblichen Tatsachen einschließlich der Befundberichte mit namentlicher Benennung des erstattenden Arztes mitzuteilen.[432]

---

427 BSGE, 32, 245, Urt. v. 23.11.1977, SozR. 3100 § 62 Nr. 14; dazu auch LSG Schleswig-Holstein, Urt. v. 27.04.2006 – L 2 SB 39/05.

428 Vgl. auch BSG, Urt. v. 18.09.2003, B 9 SB 6/02 R.

429 BSG, Urt. v. 09.08.1995, 9 RVs 14/94, ständige Rechtsprechung.

430 BSG, Urt. v. 25.05.1988, 9/9a RVs 8/87, ebenso BSGE, 60, 287, 290, zustimmend auch LSG NRW, Urt. v. 08.08.2002, L 7 SB 70/02.

431 LSG NRW, Urt. v. 05.12.1996, L 7 Vs 107/96, vom 16.12.1998, L 10 SB 20/98, ebenso BSG, Urt. v. 12.02.1997, 9 RVs 5/96.

432 BSG, Urt. v. 25.03.1999, B 9 SB 12/97 R, B 9 SB 14/97 R; ebenso Urt. v. 28.04.1999, B 9 SB 5/98 R.

Nach der Rechtsprechung ist zudem **bei fehlender wirksamer Anhörung durch Zwischenurteil** als unselbstständigem und vorweggenommenem Teil des Endurteils zu entscheiden, § 202 SGG i.V.m. § 303 ZPO.

Die Herabsetzung des GdB kann mit **Widerspruch beim Versorgungsamt und nachfolgender Klage zum Sozialgericht** angefochten werden. Die Vorschriften zum Schutz Schwerbehinderter gelten auch **nach Unanfechtbarkeit des die Verringerung feststellenden Bescheides noch 3 Monate** weiter, **Nachwirkungsfrist** gem. § 116 Abs. 1 SGB IX. In der Praxis ist es möglich, durch Ausschöpfen aller Rechtsbehelfe und Rechtsmittel die Herabsetzung des GdB per Widerspruch, Klage- und nachfolgendem Berufungsverfahren z.T. über Jahre hinauszuzögern. Ist allerdings auch die 3-Monats-Frist des § 116 SGB IX abgelaufen, muss der nicht mehr zustehende **Schwerbehindertenausweis als verkörperte Urkunde gem. § 51 S. 1, S. 2 SGB X tatsächlich dem Versorgungsamt zurückgegeben werden.**[433]

2.3 Gleichstellung

Erreicht ein Behinderter nicht die Schwerbehinderteneigenschaft mit dem GdB 50, ist es für das Arbeits- und Erwerbsleben häufig gleichwohl notwendig, einen geschützten Status zuzuerkennen. Dafür ist **gem. § 2 Abs. 3 SGB IX die Gleichstellung** vorgesehen. Wesentliche Voraussetzung ist ein GdB von weniger als 50, aber mindestens 30 **(„Minderbehinderung")** und der Umstand, dass infolge der Behinderung ohne die Gleichstellung kein geeigneter Arbeitsplatz erlangt oder erhalten werden kann. Über die Gleichstellung **entscheidet die Arbeitsagentur, § 68 Abs. 2 S. 1, Abs. 3 SGB IX**.

Dabei war speziell bei **arbeitslosen Behinderten** in der Vergangenheit umstritten, ob eine **konkrete Vermittlungsaussicht beim Arbeitsamt** bestehen musste. Das BSG hat[434] zwischenzeitlich klargestellt, dass gerade kein konkretes Arbeitsplatzangebot vorliegen muss, um vom jeweiligen Arbeitsamt die Gleichstellung zu erlangen. In der Verwaltungspraxis wird dafür mittlerweile auch von der Zusicherung gem. § 34 SGB X Gebrauch gemacht, also der verbindlichen Zusage einer künftigen Gleichstellung, sobald ein Arbeitsplatz gefunden wird. Maßgeblich ist dafür der **Zweck der Gleichstellungsregelung, nämlich auch arbeitslose behinderte Menschen bei der Erlangung eines geeigneten Arbeitsplatzes zu unterstützen**.

Entscheidend für die Gleichstellung ist im Regelfall die **tatsächliche Gefährdung des Arbeitsplatzes aufgrund der Behinderung**. Wirtschaftliche Gründe, die nichtbehinderte und behinderte Arbeitnehmer gleichermaßen betreffen, etwa bevorstehender **Arbeitsplatzabbau wegen Auftragsmangels eines Unternehmens**, rechtfertigen noch keine Gleichstellung.[435]

Spricht das Arbeitsamt im bestehenden Arbeitsverhältnis eine Gleichstellung aus, kann nun auch der Arbeitgeber nicht mehr dagegen vorgehen. Denn der Schutz durch die Gleichstellung gemäß § 68 Abs. 1 SGB IX soll generell wirken, sodass dem **Arbeitgeber als bloß mittelbar Betroffenem kein Rechtsbehelf mehr dagegen zugestanden wird**. Die Gleichstellung wirkt

433 SG Münster, Urt. v. 26.03.1998, S 4 Vs 156/96, rechtskräftig m.w.N.

434 Urt. v. 02.03.2000, B 7 AL 46/99 R, Sammlung Breithaupt 2000, 857 ff.

435 Vgl. Schmidt, Behindertenrecht 2002, 141 ff. (142).

nach neuerer Rechtsprechung also wie die Feststellung der Schwerbehinderung durch die Versorgungsverwaltung.[436]

Regelmäßige **Rechtsfolge der Gleichstellung ist gem. § 68 Abs. 1 SGB IX** der Kündigungsschutz mit Einschaltung des Integrationsamtes nach §§ 85 ff. SGB IX. Allerdings haben Gleichgestellte keinen Anspruch auf den fünftägigen Zusatzurlaub (§ 125 SGB IX), der allein Schwerbehinderten zusteht, § 68 Abs. 3 SGB IX.

Vom Anwendungsbereich her besteht **insbes. im öffentlichen Dienst**, bei Beamten ebenso wie bei tariflich ordentlich unkündbaren Angestellten oder Arbeitern, an sich **nicht die Notwendigkeit, zur Erhaltung des Arbeitsplatzes eine Gleichstellung auszusprechen**. Allerdings sind – auch ohne den besonderen Kündigungsschutz gem. § 85 ff. SGB IX – Umstände wie finanzielle Fördermöglichkeiten eines Arbeitplatzes oder behinderungsgerechte Arbeitsplatzausstattung zu beachten. Soweit diese Hilfen konkret das bestehende Beschäftigungsverhältnis eines ordentlich nicht kündbaren Beschäftigten sichern und z.B. eine vorzeitige Verrentung bzw. Pensionierung vermeiden können, ist auch bei diesen Beschäftigten ein Gleichstellungsantrag erfolgversprechend.[437]

2.4 Neuregelungen durch das SGB IX einschließlich Rehabilitationsrecht

Mit dem am 01.07.2001 in Kraft getretenen SGB IX wurden bisherige Regelungen des SchwbG fortgeführt und einige Verbesserungen für die Rechtstellung Behinderter auf dem Arbeitsmarkt vorgenommen. Tatsächlich betroffen sind davon in der Bundesrepublik Deutschland z.Z. rund 940.000 schwerbehinderte Menschen im Erwerbsleben. Hinzu kommen noch mindestens 150.000 arbeitslose Schwerbehinderte.

U.a. wurde die Vorschrift des § 81 Abs. 2 SGB IX neu geschaffen. Diese enthält ein dem Diskriminierungsverbot des § 611 a BGB **bei der Beschäftigungssuche** von Frauen vergleichbares **Benachteilungsverbot für Behinderte**. Auch in einem bestehenden Arbeitsverhältnis führt die **Diskriminierung schwerbehinderter Menschen beim beruflichen Aufstieg** zu einer Entschädigungspflicht des Arbeitgebers. Die angemessene Entschädigung ist auf höchstens 3 Monatsverdienste begrenzt, § 81 Abs. 2 Nr. 3 SGB IX. Dies gilt selbst dann, wenn der schwerbehinderte Mensch auch bei ordnungsgemäßer Auswahl nicht eingestellt worden wäre.[438]

Neu gefasst wurde auch die **Prävention gem. § 84 SGB IX**, wonach möglichen Gefährdungen des Arbeitsverhältnisses aus gesundheitlichen Gründen frühzeitig begegnet werden soll. Nach dreimonatiger Erkrankung eines schwerbehinderten Mitarbeiters ist nun die Schwerbehindertenvertretung im Betrieb bzw. in der Dienststelle einzuschalten, vgl. § 84 Abs. 2 SGB IX. Erweitert wurde dies nochmals durch Gesetz vom 23.04.2004, wonach nun bei allen Beschäftigten, unabhängig von einer Behinderung, ab 6 Wochen Arbeitsunfähigkeitserkrankung ein sog. betriebliches Eingliederungsmanagement einsetzen muss.[439]

---

436 Vgl. BSG, Urt. v. 19.12.2001, B 11 AL 57/01 R, BSGE 89, 119–124 m.w.N.

437 Schmidt, Behindertenrecht 2002, 141 ff. (147).

438 Vgl. ausführlich Großmann, Behindertenrecht 2003, 125 ff., 165 ff. m.w.N.; zu den Anforderungen im Einzelnen: BAG, Urt. v. 12.09.2006 – 9 AZR 807/05 (= NJW-Spezial 2007, 226 f) und v. 03.04.2007 – 9 AZR 823/06.

439 § 84 Abs. 2 SGB IX n.F., BGBl. I 2004, S. 606; dazu: Cramer, NZA 2004, 698, 703; Gagel/Dalitz, Behindertenrecht 2006, 39 ff.; vgl. auch BAG, Urt. v. 07.12.2006 – 2 AZR 182/06.

Bereits seit der letzten Änderung des SchwbG im Oktober 2000, vor In-Kraft-Treten des SGB IX, gab es die betriebliche **Integrationsvereinbarung, nun geregelt in § 83 SGB IX**, und das Klagerecht von Behindertenverbänden. Anknüpfungspunkt für diese **Verbandsklage, jetzt in § 63 SGB IX erfasst**, ist die Verletzung der Rechte behinderter Menschen nach dem SGB IX. In dem Fall können anstelle der Behinderten und mit deren Einverständnis auch Verbände klagen, die satzungsgemäß Behinderte im Bund bzw. in den Ländern vertreten, § 63 S. 1, S. 2 SGB IX.

Die Rechte behinderter Menschen im Arbeitsleben werden weiterhin durch **Vertrauenspersonen der Behinderten** wahrgenommen. In Betrieben bzw. Dienststellen mit **zumindest 5 schwerbehinderten Beschäftigten sieht § 93 SGB IX** die Wahl einer Vertrauensperson und einer Stellvertretung vor. Deren Aufgaben und Rechtsstellung einschließlich der persönlichen Rechte regeln die §§ 95 ff. SGB IX. Das SGB IX brachte eine Erweiterung der Beteiligungsrechte der Schwerbehindertenvertretung, die nun auch bei der Besetzung freier Arbeitsplätze das Recht zur Teilnahme an Vorstellungsgesprächen und auf Einsicht in Bewerbungsunterlagen hat, § 95 Abs. 2 SGB IX.[440] Zudem sind Vertrauenspersonen nach **§ 95 Abs. 1 S. 3 SGB IX jetzt auch zur begleitenden Unterstützung Behinderter in Verwaltungsverfahren** bei den Versorgungsämtern berechtigt. Allerdings dürfen sie weiterhin nicht als Bevollmächtigte in Prozessen vor den Sozialgerichten auftreten, da das Rechtsberatungsgesetz (RBerG) dem entgegensteht.

Weitere Regelungen wie die **Beschäftigungspflicht der Arbeitgeber** gem. §§ 71 ff. SGB IX wurden im Wesentlichen aus dem bisherigen SchwbG übernommen. Bei mindestens 20 Arbeitsplätzen sind wenigstens 5% der Arbeitsplätze mit schwerbehinderten Menschen zu besetzen, § 71 Abs. 1 SGB IX. Die Pflichtquote ist weiterhin auf 5% der Beschäftigten begrenzt.[441] Wird in einem Unternehmen die Pflichtquote unterschritten, ist eine **Ausgleichsabgabe** nach § 77 SGB IX, gestaffelt von 105 € bis 260 € pro nichtbesetztem Pflichtarbeitsplatz, vom Arbeitgeber an das jeweilige Integrationsamt zu entrichten.[442]

Als Neuerung ist schließlich noch die **Kostenübernahme für notwendige Arbeitsassistenz**, eine Hilfe zur Erlangung eines Arbeitsplatzes, §§ 33 Abs. 8 Nr. 3, 102 Abs. 4 SGB IX, zu nennen.[443]

Im Bereich der **Rehabilitation**, 1. Teil des SGB IX, sehen die §§ 22–25 SGB IX gemeinsame **Servicestellen** verschiedener Reha-Träger vor. Deren Aufgabe ist es, auf zeitnahe Entscheidungen des jeweiligen Reha-Trägers hinzuwirken.[444] Mit dem **Zuständigkeitsklärungsverfahren** können die erforderlichen Leistun-

440 Vgl. Seidel, Der Personalrat 2002, 458 ff.

441 Cramer, NZA 2004, 698 ff. (700, 701).

442 Zur Verfassungsmäßigkeit: BVerfG, Beschl. v. 01.10.2004, 1 BvR 2221/03 und Beschl. v. 10.11.2004 – 1 BvR 1785/01 u.a. (Behindertenrecht 2005, 105 ff.). Zur richtigen Berechnung der Ausgleichsabgabe: BVerwG, Urt. v. 16.12.2004, 5 C 70/03.

443 BT-Drs. 14/2355, S. 7, 8, vgl. auch Stehler/Wimmer, NZS 2002, 570 ff., 577, 578 m.w.N.; zu weiteren Hilfen: LSG NRW, Urt. v. 07.01.2004, L 12 AL 202/03-

444 Zu Servicestellen: Dahm, Kompass 2005, 22, 23.

gen erbracht werden, selbst wenn noch nicht abschließend feststeht, welcher Träger letztlich die Kosten trägt. Damit gehen Zuständigkeitsstreitigkeiten der Träger untereinander nicht mehr zulasten behinderter Menschen bei der Erbringung speziell medizinischer Reha-Leistungen, vgl. §§ 10–12, 14 SGB IX.[445]

Mit dem am 01.07.2001 in Kraft getretenen SGB IX – Rehabilitation und Teilhabe behinderter Menschen – vom 19.06.2001[446] wurde in § 17 Abs. 1 Nr. 4 SGB IX bestimmt, dass der zuständige Rehabiliationsträger Leistungen zur Teilhabe durch ein persönliches Budget ausführen kann. In der Gesetzesbegründung hierzu ist u.a. festgehalten, dass Leistungen in Form eines persönlichen Budgets dem Anspruch behinderter Menschen auf selbstbestimmte und eigenverantwortliche Gestaltung ihrer Lebensumstände Rechnung trägt.[447]

Das **persönliche Budget** ist nunmehr in der jetzt gültigen Bestimmung von § 17 Abs. 2–4 SGB IX geregelt. Auf diese Vorschrift wird in der gesetzlichen Unfallversicherung (§ 26 Abs. 1 S. 2 SGB VII), in der gesetzlichen Krankenversicherung (§ 11 Abs. 1 Nr. 5 SGB V), in der gesetzlichen Rentenversicherung (§ 13 Abs. 1 S. 2 SGB VI) und in der Arbeitsförderung (§ 103 S. 2 SGB III) hingewiesen. Im Mittelpunkt steht § 17 Abs. 2 S. 1 SGB IX, wonach auf Antrag Leistungen zur Teilhabe auch durch ein persönliches Budget ausgeführt werden können. Das persönliche Budget steht gleichberechtigt neben den Sachleistungen und ergänzt die in § 9 Abs. 2 SGB IX vorgesehene Möglichkeit, Sach- in Geldleistungen umzuwandeln.[448] Ab dem 01.01.2008 gilt nun ein Rechtsanspruch auf diese Leistung.

Mit dem persönlichen Budget erhalten Leistungsempfänger von den Rehabilitationsträgern anstelle von Dienst- oder Sachleistungen ein eigenes Budget in Form von Geldleistungen oder Gutscheinen. Auf diese Weise können sie selbst entscheiden, wann, wo, wie und von wem sie Teilhabeleistungen in Anspruch nehmen.[449]

Die Vorschriften über die Durchführung der Rehabilitation knüpfen an das von 1974 bis Juni 2001 geltende Rehabilitationsangleichungsgesetz (RehaAnglG) an.[450]

3. Nachteilsausgleiche und sonstige Rechtsfolgen

Behinderungsbedingte Nachteile oder Mehraufwendungen sind unbhängig von der Ursache nach Art und Schwere der Behinderung auszugleichen, § 126 Abs. 1 SGB IX. Die **Nachteilsausgleiche** werden im Feststellungsbescheid aner-

---

445 Zur Zuständigkeitsklärung: Oberscheven, DRV 2005, 140–161; zur Abgrenzung zu § 43 SGB I: VGH Hessen, 21.09.2004, 10 TG 2293/04; siehe auch Zabre, SGb 2005, 566 ff. m.w.N.

446 BGBl. I, S. 1046.

447 BT-Drs. 14/5074, 103.

448 Niemann in NZS 2001, S. 574.

449 Vgl. auch Dahm, Kompass 5/6 2006, S. 28/29 m.w.N.

450 Vgl. dazu Gröne in: Hambüchen (Hrsg.), Handbuch des Fachanwalts/Sozialrecht, 2. Aufl. Neuwied 1990, S. 308–328 m.w.N.

kannt und durch Eintragung von **Merkzeichen** im Ausweis dokumentiert, § 69 Abs. 4, 5, S. 1, S. 2 SGB IX. Einzelregelungen enthält die SchwbAusweisVO.

Die bloße Feststellung durch das Versorgungsamt begründet aber noch keine Rechte und Ausgleichsansprüche.[451] **Nachteilsausgleiche sind vielmehr für verschiedene Rechtsfolgen in speziellen gesetzlichen Regelungen bedeutsam**. Dabei handelt es sich im Wesentlichen um die Unterstützung der Mobilität, insbes. im **Straßenverkehr bzw. bei der öffentlichen Personenbeförderung**, sowie **Entlastungen im Steuerrecht und sonstigen Lebensbereichen wie Kommunikation** etc. Die Feststellungen selbst erfolgen ebenfalls nach **Kriterien in den jeweils gültigen AP**. Auch die AP 2004/2005, ebenso wie die Neufassung Januar 2008, Nr. 27, 30 ff. enthalten wieder eine Anzahl sozialmedizinischer Voraussetzungen für verschiedene Nachteilsausgleiche, deren Rechtsfolgen im SGB IX sowie u.a. im EStG bzw. im Straßenverkehrsrecht geregelt sind.

3.1 Nachteilsausgleiche nach dem SGB IX und weitere Vorschriften

Zur Konkretisierung der §§ 126, 69 Abs. 4 SGB IX i.V.m. §§ 145, 146 SGB IX enthält § 3 SchwbAusweisVO die praktisch bedeutsame Aufzählung der wesentlichen Merkzeichen.

Das **Merkzeichen G**, vgl. § 3 Abs. 2 S. 1 Nr. 2 SchwbAusweisVO, konkretisiert die **erheblichen Beeinträchtigungen der Bewegungsfähigkeit im Straßenverkehr** i.S.d. § 146 SGB IX. Entscheidend ist die Einschränkung des Gehvermögens, auch durch innere Erkrankungen, Anfallsleiden oder infolge von Störungen der Orientierungsfähigkeit. Dadurch kann die betroffene Person nicht mehr oder nur mit erheblichen Schwierigkeiten oder Gefahren für sich oder andere Wegstrecken im Ortsverkehr zurücklegen, die üblicherweise noch zu Fuß bewältigt werden.

Für die Anerkennung kommt es nicht auf die konkreten örtlichen Verhältnisse, sondern die **Entfernungsstrecken, die im Allgemeinen noch zu Fuß zurückgelegt werden**, an. Maßstab ist eine Strecke von **2000 m innerhalb einer Gehzeit von ca. 30 Minuten**.[452] Der Nachteilsausgleich wird gewährt bei erheblichen Einschränkungen der Bewegungsfähigkeit unterhalb dieses Wegstreckenkriteriums, vgl. auch AP 2004/2005 Nr. 30.[453]

Als **wesentliche Rechtsfolgen sieht § 145 SGB IX** zum einen den Anspruch auf **unentgeltliche Beförderung im öffentlichen Personenverkehr** vor. Damit können auch bestimmte Zugverbindungen der Deutschen Bahn AG mit Eigenbeteiligung in Form des Erwerbs einer Wertmarke für 60 € pro Jahr/30 € für ein halbes Jahr genutzt werden, vgl. im Einzelnen §§ 147 ff. SGB IX. Alternativ hat der behinderte Mensch mit dem im Ausweis eingetragenen Merkzeichen G **Anspruch auf Reduzierung der Kraftfahrzeugsteuer** zu 50%, § 3 a Abs. 2 S. 1 Kraftfahrzeugsteuergesetz (KfzStG). Hinzu kommen in diesem Fall noch anzuerkennende Fahrtkosten bei der Einkommensteuer für Hin- und Rückfahrten zwischen Wohnung und Arbeitsstätte nach § 9 Abs. 2 EStG, ebenso für Kraftfahrzeugkosten bei bestimmten Privatfahrten i.S.v. § 33 EStG.

Bei **besonders massiver Einschränkung der Fortbewegungsfähigkeit** ist eine **außergewöhnliche Gehbehinderung (Merkzeichen aG)** anzuerkennen. Das

451 Vgl. auch Schürmann, NWB Heft 15/2003, F. 27, S. 5621 ff.

452 Vgl. BSG, Urt. v. 27.08.1998, B 9 SB 13/97R.

453 Außerhalb der benannten Fälle der AP z.B. auch bei massivstem Übergewicht, vgl. LSG Berlin-Brandenburg, Urt. v. 08.06.2006 – L 11 SB 1021/05 und v. 25.01.2007 – L 11 SB 23/26/02 (aber nicht aG).

gilt für Personen, die sich wegen der Schwere ihres Leidens dauernd nur mit fremder Hilfe oder nur mit großer Anstrengung außerhalb ihres Kraftfahrzeuges bewegen können. Die Gehfähigkeit muss so stark eingeschränkt sein, dass es dem Behinderten unzumutbar ist, längere Fußwege zurückzulegen.[454]

Diese Voraussetzungen sind nicht im SGB IX, sondern im **Straßenverkehrsrecht** geregelt, vgl. auch § 3 Abs. 1 Nr. 1 SchwbAusweisVO mit Hinweis auf **§ 6 Abs. 1 Nr. 14 Straßenverkehrsgesetz (StVG)**. Ergänzende Regelungen treffen **§ 46 Straßenverkehrsordnung (StVO)** sowie die dazu erlassene Verwaltungsvorschrift vom 20.07.1976, neu bekanntgemacht im Bundesanzeiger 2001, Nr. 21 S. 1419. In der Praxis maßgeblich ist die **Aufzählung in der AP 2004/2005 bzw. 2008 Nr. 31**. Außergewöhnlich gehbehindert sind danach Querschnittsgelähmte, Doppeloberschenkelamputierte, Doppelunterschenkelamputierte, Hüftexartikulierte, bestimmte einseitig Oberschenkelamputierte sowie andere schwerbehinderte Menschen, die nach versorgungsärztlicher Feststellung, auch aufgrund von Erkrankungen, dem vorstehenden Personenkreis gleichzustellen sind.

Als eine für vergleichbar erkrankte Menschen **noch zumutbare Wegstrecke wurden z.T. bis zu 100 m veranschlagt**. Dies ist allerdings vom BSG nicht gebilligt worden.[455] Entscheidend sind vielmehr die **Bedingungen der Fortbewegung**, nämlich die Inanspruchnahme fremder Hilfe oder das Vorwärtskommen nur unter großer Anstrengung. Eine drastische **Beschränkung der aG-Berechtigten auf nahezu fortbewegungsunfähige Behinderte** in Entscheidungen einzelner Schwerbehinderten-Senate u.a. des LSG NRW hat das BSG allerdings auch nicht bestätigt.[456] Maßgeblich soll **nun die körperlich besonders große Anstrengung beim Gehen** sein. Dies ist z.B. dann der Fall, wenn der Behinderte bereits nach einer kurzen Wegstrecke - etwa nach 30 m - wegen Erschöpfung pausieren muss, bevor er weitergehen kann.[457] Jedenfalls muss das **Gehvermögen auf das Schwerste eingeschränkt**, jeder Schritt mit erheblichen Schmerzen verbunden und die Fortbewegung dadurch zusätzlich erschwert sein.[458] Dies kann im Einzelfall auch bei der Fortbewegung Kleinwüchsiger gegeben sein.[459] Bloße Schwierigkeiten beim Verlassen des Kfz genügen jedoch nicht für aG.[460]

Die **wesentlichen Rechtsfolgen der außergewöhnlichen Gehbehinderung** beziehen sich auf die Nutzung eines Kfz im öffentlichen Straßenverkehr.

Einerseits führt die Anerkennung zur **Befreiung von der Kraftfahrzeugsteuer**, vgl. § 3 a Abs. 1 KfzStG.[461] Das gilt auch für Behinderte mit den Nachteilsausgleichen wegen Hilflosigkeit bzw. Blindheit, Merkzeichen H bzw. Bl. Die **Befreiung gilt nur für den Behinderten als Halter des Kfz** und nur insoweit, als das Fahrgzeug ganz überwiegend für seine Zwecke, also nicht etwa durch andere Personen, zu Fahrten genutzt wird, § 3 a Abs. 3 KfzStG. Im Übrigen sind Privatfahrten in einem angemessenen Umfang, rund 15.000 km pro Kalenderjahr, bei der Lohn- bzw. Einkommensteuer abzugsfähig. Andererseits **berechtigt das Merkzeichen aG zur Inanspruchnahme von Parkerleichterungen** für außergewöhnlich Gehbehinderte, Blinde

454 BT-Drs. 8/3150, 10.

455 Vgl. Urt. v. 10.12.2002, B 9 SB 7/01R.

456 S.o.a. Urt., ebenso SG Dortmund, Urt. v. 21.02.2003, S 7 SB 48/02.

457 Vgl. Bayerisches LSG, Urt. v. 18.03.2003, L 15 SB 77/00; ebenso LSG Baden-Württemberg, Urt. v. 23.09.2004, L 6 SB 122/04; dazu auch BSG, Urt. v. 29.03.2007 - B 9 a SB 5/05 R und B 9 a SB 1/06 R.

458 BSG, SGb 1997, 217 f.

459 BSG, Urt. v. 17.12.1997, 9 RVs 16/96 m.w.N.

460 BSG, Urt. v. 05.07.2007 - B 9 a SB 5/06 R.

461 I.d.F. vom 26.09.2002, BGBl. I. 2002, S. 3817 ff., 3821.

oder Hilflose. § 46 Abs. 1 StVO i.V.m. den dazu ergangenen Verwaltungsvorschriften bestimmt, dass außergewöhnlich Gehbehinderte bei Auslage eines blauen **Sonderparkausweises** auf reservierten „Rollstuhlfahrerparkplätzen" parken dürfen. Die Parkerleichterungen mit diesem Parkausweis gelten mittlerweile in der gesamten EU. Soweit ein unberechtigtes Kfz solche Schwerbehindertenparkplätze ca. 15 Minuten blockiert, sind u.a. die Beamten der Länderpolizeien nach Gefahrenabwehrrecht ermächtigt, den Pkw abschleppen zu lassen.[462]

Besondere **Nachteilsausgleiche für blinde Menschen** mit dem **Merkzeichen Bl** sind gem. § 3 Abs. 1 Nr. 3 SchwbAusweisVO einzutragen, wenn der Behinderte blind ist oder die Sehschärfe auf dem besseren Auge nicht mehr als 1/50 beträgt bzw. wenn andere vergleichbar gravierende Sehstörungen bestehen.[463] Die Feststellung einer so gravierenden Sehbehinderung ist in der Praxis regelmäßig ebensowenig problematisch wie die Anerkennung der **Gehörlosigkeit, Merkzeichen Gl**, welche als neuer Nachteilsausgleich seit dem 01.07.2001 in § 145 Abs. 1 S. 1 SGB IX mit aufgenommen wurde. Die tatsächliche Überprüfung erfolgt nämlich anhand von in den jeweiligen AP definierten gesundheitlichen Voraussetzungen, d.h. durch Sehschärfebestimmung bzw. apparative Diagnostik des Hörvermögens. Über das Vorliegen dieser Behinderungsformen entstehen daher kaum Rechtstreitigkeiten.[464] **Rechtsfolgen sind im Wesentlichen Telefongebührenermäßigungen, Freifahrtberechtigungen bzw. Kfz-Steuerbefreiungen** wie bei außergewöhnlicher Gehbehinderung.

Vorrangig für bestimmte Gruppen kriegsbeschädigter Behinderter ist noch die Bahnbenutzung in der 1. Klasse mit einem Fahrausweis der 2. Klasse, **Merkzeichen 1. Klasse**, vorgesehen, vgl. dazu § 3 Abs. 1 Nr. 6 SchwbAusweisVO.

Fall 14: Hörverlust und andere Handicaps

(Fall nach SG Münster, S 6 SB 31/99, Urt. v. 26.08.1999, rechtskräftig)

Max Maibach (M) ist im Januar 1987 geboren und lebt mit seinen Eltern in Erlangen. Seit einer frühkindlichen Hirnhautentzündung ist er auf beiden Ohren komplett taub und leidet zudem an einer verzögerten Intelligenzentwicklung. Nach Besuch einer integrativen Grundschule wurde er zur weiteren Förderung in die Landesgehörlosenschule aufgenommen. Auf Antrag seiner Eltern wurde dem M im März 1998 vom Versorgungsamt Nürnberg der GdB 100 nach dem damaligen Schwerbehindertengesetz (SchwbG) zuerkannt. Zugleich wurden Nachteilsausgleiche mit den Merkzeichen B, H und RF auf 5 Jahre befristet festgestellt. Als die Eltern des M im Februar 2003 die Gültigkeitsdauer des Ausweises verlängern lassen wollten, teilte ihnen das Versorgungsamt Nürnberg mit, für die Merkzeichen sei jetzt eine Nachprüfung von Amts wegen erforderlich. Im April 2003 kündigte das Versorgungsamt den Eltern dann an, es beabsichtige, dem M nach Vollendung des 16. Lebensjahres und angesichts der im Sommer 2003 bevorstehenden Entlassung aus der Gehörlosenschule die Merkzeichen B und H zu entziehen. Die Eltern erhielten Gelegenheit zur Stellungnahme bis zum 15.05.2003. Sie suchten da-

---

462 Vgl. bereits Urt. des Verwaltungsgerichtshofs Hessen v. 15.06.1987, 11 VE 2521/84, ebenso OVG Schleswig, Urt. v. 19.03.2002, NJW 2003, 3289.

463 Zum bloßen hell/dunkel-Sehen aufgrund schwerer Hirnschädigung: BSG, Urt. v. 20.07.2005 – B 9 a BL 1/05 R m.w.N.

464 Vgl. Gaa-Unterpaul, NZS 2002, 406 ff., 410; zu Einschränkungen des Hörvermögens: Essing, HNO-Nachrichten 2004, S. 48, 49.

raufhin die Rechtsberatung eines anerkannten Behindertenverbandes auf. Dort schilderten sie, dass M infolge der verzögerten geistigen Entwicklung trotz intensiver jahrelanger Förderung auf der Gehörlosenschule kaum das Schreiben und Lesen erlernt und erhebliche Defizite beim Gebrauch der Gebärdensprache habe.
Die Eltern fragten nach dem weiteren Vorgehen, insbes. möglichen Rechtsbehelfen gegen die beabsichtigte Entziehung und ihre Erfolgsaussichten.

(A) Mögliche Rechtsbehelfe

Eine Entziehungsentscheidung war noch nicht ergangen. Vielmehr handelte es sich bei dem Schreiben des Versorgungsamtes Nürnberg vom April 2003 um die Gelegenheit zur Äußerung zur beabsichtigen Aberkennung der Merkzeichen H und B. Dies ist als **Anhörung gem. § 24 Abs. 1 SGB X** zu qualifizieren. Die Anhörung ist kein gesondertes Verwaltungsverfahren.[465] Allerdings muss sie deutlich erkennbar die Möglichkeit zur Äußerung einräumen.

Hier wäre bei der möglichen Äußerung insbes. auf die Lese- und Schreibschwäche sowie die Schwierigkeiten des M beim Erlernen der Gebärdensprache trotz mehrjähriger Förderung auf der Gehörlosenschule hinzuweisen. Dies genügte für die **Wahrung des Anhörungsrechts gem. § 24 Abs. 1 SGB X**. Ob das Versorgungsamt anschließend tatsächlich den vorgesehenen Entziehungsbescheid erlässt, ist nicht mehr eine Frage der ordnungsgemäßen Anhörung. Für die ordnungsgemäße Anhörung i.S.v. § 24 SGB X kommt es eben **nicht darauf an, ob die beabsichtigte und dann schließlich ergehende Entscheidung auch materiell rechtmäßig ist**.[466]

Konkret besteht dann vielmehr die Möglichkeit, gegen den nach einer Anhörung ergehenden Entziehungsbescheid i.S.v. § 48 SGB X (Verwaltungsakt gem. § 31 SGB X) **Widerspruch** einzulegen, § 83 SGG, und mit der Durchführung des Widerspruchsverfahrens die Prozessvoraussetzungen für eine **Klage vor dem Sozialgericht** mit abgeschlossenem Vorverfahren, § 78 SGG, zu schaffen.

(B) Anspruch auf die Nachteilsausgleiche

Ob die hier geschilderten Umstände entscheidungserhebliche Tatsachen sind, hängt von den **materiellen Voraussetzungen der Merkzeichen RF, B und H** ab.

(I) Nach § 3 Abs. 1 Nr. 5 SchwbAusweisVO sind im Ausweis die Buchstaben **RF** einzutragen, wenn der schwerbehinderte Mensch die landesrechtlich festgelegten Merkmale der **Befreiung von der Rundfunkgebührenpflicht** erfüllt.

Zur Ausführung hatten **die Bundesländer bis 2005 eigene Rechtsverordnungen erlassen**.[467] In Nordrhein-Westfalen z.B. galt die Verordnung über die Befreiung von der Rundfunkgebührenpflicht vom 30.11.1993.[468]

---

465 BSGE 69, 247, 251.

466 Vgl. Krasney in: Kasseler Kommentar zum Sozialversicherungsrecht, Band 2, § 24 SGB X Rdnr. 15.

467 Anders jedoch in Hamburg mit Zweifeln an wirksamer Rechtsverordnung: LSG Hamburg, Urt. v. 08.08.2006 – L 4 SB 22/05 m.w.N., nicht rechtskräftig, zurückverwiesen vom BSG mit Urt. v. 08.11.2007 – B 9/9 a SB 3/06R

468 Gesetzes- und Verordnungsblatt NRW 1993, S. 970.

(1) Konkret war bei M die in Bayern gültige Verordnung über die Befreiung von der Rundfunkgebührenpflicht vom 21.07.1992,[469] anzuwenden.

Nunmehr regelt der Achte Staatsvertrag zur Änderung rundfunkrechtlicher Staatsverträge (Achter Rundfunkänderungsstaatsvertrag), in Kraft getreten zum 01.04.2005, in Art. 4 § 6 die Gebührenbefreiung natürlicher Personen. Gleichzeitig sind die Rundfunkbefreiungsverordnungen der Länder außer Kraft getreten.[470]

Der Antrag ist bei der für die Erhebung von Rundfunkgebühren zuständigen Landesrundfunkanstalt zu stellen, die über den Antrag entscheidet.

Der Antragsteller hat die Voraussetzungen für die Befreiung von der Rundfunkgebührenpflicht durch die Vorlage des entsprechenden Bescheides im Original oder in beglaubigter Kopie nachzuweisen. Die materiellen Voraussetzungen, nun bundeseinheitlich in § 6 Abs. 1 Nr. 8 Rundfunkgebührenstaatsvertrag enthalten, sind weiterhin von den zuständigen Versorgungsbehörden festzustellen.

Die Rundfunkgebührenbefreiung aus sonstigen gesundheitlichen Gründen erfordert im Einzelnen den **GdB von wenigstens 80 sowie die Hinderung der betroffenen Personen, wegen ihrer Leiden ständig, also nicht nur zeitweise, an öffentlichen Veranstaltungen teilnehmen zu können**.

(2) Maßgeblich für das **Merkzeichen RF** ist, dass jemand gerade aufgrund seiner Behinderung nicht zum Besuch öffentlicher Veranstaltungen imstande ist. Das bedeutet, dass dieser Nachteilsausgleich solange nicht in Betracht kommt, wie ein Behinderter mit technischen Hilfsmitteln und ggf. auch mit Hilfe einer Begleitperson öffentliche Veranstaltungen, wie z.B. Theater, Kino, religiöse Zeremonien, Restaurants bzw. Sportereignisse, tatsächlich aufsuchen kann.

Dabei sind auch nicht die örtlichen Verhältnisse, z.B. schlechte Verkehrsanbindung in ländlichen Gebieten, maßgebend.[471] Das Merkmal der **Hinderung zur Teilnahme an öffentlichen Veranstaltungen** ist grundsätzlich eng auszulegen.[472] So rechtfertigt etwa Harninkontinenz allein nicht die Anerkennung des Merkzeichens RF.[473] Entscheidend ist auch nicht, ob jemand überhaupt noch in der Lage ist, einer öffentlichen Veranstaltung inhaltlich zu folgen.[474] Im Übrigen wird angesichts der nahezu vollständigen Ausstattung aller Haushalte in der Bundesrepublik mit Rundfunk- und

469 Gesetzes- und Verordnungsblatt des Freistaates Bayern 1992, S. 254 f.

470 § 6 Abs. 1 Nr. 8 Rundfunkgebührenstaatsvertrag.

471 BSG, Urt. v. 09.08.1995, 9 RVs 3/95.

472 BSG, Urt. v. 11.09.1991, SozR 3870; siehe auch BSG, Urt. v. 08.11.2007 – B 9/9a SB 3/06 R.

473 BSG, Urt. v. 12.02.1997, 9 RVs 2/96 m.w.N.; differenzierend bei Darmerkrankungen: LSG Rheinland-Pfalz, Urt. v. 29.03.2006 – L 4 SB 224/05 sowie LSG NRW, Urt. v. 06.12.2006 – L 10 SB 69/03.

474 Vgl. BSG, Urt. v. 28.06.2000, B 9 SB 2/00R; bejahend aber auch für psychische Störungen wegen einer Umweltkrankheit: Bayerisches LSG, Urt. v. 06.11.2003, L 18 SB 113/00.

Fernsehgeräten **zunehmend bezweifelt, ob das Merkzeichen RF noch tatsächlich einen behinderungsbedingten Mehraufwand ausgleicht**.[475]

(3) Hier müsste M allerdings als Hörgeschädigter mit einem GdB von wenigstens 50 auch bei Benutzung von Hörhilfen keine ausreichende Verständigung möglich gewesen sein. Da bei M keine Änderung seiner beidseitigen Taubheit aufgetreten war und auch die Versorgung mit Hörhilfen keine Besserung bewirkte, steht ihm dieser Nachteilsausgleich weiterhin zu. Jedenfalls das Merkzeichen RF konnte ihm das Versorgungsamt – trotz des bevorstehenden Abschlusses der Gehörlosenschule – nicht entziehen.

Rechtsfolge des Merkzeichens RF ist zum einen die Befreiung von der Rundfunkgebührenpflicht nach dem Rundfunkstaatsvertrag der Länder bei der Gebühreneinzugszentrale (GEZ) in Köln. Andererseits sehen die allgemeinen Geschäftsbedingungen der Deutschen Telekom AG eine **Ermäßigung bei den Anschlussgebühren im Festnetz und derzeit zusätzlich 30 gebührenfreie Gesprächseinheiten pro Monat** vor.

(II) Problematisch erscheint jedoch der weitere Anspruch des M auf das **Merkzeichen B** zur Mitnahme einer Begleitperson.

(1) Nunmehr ist in § 145 Abs. 2 Nr. 2 SGB IX klargestellt, dass nicht die Notwendigkeit einer ständigen Begleitung, sondern die nachgewiesene „Berechtigung zur Mitnahme einer Begleitperson" für den Anspruch maßgebend ist. Zudem werden **Mehraufwendungen für die Begleitperson bei Reisen** mit bis zu 767 € als außergewöhnliche Belastung steuermindernd gem. § 33 EStG von der Finanzverwaltung anerkannt.[476] Der Nachteilsausgleich selbst wird durch eine entsprechende **Bemerkung auf dem Vorderblatt des Schwerbehindertenausweises** dokumentiert, vgl. § 3 Abs. 2 Nr. 1 SchwbAusweisVO.

(2) Nach den versorgungsmedizinischen Kriterien der **AP 2004/2005, Nr. 32**, steht dies regelmäßig u.a. Querschnittsgelähmten, Blinden, Hör- bzw. geistig Behinderten, Anfallskranken und Personen mit gestörter Orientierungsfähigkeit zu.

Ausnahmen gelten jedoch bei Hörbehinderten. So bedarf ein vor Spracherwerb Ertaubter, der die Gehörlosenschule abgeschlossen und das 16. Lebensjahr vollendet hat, in der Regel nicht mehr ständiger Begleitung.[477] Die Rechtsprechung geht nämlich davon aus, dass auch der ertaubte Mensch mit erfolgreichem Abschluss der Gehörlosenschule hinreichende Kenntnisse und Fähigkeiten zur Orientierung auch bei Benutzung des öffentlichen Personenverkehrs erlangt hat und in der Lage sei, **ab dem 16. Lebensjahr selbstständig öffentliche Verkehrsmittel zu nutzen**.

(3) Bei M sprechen hingegen die **Defizite insbes. beim Lesen sowie bei der Kommunikation mit Hilfe der Gebärdensprache gegen diese regelmäßige Annahme**.

---

475 Dazu Gaa-Unterpaul, NZS 2002, S. 406 ff., 408 m.w.N.

476 Vgl. BFH, Urt. v. 04.07.2002, Bundessteuerblatt II 2002, 765 m.w.N.

477 Vgl. BSG, Urt. v. 12.11.1996, 9 RVs 5/95 m.w.N.

Angesichts der Leseschwierigkeiten erscheint es – trotz formellem Abschluss der Gehörlosenschule – nicht vertretbar, den M ohne eine Begleitperson den Verhältnissen im heutigen öffentlichen Personenverkehr auszusetzen. Vielmehr ist er weiterhin darauf angewiesen, durch eine sicher lesekundige Person schon bei Antritt einer Fahrt in öffentlichen Verkehrsmitteln unterstützt und auch zum Verlassen am gewünschten Zielort angehalten zu werden.

In diesem besonderen Einzelfall ist es danach gerechtfertigt, dem **M das Merkzeichen B auch nach Abschluss der Gehörlosenschule und Vollendung des 16. Lebensjahres weiter zuzuerkennen**.

(III) Zweifelhaft ist allerdings dann noch der ebenfalls steuerrechtlich bedeutsame **Nachteilsausgleich wegen Hilflosigkeit, Merkzeichen H**.

Rechtsfolge der Hilflosigkeit nach § 33 b EStG ist die **Anerkennung eines jährlichen Pauschbetrages i.H.v. 3.700 € beim Finanzamt, § 33 b Abs. 3 S. 3 EStG**.

(1) Das Merkzeichen H wird im Ausweis eingetragen, wenn der schwerbehinderte Mensch **hilflos i.S.d. § 33 b EStG** oder entsprechender Vorschriften ist, vgl. § 145 Abs. 1 S. 1 SGB IX, § 3 Abs. 1 Nr. 2 SchwbAusweisVO. Die Hilflosigkeit ist in § 33 b Abs. 6 S. 2 EStG definiert und erfordert insbes., dass **der Behinderte dauernd im Ablauf eines jeden Tages fremder Hilfe bedarf**.[478] Diese Voraussetzungen sind gem. § 33 b Abs. 6 S. 3 EStG auch dann erfüllt, wenn die **Hilfe in Form der Überwachung oder Anleitung zu den täglichen Verrichtungen oder ständiger Bereitschaft zur Hilfeleistung** erfolgt.

(2) Grundsätzlich hängt dies vom **Hilfebedarf bei einer Vielzahl von Verrichtungen im Alltagsleben** mit personenbezogenen Tätigkeiten wie An- und Auskleiden, Nahrungsaufnahme, Körperpflege, Verrichten der Notdurft etc. ab.[479]

Anders als in der gesetzlichen Pflegeversicherung, bei der für die Ermittlung des Pflegebedarfs auch Hilfen in der hauswirtschaftlichen Versorgung mit zählen, vgl. § 15 Abs. 1 SGB XI, bleiben bei der Hilflosigkeit i.S.d. SGB IX und nach dem EStG **Haushaltsarbeiten außer Betracht**, da diese nicht personenbezogen sind.[480] Im Übrigen wird eine **zeitliche Mindestgrenze von einer Stunde täglich** angesetzt.[481] Für **Kinder** wiederum gilt wegen der allgemein alters- und entwicklungsbedingt erforderlichen Hilfestellung bei verschiedensten personenbezogenen Verrichtungen eine gesonderte sozialmedizinische Bewertung, vgl. AP 2004/2005, Nr. 22.

(3) Soweit die **Hilfebedürftigkeit (allein) in einem zentralen Lebensbereich**, etwa bei der Kommunikation, besteht, ergeben sich **nach der Rechtsprechung erhebliche Abgrenzungsschwierigkeiten**.

Bei **Gehörlosen dauert die Hilflosigkeit bis zum erfolgreichen Abschluss einer ersten Ausbildung fort**. Der Kommunikationsmangel ist durch den Ausbildungsab-

---

478 Insgesamt – auch kritisch – zum Merkzeichen H: Hansen, Behindertenrecht 2007, 157–161.

479 Zur Rollstuhlerforderlichkeit bei „H“ nach AP 2004/2005, Nr. 21 Abs. 6: LSG Niedersachsen-Bremen, Urt. v. 28.06.2007- L 13 SB 87/03; Gesamtüberblick zu den Voraussetzungen: BSG, Urt. v. 12.02.2003 – B 9 SB 1/02 R = SozR 4-3250, § 69 Nr. 1.

480 BSG, Urt. v. 02.07.1997, 9 RVs 9/96.

481 BSGE 67, 204 ff.

schluss zwar nicht aufgehoben. Es wird jedoch angenommen, dass die Schreib- und Lesefähigkeit ein Mindestmaß an Verständigung mit der hörenden Umwelt zulässt. Dafür ist der erfolgreiche Besuch einer Gehörlosenschule maßgebend.[482]

(4) Dies ist bei M wegen der genannten Defizite aber gerade nicht zu vermuten.

Denn trotz des regulären Besuchs der Landesgehörlosenschule hatte er erhebliche Defizite im Schreiben und Lesen behalten. Seine **Verständigungsmöglichkeiten mit der Umgebung** waren als weiterhin sehr reduziert anzusehen. Auch nach der Rechtsprechung ist dann eine **lebenslange Hilflosigkeit** anzunehmen, wenn der Gehörlose etwa wegen Minderbegabung oder geistiger Behinderung nicht in der Lage ist, derartige Kommunikationsdefizite auszugleichen.[483] Folglich war M trotz absehbarem förmlichen Abschluss der Gehörlosenschule weiterhin hilflos. Unabhängig von den reduzierten Aussichten für seine berufliche Ausbildung und trotz Vollendung des 16. Lebensjahres war bei M **weiterhin von einer fortbestehenden Hilflosigkeit auszugehen**.

(IV) Im **Ergebnis** standen M die Nachteilsausgleiche mit den Merkzeichen RF, B und H weiter zu. Nach entsprechender Klärung bei der Anhörung gem. § 24 SGB X, ggf. mit Vorlage einer Bescheinigung der Gehörlosenschule, hatte das Versorgungsamt vom angekündigten Entziehungsbescheid abzusehen.

– – –

3.2 Rechtsstellung behinderter Menschen im Arbeitsleben einschließlich Sonderkündigungsschutz

Die Förderung der **Integration Behinderter in das Arbeits- und Berufsleben** beginnt bereits bei der **Beschäftigungssuche**. So hat etwa die betriebliche Schwerbehindertenvertretung bei **Bewerbungen** Behinderter auf einen offenen Arbeitsplatz das Recht, wesentliche Teile der Bewerbungsunterlagen einzusehen und an Vorstellungsgesprächen mit allen Bewerbern teilzunehmen, § 95 Abs. 2 S. 3 SGB IX. Ergänzend muss der Arbeitgeber **prüfen, ob freie Arbeitsplätze mit schwerbehinderten Menschen**, insbes. solchen, die beim Arbeitsamt arbeitslos oder arbeitssuchend gemeldet sind, besetzt werden können, vgl. § 81 Abs. 1 SGB IX. Bei der Zuteilung des Arbeitsvolumens sind Schwerbehinderte auf ausdrückliches Verlangen **gem. § 124 SGB IX von Mehrarbeit**, d.h. der Arbeit über die Grenze einer achtstündigen täglichen Arbeitszeit hinaus, freizustellen.[484] Hinzu kommt als Ausgleich für die Belastung durch das Berufsleben der **Anspruch auf jährlich 5 Tage Zusatzurlaub, § 125 S. 1 SGB IX**.[485]

Wesentlich für die **Sicherung bestehender Arbeitsverhältnisse** ist zudem der **besondere Kündigungsschutz gem. §§ 85–92 SGB IX**. Danach erfordert die arbeitgeberseitige Kündigung des Arbeitsverhältnisses eines Schwerbehinderten

482 BSG, Urt. v. 12.11.1996, BSGE 79, 231 ff.; bestätigend BSG, Urt. v. 24.11.2005 – B 9 a SB 1/05 R.
483 BSG, Urt. v. 12.11.1996, a.a.O.
484 BAG, Urt. v. 03.12.2002, Behindertenrecht 2003, 40, vgl. auch Reiffenhäuser, AuA 2003, Nr. 1, 20–25.
485 Zur Berechnung des Urlaubsanspruchs: BAG, Urt. v. 24.10.2006 – 9 AZR 669/05.

generell eine vorherige Zustimmung des Integrationsamtes, § 85 SGB IX. Dabei soll das Integrationsamt alle Möglichkeiten zur **Erhaltung eines Arbeitsplatzes bzw. Aufrechterhaltung des Beschäftigungsverhältnisses** ausschöpfen und in jeder Lage des Verfahrens auf eine gütliche Einigung hinwirken, § 87 Abs. 3 SGB IX. Es muss jedoch auch etwaige berechtigte Interessen der Arbeitgeber angemessen berücksichtigen.[486]

Grundvoraussetzungen des Kündigungsschutzes gem. §§ 85 ff. SGB IX sind:

- ein bestehendes **Arbeitsverhältnis von mindestens 6 Monaten** Dauer, argumentum ex § 90 Abs. 1 Nr. 1 SGB IX, sowie
- **Anerkennung der Schwerbehinderteneigenschaft** beim Versorgungsamt.

Nach § 90 Abs. 2 a SGB IX genügt seit 01.05.2004 aber ein bloßer Antrag nicht mehr, da damit noch kein Nachweis geführt ist;[487] der Antrag muss vielmehr bereits drei Wochen vor Zugang der Kündigung gestellt worden sein.[488]

Das **Zustimmungsverfahren, §§ 87 ff. SGB IX**, beginnt mit einem **schriftlichen Antrag des Arbeitnehmers** bei dem für den Sitz seines Betriebes oder der Dienststelle zuständigen Integrationsamt, § 87 Abs. 1 S. 1 SGB IX. Dieses holt **Stellungnahmen u.a. vom Betriebs- oder Personalrat sowie der Schwerbehindertenvertretung** ein und hört den Behinderten an, § 87 Abs. 2 SGB IX. Das Integrationsamt soll dann binnen eines Monats über den Antrag entscheiden und die **Entscheidung** dem Arbeitgeber und dem Schwerbehinderten zustellen, § 88 Abs. 1, 2 SGB IX. Dabei ist ein Präventionsverfahren gem. § 84 SGB IX (betriebliche Wiedereingliederung) keine neue Rechtmäßigkeitsvoraussetzung zur Zustimmung des Integrationsamts.[489] **Bei einer Änderungskündigung**, § 2 Kündigungsschutzgesetz (KSchG), mit Angebot eines angemessenen und zumutbaren anderen Arbeitsplatzes soll das Integrationsamt die Zustimmung erteilen, § 89 Abs. 2 SGB IX. Für **fristlose Kündigungen aus wichtigem Grund** gilt die Sonderregelung in § 91 SGB IX. Ausdrücklich soll gem. § 91 Abs. 4 SGB IX die Zustimmung zur fristlosen Kündigung bei **Kündigungsgründen, die nicht im Zusammenhang mit der Behinderung stehen**, erteilt werden. Das gilt insbes. bei **nur mittelbarem Zusammenhang mit der Behinderung**. So ist z.B. ein drogenabhängiger krimineller Arbeitnehmer angesichts von Beschaffungsstraftaten zur Befriedigung seiner Sucht weder als Hausmeister in einer Schule noch in einem Asylbewerberheim tragbar.[490]

Als **Rechtsbehelf in Angelegenheiten des Integrationsamtes ist der Widerspruch** mit Sonderregelungen zum Widerspruchsausschuss, vgl. §§ 118, 119 SGB IX, vorgesehen. Für **Streitigkeiten aus dem Zustimmungsverfahren** sind nach der allgemeinen Rechtswegzuweisung

486 Vgl. Seidel, Der Personalrat 2002, 113 ff. m.w.N.

487 Zur Rechtsverschärfung: Kossens, ZFPR 2004, 280–281; Beraus, Die Versorgungsverwaltung 2004, 58–60; Griebeling, NZA 2005, 494 ff. (495–501).

488 So BAG, Urt. v. 01.03.2007 – 2 AZR 217/06, mit Anwendung auch bei Gleichstellungen i.S.v. § 2 Abs. 3 SGB IX.

489 So nunmehr BVerwG, Beschl. v. 29.08.2007 – 5 B 77/07 (= NJW 2008, 166, 167) m.w.N.

490 OVG Nordrhein-Westfalen, Urt. v. 23.05.2000, 22 A 3145/98, Behindertenrecht 2000, 176 ff. m.w.N.

des **§ 40 Abs. 1 VwGO die Verwaltungsgerichte** zuständig.[491] Jedoch haben Widerspruch und Anfechtungsklage gegen die Kündigungszustimmung **keine aufschiebende Wirkung, vgl. § 88 Abs. 4 SGB IX**. Daher sollte der Arbeitnehmer bei Kündigungszustimmung des Integrationsamtes allein schon wegen der Kündigungserklärungsfrist gem. § 88 Abs. 3 SGB IX den **Eil-Antrag auf Herstellung der aufschiebenden Wirkung** gem. § 80 VwGO im einstweiligen Rechtsschutz beim Verwaltungsgericht stellen. Parallel zu Widerspruch bzw. zur Klage gegen das Integrationsamt im Verwaltungsrechtsweg empfiehlt sich, ebenfalls zur Fristwahrung, **Klageerhebung beim Arbeitsgericht gem. §§ 1, 2 ArbGG gegen den Arbeitgeber**. Dabei ist aber die Aussetzung des Arbeitsgerichtsprozesses analog § 148 ZPO bis zur Rechtskraft der Entscheidung des Integrationsamtes umstritten.[492]

3.3 Behinderten-Nachteilsausgleiche im allgemeinen Steuerrecht

Neben Kfz-Steuererleichterungen bei Behinderten mit den Merkzeichen G, aG, bzw. H, sieht das Steuerrecht einige weitere Entlastungen vor. So ist allgemein ab dem GdB 20 ein **Pauschbetrag** zum Ausgleich der durch die Behinderung entstehenden Mehraufwendungen vorgesehen. Die **jährlichen Pauschbeträge sind gem. § 33 b Abs. 3 S. 2 EStG GdB abhängig** derzeit wie folgt gestaffelt:

GdB 20 bis 30: 310 €, ab 40: 430 €, ab 50: 570 €, ab 60: 720 €, ab 70: 890 €, ab 80: 1.060 €, ab 90: 1.230 € und beim GdB 100: 1.420 €. Für Behinderte, die hilflos i.S.v. § 33 b Abs. 6 EStG sind, und für Blinde erhöht sich der Pauschbetrag auf 3.700 €.

Die steuerlichen Nachteilsausgleiche werden bei den Finanzämtern beantragt. Der **Nachweis der Behinderung** wird entweder durch den **Ausweis** oder den **Feststellungsbescheid** nebst besonderer Bescheinigung beim GdB zwischen 20 und 40 erbracht, § 69 Abs. 1 SGB IX. Beim Versterben des Behinderten genügt zum **Nachweis gegenüber dem Finanzamt eine Stellungnahme des Versorgungsamts**, § 65 Abs. 4 S. 1, S. 2 Einkommensteuer-DurchführungsVO.

4. Gleichstellungsgesetze und Ausblick

4.1 Behindertengleichstellungsgesetz (BGG)

Mit dem BGG vom 27.04.2002, BGBl. I 2002, S. 1467, ist neben einem bundesrechtlichen Benachteiligungsverbot insbes. der Grundsatz der **Barrierefreiheit** festgelegt worden.[493]

Barrierefreiheit bedeutet, dass keine Zugangs- und mittlerweile auch keine Kommunikationsbarrieren mehr bestehen dürfen. Speziell sollen bauliche und sonstige Anlagen barrierefrei sein, ebenso Verkehrsmittel, technische Gebrauchsgegenstände, Systeme der Informationsverarbeitung einschließlich der elektronischen Medien sowie akustische und visuelle Informationsquellen.

Barrierefreiheit ist dann erreicht, wenn diese Lebensbereiche für behinderte Menschen in der allgemein üblichen Weise **ohne besondere Erschwernis und grundsätzlich ohne fremde Hilfe zugänglich und nutzbar** sind, § 4 BGG.

491 Vgl. ausführlich Seidel, Der Kündigungsschutz für schwerbehinderte Menschen im Arbeitsleben nach dem SGB IX, 2. Aufl., Stuttgart 2001.

492 Ausführlich zu Rechtswegproblemen: Hohmann, ZRP 2005, 159–161.

493 Vgl. Ullrich/Spereiter, Bundesarbeitsblatt 6/2002, S. 7 ff.

Einzelheiten unter **Berücksichtigung der Gebärdensprache**, der barrierefreien Informationstechnik, aber auch bei der optischen Gestaltung von Bescheiden und Vordrucken in der öffentlichen Verwaltung regeln §§ 7–11 BGG. Bei Verstößen gegen den Grundsatz der Barrierefreiheit können Behindertenverbände den Rechtsschutz beantragen, § 12 BGG oder durch **Verbandsklage gem. § 13 BGG** fehlende Barrierefreiheit im Zusammenhang mit Wahlen auf Bundesebene, bei der Personenbeförderung oder Zugänglichkeit öffentlicher Einrichtungen rügen. Untergesetzliche Regelungen, wie die Kommunikationshilfeverordnung vom Juli 2002 oder die Verordnung über **barrierefreie Informationstechnik** speziell im Internet,[494] aber auch bundesrechtliche Neuerungen etwa im privaten Mietvertragsrecht, § 554 BGB, sollen insgesamt die behindertengerechte **Nutzung bzw. den Zugang sowohl zu baulichen Anlagen und Räumen als auch zu nicht verkörperten Informationen und Daten gewährleisten**.

4.2 Landesrechtliche Vorschriften

Die BGG-Regelungen gelten nach der Kompetenzordnung des Grundgesetzes primär für Bundesbehörden und -einrichtungen. Daher müssen die Vorschriften **in den einzelnen Bundesländern** entsprechend angepasst werden. In den Bundesländern sind ab 2003/2004 eigene **Landes-Gleichstellungsgesetze für behinderte Menschen** beschlossen, in Vorbereitung oder im Gesetzgebungsverfahren.

Diese sehen **speziell für Sinnesbehinderte** u.a. die Verwendung der Gebärdensprache, den Einsatz von Blindenschrift oder Großdruck bzw. Hörkassetten vor. Ergänzend ist z.B. seit Januar 2004 in Nordrhein-Westfalen auch die Möglichkeit einer Verbandsklage, § 6 BGG NRW, geregelt.

Zentrales Anliegen ist dabei, dass eine noch bestehende rechtliche Diskriminierung auch durch die Länder ausgeschlossen bzw. beseitigt wird. Im Einflussbereich des jeweiligen Gesetzgebers soll damit die **gleichberechtigte Teilhabe** behinderter Menschen bei **selbstständiger Lebensführung** weiter gefördert werden.

4.3 Zusammenhänge mit dem AGG

Nach der Rspr. des EuGH ist Behinderung die Summe der **Einschränkungen**, die einerseits auf **physischen, geistigen oder psychischen Beeinträchtigungen** beruhen und andererseits ein **Hindernis für die Teilhabe am Berufsleben** bilden.[495]

Das ab 18.08.2006 geltende **Allgemeine Gleichbehandlungsgesetz (AGG)**, das u.a. der Umsetzung der einschlägigen EU-Richtlinie dient, definiert seinerseits nicht den Begriff der „Behinderung“.[496] Nach Vorstellung des Gesetzgebers soll sich der Begriff **nach § 2 Abs. 1 S. 1 SGB IX und § 3 BGG** richten.[497]

---

494 BGBl. I 2002, S. 2650 ff.

495 EuGH, Urt. v. 11.07.2006 – Rechtssache C-13/05 (= NZA 2006, 839 ff.).

496 Gesetz v. 14.08.2006, BGBl. I, S. 1897.

497 BT-Drs. 16/1780, 31; Düwell, BB 2006, 1741 ff.; Welti, ZESAR 2007, 47 f.

Bei behinderungsbedingter Diskriminierung bei Anbahnung des Arbeitsverhältnisses (vgl. § 81 Abs. 2 SGB IX) gelten nunmehr die §§ 1, 7, 15, 22, AGG,[498] allerdings nicht bei Kündigungen, arg. ex § 2 Abs. 4 AGG.

5. Abschnitt: Wohngeldleistungen

1. Einleitung und Übersicht

Das Wohngeld ist ein **Zuschuss zur Miete** oder zur **Unterstützung bei finanzieller Belastung** durch die Nutzung von Wohnraum. **§ 7 SGB I** sieht als soziales Recht den Zuschuss für eine angemessene Wohnung vor, soweit unzumutbare Aufwendungen erforderlich sind, um u.a. ein familiengerechtes Wohnen zu ermöglichen. Die Einweisungsvorschrift ist § 26 SGB I. Das Wohngeldgesetz (WoGG) gilt ausdrücklich nach § 68 Nr. 10 SGB I als **Besonderer Teil des Sozialgesetzbuches**. Wesentliche ergänzende Regelungen finden sich in der gemäß § 36 WoGG erlassenen, am 04.07.1991 neugefassten Wohngeldverordnung (WoGV).

Jedoch **zählt das Wohngeldrecht nicht zur Sozialhilfe, vgl. § 18 Abs. 1 Nr. 1 WoGG**. Vielmehr ist das WoGG nach dem Subsidiaritätsgrundsatz des § 2 BSHG bzw. ab 01.01.2005 nach § 2 Abs. 1 SGB XII gegenüber der Sozialhilfe vorrangig. Es erfasst nach der Regelungsmaterie einen **speziellen Bedarf außerhalb des eigentlichen Sozialhilferechts**.[499]

Das Wohngeldgesetz ist zum einen bei der Reform der Sozialhilfe mit Wirkung vom 01.01.2005 geändert worden. Von diesem Zeitpunkt an sind Empfänger bestimmter Sozialleistungen und unter bestimmten Voraussetzungen auch mit ihnen lebende Personen vom Wohngeld ausgeschlossen, wenn bei der Berechnung der jeweiligen Leistung die Kosten der Unterkunft bereits berücksichtigt worden sind, vgl. § 1 Abs. 2 S. 1 WoGG n.F. und § 29 SGB XII zur neu geregelten Sozialhilfe.

Finanzielle Auswirkungen ergeben sich für diese Personenkreise nicht, denn bisher wurden diese Leistungen (soweit es sie bereits vor dem 01.01.2005 gab) um das gezahlte Wohngeld gekürzt. Das bedeutet, dass der Gesamtzahlbetrag in gleicher Höhe weitergeleistet wird, wenn nicht andere Änderungen (tatsächlicher oder rechtlicher Art) eingetreten sind. Der Vorteil dieser Rechtsänderung ist, dass die bisherigen arbeitsaufwendigen Verrechnungen zwischen den Leistungsträgern künftig entfallen und somit erhebliche Verwaltungskosten eingespart werden.

Zum anderen gelten seit 2008 einige, im Folgenden noch näher darzustellende Modifikationen durch das 9. WoGG-Änderungsgesetz.[500]

Nach dem Regelungszweck des WoGG ist **Wohngeld bloß ein anteiliger Zuschuss** zur eigenen Mietleistung bzw. entstehenden Belastung durch Nutzung von Wohneigentum. Tatsächlich beziehen z.Z. rund 2 Millionen Haushalte in der Bundesrepublik Wohngeld, überwiegend als **Mietzuschuss**, zu weniger als

498 Anm. zu BAG, Urt. v. 12.09.2006 – 9 AZR 807/05 (= NJW-Spezial 2007, 226 f.).

499 Vgl. Becker, SRH, 3. Aufl. 2003, S. 1505.

500 Vgl. auch BT-Drs. 16/6543 v. 28.09.2007.

20% auch als **Lastenzuschuss an Eigentümer** selbstgenutzten Wohnraums, vgl. dazu § 3 Abs. 1, 2 WoGG.

2. Voraussetzungen und Inhalt der Leistungsansprüche

2.1 Gesetzlicher Anspruch

Die Wohngeldleistung hängt im Wesentlichen von vier **Voraussetzungen** ab:

- **Antragsberechtigung** der Mieter bzw. selbstnutzenden Inhaber, § 3 WoGG
- **Zahl der zu berücksichtigenden Haushaltsmitglieder**, § 4 WoGG, sowie die tatsächlichen Aufwendungen für Mieten bzw. Belastungen bei der – neu formulierten – Wohn- und Wirtschaftsgemeinschaft, § 5 WoGG n.F., § 6 WoGG
- Beachtung **ausgeschlossener Nutzungszwecke bzw. Höchstbetragsgrenzen** nach §§ 7, 8 WoGG
- **Fehlen von Ausschlussgründen**, insbes. keine anderen öffentlichen Leistungen zur wirtschaftlichen Sicherung des Wohnraums oder bei Inanspruchnahme vom Wohngeld für mehrere Wohnungen, vgl. § 18 Abs. 1, 2 WoGG

Ergänzend gilt eine generalklauselartige **Missbrauchsregelung** in § 18 Abs. 3 WoGG für Antragsteller, die es unterlassen, trotz Zumutbarkeit ihre eigene Einkommens- und Vermögenssituation zu verbessern.[501]

2.2 Leistungsumfang

Ob und in welcher Höhe im Einzelnen Wohngeld gezahlt wird, hängt von der **Größe des Haushalts**, vom gesamten zu berücksichtigenden **Familieneinkommen** sowie der **Miethöhe bzw. Nutzungsbelastung** bei selbstbewohntem Eigentum ab. Bei den Aufwendungen ist neben dem reinen Nutzungsentgelt, quasi der Kaltmiete, noch die Belastung durch Umlagen, Zuschläge und ähnliche Nebenkosten zu berücksichtigen. Allerdings werden Kosten für die Überlassung von Einrichtungsgegenständen, wie bei möblierten Wohneinheiten oder für gemeinschaftlich genutzte Elektrogeräte wie Waschmaschinen etc., vgl. § 5 Abs. 2 Nr. 1–5 WoGG, nicht mit angerechnet.

Beim **Lastenzuschuss für Eigentümer** ist die Belastung aus dem Kapitaldienst und aus der Bewirtschaftung, d.h. der Umfang der allgemeinen Unterhaltskosten, maßgeblich, § 6 Abs. 1, 2 WoGG.

Die **Leistungen sind auf gesetzlich bestimmte Höchstbeträge festgeschrieben**, vgl. im Einzelnen § 8 Abs. 1–7 WoGG. Die wirtschaftliche Situation der Antragsteller wird nach dem jährlichen Familieneinkommen ermittelt. Dabei sind jedoch bestimmte Sozialleistungen von vornherein ausgenommen, § 14 WoGG.[502] Zudem gelten Freibetragsregelungen, §§ 15, 16 WoGG, und ein Pauschabzug für sonstige Belastungen einschließlich der Pflichtbeiträge zur

501 Dazu BVerwGE 54, 358, 359, ebenso Becker, SRH, 3. Aufl. 2003, S. 1506, 1507.

gesetzlichen Kranken- bzw. Rentenversicherung gem. § 17 WoGG, vgl. im Einzelnen §§ 9 ff. WoGG. Die **konkrete Ermittlung des Wohngeldanspruchs richtet sich nach einem umfangreichen Tabellenwerk in den Anlagen zum WoGG**, vgl. § 2 Abs. 1, 2 WoGG. Die dortigen Berechnungsschritte schließen auch aus, dass Wohngeld für unangemessen hohe Wohnkosten geleistet wird. Angesichts der in den Anlagen zum WoGG vorgesehenen Vielzahl von Einzelfällen lässt sich zwar **kein allgemeiner Durchschnittssatz** für das Wohngeld angeben. Im **statistischen Bundesdurchschnitt** standen aber jedem anspruchsberechtigten Antragsteller **im Jahr 2003 rund 107 €** zu; dies soll zum 01.01.2009 um bis zu 60% auf durchschnittlich 140 € angehoben werden.[503]

3. Gesetzesausführung und sonstige Vorschriften

Bei Vorliegen der Leistungsvoraussetzungen wird **Wohngeld regelmäßig für 12 Monate** bewilligt, § 27 Abs. 1 WoGG. Die Auszahlung erfolgt an den – nun nicht mehr als Haushaltsvorstand i.S.v. § 3 Abs. 5 WoGG a.F. bezeichneten – Antragsberechtigten als Wohngeldempfänger, § 28 WoGG. Als weitere Änderung ordnet nun § 29 Abs. 1 WoGG eine gesamtschuldnerische Haftung sämtlicher zu berücksichtigender volljähriger Haushaltsmitglieder für die Wohngelderstattung an. § 30 WoGG schafft eine Rechtsgrundlage für die Rückforderung von überzahltem Wohngeld in Todesfällen. Schließlich erweitert das Gesetz auch die Ermächtigung zum Datenabgleich zur Verhinderung von Leistungsmissbrauch in § 33 Abs. 2, 3 WoGG n.F.

Die Durchführung des WoGG obliegt den **Gemeinden bzw. Kreisen** als nach Landesrecht bestimmten Stellen, vgl. § 23 Abs. 1 WoGG. Dort ist auch der **Leistungsantrag** zu stellen. Tatsächlich finanziert werden die Leistungen nach dem WoGG **zu je 50% vom Bund und von den Ländern, § 34 Abs. 1 WoGG**.

Das **Verwaltungsverfahren richtet sich nach dem SGB X**, vgl. auch § 68 Nr. 10 SGB I. Für Streitigkeiten über den Wohngeldanspruch sind allerdings nicht die Sozialgerichte, sondern die **Verwaltungsgerichte gemäß § 40 VwGO zuständig**. Dort ist ein Klageverfahren nach dem WoGG aber **nicht gerichtskostenfrei**, vgl. § 188 VwGO.[504]

502 Allerdings zur Berücksichtigung als Erstattung vereinnahmter Rente: BVerwG, Urt. v. 07.07.2005 – 5 C 13/03 (= NVwZ 2005, 1428).

503 So BT-Beschl. v. 25.04.2008, Quelle: www. dpa.de.

504 Zur gleichbleibenden Rechtslage nach Änderung des § 188 VwGO ab 2005: OVG Lüneburg, Beschl. v. 02.11.2005 – 4 LA 255/05 (= NJW 2006, 937, 938).

5. Teil: Soziales Entschädigungsrecht

Das soziale Entschädigungsrecht mit seinen diversen Einzelgesetzen ist gemäß § 68 Nr. 7 a)–h) SGB I Teil des Sozialgesetzbuchs. Mit dem allgemeinen sozialen Recht i.S.d. § 5 SGB I wird der **Ausgleich für Gesundheitsschäden bei Erbringung von Sonderopfern** bezweckt.[505] Die Einweisungsvorschrift des § 24 Abs. 1 Nr. 1–5 SGB I konkretisiert dieses Recht u.a. durch den Anspruch auf Heil- und Krankenbehandlung, Renten an Hinterbliebene, sowie insbes. die **Renten an Beschädigte wegen Minderung der Erwerbsfähigkeit (MdE s.u.)** bzw. ab Dezember 2007 nach dem neugeschaffenen Begriff des **Grads der Schädigungsfolgen (GdS)**.[506] Mit dem BVG-Änderungsgesetz vom 13.12.2007 wurde im Sozialen Entschädigungsrecht die Bezeichnung „Minderung der Erwerbsfähigkeit" (MdE) durch die neue Bezeichnung „Grad der Schädigungsfolgen" (GdS) ersetzt. Der bisherige Begriff wurde von den Betroffenen oftmals falsch in dem Sinne verstanden, dass er auch nichtursächliche Gesundheitsschäden umfasst, die nach Sinn und Zweck des Sozialen Entschädigungsrechts nicht zu entschädigen sind. Die neue Bezeichnung „Grad der Schädigungsfolgen" (GdS) soll aus sich heraus das Kauslitätserfordernis zwischen der Schädigung und dem zu entschädigenden Gesundheitsschaden deutlich machen.[507] Zuständig sind Versorgungsämter, orthopädische Versorgungsstellen, bei besonderen Hilfen im Einzelfall die Kreise, kreisfreien Städte sowie Integrationsämter, § 24 Abs. 2 SGB I.

Zur Ausfüllung dieses sozialen Rechts existieren mittlerweile umfangreiche gesetzliche Regelungen. Kernstück ist das **Gesetz über die Versorgung der Opfer des Krieges (Bundesversorgungsgesetz, BVG)**. Angesichts der Rechtsfolgen für weitere Leistungsgesetze wird das **BVG auch das „Grundgesetz der Versorgung"** genannt.[508] Entsprechend gelten die Leistungsvorschriften des BVG nämlich auch für die Entschädigung nach dem Soldatenversorgungsgesetz (SVG), dem Bundesgrenzschutzgesetz (BGSG), dem Zivildienstgesetz (ZDG), dem Infektionsschutzgesetz (IfSG), dem Opferentschädigungsgesetz (OEG) und den nach der deutschen Wiedervereinigung erlassenen Gesetzen zur Rehabilitierung von SED-Unrechtsopfern.

1. Abschnitt: Bundesversorgungsgesetz (BVG)

Das am 21.12.1950[509] bekanntgemachte BVG bezweckte vor allem die **Versorgung von Millionen kriegsbeschädigter Soldaten der ehemaligen Wehrmacht nach dem 2. Weltkrieg**. Das Gesetz knüpfte an die Regelungen des für die Opfer

505 Jung, Die BG 2004, S. 486–496, mit Abgrenzung zur Unfallversicherung.

506 Dazu BR-Drs. 541/07 v. 10.08.2007, S. 1, 2, und BGBl. I, 2007, S. 2904.

507 So Düwell, juris Praxisreport Arbeitsrecht 3/2008 v. 16.01.2008, Anm. 6.

508 Vgl. BT-Drs. 7/868, 24.

509 BGBl. I 1950, S. 791.

des 1. Weltkriegs geltenden Reichsversorgungsgesetzes an und erweiterte den Kreis der anspruchsberechtigten Personen nun u.a. auf Beschädigte von militärähnlichen Dienstverrichtungen sowie Zivilisten, die durch unmittelbare Kriegseinwirkungen auf Dauer gesundheitlich geschädigt waren.

Gegenwärtig, 60 Jahre nach In-Kraft-Treten des BVG, gibt es noch rund 1 Mio. Leistungsberechtigte aus der Kriegsopfergeneration, davon ca. 800.000 persönlich Kriegsgeschädigte sowie anspruchsberechtigte Hinterbliebene einschließlich der sog. Kriegerwitwen.

1. Entschädigungstatbestände

Die **Grundvoraussetzungen der Versorgung nennt § 1 Abs. 1 BVG**. Entscheidend ist, dass durch eine **militärische oder militärähnliche Dienstverrichtung**, durch einen **Unfall während des Dienstes** oder durch **diensteigentümliche Verhältnisse** eine gesundheitliche Schädigung verursacht wurde. Gleichgestellt sind gem. § 1 Abs. 2 BVG weitere Sachverhalte, wie **unmittelbare Kriegseinwirkung, Kriegsgefangenschaft, Internierung** wegen deutscher Staats- oder Volkszugehörigkeit, offensichtlich unrechtmäßige Straf- oder Zwangsmaßnahmen (Deserteur-Fälle) sowie bestimmte Unfallereignisse, § 1 Abs. 2 a–f BVG. Die jeweiligen Entschädigungstatbestände werden im Einzelnen von §§ 2 ff. BVG konkretisiert, z.B. militärischer Dienst auch auf den sog. Volkssturm erstreckt, § 2 Abs. 1 b) BVG.

Ausdrücklich ausgenommen ist der **Wehrdienst für fremde Truppen**, die nicht zu den Verbündeten des Deutschen Reiches im Rahmen des 2. Weltkriegs gehörten. Z.B. ist der **Dienst in der französischen Fremdenlegion** kein Wehr- oder militärischer Dienst i.S.v. § 2 BVG und damit auch kein Versorgungstatbestand gewesen.[510] Ausnahmsweise auch versorgungsberechtigt sind deutsche Volkszugehörige, die zur Wehrpflicht in der ehemaligen Sowjetunion für die Rote Armee herangezogen wurden.[511] Im Übrigen gilt das Gesetz grundsätzlich für Deutsche und deutsche Volkszugehörige bzw. andere Kriegsopfer, insbes. bei einem **Dienst im Rahmen der deutschen Wehrmacht oder für deutsche Organisationen während des 2. Weltkriegs**, vgl. § 7 Abs. 1 Nr. 1–3 BVG. Das sind sog. verbündete Heere, soweit sie unter deutschem Oberbefehl eingesetzt wurden, etwa die **ungarischen Regierungsstreitkräfte** ab Sommer 1944. Bei diesem Personenkreis ist allerdings zur Vermeidung einer **Doppelversorgung** zu überprüfen, ob ihnen als Kriegsopfer Anspruch auf Versorgung wegen derselben Ursache, der gesundheitlichen Beschädigung durch Kriegsereignisse, nach den Gesetzen eines anderen Staates zusteht, § 7 Abs. 2 BVG.[512] Für Sonderfälle sieht § 8 BVG schließlich die **Gewährung von „Kann"-Versorgung** mit Zustimmung des Bundessozialministeriums vor.

Speziell angesichts der **nationalsozialistischen Verbrechensherrschaft** wird aber auch bei den deutschen Truppen differenziert. So ist zwar der **Dienst in der Waffen-SS** unter dem Oberbefehl der deutschen Wehrmacht als Versorgungstatbestand anerkannt. Allerdings ist die Bewachung von Konzentrationslagern durch **SS-Totenkopfverbände** nicht vom BVG erfasst.[513] Zudem regelt der im November 1997 eingefügte **§ 1 a BVG die Leistungsversagung** bei sol-

510 LSG Baden-Württemberg, Urt. v. 08.11.1956, VIII b KB 181/52, ebenso SG Münster, Urt. v. 14.10.1999 – S 6 V 72/97, rechtskräftig.

511 LSG Niedersachen-Bremen, Urt. v. 18.11.2004, L 5 V 4/03.

512 Vgl. dazu BSG, Urt. v. 04.02.1998, B 9 V 5/97R und B 9 V 9/97R, § 2 BVG, sowie differenzierend Urt. v. 08.11.2007 – B 9 a V 1/06 R.

513 Wilke-Fehl, Soziales Entschädigungsrecht, Kommentar, 7. Aufl. Stuttgart 1992, § 2 BVG, Rdnr. 2 m.w.N.

chen Beschädigten, die während der NS-Herrschaft gegen die Grundsätze der Menschlichkeit oder Rechtsstaatlichkeit verstoßen haben. Anhaltspunkte für derartige Verstöße können sich insbes. bei **freiwilliger Mitgliedschaft in der SS** ergeben, § 1 a Abs. 1 S. 2 BVG.[514] Leistungen sind, unter Abwägung der Schutzbedürftigkeit, bei Nachweis eines Versagungsgrundes auch für die Zukunft ganz oder teilweise zu entziehen, § 1 a Abs. 2, 3.[515]

2. Kausalitätsanforderungen und sozialmedizinischer Maßstab

Für eine **Versorgung nach dem BVG**, entsprechend im gesamten Entschädigungsrecht, gilt folgender **Prüfungsmaßstab**:

- **Entschädigungsrelevanter Tatbestand (hier: militärischer, militärähnlicher Dienst, Wehrdienst, etc.)**
- **Schädigendes Ereignis/Schadensgeschehen**
- **Dauerhafter Nachteil (gesundheitliche Störung, wirtschaftlicher Schaden)**

Die Rechtsprechung überprüft die **Kausalität nach der Theorie der wesentlichen Bedingung**. Ursache sind nur die Bedingungen, die wegen ihrer besonderen Beziehungen zum Erfolg bei dessen Eintritt wesentlich mitgewirkt haben.[516] Zum Ausschluss nicht versorgungswürdiger, eher dem privaten Bereich zuzuordnender Geschehnisse und Risiken gibt es bei wertender Betrachtung den sog. **Zurechnungszusammenhang**.

Dadurch scheiden z.B. **selbstgeschaffene Gefahren**, wie übermäßige Trunkenheit bzw. Vollrausch, nachfolgende Fahruntüchtigkeit und anschließender Unfall im Straßenverkehr, als Entschädigungstatbestand aus.[517] Dies ist vergleichbar mit den Kriterien zum Arbeitsunfall in der gesetzlichen Unfallversicherung nach dem heutigen SGB VII. Erforderlich ist **kein Vollbeweis der Kausalzusammenhänge**. Vielmehr genügt der **Nachweis der Wahrscheinlichkeit** der Ursächlichkeit, wobei aber die bloße Möglichkeit nicht ausreicht, vgl. § 1 Abs. 3 S. 1 BVG.[518]

Schließlich muss zwischen der gesundheitlichen Schädigung und der dauerhaften Störung ein medizinischer Kausalzusammenhang im Sinne der Wahrscheinlichkeit bestehen. Dies ist gegeben, wenn **nach der geltenden ärztlich-wissenschaftlichen Lehrmeinung** mehr für als gegen einen bestimmten Ursachenzusammenhang spricht. Abgesehen von eindeutigen Fällen, etwa Erfrieren der Zehen eines Fußes auf dem russischen Kriegsschauplatz und anschließender Amputation, sind dafür **umfangreiche Kausalitätskriterien nach den Anhaltspunkten für die ärztliche Gutachtertätigkeit** im sozialen Entschädigungsrecht,

---

514 Vgl. Frank, Behindertenrecht 2003, 1 ff.; dazu auch BSG, Urt. v. 24.11.2005 – B 9 a V 8/03 R, m.Anm. Luthe, juris Praxisreport Sozialrecht v. 11.08.2006.

515 Dazu BSG, Urt. v. 16.04.2002, B 9 V 2/01 R, SGb 2003, 410, auch zum sog. Befehlsnotstand: BSG, Urt. v. 06.07.2006 – B 9 a V 5/05 R.

516 BSG, Urt. v. 10.06.1955, BSGE 1, 72 ff.

517 Vgl. BSG, Urt. v. 22.01.1976, SGb 1976, 217 m.w.N.; dazu auch LSG Berlin-Brandenburg, Urt. v. 01.03.2005 – L 13 VS 31/03.

518 Ebenso BSGE 11, 50, 52.

herausgegeben vom Bundesminister für Arbeit und Sozialordnung, Fassung 2004/2005 (AP 2004/2005) bzw. Neufassung 2008. Rechtsgrundlage dafür ist seit Dezember 2007 die Regelung des § 30 Abs. 17 BVG.[519]

Es gilt **aber keine Zweifelsregelung („in dubio ...") zugunsten des Beschädigten im Versorgungsrecht**, soweit unklar geblieben ist, ob überhaupt ein versorgungsrechtlich geschütztes Ereignis vorlag.[520]

Fall 15: Spätschaden

Anneliese M (M) ist 1930 in Berlin-Spandau geboren und dort aufgewachsen. Kurz nach Aufnahme in die weibliche Jugendorganisation des NS-Regimes, den „Bund Deutscher Mädchen" (BDM), wurde sie im Januar 1945 als Flakhelferin zur Unterstützung der Luftabwehr im Großraum Berlin zum Notdienst verpflichtet. Während eines alliierten Luftangriffs im Februar 1945 verlor sie durch Einwirkung von Bombensplittern die mittleren drei Finger der linken Hand. Einen Antrag auf Kriegsopferversorgung stellte sie auch nach Verabschiedung des BVG im Dezember 1950 angesichts ihrer eigenen Unsicherheit, ob sie überhaupt zur deutschen Wehrmacht gehört habe, nicht, obwohl sie noch eine Original-Behandlungsbescheinigung des Rot-Kreuz-Lazaretts in Spandau vom Februar 1945 besaß. In späteren Jahren gründete M eine Familie und zog 4 Kinder groß. Bei ihrer Arbeit als Hausfrau und im alltäglichen Leben hatte sie sich weitgehend an den Verlust der drei Finger gewöhnt. Bei der Vorbereitung der Familienfeier zu ihrem 75. Geburtstag im Januar 2005 rutschte M jedoch beim Zusammenstellen von Beilagen für das kalte Büfett wegen der fehlenden Greiffunktion der amputierten Finger an der elektrischen Brotschneidemaschine ab. Dadaurch verlor sie auch noch 2/3 des Kleinfingers der linken Hand. Nach ärztlicher Versorgung und Abschluss der Wundheilung suchte M im März 2005 den öffentlichen Sprechtag eines anerkannten Kriegsopfer- und Behindertenverbandes in Spandau auf und erkundigte sich, ob bzw. welche Entschädigungsleistungen jetzt noch möglich seien. Wie ist die Rechtslage?

In Betracht kommt ein **Antrag auf Gewährung von Beschädigtenversorgung** beim Berliner Landesamt für Gesundheit und Soziales, Versorgungsamt. Die Erfolgsaussichten beurteilen sich nach den Vorschriften des BVG.

(I) Grundsätzlich beginnt die Beschädigtenversorgung mit dem Monat, in dem die Voraussetzungen erfüllt sind, frühestens jedoch dem Antragsmonat, § 60 Abs. 1 S. 1 BVG.

(1) Bei der erstmaligen Bewilligung von Versorgung gilt im Übrigen, dass Versorgung auch für **Zeiträume vor der Antragstellung** zu leisten ist, wenn der Antrag innerhalb eines Jahres nach Eintritt der Schädigung gestellt wird, § 60 Abs. 1 S. 2 BVG. Insoweit ist also mehrere Monate nach der Verletzung der M an der Brotschneidemaschine noch eine rückwirkende Leistung möglich.

519 Aufgrund BVG-Änderungsgesetz v. 13.12.2007, BGBl. I 2007, S. 2904 ff. (2910).

520 Wilke/Fehl, Soziales Entschädigungsrecht, Kommentar, 7. Aufl., Stuttgart 1992, § 1 BVG Rdnr. 64, 65 m.w.N.; zu Beweislastfragen auch: BSG, Urt. v. 30.11.2006 – B 9 a VS 1/05 R, sowie Urt. des LSG NRW v. 31.10.2006 – L 6 VG 22/06.

(2) Für davor liegende Zeiträume, insbes. die Jahrzehnte seit Verlust der 3 Finger durch Bombensplitter im Februar 1945, gilt aber wiederum § 60 Abs. 1 S. 3 BVG. Soweit der Beschädigte ohne sein Verschulden an einer Antragstellung gehindert war, verlängert sich diese Frist um den Zeitraum der Verhinderung. Grundsätzlich ist damit eine Überlegungsfrist eingeräumt. Ausnahmen sind nur bei unverschuldetem Irrtum für die Vergangenheit zuzulassen. Gleiches soll auch bei besonderen posttraumatischen Belastungsstörungen gelten.[521]

Fraglich ist damit ein **eigenes Verschulden an der verspäteten Antragstellung** unter Berücksichtigung der konkret zu verlangenden Sorgfalt.

(a) Tatsächlich hatte M hier Zweifel an ihrer Versorgungsberechtigung, da sie als früheres BDM-Mitglied und Flak-Helferin nicht von einer **Gleichbehandlung mit den Soldaten der Deutschen Wehrmacht im 2. Weltkrieg** ausging. Allerdings wären nach der Verabschiedung des BVG im Jahr 1950 von ihr auch **zumutbare Anstrengungen** zu einer Klärung dieser rechtlichen Unsicherheit zu erwarten gewesen. Hinreichende Möglichkeiten, sich über etwaige Versorgungsansprüche zu informieren, bestanden zudem in West-Berlin, wo nach § 92 BVG dieses Gesetz immerhin schon ab 1952 Landesrecht war. All dies ließ sich schließlich auch Jahrzehnte vor der deutschen Wiedervereinigung im Oktober 1990 klären.

(b) Der Umstand, dass M sich nie derart bemühte und wegen der **Gewöhnung im Alltagsleben** mit dem dreifachen Fingerverlust im Wesentlichen arrangiert hatte, begründet sachlich jedenfalls **keine unverschuldete Hinderung an einer früheren Antragstellung**. Zusammengefasst kommen Versorgungsansprüche der M – nach entsprechender Antragstellung – allein ab dem Zeitpunkt der Schnittverletzung im Januar 2005 infrage.

(II) Entscheidend für einen Entschädigungsanspruch ist das Vorliegen der materiellen Voraussetzungen der §§ 1 ff. BVG.

(1) Zunächst einmal müsste ein **entschädigungsrelevanter Tatbestand** gegeben sein. § 1 Abs. 1 BVG verlangt eine militärische oder militärähnliche Dienstverrichtung. Militärischer Dienst ist in § 2 BVG definiert. Regelfall ist danach der insbes. von Soldaten nach deutschem Wehrrecht geleistete Dienst.

(2) Dienst als Flakhelferin

(a) § 2 Abs. 1 d) BVG erfasst zwar auch den **Dienst in den Heimatflakbatterien**. Die Rechtsstellung von Zivilpersonen ist hier aber nicht eindeutig. Bei Veranlassung durch einen militärischen Befehlshaber ist § 3 BVG zu überprüfen.[522] § 3 Abs. 1 a)–o) BVG nennt vielfältige Verrichtungen im Zusammenhang mit dem 2. Weltkrieg als militärähnlichen Dienst i.S.v. § 1 Abs. 1 BVG. Dazu zählt ebenfalls der **Dienst nach Verpflichtung aufgrund der Notdienstverordnung, § 3 Abs. 1 k) BVG**.

(b) Hier wurde M als Jugendliche im Januar 1945 **notdienstverpflichtet**. Entscheidend ist die tatsächlich ausgesprochene Verpflichtung zum Notdienst. Dies begründet den Versorgungsschutz gem.§ 3 Abs. 1 k) BVG.[523]

521 LSG Niedersachsen-Bremen, Urt. v. 27.01.2005, L 13 VG 5/03; ebenso BSG, Urt. v. 28.04.2005 – B 9 a VG 1/04 R (zur zeitlichen Verhinderung bei Missbrauch als Jugendlicher).

522 BSG, Urt. v. 22.02.1961, 6 RV 392/57.

523 Vgl. BSG, Urt. v. 26.11.1957, 10 RV 475/55.

Mithin ist auch der **Flakhelferindienst der M ab Anfang 1945 als militärähnlicher Dienst** dem Einsatz der Soldaten der Deutschen Wehrmacht im 2. Weltkrieg versorgungsrechtlich gleichgestellt.

(III) Weitere Voraussetzung ist ein **Schadensereignis**. Hinsichtlich des **Verlustes der 3 mittleren Finger der linken Hand durch Einwirkung von Bombensplittern im Februar 1945** ist dies ersichtlich durch die militärähnliche Dienstverrichtung als Flakhelferin kausal bedingt gewesen. Insoweit ist dem Grunde nach ein Entschädigungsanspruch i.S.d. BVG anzunehmen. Fraglich sind neben der **MdE-Bewertung** insbes. jedoch die **Nachweisanforderungen für diese Verletzungsfolgen**.

(1) Die AP 2004/2005 (bzw. AP-Neufassung Januar 2008) Nr. 26.18 sehen beim Verlust des 2., 3. und 4. Fingers einer Hand die MdE bzw. seit Dezember 2007 den GdS 40 vor. Dieser dauerhafte Gesundheitsschaden bestand bei M seit der Verletzung im Februar 1945 und kann sogar noch mit einer **Original-Lazarettbescheinigung bewiesen** werden.

(2) Eine versorgungsrechtliche Anerkennung wäre aber auch ohne diese Bescheinigung über die Behandlung im Notlazarett des Roten Kreuzes in Berlin-Spandau denkbar nach den Regelungen zur **Glaubhaftmachung** in § 15 des Gesetzes über das Verwaltungsverfahren der Kriegsopferversorgung vom 02.05.1955[524] (VwVfG-KOV). Dabei gilt das **VwVfG-KOV nach § 68 Nr. 8 SGB I ausdrücklich noch als Besonderer Teil des Sozialgesetzbuches**. § 15 VwVfG-KOV wiederum bestimmt, dass Angaben von Antragstellern hinsichtlich der Schädigung bei fehlenden Unterlagen der Entscheidung zugrunde zu legen sind, soweit die Angaben im Einzelfall glaubhaft erscheinen. Angesichts der dramatischen Verhältnisse in den letzten Kriegsmonaten und den besonderen Umständen bei den ständigen Luftangriffen auf Berlin ist die damalige Splitterverletzung der M glaubhaft. Zur Bekräftigung sieht § 15 S. 2 VwVfG-KOV zudem die Abgabe einer eidesstattlichen Versicherung der antragstellenden Person vor.

(IV) Problematisch ist bei der **Bewertung der Schädigungsfolgen jedoch der Verlust überwiegender Teile des Kleinfingers der linken Hand** aufgrund des häuslichen Unfalls an der elektrischen Brotschneidemaschine im Januar 2005. Hinsichtlich des erforderlichen Kausalzusammenhangs und der versorgungsmedizinischen Bewertung ist hier zu differenzieren.

(1) Die Verletzung an der Brotschneidemaschine im Jahr 2005 könnte eine **mittelbare Schädigung** gewesen sein. Darunter versteht man Gesundheitsstörungen, die zwar unabhängig vom schädigenden Vorgang selbst entstehen, bei deren Zustandekommen die anerkannte Schädigungsfolge aber wesentlich mitgewirkt hat. Ohne den anzuerkennenden Verlust der Finger 2, 3 und 4 an der linken Hand hätte sich die M hier die Schnittverletzung mit überwiegendem Verlust des Kleinfingers im Januar 2005 nicht zugezogen.

(2) Bei **mittelbaren Schädigungsfolgen wird jedoch weiter differenziert**. Zum einen gibt es als **Folgeschaden** anzusehende Zustände nach einer bereits bestehenden Schädigungsfolge, etwa ein Herzleiden nach anerkannten Durchblutungsstörungen beider Beine. Dies erfordert eine ge-

524 BGBl. I 1955 S. 202.

naue versorgungsmedizinische Einzelabklärung. Zum anderen existieren **mittelbare Schädigungsfolgen im engeren Sinne**, die aus dem Zusammenspiel der als Schädigungsfolgen anerkannten Gesundheitsstörungen mit einer Einwirkung von außen hervorgerufen werden.[525] Bei mittelbaren Schädigungsfolgen im engeren Sinne ist das **Hinzutreten eigenen Verschuldens des Beschädigten im Zurechnungszusammenhang** zu überprüfen. Entscheidend ist demnach bei M, ob sich überwiegend eine selbstgeschaffene Gefahr realisiert hatte.

(a) Schneide-Verrichtungen mit einer **elektrischen Brotschneidemaschine** sind generell mit Gefahren für die Unversehrtheit der Hände der bedienenden Person verbunden. Kommt wie hier jedoch noch eine Vorschädigung durch Verlust gleich mehrerer Finger einer Hand hinzu, ist die Nutzung des elektrischen Geräts als **wesentliche Bedingung** anzusehen.

(b) Nach dem o.g. Sorgfaltsmaßstab war M auch nicht von jeglicher Hausarbeit, die sie über Jahrzehnte ohne weitere Schädigungen verrichten konnte, ausgeschlossen. Vielmehr geht es trotz Anpassung und Gewöhnung an Schädigungsfolgen um die Frage der **zurechenbar selbst geschaffenen Gefahr**. Bei Nutzung eines **Brotschneidemessers** wäre diese Verletzung des Kleinfingers der linken Hand mit hoher Wahrscheinlichkeit nicht eingetreten. Der Einsatz des Brotschneidemessers und der Verzicht auf den Gebrauch der elektrischen Brotschneidemaschine wäre M auch zumutbar gewesen. Der Schaden gehörte danach zu ihrem Risikobereich und war **nicht maßgeblich durch die Kriegsverletzung bedingt**.

(3) Zusammengefasst hatte M danach die wesentliche Bedingung für diese Verletzung durch eigenes unsorgfältiges Verhalten gesetzt.

Nach der Rechtsprechung schließt grob fahrlässiges Verhalten des Betroffenen die Entschädigung als mittelbare Schädigungsfolge aus. Bei Ausübung von Tätigkeiten, die eine **unnötige Gefahr** mit sich bringen, ist nämlich der erforderliche **Kausalzusammenhang unterbrochen**.[526]

Im **Ergebnis** hat M Anspruch auf eine im Jahr 2005 beginnende Versorgung nach der MdE (GdS) 40 für den Verlust der drei mittleren Finger der linken Hand nach Bombensplittereinwirkung im Februar 1945. Eine höhere MdE bzw. jetzt GdS wegen des überwiegenden Verlustes des Kleinfingers im Januar 2005 ist allerdings ausgeschlossen.

– – –

3. Leistungsansprüche

Zum einen sieht das BVG die bedürftigkeitsabhängige, sozialhilfeähnliche Kriegsopferfürsorge vor, §§ 25–27 j BVG.[527] Zuständig dafür sind die Sozialhilfeträger, Kreise und Gemeinden sowie die Integrationsämter. Des Weiteren gibt es nach §§ 10–24 a BVG Ansprüche auf medizinische Betreuung einschließlich Krankenbehandlung und stationäre Kurmaßnahmen. Maßgeblich sind schließlich die Geldleistungen gem. §§ 30 ff. BVG, unterteilt in Leistungen an Beschädigte und an Hinterbliebene.

525 Bayerisches LSG, Urt. v. 15.07.1998, L 18 V 61/94 m.w.N.

526 BSG, Urt. v. 29.05.1962, 7 RV 1122/61, 18.07.1961, 10 14/60.

527 Vgl. BVerwGE 26, 217, 219.

3.1 Geldleistungen für Beschädigte

Primär steht den Beschädigten die **Grundrente gem. § 31 Abs. 1 S. 1 BVG** zu. Voraussetzung ist eine MdE bzw. seit Dezember 2007 GdS von mindestens 30. Die Mindestrente bei der MdE/GdS 30 beträgt seit Juli 2007 119 €. Dies erweist, dass **im gesamten sozialen Entschädigungsrecht kein vollwertiger Schadensersatz für die Einbuße körperlicher Unversehrtheit vorgesehen** ist. Vielmehr handelt es sich um einkommensunabhängige Entschädigungen für erlittene gesundheitliche Nachteile in Form einer monatlichen Dauerzahlung.[528] Dabei ist nach § 81 BVG der Anspruch wegen der Schädigung gegen die Bundesrepublik Deutschland zudem nur **auf die sich aus dem BVG ergebenden Leistungen begrenzt**.

Bei der **Bemessung der MdE/des GdS** sind auch seelische Begleiterscheinungen und Schmerzen mit zu berücksichtigen, § 30 Abs. 1 BVG, ebenso wie ein **besonderes berufliches Betroffensein**, § 30 Abs. 2 S. 1 a–c BVG. Unter den dortigen Voraussetzungen kann die rein organisch-anatomische MdE (GdS) um weitere 10% erhöht werden, soweit ein Beschädigter in seiner beruflichen Entwicklung von der Berufswahl bis hin zum unterbliebenen, aber erwartbaren beruflichen Aufstieg durch die Schädigungsfolgen besonders betroffen war.

Als weitere umfangreiche Regelung zur **Abgeltung spezieller beruflicher Nachteile** ist der **Berufsschadensausgleich** in § 30 Abs. 3–16 BVG vorgesehen. Wesentliche Kriterien sind dafür der wahrscheinliche berufliche Werdegang eines Beschädigten ohne die Schädigungsfolge, eine etwaige vorzeitige Berufsaufgabe und schließlich der Vergleich des derzeitigen tatsächlichen Einkommens mit der ohne Schädigungsfolgen anzunehmenden hypothetischen Einkommenslage.[529]

Ab der MdE/dem GdS 50 gelten die Vorschriften für **Schwerbeschädigte i.S.v. § 31 Abs. 3 BVG**. Insbes. für die Opfer des 2. Weltkrieges bedeutet dies mit fortgeschrittenem Alter eine leichte Erhöhung des Grundrentenanspruchs. Zudem ist bei Schwerbeschädigten ab der MdE/dem GdS 50 eine **einkommensabhängige Ausgleichsrente** unter den Voraussetzungen der §§ 32, 33 BVG vorgesehen.

Die Ausgleichsrente ist **eine dem eigenen Einkommen des Empfängers nachgeordnete Hilfe**.[530] Umfangreiche Vorschriften über die Einkommensanrechnung u.a. aus Vermietung, Verpachtung und anderen Einnahmequellen finden sich in der ergänzenden Ausgleichsrentenverordnung vom 01.07.1975.[531]

Bei einer MdE/GdS 90 gilt ein Beschädigter als erwerbsunfähig und hat Anspruch auf eine gestaffelte monatliche **Schwerstbeschädigtenzulage**, § 31 Abs. 5 BVG i.V.m. der dazu erlassenen Durchführungsverordnung. Neben gesonderten **Zuschlägen für Schwerbeschädigte** unter Berücksichtigung von Ehegatten bzw. abhängig vom Alter, auch der Kinder gem. §§ 33 a, b BVG ist für solche **Beschädigte, die infolge der Schädigung hilflos sind**, eine abgestufte **Pflegezulage** unter den Voraussetzungen des § 35 Abs. 1–6 BVG vorgesehen. Ausgehend

---

528 BSGE 40, 225, 227.

529 Grundlegend dazu Hansen, Der Berufsschadensausgleich, Köln 1996.

530 BSG, Urt. v. 23.04.1974, 10 RV 113/73.

531 BGBl. I 1975, S. 1769.

vom Ausmaß der **kausal schädigungsbedingten Hilfsbedürftigkeit** gibt es danach im BVG insgesamt sechs verschiedene Pflegestufen einschließlich der Übernahme von Heimpflegekosten gemäß § 35 BVG.[532]

Abgesehen von der hier nicht berücksichtigungsfähigen hauswirtschaftlichen Hilfe müssen regelmäßig gravierende Beeinträchtigungen, wie beim Nachteilsausgleich für Hilflosigkeit, Merkzeichen H, vgl. bereits oben, 4. Teil, 4. Abschnitt, 2.2.1, **Fall 13**, und 3.1, oder für die Pflegeeinstufung im Recht der gesetzlichen Pflegeversicherung, SGB XI, vorliegen, siehe dazu **AS-Skript Sozialrecht, 2. Band, Sozialversicherungsrecht, 3. Abschnitt**.

3.2 Geldleistungen an Hinterbliebene

Neben dem **Bestattungs- und Sterbegeld**, vgl. §§ 36, 37 BVG, sind hier insbes. die **Renten an Witwen und Waisen** gem. §§ 38 ff. BVG bedeutsam.

Nach § 38 Abs. 1 BVG hat die nicht wiederverheiratete Witwe eines Beschädigten Anspruch auf **Hinterbliebenenrente**, wenn der Beschädigte an den Folgen einer Schädigung gestorben ist. Dies wird u.a. gesetzlich vermutet, wenn ein Beschädigter an einer rechtsverbindlich anerkannten Schädigungsfolge stirbt, vgl. § 38 Abs. 1 S. 2 BVG. Die **Schädigungsfolgen müssen als „Todesleiden“** kausal gewesen sein.[533] War das Todesleiden aber nicht bereits als Schädigungsfolge anerkannt, besteht ein Witwenrentenanspruch nur dann, wenn mit an Sicherheit grenzender Wahrscheinlichkeit ein zum Tode führendes Leiden festgestellt wird, dass wahrscheinlich auch Schädigungsfolge war.[534] Im Einzelfall erfordert diese Feststellung eine umfangreiche sozialmedizinische Überprüfung unter **Ausschluss insbes. alterstypischer und nicht schädigungsfolgenbedingter vielfältiger Erkrankungen.**[535]

Voraussetzung ist im Übrigen **eine nach deutschem Recht geschlossene Ehe**.[536] Ausschlussgründe nennt § 38 Abs. 2 BVG, insbes. bei Eheschließungen nach der Schädigung die sog. Versorgungsehe. Dies kann nach den besonderen Umständen des Falles aber widerlegt werden. Bei **Wiederheirat** gelten zudem besondere **Abfindungsregeln**, § 44 BVG.

Ist ein Beschädigter nicht an den Folgen einer Schädigung verstorben, kommt eine **Witwenbeihilfe gem. § 48 BVG** in Betracht. Voraussetzung ist, dass der Beschädigte zeitlebens durch die Folgen der Schädigung gehindert war, eine entsprechende Erwerbstätigkeit auszuüben und dadurch die aus der Ehe hergeleitete **Witwenversorgung, u.a. Renten aus der gesetzlichen Rentenversicherung etc., zumindest um 10–15% dauerhaft gemindert** ist. Bei **Erwerbsunfähigen** i.S.v. § 31 Abs. 3 S. 2 BVG wird diese maßgebliche Minderung der Hinterbliebenenversorgung kraft Gesetzes angenommen, § 48 Abs. 1 S. 5 BVG. Gleiches gilt, wenn der Beschädigte mindestens 5 Jahre dem Grunde nach **Berufsschadensausgleich** hätte beanspruchen können, unabhängig davon, ob er zeitlebens

532 Vgl. dazu BSG, Urt. v. 15.07.2004, B 9 V 2/04 R; ebenso BSG, Urt. v. 30.11.2006 – B 9 a V 9/05 R.

533 BSGE 2, 265 ff.

534 BSG, Urt. v. 05.05.1993, 9/9a RV 1/92.

535 LSG NRW; Urt. v. 11.11.1998, L 10 (6) V 75/96.

536 BSGE 27, 69 ff.

diese Leistung beantragt oder gar bewilligt erhalten hatte, gesetzliche Fiktion gem. § 48 Abs. 1 S. 6 BVG.[537] Als einkommensabhängige Leistung ist noch die **Ausgleichsrente an Witwen** gemäß § 41 BVG vorgesehen.

Waisenrenten an Kinder verstorbener Beschädigter sind gemäß § 45 BVG regelmäßig bis zur Vollendung des 18. Lebensjahres, über das 27. Lebensjahr hinaus jedoch nur bei eigener Erwerbsunfähigkeit des Kindes infolge körperlicher oder geistiger Gebrechen zu zahlen, vgl. §§ 45 Abs. 2 S. 1 c, S. 3, 46 BVG.

Schließlich regeln die §§ 49–51 BVG die **Elternrente**. Diese Leistung erhalten Eltern verstorbener Beschädigter, die entweder erwerbsunfähig im Sinne der gesetzlichen Rentenversicherung sind, aus anderen zwingenden Gründen keine Erwerbstätigkeit verrichten können oder das 60. Lebensjahr vollendet haben.

Im Gegensatz zum Unfallversicherungsrecht ist der Anspruch auf eine etwaige Elternrente nicht davon abhängig, dass der verstorbene Beschädigte seine Eltern unterhalten hat bzw. unterhalten würde.[538]

537 Vgl. dazu BSG, Urt. v. 10.02.1993, 9/9a RV 4/92 m.w.N.

538 Gitter/Schmitt, Sozialrecht, 5. Aufl. 2001, S. 281; ebenso Wilke/Förster, Soziales Entschädigungsrecht, Kommentar, 7. Aufl. 1992, § 49 BVG Rdnr. 1.

Übersicht über d. Höhe d. Leistungen n. d. Bundesversorgungsgesetz (Stand: 01.07.2007)[539]

monatlich Euro		
Fahrzulage (Leistung für Blinde)		141
Pauschbetrag für Kleider- und Wäscheverschleiß	18 bis 115	
Grundrente für Beschädigte bei einer MdE um	30 v.H.	119
	40 v.H.	162
	50 v.H.	219
	60 v.H.	276
	70 v.H.	383
	80 v.H.	463
	90 v.H.	556
	100 v.H.	624
Alterserhöhung der Grundrente bei einer MdE um	50 u. 60 v.H.	24
	70 u. 80 v.H.	30
	90 u. 100 v.H.	37
Schwerstbeschädigtenzulage	Stufe I	71
	Stufe II	148
	Stufe III	222
	Stufe IV	296
	Stufe V	369
	Stufe VI	444
Ausgleichsrente für Beschädigte bei einer MdE um	50 u. 60 v.H.	383
	70 u. 80 v.H.	463
	90 v.H.	556
	100 v.H.	624
Ehegattenzuschlag		68
Pflegezulage	Stufe I	263
	Stufe II	450
	Stufe III	638
	Stufe IV	820
	Stufe V	1.066
	Stufe VI	1.311
Grundrente	für Witwen/Witwer	372
Ausgleichsrente	für Witwen/Witwer	412
Grundrente	für Halbwaisen	105
	für Vollwaisen	196
Ausgleichsrente	für Halbwaisen	184
	für Vollwaisen	256
Elternrente für	Elternpaar	504
	für Elternteil	351
Erhöhungsbetrag beim Verlust mehrerer Kinder, je Kind	für Elternpaar	92
	für Elternteil	68
Erhöhungsbetrag bei Verlust des einzigen, des letzten, aller oder von mindestens drei Kindern	für Elternpaar	285
	für Elternteil	207
Bestattungsgeld beim Tod von Beschädigten, wenn Beschädigter rentenberechtigt und Tod Schädigungsfolge		1.506
wenn Beschädigter rentenberechtigt, Tod aber nicht Schädigungsfolge		755
wenn Beschädigter nicht rentenberechtigt, Tod aber Schädigungsfolge	bis zu	1.506
Bestattungsgeld beim Tod von Hinterbliebenen, beim Tod einer Witwe, die mindestens ein waisenrentenberechtigtes Kind hinterlässt		1.506
in den übrigen Fällen		755

539 14. KOV-Anpassungsverordnung v. 14.06.2007, BGBl. I 2007, S. 1115 f.

4. Verfahren und weitere Vorschriften

Die **Durchführung des BVG** obliegt den Versorgungsämtern in den einzelnen Bundesländern mit den Landesversorgungsämtern als Widerspruchsstellen. Bei der Versorgungsverwaltung ist auch die **Beschädigtenversorgung** nach § 60 BVG zu beantragen, vgl. oben **Fall 15**. In NRW wurden die Aufgaben nach dem BVG und dem sozialen Entschädigungsrecht ab 01.01.2008 auf die Landschaftsverbände (= Kommunalverbände) übertragen. Ob dies im Einklang insbes. mit den Art. 84, 85 GG steht, ist auch obergerichtlich umstritten. Die Rechtmäßigkeit der Zuständigkeitsänderung bejaht der 6. Senat, während der 10. Senat des LSG NRW dies verneint. Eine Klärung wird voraussichtlich in der Revisionsinstanz durch das BSG erfolgen.[540] Im Falle **wesentlicher Änderungen der Verhältnisse** sind die Versorgungsbezüge neu festzustellen, § 48 Abs. 1 SGB X i.V.m. § 60 Abs. 2, 3 BVG. Generell richtet sich das **Verwaltungsverfahren** nach dem SGB X. Nur ergänzend gelten noch einige anwendbar gebliebene Vorschriften des VwVfG-KOV, insbes. zur Zuständigkeit, vgl. §§ 2–4 VwVfG-KOV, und zur Antragstellung gem. § 6 VwVfG-KOV. Abschließende Entscheidungen der Verwaltungsbehörden in Versorgungssachen ergehen durch schriftlichen Bescheid, § 22 Abs. 1 VwVfG-KOV, in bestimmten Sonderfällen als Vorbehaltsentscheidungen, § 22 Abs. 4, 5 VwVfG-KOV.

Ein **Ruhen des Anspruchs** auf Versorgung ist insbes. beim Zusammentreffen mit Leistungen aus der gesetzlichen Unfallversicherung bzw. nach beamtenrechtlichen Unfallbestimmungen vorgesehen, wenn beide Ansprüche auf derselben Ursache beruhen, § 65 Abs. 1 BVG. Die **Zahlung der Versorgungsbezüge** erfolgt monatlich im Wege bargeldloser Banküberweisung, § 66 BVG. In Sonderfällen wurde in der Vergangenheit der **Erwerb von Wohnungseigentum** durch Kriegsbeschädigte nach den Vorschriften über die **zeitweilige Rentenkapitalisierung** gem. §§ 71 ff. BVG gefördert. Die **Kosten für die Ausgaben nach dem BVG trägt der Bund**[541]

Für den **Rechtsweg gilt § 51 Abs. 1 Nr. 6 SGG** mit der Zuweisung öffentlich-rechtlicher Streitigkeiten in Angelegenheiten des **sozialen Entschädigungsrechts zur Sozialgerichtsbarkeit**.

2. Abschnitt: Wehr- und Zivildienstbeschädigungen

Nach Errichtung der Bundeswehr und Wiedereinführung der allgemeinen Wehrpflicht entschied sich der Gesetzgeber für die Schaffung eigenständiger Entschädigungsregelungen außerhalb des BVG für gesundheitliche Schädigungen von Berufs- und Zeitsoldaten sowie Wehrpflichtigen. Am 26.07.1957 wurde das Soldatenversorgungsgesetz (SVG)[542] verabschiedet. Die zum Bundesgrenz-

540 LSG NRW, Urt. v. 11.03.2008 – L 6 V 28/07 u. L 6 (10) VS 29/07; a.A. Urt. v. 05.03.2008 – L 10 V 9/05, sämtlich im Internet unter www.sozialgerichtsbarkeit.de abrufbar.

541 Vgl. Gitter/Schmitt, Sozialrecht, 5. Aufl. 2001, S. 283.

schutz Dienstverpflichteten wurden den Wehrpflichtigen der Bundeswehr gleichgestellt, § 59 Abs. 1 Gesetz über den Bundesgrenzschutz (BGSG), vgl. auch §§ 51 ff. BGSG. Für anerkannte Kriegsdienstverweigerer mit Ableistung zivilen Ersatzdienstes wurde ein Versorgungstatbestand in § 47 Zivildienstgesetz (ZDG) geschaffen.

1. Entschädigungstatbestände

1.1 Soldatenversorgungsgesetz (SVG)

Das SVG differenziert bei den Leistungen für die Entschädigung nach der aktuellen Bundeswehrzughörigkeit oder dem Ausscheiden aus dem Dienst. **Während der Dienstzeit** erhalten Soldaten der Bundeswehr wegen der Folgen einer Wehrdienstbeschädigung einen **Ausgleich gemäß § 85 SVG**. Für diesen Ausgleich ist die Bundeswehrverwaltung, im Wege der Delegation auf die **Wehrbereichsgebührnisämter**, zuständig. **Nach Beendigung des Wehrdienstverhältnisses** bestimmt § 80 BVG die **Versorgung in entsprechender Anwendung des BVG**. Zuständig sind dann die Versorgungsämter, § 88 Abs. 1 S.1, S. 2 SVG.

Entscheidend ist der **Tatbestand der Wehrdienstbeschädigung i.S.d. § 81 Abs. 1 SVG**. Es handelt sich um eine gesundheitliche Schädigung, die durch eine **Wehrdienstverrichtung**, durch einen während der Ausübung des Wehrdienstes erlittenen **Unfall** oder durch die **dem Wehrdienst eigentümlichen Verhältnisse** herbeigeführt worden ist. **Weitere Entschädigungstatbestände** sieht § 81 Abs. 2 Nr. 1-3 SVG u.a. bei Angriffen auf Soldaten wegen der Zugehörigkeit zur Bundeswehr oder bei **Unfällen** auf **Dienstwegen** vor. Für Schädigungen während besonderer Auslandsverwendung gilt § 41 SVG. Das ist z.B. bedeutsam bei der **Beteiligung an internationalen Friedensmissionen**, wie im Kosovo, in Mazedonien oder aktuell in Afghanistan.[543] Hinsichtlich der Entschädigungstatbestände nach dem SVG gilt generell eine dem Recht der gesetzlichen **Unfallversicherung nach dem SGB VII ähnliche Kasuistik**.[544]

Z.B. werden bei Hubschrauberpiloten, insbes. aber auch bei Besatzungen strahlgetriebener Kampfflugzeuge, **analog zu den Berufskrankheiten gem. § 9 Abs. 2 SGB VII**, die Grundsätze über gruppentypische Risikoerhöhungen angewandt. Allerdings sind mangels bisheriger kriegsähnlicher Anforderungen an Bundeswehrpiloten unter Berücksichtigung flugmedizinischer Erkenntnisse z.B. Halswirbelsäulenschäden nicht als wehrdienstbedingte Belastungen anzuerkennen.[545]

Der **Wehrdienstbegriff ist umfassend ausgestaltet**. Erfasst wird auch die Teilnahme an dienstlichen Veranstaltungen, und das Erscheinen zur Musterung (Feststellung der Wehrtauglichkeit), vgl. § 81 Abs. 4 Nr. 2, Nr. 3 SVG. Praktisch bedeutsam sind auch **Fehler bei der truppenärztlichen Behandlung** der Solda-

542 BGBl. I 1957, S. 785 ff.

543 Dazu BSG, Urt. v. 05.07.2007 - B 9 a VS 3/06 R (Gefahr bei auswärtiger Unterbringung).

544 S. dazu auch Jung, Die BG 2004, S. 486-496.

545 Vgl. LSG NRW, Urt. v. 01.08.2002, L 7 VS 3/98; differenzierend nach der Gesamtschwingungsbelastungsdosis wie in der gesetzlichen Unfallversicherung: LSG NRW, Urt. v. 22.02.2007 - L 7 (6) VS 31/04.

ten, die keinen Anspruch auf freie Arztwahl während der Dienstzeit haben. Deswegen sollen im Einzelfall sogar **ausbleibende Heilerfolge den Versorgungsanspruch begründen**.[546] Gesundheitliche Schädigungen infolge von Behandlungsmängeln sind regelmäßig Wehrdienstbeschädigungen. Zur Verfahrensvereinfachung gilt zudem ein gesonderter **Operationserlass des Bundesverteidigungsministeriums**.[547]

Materielle Sonderregelungen greifen noch für **frühere Soldaten der ehemaligen Nationalen Volksarmee (NVA) der DDR** ein. In Betracht kommt ein Härteausgleich unter den Voraussetzungen der §§ 82, 89 BVG i.V.m. § 80 SVG.[548] Bei **Unfällen von NVA-Angehörigen** im früheren Wehrdienst sind aber Ansprüche gegen die gesetzliche Unfallversicherung gem. § 1150 Abs. 2 RVO vorrangig.[549]

Fall 16: Knalltrauma-Beschwerden

Werner S (S) ist 1972 geboren, seit 1991 Berufssoldat der Bundeswehr und mittlerweile Leutnant bei einem Pionierregiment in Höxter an der Weser. Im Herbst 2005 nahm er an einem Manöver in der Lüneburger Heide teil. Während seine Einheit mit dem Bau von Gefechtsunterständen auf dem Truppenübungsplatz beschäftigt war, setzte plötzlich und ohne Vorankündigung massives Artilleriefeuer auf den benachbarten Schießbahnen ein. S legte umgehend Gehörschutz an, hatte allerdings am nächsten Vormittag Druck- und Taubheitsgefühle mit Summgeräuschen im rechten Ohr. Nach Rückkehr aus dem Manöver suchte er mit Überweisung des Standortsanitäters, der ein sog. WDB-Blatt über Ohrgeräusche nach Knalltrauma anlegte, einen HNO-Facharzt in Höxter auf. Nach mehrwöchigen Infusionen klangen die Ohrbeschwerden ab. Einen Ausgleich gem. § 85 SVG lehnte das Wehrbereichsgebührnisamt noch im Januar 2006 nach Auswertung der HNO-ärztlichen Befunde mit der Begründung ab, dass keine dauerhafte rentenberechtigende MdE verblieben sei. Einen Rechtsbehelf legte S dagegen nicht ein. Er beantragte dann aber im Februar 2007, einige Wochen nach Teilnahme an einem Vorbereitungslehrgang für Führungsoffiziere, unter Hinweis auf verstärkte Ohrgeräusche seit November 2006 die Anerkennung einer Wehrdienstbeschädigung. Der Antrag wurde mit Bescheid vom März 2007 nach Überprüfung durch das Bundeswehr-Sanitätsamt in Bonn mit der Begründung abgelehnt, für dauerhafte Ohreigengeräusche bestehe kein Anhalt, zumal S keine Schlafstörungen, die etwa mit einem sog. Tinnitus-Masker unterdrückt werden müssten, nachweisen könne. Die Beschwerde dagegen blieb erfolglos. Im Widerspruchsbescheid vom September 2007 wurde ergänzend ausgeführt, dass S in den letzten 2 Jahren auch nicht wegen sog. psychosomatischer Erscheinungen in ärztlicher Behandlung gewesen sei.
Daraufhin konsultierte S umgehend einen Rechtsanwalt, schilderte diesem Symptome wie Konzentrationsschwierigkeiten sowie depressive Verstimmtheit und fragte nach den Erfolgsaussichten einer etwaigen Klage.

Die **Klage auf Ausgleich nach dem SVG** hat Erfolg, wenn sie zulässig und begründet ist.

---

546 BSG, Urt. v. 25.03.2004 – B 9 V 81/02 R; Urt. v. 18.03.2006 – B 9 a V 2/05 R.

547 Vgl. Wilke/Sailer, Soziales Entschädigungsrecht, Kommentar, 7. Aufl., Stuttgart 1992, § 81 SVG, Rdnr. 28 m.w.N.

548 LSG NRW, Urt. v. 11.11.1998, SGb 1999, 254.

549 BSG, Urt. v. 04.05.1999 – B 2 U 19/98 R (= SozR 3-2200, § 1150 Nr. 2); ebenso LSG NRW, Urt. v. 28.03.2007, L 17 U 247/05 m.w.N.

(A) Zulässigkeit

(I) Fraglich ist, in welchem **Rechtsweg** eine etwaige Klage zu erheben ist. Hier gilt die Sondervorschrift des § 88 Abs. 7 SVG. Bei Streitigkeiten in Angelegenheiten des § 88 Abs. 1 SVG, ohne die Kriegsopferfürsorge analog §§ 25–27 i BVG, ist der Rechtsweg zu den Gerichten der Sozialgerichtsbarkeit gegeben. Der **Ausgleich während der Dienstzeit gemäß § 85 SVG** für Folgen einer Wehrdienstbeschädigung unterfällt dem § 88 Abs. 1, 7 SVG.

Bestätigt wird diese Rechtswegzuweisung durch § 51 Abs. 1 Nr. 6 SGG. Danach ist die Sozialgerichtsbarkeit in öffentlich-rechtlichen Streitigkeiten in Angelegenheiten des sozialen Entschädigungsrechts, auch soweit andere Gesetze die entsprechende Anwendung dieser Vorschriften vorsehen, zuständig. Nach § 85 Abs. 1 SVG bestimmt sich der Ausgleich ausdrücklich u.a. nach den Vorschriften über die Grundrente entsprechend §§ 30, 31 BVG.

(II) **Ergänzende Regelungen zur Zulässigkeit** enthält § 88 Abs. 6 SVG.

(1) Zum einen sind die Vorschriften des SGG über das **Vorverfahren** entsprechend anzuwenden, § 88 Abs. 6 S. 1 SVG. Dies war hier mit dem abschlägigen Widerspruchsbescheid i.S.v. § 78 SGG beachtet worden. Für das Vorverfahren gelten im Übrigen bis zur Beendigung des Dienstverhältnisses die Vorschriften der **Wehrbeschwerdeordnung (WBO)** analog, § 23 WBO, § 88 Abs. 6 S. 2 Nr. 3 SVG. Insoweit war der Rechtsbehelf als Beschwerde und nicht ausdrücklich als Widerspruch zu bezeichnen.

(2) **Richtiger Klagegegner** ist gem. § 88 Abs. 7 S. 3 Nr. 5 SVG die **Bundesrepublik, vertreten durch das Bundesministerium der Verteidigung**.

Tatsächlich erfolgt die Prozessvertretung dann aufgrund allgemeiner Anordnung des Bundesverteidigungsministeriums, zuletzt geändert am 30.01.2003,[550] durch **Wehrbereichsgebührnisämter**, hier das Wehrbereichsgebührnisamt III in Düsseldorf mit Zuständigkeit u.a. für Nordrhein-Westfalen.[551]

Eine etwaige Klage des S gegen das – für das Bundesverteidigungsministerium handelnde – Wehrbereichsgebührnisamt Düsseldorf wäre also zulässig.

(B) Begründetheit

Die Klage ist begründet, wenn S Anspruch auf Ausgleich gemäß §§ 85, 80, 81 SVG i.V.m. §§ 30 Abs. 1, 31 Abs. 1, 2 BVG hat.

(I) Voraussetzung für den Ausgleich in Höhe der Grundrente gemäß §§ 30 Abs. 1, 31 BVG an einen Soldaten während seiner aktiven Dienstzeit ist das **Vorliegen einer Wehrdienstbeschädigung (WDB)**.

Die WDB ist in § 81 Abs. 1 SVG definiert. In Betracht kommt hier eine etwaige Schädigung bei einer **Dienstverrichtung**. Die Dienstverrichtung umfasst die gesamten Dienst-

550 BGBl. I 2003, S. 128.

551 Vgl. dazu auch Goebel, PA 2003, 67–69.

leistungen des Soldaten in der Bundeswehr. Entscheidend ist auch im Rahmen des Außendienstes die Zweckbestimmung der Tätigkeit. Mehrtägige Geländeübungen außerhalb des Kasernenbereichs gehören zu den typischen gefechtsvorbereitenden Maßnahmen. Die Anwesenheit auf dem Truppenübungsplatz in der Lüneburger Heide zum Zweck der Errichtung von Unterständen im Herbst 2005 ist demnach eine **übliche Wehrdienstverrichtung i.S.v. § 81 Abs. 1, 1. Alt. SVG** gewesen.

(II) Neben der geschützten Tätigkeit müssen allerdings auch die Schädigung und eine dadurch bedingte **Schädigungsfolge** nachgewiesen sein.

Die **haftungsbegründende Kausalität** zwischen der Wehrdienstverrichtung und dem Schädigungstatbestand muss voll bewiesen sein. Für die Anerkennung der darauf beruhenden Gesundheitsstörung genügt aber die Wahrscheinlichkeit des ursächlichen Zusammenhangs, § 81 Abs. 6 S. 1 SVG.[552]

(1) Für einen **Schädigungstatbestand** spricht hier die nach dem überfallartig einsetzenden Artilleriefeuer auf dem Truppenübungsplatz am nächsten Tag bei S bestehende Hörbeeinträchtigung. Gehörschutz konnte er erst angelegen, nachdem das Abfeuern der Kanonen bereits begonnen hatte. Zweifel an diesem tatsächlichen Geschehensablauf sind nicht anzunehmen.

(2) Zwischen dem Schädigungstatbestand und den nunmehr von S als Schädigungsfolgen angegebenen Ohrgeräuschen bzw. der depressiven Verstimmtheit müsste allerdings auch ein ursächlicher Zusammenhang festzustellen sein. Nach dem **Wahrscheinlichkeitskriterium** müsste mehr für als gegen den ursächlichen Zusammenhang sprechen. D.h., die Einwirkung des Artilleriegeschosslärms muss zumindest annähernd gleichwertige Bedingung für die Entstehung oder Verschlimmerung der geltend gemachten Gesundheitsstörungen sein. Dafür gelten **versorgungsmedizinische Kriterien**.

(III) Konkret werden auch hier die Anhaltspunkte für die ärztliche Gutachtertätigkeit im sozialen Entschädigungsrecht und nach dem Schwerbehindertengesetz, Fassung 1996 **(AP 1996 bzw. für Neufälle die AP 2004/2005/2008)** herangezogen.

(1) Für etwaige Hörstörungen durch **Knalltraumata gelten die Kausalitätskriterien in AP 1996, Nr. 86, entsprechend AP 2004/2005 bzw. Neudruck 2008**.

Typisches Merkmal eines Knalltraumas bzw. einer Lärmschwerhörigkeit ist danach u.a. eine **Beeinträchtigung des Hörvermögens im Hochtonbereich**. Dagegen spricht jedoch bereits, dass S nach HNO-ärztlicher Behandlung im Anschluss an den Manövereinsatz zunächst keine dauerhaften Hörminderungen mehr hatte. Eine lärmtypische Einschränkung des Hochtonhörens ist somit jedenfalls durch einmalige Knalleinwirkung nicht bewiesen.

(2) Fraglich ist, ob hinsichtlich der von S im Jahr 2007 angegebenen **Ohrgeräusche und depressiven Verstimmtheit** etwas anderes gilt.

552 BSG, Urt. v. 24.09.1992, SozR 3-3220 § 81 SVG Nr. 6.

(a) Generell bedingen **Ohrgeräusche mit erheblichen psycho-vegetativen Begleiterscheinungen** nach AP 1996 Nr. 26.5, S. 74, bzw. AP 2004/2005/2008, S. 61 jedoch nur die MdE 20. Diese genügt für die Ausgleichsberechtigung gem. §§ 85 SVG, 30, 31 BVG nicht. Hingegen ist die MdE 30 erst bei wesentlichen Einschränkungen der Erlebnis- und Gestaltungsfähigkeit unter Berücksichtigung der Ohreigengeräusche, u.a. bei **ausgeprägter depressiver Störung**, vorgesehen. Vergleichsmaßstäbe für eine solche Beeinträchtigung liefern wiederum die AP 1996 bzw. AP 2004/2005/2008 Nr. 26.3. Nach den dortigen Beispielsfällen für stärker behindernde Störungen müssen diese vom Schweregrad her **u.a. mit Angstkrankheiten vergleichbar** sein.

(b) Wegen der Ohrgeräusche muss S beim Schlafen aber nicht einmal zur Erhaltung der Nachtruhe z.B. Tinnitus-Masker tragen. Zudem hatte S **keine professionelle Therapiebehandlung** aufgenommen. Danach erscheint die depressive Verstimmtheit nicht mit ausgeprägtem Leidensdruck und entsprechendem Krankheitswert verbunden zu sein. Vielmehr sprechen die Belastungen des S im Jahr 2006 beim Lehrgang für Führungsoffiziere dafür, dass die Tinnituserscheinungen **nicht maßgeblich durch das Knalltrauma, sondern durch alltäglich erhöhte Fortbildungsbelastungen hervorgerufen** wurden.

(IV) Neben dem Knalltrauma beim Manövereinsatz im Herbst 2005 bestanden andere allgemeine Ereignisse bzw. Belastungen für die Auslösung dieser gesundheitlichen Symptome. Das Knalltrauma ist danach als Wehrdienstbeschädigung nicht unersetzbar, sondern mit anderen, nicht vom SVG erfassten Kausalfaktoren austauschbar. Solche **Gelegenheitsursachen** genügen jedoch nicht zur Anerkennung des Anspruchs auf Ausgleich.[553]

Im **Ergebnis** war das frühere Knalltrauma nicht ursächlich für den später beantragten Ausgleich wegen Tinnitus mit depressiver Begleitsymptomatik. Eine etwaige Klage wäre demnach unbegründet. Der von S konsultierte Anwalt müsste ihm wegen fehlender Erfolgsaussichten von einer Klage beim Sozialgericht abraten.

– – –

1.2 Zivildienstgesetz (ZDG)

Das Gesetz über den Zivildienst anerkannter Kriegsdienstverweigerer (ZDG) i.d.F. der Bekanntmachung vom 28.09.1994,[554] regelt die soziale Entschädigung für Dienstpflichtige ebenso wie für Hinterbliebene durch **Bezugnahme auf das BVG**, vgl. § 47 Abs. 1 S. 1, S. 2 ZDG. Während des aktiven Zivildienstes gilt § 50 ZDG. Danach ist **vergleichbar mit § 85 SVG ein Ausgleich** entsprechend den Normen zur Grundrente gem. §§ 30, 31 BVG vorgesehen. Die **Entschädigungstatbestände** sind ebenfalls mit dem SVG vergleichbar. Abgestellt wird auf eine **Zivildienstverrichtung**, einen während der Ausübung des Zivildienstes erlittenen **Unfall** oder die Schädigung durch die **dem Zivildienst eigentümlichen Verhältnisse**, § 47 Abs. 2 ZDG. Die zum SVG bzw. BVG entwickelte Rechtsprechung lässt sich entsprechend heranziehen.

553 Vgl. LSG NRW, Urt, vom 30.09.1999, L 7 VS 10/98.

554 BGBl. I 1994, S. 2811.

Vergleichbar mit dem Recht der gesetzlichen Unfallversicherung, SGB VII, kann auch eine **Zivildienstkrankheit wie eine Berufskrankheit** entschädigt werden. Insbes. bei Bandscheibenerkrankungen der Lendenwirbelsäule – bedingt durch häufiges Heben und Bewegen schwerpflegebedürftiger Personen – gelten aber die entsprechenden **Anforderungen u.a. der Berufskrankheitsverordnung**. Eine Krankheitsentschädigung setzt danach z.B. eine langjährige Tätigkeit mit Heben und Tragen schwerer Lasten voraus. Bei einer Dauer des Zivildienstes von weniger als 2 Jahren fehlt deshalb häufig der erforderliche Nachweis.[555]

In Entschädigungsangelegenheiten der aktiv Zivildienstleistenden entscheidet das **Bundesamt für Zivildienst in Köln**, § 50 ZDG. Nach Ausscheiden aus dem Dienstverhältnis wird die jeweilige Versorgungsverwaltung tätig, § 50 Abs. 1 ZDG. Für **Streitigkeiten über die Versorgung** der ehemaligen Zivildienstleistenden sind, ebenso wie beim Streit um den Ausgleich für aktiv Dienstverpflichtete, gemäß § 50 Abs. 3 ZDG jeweils die **Gerichte der Sozialgerichtsbarkeit** zuständig.

2. Umfang des Versorgungsanspruchs nach SVG bzw. ZDG

Durch die umfassende Bezugnahme in §§ 80, 85 SVG bzw. § 47 ZDG richtet sich bei einer anerkannten Wehr- bzw. Zivildienstbeschädigung die Versorgung in vollem Umfang – einschließlich der **Grundrente** und **Schwerstbeschädigtenzulage** gem. § 30, 31 BVG – nach dem entsprechend anzuwendenden BVG. Ausnahmsweise ist zudem **Schadensersatz bei Sachschäden** unter den Voraussetzungen des § 86 SVG für Kleidung etc. vorgesehen.

3. Abschnitt: Opferentschädigungsgesetz (OEG)

Das Gesetz über die **Entschädigung für Opfer von Gewalttaten** vom 11.05.1976,[556] regelt die Versorgung für Personen, die durch einen **vorsätzlichen, rechtswidrigen tätlichen Angriff oder durch dessen Abwehr** eine gesundheitliche Schädigung erlitten haben. Erfasst ist auch die Versorgung der Hinterbliebenen schädigungsbedingt verstorbener Gewaltopfer.

Regelungszweck des OEG ist nach den Gesetzesmaterialien[557] u.a, dass Verbrechensopfer im Falle gesundheitlicher Dauerschädigungen wegen der den Staat treffenden **besonderen Verantwortung** für den **Schutz der Bürger vor Gewalttaten** nicht allein auf bedürftigkeitsabhängige Leistungen der Sozialhilfe nach dem früheren BSHG bzw. ab 2005 nach dem SGB XII verwiesen werden.

555 Vgl. SG Duisburg, Urt. v. 25.01.1996, S 13 V 177/94, rechtskräftig.

556 BGBl. I 1976 S. 1181 ff.

557 BT-Drs. 7/2506, 7 ff.

1. Entschädigungsvoraussetzungen

1.1 Tatbestand des § 1 OEG

Räumlich erfasst sind Straftaten im Bundesgebiet, auf einem deutschen Schiff oder Luftfahrzeug, § 1 Abs. 1 OEG. Die Versorgung deutscher Staatsbürger im Ausland, also außerhalb des Bundesgebietes, regelt § 1 Abs. 12 OEG i.V.m. dem BVG. Den körperlichen Gewalttaten **gleichgestellte Delikte benennt § 1 Abs. 2 Nr. 1, Nr. 2 OEG**. Neben der vorsätzlichen Beibringung von Gift betrifft dies bestimmte mit gemeingefährlichen Mitteln begangene Verbrechen i.S.d. §§ 306 ff. StGB, also vorsätzliche Brandstiftung, Herbeiführung einer Sprengstoffexplosion, gefährliche Eingriffe in den Straßenverkehr etc.

Ausgeschlossen ist die Anwendung des OEG jedoch bei Schäden aus einem tätlichen Angriff unter Einsatz **eines Kraftfahrzeugs oder Anhängers**, § 1 Abs. 11 OEG. Vielmehr werden solche Personenschäden durch einen aus Umlagen der deutschen Kfz-Versicherungsbranche gem. § 9 OEG gebildeten Entschädigungsfonds, insbes. bei unerlaubtem Entfernen vom Unfallort **(„Unfallflucht“)**, § 142 StGB, einheitlich abgewickelt. Die Entschädigung erbringt auf Antrag der **Verein Verkehrsopferhilfe e.V.** in Hamburg.

Der **tätliche Angriff** i.S.d. OEG wird nach dem StGB definiert, z.B. § 113 Abs. 1 StGB. Es muss sich um eine in feindseliger Willensrichtung unmittelbar auf den Körper eines anderen zielende Einwirkung, allerdings auch in Form der Freiheitsberaubung i.S.v. § 239 StGB, handeln.[558] Es gibt auch **keine allgemeine Beweiserleichterung**. So kommt es etwa bei unbekannt gebliebenen Schädigern darauf an, ob u.a. nach dem Ausmaß der Verletzungsfolgen allein die tätliche Einwirkung eines anderen kausal oder eine anderweitige, z.B. unfallbedingte, Schadensverursachung möglich gewesen ist.[559]

Zur Überprüfung ziehen die Versorgungsämter ebenso wie die Gerichte der Sozialgerichtsbarkeit regelmäßig etwaige **staatsanwaltschaftliche Ermittlungsakten** bei. Gleichwohl setzt die Entschädigung nach dem OEG nicht die rechtskräftige Verurteilung eines Gewalttäters durch ein Strafgericht voraus. Im Einzelfall ist jedoch eine **nochmalige Beweisaufnahme mit Zeugenvernehmung** auch im OEG-Verfahren geboten.[560]

Weitere Voraussetzung ist die **vorsätzliche Tatbegehung**. Der Tatbestand muss also wissentlich und willentlich verwirklicht werden. Die strafrechtlichen Grundsätze, u.a. zum **Irrtum über Tatumstände**, § 16 StGB, gelten entsprechend. Dabei kann ggf. auch aus dem Tatablauf auf die erforderliche feindselige Einstellung geschlossen werden.[561]

Schließlich muss die Verletzungshandlung **rechtswidrig** sein. D.h., es dürfen **keine Rechtfertigungsgründe**, insbes. keine Notwehr gem. § 32 StGB, zugunsten des Gewalttäters eingreifen. Soweit der Angreifer in der Vorstellung handel-

---

558 BSGE 56, 234, 236; zur Freiheitsberaubung: BSG, Urt. v. 30.11.2006 – B 9 a VG 4/05 R, mit zustimmender Anm. Reyels, juris Praxisreport Sozialrecht 11/2007 v. 31.05.2007.

559 So zum „Anrempeln“ in einer anonymen Menschengruppe: LSG Baden-Württemberg, Urt. v. 15.12.2005 – L 6 VG 145/05.

560 BSG SozR 3-3800 § 1 Nr. 1.

561 BSG, Urt. v. 24.04.1991, 9a/9 RVg 1/89 m.w.N.; siehe auch BSG, Urt. v. 08.11.2007 – B 9 a VG 3/06R (zum natürlichen Vorsatz bei einem 4-jährigen Kind).

te, er sei gerechtfertigt, schließt dies gem. § 1 Abs. 1 S. 2 OEG ausdrücklich den Entschädigungsanspruch nicht aus. Falls jedoch der Angegriffene irrtümlich die Vorstellung hatte, er handele zur Abwehr eines drohenden Angriffs **(Putativnotwehr)**, besteht kein Entschädigungsanspruch nach dem OEG.[562]

Nicht erforderlich ist die schuldhafte Begehung der Straftat. So ändert etwa die fehlende strafrechtliche Verantwortlichkeit des Täters wegen Geisteskrankheit nichts am Entschädigungsanspruch des Opfers.[563]

Die **angegriffene und die letztlich geschädigte Person müssen nicht identisch sein**. Dies folgt bereits aus § 1 Abs. 1 S. 1 OEG.

Anerkannt ist auch eine **mittelbare Schädigung z.B. im Sinne eines seelischen Schockschadens**, wenn eine dauernde psychische Störung eines Elternteils etwa aufgrund der Nachricht von der Ermordung seines Kindes ausgelöst wurde.[564] Das soll aber **nicht bei der Ermordung eines nahen Angehörigen im Ausland** gelten.[565] Schließlich ist § 1 OEG auch auf Fälle **sexuellen Missbrauchs** anwendbar. Das gilt mittlerweile auch für die biologische **Zeugung einer Leibesfrucht durch gewaltsamen Inzest** eines Vaters mit seiner Tochter. Das infolge der inzestuösen Erzeugung genetisch bedingt schwerst vorgeschädigte Kind hat dann wegen der Gesundheitsstörungen aus dieser Gewalttat Entschädigungsansprüche nach dem OEG.[566]

1.2 Ausländerversorgung

Das **OEG gilt gleichermaßen für Deutsche und Angehörige der EU-Mitgliedsstaaten**, § 1 Abs. 4 OEG. Entscheidend ist im Übrigen eine **Gegenseitigkeitsvereinbarung**. Von der Türkei wurden entsprechende europäische Vereinbarungen bisher aber nicht ratifiziert.[567] Abgesehen davon gilt § 1 Abs. 5 OEG für Ausländer mit längerem Aufenthalt als 6 Monate im Bundesgebiet, wobei auch eine Duldung genügt.[568] Weitere Sonderregelungen einschließlich einer Abfindungsvorschrift für Nicht-EU-Ausländer enthält § 1 Abs. 6, 7 OEG.

1.3 Versagungsgründe

Dem Anspruch dürfen keine **Versagungsgründe gem. § 2 OEG** entgegenstehen.

Die **fehlende Mitwirkung** des Opfers bei der Sachverhaltsaufklärung und Strafverfolgung des Täters erfasst § 2 Abs. 2 OEG. Die Versagungsgründe des § 2 Abs. 1 S. 2 Nr. 1–3 OEG regeln den Leistungsausschluss bei **Beteiligung an auswärtigen politischen oder kriegerischen Auseinandersetzungen**[569] bzw. der **Verwicklung in organisierte Kriminalität** und Zugehörigkeit zu einer gewalttätigen Organisation. Ein Gegenbeweis ist zugelassen. **Allgemeine Ausschlussgründe wegen Mitverursachung bzw. Unbilligkeit** sieht schließlich § 2 Abs. 1 S. 1, 1. und 2. Alt. OEG vor.[570]

---

562 BSGE 78, 270.

563 Vgl. LSG Hessen, Urt. v. 26.10.1982, L 4 VG 1525/80.

564 BSGE 49, 98.

565 Vgl. LSG NRW, Urt. v. 16.07.2002, L 6 VG 31/01 m.w.N.

566 BSG, Urt. v. 16.04.2002, B 9 VG 1/01R, mit umfangreichen Nachweisen.

567 BSG, Urt. v. 18.04.2001, SGb 2002, 502–506.

568 Vgl. BSG, Urt vom 18.04.2001, a.a.O.; ebenso differenzierend zum rechtmäßigen Aufenthalt nach der Tat: BSG, Urt. v. 08.11.2007 – B 9 a VG 3/05 R.

569 Dazu LSG Hamburg, Urt. v. 20.06.2006 – L 4 VG 5/05: gilt auch bei nachfolgender Gewalttat im Inland.

570 BSGE 57, 168, 169, vgl. auch Kunze, Versorgungsverwaltung 1995, 37–43.

Fall 17: Tod in St. Pauli

Günter L (L) wurde 1962 in Wismar geboren und zog nach der Wende 1991 mit seiner Ehefrau Gisela (G) und den beiden minderjährigen Töchtern Silke und Simone nach Hamburg. Ihm gelang es nicht, hier beruflich Fuß zu fassen. Im Wesentlichen bestritt G mit ihrem Einkommen als Kassiererin in einem Supermarkt den Lebensunterhalt der Familie. L selbst ging keiner geregelten Arbeit nach und hielt sich zunehmend im Vergnügungsviertel St. Pauli auf. Im Laufe der Zeit übernahm er kleinere Botengänge für den als Zuhälter und Geldwäscher in der Szene bekannten Barbesitzer B. Bei einem Zusammentreffen mit dem als Drogenkurier bekannten Ghanaer M im September 2004 prahlte L damit, er sei die rechte Hand des B. B werde schon dafür sorgen, dass der obere Teil der Reeperbahn „strahlend weiß" bleibe. Angesichts dieser aggressiven und rassistischen Drohungen beschloss M, dem L bei nächster Gelegenheit eine Lektion zu erteilen. M bemerkte dann im November 2004 den L, als dieser angetrunken aus einem Schnellimbiss kam. M und seine bei ihm befindlichen Landsleute C und Y hielten L auf, um ihn zu verprügeln. Dabei war ihnen unbekannt, dass L als Bewaffnung ein Klappmesser mit 12 cm langer Klinge bei sich trug. Als L sich den drei Ghanaern gegenübersah, zog er das Messer und stach in Richtung des M. Dieser trat dem L reflexartig das Messer aus der Hand. Sodann prügelte M gemeinsam mit Y und C, die dabei Schlagringe einsetzten, auf L ein, bis dieser keine Gegenwehr mehr zeigte. L fiel aufgrund massiver innerer Verletzungen, u.a. Riss der Milz und Magenblutungen, in ein Koma und verstarb an den Verletzungsfolgen noch in derselben Nacht auf der Intensivstation eines Hamburger Krankenhauses. Die Ghanaer M, Y und C wurden am nächsten Tag nach einer Großfahndung verhaftet und u.a. wegen der tödlichen Verletzung des L zu mehrjährigen Freiheitsstrafen verurteilt.
Ein halbes Jahr nach der Beisetzung des L suchte dessen Witwe G im Frühjahr 2005 das Versorgungsamt Hamburg auf und erkundigte sich unter wahrheitsgemäßer Schilderung des ihr aus den Ermittlungen der Kriminalpolizei bekannt gewordenen Geschehens, ob sie und die beiden 15 und 17 Jahre alten Töchter Hinterbliebenenleistungen nach dem OEG beanspruchen könnten.

Opferentschädigungsansprüche für hinterbliebene Familienangehörige richten sich gem. § 1 Abs. 8 S. 1 OEG nach den Vorschriften des BVG. Hier kommen die Witwenrente gem. § 38 Abs. 1 BVG bzw. Waisenrenten, § 45 Abs. 1 BVG, als vom Verstorbenen abgeleitete Ansprüche[571] in Betracht.

(I) Grundvoraussetzung ist ein **vorsätzlicher rechtswidriger tätlicher Angriff**.

(1) Hier wurde durch die **Misshandlungen** der Tod des L verursacht. Die Gewalttaten sind als Körperverletzung mit Todesfolge gem. § 227 Abs. 1 StGB, hier u.a. als Folge der gefährlichen Körperverletzung unter Einsatz der Schlagringe, vgl. § 224 Abs. 1 Nr. 2 StGB, zu bewerten.

(2) Die Tathandlungen von M, Y und C dürften auch nicht durch **Notwehr**, § 32 StGB, oder andere von der Rechtsordnung anerkannte Gründe gerechtfertigt gewesen sein. Gem. § 32 StGB ist als Notwehr gerechtfertigt nur die Handlung, die der Abwehr eines gegenwärtigen Angriffs dient.

571 Vgl. BSGE 49, 104, 106.

Spätestens mit dem Einsatz der Schlagringe und der fortgesetzten Misshandlung des L durch die 3 Ghanaer auch nach Beendigung der aktuellen Gefährdungslage des M, nachdem dieser dem L das Klappmesser aus der Hand getreten hatte, wäre hier ein **exzessives Überschreiten der Grenzen des Notwehrrechts** gegeben. Angesichts der Gesamtumstände des Zusammentreffens zwischen L und den 3 Ghanaern ist auch auf deren Seite für die zum Tode führenden Körperverletzungen kein Rechtfertigungsgrund anzunehmen.

(II) Allerdings können sich auch für die Hinterbliebenen die **Versagungsgründe gemäß § 2 OEG** hinsichtlich der Person des Geschädigten anspruchsausschließend auf ihre Versorgungsansprüche auswirken.[572] Infrage kommen hier die Versagungsgründe des § 2 Abs. 1 S. 1, S. 2 OEG.

(1) Ein Versagungsgrund könnte eine **Verwicklung des L in organisierte Kriminalität i.S.v. § 2 Abs. 1 S. 2 Nr. 3 OEG** sein. Danach rechtfertigt u.a. die **Zugehörigkeit zur organisierten Kriminalität** die Leistungsversagung. Der Geschädigte selbst trägt die **Beweislast** dafür, dass die Schädigung hiermit nicht im Zusammenhang steht, vgl. § 2 Abs. 1 S. 2 Nr. 3 a.E. OEG. Die Rechtsprechung nimmt dabei nämlich eine **Selbstgefährdung** schon angesichts der Zugehörigkeit zum Milieu oder zu einer Szene an, in der Straftaten an der Tagesordnung sind,[573] § 2 OEG Nr. 2.

Tatsächlich hatte L allerdings nur eine nachgeordnete Rolle als Botengänger für den Barbesitzer B. Entgegen seinen übertriebenen Schilderungen beim Zusammentreffen mit M im September 2004 war er nach den wirklichen Umständen nicht die rechte Hand des Barbesitzers B. Fortgesetzte Straftaten hatte L selbst auch nicht begangen. Hinreichende Indizien für die **Verwicklung des L in die organisierte Kriminalität oder seine Zugehörigkeit zu einer Organisation, die Gewalttaten begeht**, lassen sich danach nicht feststellen.

(2) Fraglich ist dann aber eine **Mitverursachung des Tatgeschehens durch L i.S.v. § 2 Abs. 1 S. 1, 1. Alt. OEG**. Dies könnte hier wegen der vorangegangenen Äußerungen gegenüber M bzw. angesichts des Beisichtragens des Klappmessers der Fall sein.

(a) Das Verhalten des Opfers muss **wesentlich mitursächlich** sein. Nach der im sozialen Entschädigungsrecht generell geltenden Kausalitätsnorm bedeutet das eine **annähernde Gleichwertigkeit mit dem Tatbeitrag der schädigenden Person**. Dafür kommt es auf den eigenen Ursachenbeitrag des Opfers im Vergleich zu ähnlich schwerwiegenden Verhaltensweisen vorsätzlich handelnder Gewalttäter an.[574]

572 BSGE 49, 104 ff., Kunz/Zellner, OEG, Kommentar, 4. Aufl., München 1999, § 2 Rdnr. 2.

573 BSG, Urt. v. 24.03.1993, SozR 3-3800; allerdings nicht mehr bei „gefängnistypischen" Straftaten: BSG, Urt. v. 29.03.2007 – B 9 a VG 2/05 R, mit Anm. Luik, juris Praxisreport Sozialrecht Nr. 1/2008 v. 03.01.2008.

574 BSG, Urt. v. 12.05.1997, B 9 VG 87/97R, vom 21.10.1998, B 9 VG 2/97R m.w.N.

Die verbalen Ausfälle und Provokationen von L gegenüber M im September 2004 erfüllten jedenfalls den Tatbestand der **Beleidigung gem. § 185 StGB**. Diese Beleidigung des M durch das spätere Opfer L könnte den **Leistungsausschluss gem. § 2 Abs. 1 OEG** rechtfertigen. Dies gilt allerdings nicht im Verhältnis einer Beleidigung zu einer gefährlichen Körperverletzung oder gar einer Tötungshandlung. Denn die Wertung der verschiedenen Delikte unter Berücksichtigung der jeweiligen Strafrahmen, das Vergehen der Beleidigung im Vergleich zu der als Verbrechen zu bestrafenden gefährlichen Körperverletzung mit Todesfolge, misst der Körperverletzung ein deutlich höheres Gewicht bei.[575] Mangels Kundgabe rassistischer bzw. ausländerfeindlicher Gedanken gegenüber anderen kommt zudem eine **Volksverhetzung gem. § 130 StGB** durch L nicht in Betracht. Schließlich hatte L damals mangels konkret beschriebener bevorstehender Gewaltmaßnahmen auch keine **Bedrohung i.S.v. § 241 StGB** mit einem gegen den M gerichteten zukünftigen Verbrechen ausgesprochen.

Allein aufgrund der Beleidigungen war kein Leistungsausschluss gegeben.

(b) Zu den unmittelbar der Tat vorangehenden, im Sinne einer **Mitverursachung** beachtlichen, Verhaltensweisen könnte dann aber **das Tragen und der Einsatz des Klappmessers durch L** zählen.

Dies müsste ein wesentlich gleichwertiger Beitrag des L zu der anschließenden Körperverletzung mit der Folge seines Todes gewesen sein. Tatsächlich sah sich L hier allerdings vor den eigentlichen Körperverletzungshandlungen mit 3 ihm feindlich gesonnenen Ghanaern konfrontiert. Diese hatten nach den Umständen auch nicht erst dann den Vorsatz gefasst, L zu verprügeln, als sie dessen Klappmesser erblickten. Das Ausmaß der nachfolgenden Gewalthandlungen mit Einsatz der Schlagringe war derart maßgeblich für das gesamte Tatgeschehen, dass das Mitführen und Herausholen des Klappmessers durch L sich nicht mehr **als mitverursachender wesentlicher eigener Beitrag** auswirkte. Gegenüber den massiven Gewalttätigkeiten der Ghanaer tritt dieses Verhalten des L tatsächlich zurück.

Der Ausschlussgrund der Mitverursachung des Tatgeschehens i.S.v. § 2 Abs. 1 S. 1, 1. Alt. OEG war demnach ebensowenig erfüllt.

(3) In Betracht kommt der **Versagungsgrund der Unbilligkeit gem. § 2 Abs. 1 S. 1, 2. Alt. OEG**. Dann müsste es aus sonstigen, insbes. im eigenen Verhalten des Geschädigten liegenden Gründen unbillig sein, eine Entschädigung zu gewähren. Unbilligkeit ist dann anzunehmen, wenn die Entschädigungsleistung dem **Gesetzeszweck, unschuldigen Gewaltopfern zu helfen**, widersprechen würde.[576]

Das BSG hat hierzu verschiedene **Fallgruppen der Unbilligkeit** entwickelt:

- **Rechtsfeindliche Betätigung des Opfers**, indem es sich bewusst außerhalb der staatlichen Rechtsordnung gestellt hat[577]

575 BSG, Urt. v. 09.12.1998, B 9 VG 8/97R, m.w.N.

576 Kunz/Zellner, OEG-Kommentar, § 2 Rdnr. 4.

577 BSG, Urt. v. 18.04.2001, SGb 2002, 502–506 m.w.N.; dazu auch LSG NRW, Beschl. v. 01.03.2006 – L 6 B 4/05 VG: Abgrenzung zur „Selbstjustiz“ bzw. Rache von Verbrechensopfern.

- **Sozialwidriges, mit speziellen Gefahren verbundenes Verhalten des Opfers**, etwa bei Auseinandersetzungen oder vorangegangenen Straftaten des Opfers, § 2 Nr. 2[578]
- **Begünstigung des Täters** durch die Tat, speziell bei Witwen-/Witwer-Rente an den Partner, der den eigenen Ehegatten getötet hat[579]
- **bewusste oder leichtfertige Selbstgefährdung des Opfers.**[580]

(a) Die bewusste Selbstgefährdung ist insbes. beim Verbleiben von Frauen in der Wohnung eines prügelnden Partners problematisch, sog. **unheilvolle Lebensgemeinschaft**.[581]

Dabei wird die **Vorgeschichte der Gewalttat als leichtfertige Selbstgefährdung** gewertet, soweit diese Gefährdungssituation nach den persönlichen Fähigkeiten des Opfers im Einzelfall vermeidbar gewesen wäre.[582] Entscheidend ist im Einzelfall, ob eine **dauerhafte Gefährdung vorliegt, Opfer schwerer Misshandlungen bis hin zur Tötung zu werden**.[583] Anders ist es hingegen bei der Einleitung von Maßnahmen nach dem Gewaltschutzgesetz (Wohnungsschutzanordnungen) und gegen das gezielte Nachstellen i.S.d. neuen „Stalking"-Tatbestandes gem. § 238 StGB seit März 2007 zu beurteilen.[584]

(b) Eine **bewusste bzw. leichtfertige Selbstgefährdung des L** richtet sich nach den allgemeinen Kriterien. Bei Auseinandersetzungen zwischen **Kriminellen** kann es genügen, dass die Konflikte nur in mittelbarem Zusammenhang mit dem schädigenden Ereignis stehen.[585] Allerdings kann nicht bei jeder vorsätzlichen Straftat, etwa bei der Beleidigung des M durch L, von einem solchen Schweregrad ausgegangen werden. Vielmehr sind für eine **leichtfertige Mitverursachung durch Selbstgefährdung** (Mitverschulden) wiederholt schwere bzw. gewohnheitsmäßige Rechtsverstöße auch im kriminellen Milieu bzw. bei gehäuften Straftaten zu verlangen.[586]

(c) Hier hatte L den M im September 2004 mit verbalen Anfeindungen bzw. diskriminierenden Äußerungen provoziert. Demgegenüber wollten M, Y und C bei der sich ihnen im November 2004 bietenden Gelegenheit den angetrunkenen L nicht allein zur Rede stellen, sondern ihm auch erhebliche körperliche Gewalt zufügen. Zwar hat L durch sein eigenes prahlerisches Verhalten und die verbalen Provokationen dem M gegenüber ebenso wie durch das Herausholen des Klappmessers am Tatabend ursächlich dazu beigetragen, die späteren Gewalthandlungen gegen ihn hervorzurufen. Die tätliche Auseinandersetzung kam dann für ihn aber überraschend. Das Ausmaß der Gewalttätigkeiten war für ihn ebenfalls nicht vorhersehbar. Eine leichtfertige Selbstgefährdung allein durch **Aufenthalt in einer bestimmten „Szene"** genügt insoweit nicht, Unbilligkeit im Sinne von § 2 Abs. 1 S. 1, 2. Alt. OEG anzunehmen.[587] Maßgeblich bleibt danach, dass die massiven Gewalteinwirkungen als Körperverletzung mit Todesfolge von M, C und Y kausal bewirkt wurden.

578 So zur Selbstjustiz beim Schuldeneintreiben: LSG NRW, Urt. v. 17.08.2006 – L 7 VG 38/05 m.w.N.

579 BSGE 59, 40.

580 BSG, Urt. v. 21.10.1998, B 9 VG 6/97R.

581 S. dazu LSG NRW, Urt. v. 10.03.2005, L 7 VG 25/03.

582 BSG, Urt. v. 21.10.1998, B 9 VG 6/97R, SG Münster, Urt. v. 23.01.1998, S 6 (4) V 142/95, rechtskräftig, SG Dortmund, Urt. v. 24.09.2002, S 43 VG 329/99.

583 Vgl. LSG NRW, Urt. v. 01.03.2002, L 7 VG 27/98.

584 Dazu Dötsch, NJW-Spezial 2007, 375–376 m.w.N.; ebenso für „schweres" Stalking: LSG Niedersachsen-Bremen, Urt. v. 22.06.2006 – L 13 VG 7/05.

585 BSGE 72, 136.

586 BSG, Urt. v. 07.11.1979, SGb 1980, 256.

587 Vgl. auch BSG, Urt. v. 26.06.1985, 9 a RVg 6/84; differenzierende Gesamtbetrachtung auch nach BSG, Urt. v. 06.07.2006 – B 9 a VG 1/05 R.

Nach den Gesamtumständen erscheint es jedenfalls auch nicht unbillig, hier den Hinterbliebenen Versorgungsleistungen nach dem OEG zuzuerkennen. Dafür spricht schließlich der **Gesetzeszweck des § 1 Abs. 8 OEG**, nämlich Ersatz des durch den Tod infolge krimineller Gewalt verlorengegangenen Unterhaltsanspruchs zu gewähren.[588]

(III) Im **Ergebnis** ist die Gewährung der Gewaltopferentschädigung an die Witwe und die beiden minderjährigen Töchter nach § 1 Abs. 8 OEG i.V.m. §§ 38, 47 BVG gerechtfertigt, nicht unbillig und auch nicht aus sonstigen Gründen i.S.v. § 2 OEG zu versagen.

– – –

2. Leistungsansprüche und weitere Vorschriften

Die Leistungsansprüche, u.a. zur Grundrente i.S.d. §§ 30, 31 BVG sowie zur Hinterbliebenenversorgung, ergeben sich aus der **entsprechenden Anwendung des BVG**. Als Sonderregelung sieht § 1 Abs. 10 OEG ergänzend materiellen Schadensersatz für die Beschädigung am Körper getragener Hilfsmittel sowie von Brillen etc. vor.

Für die **Antragstellung** i.S.v. § 1 Abs. 1 S. 1 OEG gilt ebenfalls § 60 BVG analog. Bei Personen, die vor In-Kraft-Treten des OEG zum 15.05.1976 Gewaltopfer wurden, greift im Falle der Bedürftigkeit eine Härteregelung gem. § 10 a OEG ein. Den **Übergang gesetzlicher Schadensersatzansprüche** insbes. gegen den Gewalttäter regelt § 5 OEG. Die **Kosten tragen überwiegend die Bundesländer**, eine anteilige Übernahme durch den Bund zu 40% sieht § 4 OEG vor. Die **Gesetzesausführung und das Verfahren regelt § 6 OEG**.

Für öffentlich-rechtliche Streitigkeiten nach dem OEG, mit Ausnahme sozialhilfeähnlicher Leistungen der Fürsorge analog §§ 25–27 j BVG, bestimmt **§ 7 OEG den Rechtsweg zu den Gerichten der Sozialgerichtsbarkeit**.

4. Abschnitt: Entschädigung von Opfern des SED-Unrechts

Ein weiterer Anwendungsbereich des sozialen Entschädigungsrechts betrifft die Opfer insbes. **politischer Verfolgung in der ehemaligen DDR**.

Hierfür galt **bis zur Wiedervereinigung das Häftlingshilfegesetz (HHG)**. Dieses setzte eine Ingewahrsamnahme u.a. aus politischen Gründen und dadurch bedingte gesundheitliche Schädigung voraus. Besondere Bedeutung hatte das HHG zeitweise bei der **Entschädigung von Fluchthelfern**, die nach der Abriegelung der DDR und dem Bau der Berliner Mauer im August 1961 „Republikflüchtlinge“ unterstützten und dabei in Haft gerieten.[589] Nach der **Wiedervereinigung im Oktober 1990** erfolgte eine differenzierte Neuregelung anknüpfend an die vorangegangene Rehabilitierung der Unrechtsopfer.

---

588 Vgl. BSG, Urt. v. 28.07.1999, B 9 VG 5/98 R, Urt. v. 23.10.1985, 9 a RVg 4/83, m.w.N.

589 Vgl. Gitter/Schmitt, Sozialrecht, 5. Aufl. 2001, 276, 277, zum Nachweis der Verfolgung LSG NRW, Urt. v. 16.01.2003, L 7 VH 8/01.

1. Strafrechtliches Rehabilitierungsgesetz

Das strafrechtliche Rehabilitierungsgesetz vom 29.10.1992[590] **(StrRehaG)** sieht **Versorgung in entsprechender Anwendung des BVG** für diejenigen Personen vor, die rehabilitiert worden sind und als Betroffene infolge einer Freiheitsentziehung gesundheitliche Dauerschäden erlitten haben. Hinterbliebene erhalten Versorgung, wenn der Betroffene an den Folgen der Schädigung verstorben ist, vgl. § 21 Abs. 1 StrRehaG.

Voraussetzung ist die **Rehabilitationsentscheidung** der dafür zuständigen Land- bzw. früheren Bezirksgerichte. Aufgehoben werden strafrechtliche Entscheidungen eines staatlichen Gerichts oder einer sonstigen Stelle der ehemaligen DDR, wenn diese mit **wesentlichen Grundsätzen der freiheitlich rechtsstaatlichen Ordnung unvereinbar** waren, § 1 Abs. 1 StrRehaG.

Maßstab für die **Beurteilung der versorgungsbedingten Schädigungsfolgen** sind auch hier die Anhaltspunkte für die ärztliche Gutachtertätigkeit im sozialen Entschädigungsrecht und nach dem Schwerbehindertengesetz, (AP 1996 bzw. nun die AP 2004/2005 sowie der Neudruck AP 2008).[591]

Ausschlussgründe regelt § 16 Abs. 2 StrRehaG. Danach muss der Betroffene seinerseits gegen die Grundsätze der Menschlichkeit bzw. Rechtsstaatlichkeit verstoßen oder in schwerwiegendem Maße seine Stellung zum eigenen Vorteil oder Nachteil anderer missbraucht haben. Dies ist insbes. bei **Angehörigen des ehemaligen Staatssicherheitsdienstes** und sonstigen Personen, die in menschenrechtswidrige Handlungen des SED-Regimes verwickelt waren, vorstellbar.

Eine **Doppelversorgung** nach HHG und StrRehaG ist ausgeschlossen, vgl. § 21 Abs. 1 S. 2 StrRehaG. Ergänzend sieht das StrRehaG **Vermögensentschädigungen sowie Ersatz für zu Unrecht zugebrachte Strafhaft** vor. Es handelt sich aber schon begrifflich – mangels gesundheitsbezogener Schädigungen – nicht um Vorschriften aus dem sozialen Entschädigungsrecht, vgl. auch § 5 SGB I.

Besonderheiten ergeben sich zudem noch seit August 2007 durch das Gesetz über eine bedürftigkeitsabhängige **Opferpension.**[592] § 17 a StrRehaG enthält jetzt folgende Neurungen:

- Es wurde eine besondere Zuwendung i.H.v. **250 € monatlich** für Haftopfer eingeführt.
- Berechtigt sind ehemalige politische Häftlinge, die ihren Status durch eine Rehabilitierungsentscheidung eines deutschen Gerichts oder eine Bescheinigung nach § 10 Abs. 4 des Häftlingshilfegesetzes nachweisen können. Erforderlich ist, dass die Berechtigten eine mit wesentlichen Grundsätzen einer

590 BGBl. I 1992, S. 1814.
591 Vgl. LSG NRW, Urt. v. 20.08.1998, L 7 VU 75/97.
592 Gesetz über die SED-Opferpension v. 28.08.2007, BGBl. I 2007, S. 2118.

freiheitlichen rechtsstaatlichen Ordnung unvereinbare Freiheitsentziehung von insgesamt **mindestens sechs Monaten** erlitten haben.

- Die Berechtigung setzt weiter voraus, dass die Betroffenen in ihrer wirtschaftlichen Lage besonders beeinträchtigt sind. Ein Betroffener gilt dann als in seiner wirtschaftlichen Lage besonders beeinträchtigt, wenn sein **Einkommen die Grenze von 1.035 €** (alleinstehende Berechtigte) bzw. 1.380 € (verheiratete oder in Lebenspartnerschaft lebende sowie in eheähnlicher oder in lebenspartnerschaftsähnlicher Gemeinschaft lebende Berechtigte) **nicht übersteigt**.
- Übersteigt das zu berücksichtigende Einkommen die maßgebliche Einkommensgrenze um einen Betrag, der niedriger ist als der Betrag der besonderen Zuwendung für Haftopfer, wird als besondere Zuwendung der Differenzbetrag geleistet.
- Zum Zweck des Bezugs der besonderen Zuwendung für Haftopfer muss ein **Antrag** an die für die Rehabilitierung der Opfer von DDR-Unrecht zuständigen Landesjustizverwaltungen oder die von den Landesregierungen bestimmten Behörden (Rehabilitierungs- oder Sozialbehörde des jeweiligen Bundeslandes) gerichtet werden. In einigen Bundesländern sind die Kreise oder kreisfreien Städte zuständig.
- Die besondere Zuwendung wird i.d.R. für sechs Monate bewilligt und – beginnend mit dem auf die Antragstellung folgenden Monat – monatlich im Voraus gezahlt.
- Der Anspruch auf die Opferpension ist unpfändbar, nicht übertragbar und nicht vererbbar.

2. Verwaltungsrechtliches Rehabilitierungsgesetz

Nach dem Verwaltungsrechtlichen Rehabilitierungsgesetz vom 23.06.1994[593] **(VerwRehaG)** werden **Opfer einer hoheitlichen Maßnahme**, d.h. von Verwaltungsentscheidungen einer deutschen Behörde im Beitrittsgebiet bis zur Wiedervereinigung, wegen gesundheitlicher Nachteile entschädigt. Voraussetzung ist gemäß § 1 Abs. 1 S. 1 VerwRehaG, dass eine hoheitliche (verwaltungsmäßige) Entscheidung einer behördlichen Stelle in der ehemaligen DDR **mit tragenden Grundsätzen des Rechtsstaates schlechthin unvereinbar** war und deren Folgen noch unmittelbar schwer und unzumutbar fortwirken.

Diese belastende Verwaltungsentscheidung, überwiegend Zwangsaussiedlungen aus dem früheren Grenzgebiet, ist von der zuständigen (Nachfolge-)Behörde aufzuheben. Personen, die infolge einer derartigen hoheitlichen Maßnahme eine gesundheitliche Schädigung erlitten haben, erhalten gem. § 3 Abs. 1 VerwRehaG wegen dieser Folgen **Versorgung in entsprechender Anwendung des**

593 BGBl. I 1994, S. 1311.

BVG, soweit auch hier kein **Ausschlusstatbestand**, vgl. § 2 Abs. 2 VerwRehaG, eingreift.

3. Dopingopfer-Hilfegesetz

Das Gesetz über eine finanzielle Hilfe für Dopingopfer der DDR vom 24.08.2002[594] **(Dopingopfer-Hilfegesetz, DOHG)** enthält ebenfalls Regelungen zur Entschädigung von Gesundheitsopfern der EX-DDR. Voraussetzung ist im Wesentlichen die **Verabreichung von Dopingsubstanzen an Hochleistungs- bzw. Nachwuchssportler ohne deren Wissen bzw. Wollen**, §§ 2, 3 DOHG.

Betroffen sind ca. 500 bis 1.000 frühere DDR-Sportler, die wegen der Gesundheitsschäden nach Zwangsdoping derzeit aber noch **keine Versorgung analog dem BVG, sondern allein eine schmerzensgeldähnliche Genugtuungszahlung** beantragen können.[595] Über die evtl. Anwendung des BVG in Zukunft ist noch nicht entschieden.[596]

Das DOHG wird vom **Bundesverwaltungsamt** in Köln ausgeführt. Der **Rechtsweg** gegen dessen Entscheidungen ist **nicht zu den Sozialgerichten, sondern zur allgemeinen Verwaltungsgerichtsbarkeit, § 40 VwGO, eröffnet**.[597]

5. Abschnitt: Infektionsschutzgesetz (IfSG)

Schließlich ist auch wegen der **nachteiligen Folgen einer Impfreaktion**, aus dem Gedanken der Aufopferung für das Allgemeinwohl zur Vermeidung ansteckender Krankheiten, vgl. § 5 SGB I, Entschädigung mit entsprechender Anwendung des BVG vorgesehen.

Im **Bundesseuchengesetz (BSeuchG)** war ab 1971 der Entschädigungsanspruch gemäß § 51 BSeuchG u.a. wegen der gesundheitlichen Folgen eines Impfschadens in entsprechender Anwendung des BVG vorgesehen. Problematisch war bei der Beweislast für Impffolgen regelmäßig die Nachweisschwierigkeit speziell der Eltern impfgeschädigter Kinder.[598] Die Materie wurde durch das **Gesetz zur Verhütung und Bekämpfung von Infektionskrankheiten bei Menschen (IfSG)** vom 20.07.2000[599] reformiert.

1. Entschädigungstatbestand

Ausgehend von einem der Gesetzeszwecke, nämlich die Weiterverbreitung übertragbarer Krankheiten beim Menschen zu verhindern, § 1 Abs. 1 IfSG, gelten für Impfschäden nach **Schutzimpfungen** und anderen prophylaktischen

594 BGBl. I 2002, S. 3410.
595 Vgl. Rixen, SGb 2003, 319 ff. (321).
596 Rixen, SGb 2003, 328.
597 Vgl. ebenfalls Rixen, SGb 2003, 319 ff. (328).
598 Vgl. z.B. BSG, Urt. v. 10.08.1993, 9/9a RV 10/92, siehe auch Kunze, Versorgungsverwaltung 1995, 85–90.
599 BGBl. I 2000, S. 1045 ff.

Maßnahmen, § 20 IfSG, besondere Regelungen zur Versorgung gem. §§ 60 ff. IfSG.

Tatsächlich bedeutsam sind insbes. **Impfungen im Säuglings- und Kleinkindesalter**. Zugrundezulegen ist dafür der **offizielle Impfplan nach Empfehlungen der ständigen Impfkommission (STIKO) am bundeseigenen Robert-Koch-Institut, Berlin**. Die Impfmaßnahmen speziell im 1. und 2. Lebensjahr eines Kindes betreffen u.a. Krankheiten wie Kinderlähmung, Gelbsucht, Hirnhautentzündung, Keuchhusten, Wundstarrkrampf, Masern, Mumps, Röteln etc.[600]

Zur Klarstellung bestimmt nun die Neufassung Nr. 57 der AP ab Januar 2008, dass die STIKO Kriterien zur Abgrenzung einer üblichen Impfreaktion und einer über das übliche Ausmaß einer Impfreaktion hinausgehenden gesundheitlichen Schädigung (Impfschaden) entwickelt. Die Arbeitsergebnisse der STIKO werden im Epidemioligischen Bulletin veröffentlich und stellen den jeweiligen aktuellen Stand der Wissenschaft dar.

Entscheidend ist die **hoheitliche Veranlassung derartiger Impfmaßnahmen** u.a. durch öffentliche Empfehlung zuständiger Landesbehörden etc., vgl. § 60 Abs. 1 S. 1 Nr. 1–4 IfSG. Wer infolge einer solcher Maßnahme eine gesundheitliche Schädigung erlitten hat, erhält wegen des Impfschadens auf Antrag Versorgung in entsprechender Anwendung des BVG, §§ 2 Nr. 11, 60 Abs. 1 IfSG. Zur Anerkennung genügt die **Wahrscheinlichkeit des ursächlichen Zusammenhangs mit einer tatbestandlich erfassten Impfung**, § 61 IfSG. Das war auch bereits in der Rechtsprechung zu **unüblichen Impfreaktionen** nach dem früheren BSeuchG anerkannt.[601]

2. Entschädigungsleistungen und weitere Vorschriften

Die **Versorgung** wird in entspr. Anwendung des BVG, also auch von den Versorgungsämtern, erbracht, §§ 60 Abs. 1 S. 1, 64 IfSG. Gleiches gilt für die Versorgung **Hinterbliebener**, § 60 Abs. 4 IfSG. Die **Entschädigungslast** trifft regelmäßig die Bundesländer, vgl. § 66 IfSG. Für Streitigkeiten über Entschädigungsansprüche ist der **Rechtsweg zu den Sozialgerichten** eröffnet, § 68 Abs. 2 IfSG.

600 Vgl. LSG Schleswig-Holstein, Urt. v. 24.04.2007 – L 2 VJ 37/06 (zu Kombinationsimpfungen).

601 Vgl. BSG, Urt. v. 19.03.1986, SozR 3850, § 51 Nr. 9; dazu auch LSG Hessen, Urt. v. 27.06.2007 – L 4 VJ 3/04 (keine „Kann"-Versorgung analog § 1 Abs. 3 S. 1 BVG).

6. Teil: Sozialrechtliches Verwaltungsverfahren (SGB X)

Das Zehnte Buch Sozialgesetzbuch (SGB X) regelt seit 1981 das **Verwaltungsverfahren** und den **Sozialdatenschutz** sowie ab Juli 1983 die **Zusammenarbeit der Leistungsträger und ihre Beziehungen zu Dritten inklusive der Erstattungsansprüche**.[602]

1. Abschnitt: Verwaltungsverfahrensrecht

1. Anwendungsbereich und allgemeine Vorschriften

Die Vorschriften des SGB X zum Verwaltungsverfahren sind **vergleichbar mit den Verwaltungsverfahrensgesetzen (VwVfG) des Bundes bzw. der Länder**. Sie vervollständigen insbes. das SGB I (Allgemeiner Teil) und gelten grundsätzlich für alle Rechtsgebiete bzw. Leistungsformen des Sozialgesetzbuchs.

§ 1 SGB X definiert als Anwendungsbereich des Gesetzes die **Verwaltungstätigkeiten** nach dem Sozialgesetzbuch. **Verwaltungsverfahren** ist gem. § 8 SGB X die nach außen wirkende Tätigkeit der Behörden, insbes. bei Erlass eines Verwaltungsaktes oder Abschluss eines öffentlich-rechtlichen Vertrages.

Regelungen zu **Zuständigkeit und Amtshilfe** enthalten die §§ 2 ff. SGB X. Die **Beteiligten** sind in §§ 10 ff. SGB X aufgeführt, wobei auch die Bestellung von Bevollmächtigten und Beiständen vorgesehen ist, § 13 SGB X. Nicht für die Behörden tätig werden dürfen ausgeschlossene Personen, insbes. selbst Beteiligte oder deren Angehörige, vgl. § 16 SGB X. Bei **Besorgnis der Befangenheit von Amtsträgern** ist nach § 17 SGB X zu verfahren. Für den **Beginn des Verfahrens**, insbes. Tätigwerden auf Antrag, gilt § 18 SGB X. Ergänzt wird die Regelung zur deutschen **Amtssprache** in § 19 SGB X durch die Berechtigung hörbehinderter Menschen zur Verständigung mittels Gebärdensprache, § 19 Abs. 1 SGB X bzw. für fremdsprachige Eingaben durch Übersetzungen bzw. Einschaltung eines Dolmetschers, § 19 Abs. 2 SGB X.

Im **Verwaltungsverfahren** gilt der **Untersuchungsgrundsatz, § 20 SGB X**.

Dieser verpflichtet bereits die Verwaltungsbehörden, den Sachverhalt von Amts wegen ohne Bindung an Beweisanträge der Beteiligten zu ermitteln.[603] Berücksichtigt werden müssen **alle für den Einzelfall bedeutsamen Umstände**. Darüber hinaus dürfen Erklärungen oder Anträge nicht deshalb zurückgewiesen werden, weil die Behörde selbst sie für unzulässig oder unbegründet hält, § 20 Abs. 3 SGB X. Die **Beweismittel** im Einzelnen nennt § 21 SGB X. Bei unberechtigter **Auskunftsverweigerung** gegenüber einer Verwaltungsbehörde sind **Vernehmungsersuchen** an die Sozial- bzw. Verwaltungsgerichte nach § 22 SGB X vorgesehen.

602 Dazu Dörr/Groß, RV aktuell 2006, 313–316 (Gesamtüberblick) m.w.N.
603 BSG, Urt. v. 17.02.2004 – B1 KR 4/02 R, zum Umfang der Amtsermittlungspflicht (NZS 2005, 253–256).

Neben dem Recht zur **Akteneinsicht, vgl. § 25 SGB X**, ist § 24 SGB X zur **Anhörung vor Erlass belastender Verwaltungsakte** bedeutsam. Danach müssen die Beteiligten Gelegenheit haben, sich zu den entscheidungserheblichen Tatsachen zu äußern. Maßgeblich sind die Umstände, auf welche die Behörde ihre Entscheidung zumindest auch gestützt hat oder auf die es nach ihrer materiellrechtlichen Ansicht objektiv ankommt.[604] Das gilt auch für den Inhalt medizinischer Gutachten.[605]

Ausnahmen von der Anhörungspflicht sieht § 24 Abs. 2 Nr. 1–7 SGB X vor, namentlich bei Gefahr im Verzug, bei Einleitung eines Verfahrens aufgrund tatsächlicher Angaben eines Beteiligten oder bei Anpassung einkommensabhängiger Leistungen an geänderte Verhältnisse. Bei **fehlender Anhörung** ist eine **Nachholung** zumindest noch im Widerspruchsverfahren möglich, vgl. auch § 41 Abs. 1 Nr. 3 SGB X. Seit 2001 gilt die Nachholungsmöglichkeit noch bis zur letzten Tatsacheninstanz in einem sozial- bzw. verwaltungsgerichtlichen Verfahren, § 41 Abs. 2 SGB X.

Für **Fristberechnungen** gilt § 26 SGB X. Bei unverschuldeter Fristversäumnis regelt § 27 SGB X die **Wiedereinsetzung in den vorigen Stand**.[606]

Voraussetzung der Wiedereinsetzung ist die **unverschuldete Hinderung an der Einhaltung einer gesetzlichen Frist**. Dabei wird auch schuldhaftes Verhalten eines Vertreters zugerechnet, § 27 Abs. 1 S. 1, S. 2 SGB X. Bei verspäteten Anträgen führt die bloße Unkenntnis etwaiger gesetzlicher Antragsfristen aber nicht zur Wiedereinsetzung.[607] Den **Wiedereinsetzungsantrag und die Nachholung der versäumten Handlung regelt § 27 Abs. 2, 3 SGB X**. Besonderheiten gelten bei höherer Gewalt. Dies ist z.B. bei unabwendbarem Zufall anzunehmen, aber auch bei arglistiger Verhinderung der Fristeinhaltung.[608]

2. Handlungsformen, insbes. der Verwaltungsakt

Entscheidungen der Leistungsträger ergehen regelmäßig durch Verwaltungsakt, § 31 SGB X. In besonderen Konstellationen steht im Übrigen gem. § 53 ff. SGB X auch ein öffentlich-rechtlicher Vertrag zur Verfügung, speziell Abkommen zwischen verschiedenen Leistungsträgern.[609] Die **Vorschriften zu Zustandekommen, Wirksamkeit und Folgen von Verfahrensfehlern** beim Verwaltungsakt gem. §§ 31–43 SGB X stimmen im Wesentlichen mit den §§ 35–47 VwVfG-Bund überein.[610]

2.1 Begriff und Bedeutung des Verwaltungsaktes

§ 31 SGB X definiert den Verwaltungsakt. Der Wortlaut entspricht § 35 VwVfG-Bund. Der Verwaltungsakt ist die **allgemein übliche Entscheidungsform der Sozialleistungsträger**. Durch ihn können **Rechte**, z.B. auf Rente oder

604 BSGE 69, 247, 252.

605 BSGE 46, 57, 58.

606 Dazu auch LSG Hamburg, Urt. v. 10.01.2007 – L 4 SB 10/06: Wiedereinsetzung durch das SG für das LSG nicht bindend.

607 BSG, Urt. v. 22.10.1996, SozR 3-2600 § 115 Nr. 1 m.w.N.

608 BVerwG, NVwZ 1998, 1292, dazu auch BSG, Urt. v. 31.10.2002 – B 4 RA 15/01 R.

609 Wallerath, SRH, 3. Aufl. 2003, S. 637, 638.

610 Muckel, Sozialrecht, 2. Aufl. 2007, S.493–496.

Arbeitslosengeld, zugesprochen, **Rechtsverhältnisse**, etwa Bestehen der gesetzlichen Versicherungspflicht, festgestellt, und auch **Leistungsbegehren abgelehnt** werden.

Zur weiteren inhaltlichen Ausgestaltung sieht **§ 32 SGB X Nebenbestimmungen** (entsprechend § 36 VwVfG-Bund) vor, u.a. Befristungen, Widerrufsvorbehalte oder Auflagen. Derartige Bestimmungen müssen jedoch klar, verständlich und für den Adressaten eindeutig sein.[611]

Formelle Anforderungen an den Verwaltungsakt enthält § 33 SGB X. So ist u.a. bei schriftlicher Entscheidung die erlassende Behörde zu nennen. Ausnahmen zur Namensangabe gelten bei automatisierter Erstellung, § 33 Abs. 4 SGB X.

Schriftlichen Verwaltungsakten ist zudem eine **Rechtsbehelfsbelehrung** u.a. mit Angabe der Rechtsbehelfsfrist beizufügen, § 36 SGB X. Unterbleibt sie, so wird die Rechtsbehelfsfrist nicht in Gang gesetzt. Nach § 66 Abs. 2 SGG verlängert sich für Widerspruch bzw. Klage die Einlegungsfrist auf 1 Jahr.[612] Für **Rechtsbehelfe gilt allgemein § 62 SGB X u.a. mit Hinweis auf §§ 83 ff. SGG**. Kostenerstattung i.S.v. § 63 SGB X ist aber nur bei Erfolg des Widerpruchs, d.h. Aufhebung des angefochtenen Verwaltungsakts, ggf. auch nach Ruhen des Rechtsbehelfsverfahrens bis zur positiven höchstrichterlichen Klärung von Rechtsfragen in einer Parallelsache, vorgesehen.[613]

Schließlich schreibt **§ 35 SGB X eine Begründung** vor. Abgesehen von Ausnahmen gem. § 35 Abs. 2, 3 SGB X bedeutet dies, dass ein inhaltlicher Bezug zum konkreten Einzelfall verlangt wird. Bei **Ermessensentscheidungen**, vgl. § 39 SGB I, sind auch tragende Ermessenskriterien anzugeben, § 35 Abs. 1 S. 3 SGB X.

Erheblich eingreifende Verwaltungsakte, wie etwa eine Rentenentziehung, müssen in der Begründung dem nachhaltigen Eingriff in die persönlichen Lebensverhältnisse Rechnung tragen.[614] Die Begründungspflicht gilt auch für **Widerspruchsbescheide**. Fehlt eine hinreichende Begründung, kann dieser Formfehler **gem. § 41 Abs. 1 Nr. 2 SGB X durch Nachholen oder Nachschieben der notwendigen Begründung** geheilt werden. Ein gerichtliches Klageverfahren, § 41 Abs. 2 SGB X, kann bei Sachdienlichkeit (Verfahrenskonzentration) im Übrigen auch zur Heilung solcher Mängel ausgesetzt werden, § 114 Abs. 2 S. 2 SGG.[615]

2.2 Bestandskraft von Verwaltungsakten

Die §§ 39–51 SGB X sehen Regelungen zur **Wirksamkeit, Nichtigkeit sowie Abänderung eines Verwaltungsaktes** vor. Neben der Nichtigkeit eines Verwaltungsaktes bei gravierenden Mängeln gem. § 40 Abs. 1, 2 Nr. 1–5 SGB X sind die §§ 44 ff. SGB X zur **Aufhebung bereits ergangener Verwaltungsakte** bedeutsam. Abzuwägen ist hier, gerade bei §§ 45, 48 SGB X mit **begünstigenden Verwaltungsakten i.S.v. § 45 Abs. 1, 1. Halbs. SGB X**, zwischen dem Vertrauensschutz für den Bürger an einer einmal getroffenen Entscheidung sowie der Bindung der Leistungsträger an **materielle Gerechtigkeit** und den Interessen der Versichertengemeinschaft.[616]

611 BSGE 62, 32 ff., BVerwG, Urt. v. 26.01.1990, JuS 1991, S. 185.

612 Vgl. BSGE 69, 9, 14 m.w.N.

613 BSG, Urt. v. 18.12.2001, B 12 KR 42/00, LSG NRW, Urt. v. 28.11.2002, L 5 KR 142/01 u. BSG, Urt. v. 25.03.2004, B 12 KR 1/03 R.

614 BSG, SozR § 1286 Nr. 12.

615 Vgl. BSG, Urt. v. 12.06.2001, B 4 RA 37/00 R.

616 Vgl. Wallerath, SRH, 3. Aufl. 2003, S. 630 m.w.N.

Für **nicht begünstigende und von Anfang an rechtswidrige Verwaltungsakte** sieht **§ 44 SGB X** eine Sonderregelung vor. Soweit z.B. eine Rentenablehnung von Anfang an zu Unrecht erfolgt war, dagegen allerdings keine Rechtsbehelfe eingelegt und deshalb die unangefochtene Ablehnung gem. § 77 SGG in **Bestandskraft** erwachsen ist, wird auf Antrag oder auch von Amts wegen die Ablehnung zurückgenommen und neu entschieden, sog. Zugunstenbescheid. Nicht abschließend geklärt ist das für den Bereich der Sozialhilfe.[617] Die Rückabwicklung richtet sich nach § 44 Abs. 4 SGB X mit der dortigen Vierjahresfrist für Nachleistungen.[618] In der **gesetzlichen Rentenversicherung** gilt mittlerweise bei unwirksamer bzw. vom BVerfG für nichtig erklärter oder in der Rspr. anders angelegter normativer Grundlage die Rücknahmemöglichkeit nach § 44 Abs. 1 SGB X nur noch ab dem Monat nach Wirksamwerden einer entsprechenden gerichtlichen Feststellung, § 100 Abs. 4 SGB VI, entsprechend § 330 Abs. 1 SGB III.[619]

Rechtmäßige belastende Verwaltungsakte können unter den Voraussetzungen des § 46 SGB X jederzeit mit Wirkung für die Zukunft widerrufen werden. Ausnahmen gelten jedoch gem. § 46 Abs. 1, 2. Halbs. SGB X. Der **rechtmäßig begünstigende Verwaltungsakt** genießt besonderen Bestandsschutz.[620] Allein nach Maßgabe des § 47 SGB X kann ein **Widerruf mit Wirkung für die Zukunft** erfolgen, speziell bei Verstößen gegen **Nebenbestimmungen** wie Auflagen etc., vgl. § 32 Abs. 2 SGB X.

Fall 18: Doppelt hält besser?

(Fall nach SG Münster, S 8 (5) EG 2/00, Urt. v. 04.02.2002, rechtskräftig)

Ursula B (B) ist 1973 geboren, ausgebildete Bürokauffrau und arbeitete mehrjährig als einzige Sekretärin einer kleinen Architekturfirma, deren Inhaber A im Dezember 2000 tödlich verunglückte. Der Ehemann der B ist als Finanzbeamter voll erwerbstätig. Nach Geburt ihrer Tochter Julia (J) Ende November 2000 beantragte B im Januar 2001 die Zahlung von Erziehungsgeld.* Gegenüber der Erziehungsgeldkasse gab sie an, bis Ende Januar 2001 Mutterschaftsgeld von ihrer Krankenkasse zu beziehen. Anschließend wolle sie bis August 2001 Erziehungsurlaub nehmen und erwäge, danach Arbeitslosengeld zu beantragen. Mit Bescheid vom 20.03.2001 wurde Erziehungsgeld für die ersten sechs Lebensmonate der J bewilligt und für diesen Zeitraum insgesamt 2.400 DM überwiesen. Im Juni 2001 erhielt B von der Erziehungsgeldkasse wunschgemäß auch eine Bescheinigung zur Vorlage beim Arbeitsamt für einen Arbeitslosengeldantrag. Auf Nachfrage der Erziehungsgeldkasse beim Arbeitsamt im Juli 2001 stellte sich dann jedoch heraus, dass B laut Arbeitgeberbescheinigung, ausgestellt von der Witwe und Alleinerbin des verstorbenen Architekten A, nach Auslaufen des Mutterschutzes Ende Januar 2001 bis zur fristgemäßen Kündigung wegen Auflösung des Architekturbüros zum 01.04. 2001 wieder als Vollzeitkraft mit einem Bruttomonatsgehalt von 3.700 DM beschäftigt gewesen war. Anschließend hatte B ab April 2001 Arbeitslosengeld vom Arbeitsamt bezogen. Daraufhin kündigte die Erziehungsgeldkasse der B mit Anhörungsschreiben vom August 2001 die Rückforderung der 2.400 DM gem. §§ 45, 50 SGB X mit der Begründung an, bereits die Bewilligung im März 2001 sei rechtswidrig gewesen, da B – entgegen ihren Angaben beim Erziehungsgeldantrag – schon ab Februar 2001 wieder voll erwerbstätig bzw. ab 01.04.2001 Arbeitslosengeldbezieherin gewesen sei. Dage-

617 Siehe dazu Urt. des LSG Baden-Württemberg v. 21.09.2006 – L 7 SO 5514/05.

618 Wiesner in: v. Wulffen, SGB X, 6. Aufl. 2008, § 44 Rdnr. 16; BSG, SozR 1300, § 44 SGB 10 Nr. 24; zum Überprüfungsumfang auch BSG, Urt. v. 05.09.2006 – B 2 U 24/05 R.

619 Böttiger, juris Praxisreport Sozialrecht 13/2007 v. 28.06.2007, Anm. 4; dazu auch Hochheim, NZS 2007, 638 ff. m.w.N.

620 S. Muckel, Sozialrecht, 2. Aufl. 2007, S. 492, 493.

gen wandte B innerhalb der Anhörungsfrist ein, bei den Gehaltszahlungen im Februar und März 2001 habe es sich bloß um Abfindungen für den Verlust ihres letzten Arbeitsplatzes in dem aufgelösten Architekturbüro gehandelt. Sie selbst habe dort nur noch einige kleinere Abwicklungsarbeiten ausgeführt, also keine Vollzeitstelle gehabt. Im Übrigen träfe sie kein Verschulden, da sie ja bei der Erziehungsgeldkasse und auch beim Arbeitsamt die dort jeweils erforderlichen Angaben gemacht habe. Letztlich sei das Erziehungsgeld für J auch komplett verbraucht worden. Die Erziehungsgeldkasse erteilte gleichwohl im November 2001 einen Bescheid gem. §§ 45, 50 SGB X, hob die Bewilligung vom März 2001 auf und forderte von B die 2.400 DM zurück. Zur Begründung hieß es u.a., die Rückforderung sei weder ermessensfehlerhaft noch angesichts des Gesamteinkommens der Eheleute B unbillig. Der dagegen eingelegte Rechtsbehelf blieb erfolglos; den abschlägigen Widerspruchsbescheid erhielt B im Januar 2002. Daraufhin suchte sie umgehend ihre Rechtsanwältin auf und fragte, ob ein gerichtliches Vorgehen gegen diese „Verwaltungswillkür" erfolgversprechend sei.

*Die Rechtslage richtet sich angesichts der Geburt vor dem 01.01.2007 noch nach dem BErzGG und nicht nach dem BEEG.

Mangels entgegenstehender Anhaltspunkte kommt eine **zulässige Klage** der B vor dem Sozialgericht, vgl. § 13 S. 1 BErzGG, in Betracht. **Begründet** ist die Klage, wenn die Aufhebung der Bewilligung sowie die Rückforderung der gezahlten 2.400 DM durch die Erziehungsgeldkasse rechtswidrig waren.

(I) **Regelungsinhalt und Umdeutung**

(1) Gegenstand der Überprüfung ist die Aufhebung der Erziehungsgeldbewilligung vom März 2001 und die darauf basierende Erstattungsforderung. Der **Erstattungsanspruch** richtet sich nach § 50 Abs. 1 S. 1, Abs. 3 SGB X. Als Rechtsgrundlage für die **Aufhebungsentscheidung** gegenüber B hat die Erziehungsgeldkasse § 45 SGB X benannt.

Tatsächlich ist hier jedoch zwischen **2 verschiedenen Geschehensabläufen** zu differenzieren. Zum einen erzielte B im Februar und März 2001 nach der beim Arbeitsamt eingereichten Arbeitgeberbescheinigung Einkommen aus einer Vollzeittätigkeit. Zum anderen bezog sie ab April 2001, nach Bewilligung des Erziehungsgeldes im März 2001, Arbeitslosengeld vom Arbeitsamt.

(2) Insoweit lag eine **Änderung der tatsächlichen Verhältnisse nach der Erziehungsgeldbewilligung** vor. Mit der allgemeinen Ansicht in Rechtsprechung und Literatur kann ein Bescheid im Anschluss an eine derartige Änderung jedoch nicht mehr aufgrund § 45 SGB X zurückgenommen, sondern allein gemäß § 48 SGB X aufgehoben werden.[621] Allerdings kommt dann eine **Umdeutung unter den Voraussetzungen des § 43 SGB X** in Betracht. Zur Umdeutung in einen Verwaltungsakt gem. § 48 Abs. 1 SGB X berechtigt insbes. die Erzielung von Einkommen.[622]

621 BSG, SozR 1300, § 48 Nr. 19, Urt. v. 26.08.1994, 13 RJ 29/93, Steinwedel in: Kasseler Kommentar zum Sozialversicherungsrecht, Bd. 2, § 48 SGB X, Rdnr. 19 m.w.N.

622 Vgl. BSG, a.a.O., ebenso LSG NRW, Urt. v. 19.03.1996, L 18 An 45/94; Urt. v. 05.03.1998, L 7 V 54/97.

(3) Folglich ist hier die Rechtmäßigkeit der Entscheidung der Erziehungsgeldkasse für den Zeitraum Februar und März 2001 nach § 45 SGB X und anschließend ab April 2001 gemäß § 48 SGB X zu beurteilen.

(II) **Rücknahme gemäß § 45 SGB X**

(1) Gemäß § 45 Abs. 1 SGB X darf ein **rechtswidriger begünstigender Verwaltungsakt** auch nach Unanfechtbarkeit unter den Einschränkungen der Abs. 2–4 u.a. mit Wirkung für die Vergangenheit zurückgenommen werden.

(a) Im Prüfungsablauf ist speziell der **Vertrauensschutz** i.S.v. § 45 Abs. 2 SGB X zu beachten. Vertrauensschutz wird gesetzlich angenommen bei Verbrauch der Leistung oder nicht mehr (zumutbar) rückgängig zu machender Vermögensdisposition, § 45 Abs. 2 S. 2 SGB X. Hingegen ist **Vertrauensschutz kraft Gesetzes ausgeschlossen bei subjektivem Verschuldensvorwurf** i.S.v. § 45 Abs. 2 S. 3 Nr. 1–3 SGB X.

(b) Des Weiteren sieht § 45 Abs. 3 SGB X **differenzierte Fristbestimmungen** für die Rücknahmeentscheidung vor. Der rechtswidrige begünstigende Verwaltungsakt mit Dauerwirkung kann danach überhaupt nur innerhalb von **2 Jahren nach Bekanntgabe** zurückgenommen werden. Die Frist verlängert sich auf **10 Jahre bei subjektiv vorwerfbarer Falschangabe oder Kenntnis von der Rechtswidrigkeit**, § 45 Abs. 3 S. 3 Nr. 1 SGB X bzw. bei einem Widerrufsvorbehalt nach § 45 Abs. 3 S. 3 Nr. 2 i.V.m. § 32 Abs. 2 Nr. 3 SGB X. Weitere Einschränkungen für die Rücknahme enthält § 45 Abs. 4 SGB X. Danach ist die **Rücknahme mit Wirkung für die Vergangenheit** von vorwerfbaren Umständen wie **arglistiger Täuschung, Falschangaben oder Kenntnis bzw. zumindest grob fahrlässiger Unkenntnis** der Rechtswidrigkeit der Begünstigung abhängig. Generell gilt zudem die **Handlungsfrist** von einem Jahr ab Tatsachenkenntnis der Behörde, § 45 Abs. 4 S. 2 SGB X.

(2) Fraglich ist, inwieweit diese Voraussetzungen hier beachtet wurden.

Erforderlich ist ein rechtswidriger begünstigender Verwaltungsakt. Dieser ist auch noch mit Wirkung für die Vergangenheit zurückzunehmen, soweit kein Vertrauensschutz i.S.v. § 45 Abs. 2 S. 3 Nr. 1–3 SGB X eingreift.

(a) Der Bewilligungsbescheid zum Erziehungsgeld vom März 2001 müsste ein **rechtswidriger begünstigender Verwaltungsakt** gewesen sein.

(aa) **Begünstigend** war die Bewilligung der Erziehungsgeldleistung für die ersten 6 Lebensmonate der J, da dadurch ein rechtlich erheblicher Vorteil, Anspruch auf Geldleistung, begründet wurde, vgl. § 45 Abs. 1, 1. Halbs. SGB X i.V.m. § 11 S. 1 SGB I.

(bb) Die **Rechtswidrigkeit** beurteilt sich dann nach **dem jeweils maßgeblichen materiellen Recht**. Dies ist hier das Bundeserziehungsgeldgesetz (BErzGG). Zwingende Voraussetzung ist danach u.a., dass der erziehende Elternteil **keine volle Erwerbstätigkeit** ausübt. Für Geburten bis zum 31.12.2000, hier also auch im Fall der J, waren zusätzlich neben der Erziehung 19 Wochenarbeitsstunden zugelassen. Bei Geburten ab 2001 sind 30 Wochenarbeitsstunden erlaubt, vgl. §§ 1 Abs. 1 Nr. 4, Abs. 2, 24 BErzGG.

Zweifelhaft ist hier aber bereits, ob B im Februar und März 2001 tatsächlich einer vollen Erwerbstätigkeit nachging. Nach Beendigung des Mutterschutzes bis zum Wirksamwerden der ordentlichen fristwahrenden Kündigung des Arbeitsverhältnisses mit dem in Abwicklung befindlichem Architekturbüro bestand weiterhin **ein wirksamer Arbeitsvertrag mit Fortgewährung von Arbeitsentgelt** an B. Andererseits betrachtete B die Monatsgehälter für Februar und März 2001 als **Abfindung anlässlich des Verlustes des Arbeitsplatzes** wegen der Auflösung des Architekturbüros, verbunden mit kleineren Abwicklungsarbeiten.

Diese Vorstellung ist jedoch nach der Rechtsprechung nicht entscheidend.

Grundsätzlich werden **Abfindungen** für den Verlust des Arbeitsplatzes und nicht für Zeiten des bestehenden Arbeitsverhältnisses gezahlt. Sie werden sozialversicherungs- und beitragsrechtlich als **Einnahme zum Lebensunterhalt für die Zeit nach Beendigung des Arbeitsverhältnisses** behandelt.[623] Zudem kann auch von einer **„verdeckten“ Abfindung** keine Rede sein. Insbes. nach der finanzgerichtlichen Rechtsprechung liegen steuerfreie Abfindungen, selbst wenn der Betrag ausdrücklich als Abfindung gem. §§ 3 Nr. 9, 34 Abs. 1, 24 Nr. 1 a EStG bezeichnet worden sein sollte, dann nicht vor, wenn ein Arbeitnehmer die Summe erhält, die dem laufenden Gehalt und sonstigen Ansprüchen bis zur Beendigung des Dienstverhältnisses entspricht.[624]

Im Ergebnis bezog B reguläres Gehalt als Arbeitsentgelt für ihre Beschäftigung, unabhängig von einzelnen anfallenden Tätigkeiten, bis zur vollständigen Einstellung des Architekturbüros Ende März 2001. In dieser Zeit hätte sie nur eine 19-stündige Erwerbstätigkeit pro Woche verrichten dürfen, §§ 1 Abs. 1, 2 BErzGG a.F. Nach der Neufassung für Geburten ab 2001 wären zwar 30 Stunden erlaubt gewesen, aber auch keine volle Arbeitswoche mit 38 bis 40 Stunden Erwerbstätigkeit. Jedenfalls war die Erziehungsgeldleistung an B für diese 2 Monate nach dem BErzGG materiell rechtswidrig.

(b) B könnte jedoch Vertrauensschutz genießen, falls sie keine unrichtigen bzw. unvollständigen Angaben gemacht hat, § 45 Abs. 2 S. 3 Nr. 2 SGB X.

B hatte im Erziehungsgeldantrag angegeben, nach Ende des Mutterschutzes bis August 2001 keine volle Erwerbstätigkeit auszuüben. Tatsächlich war sie jedoch ab Februar 2001 bei Zahlung des vollen Angestelltengehalts wieder in dem in Abwicklung

623 BAG, Urt. v. 09.11.1988, 4 AZR 433/88; BSG, Urt. v. 23.02.1988, 12 RK 34/86.

624 BFH, Urt. v. 10.06.1983, VI R 107/79, Finanzgericht (FG) Köln, Urt. v. 10.08.1998, 13 K 8986/97, jeweils mit weiteren Nachweisen.

befindlichen Architekturbüro tätig geworden. Diesen von ihren Antragsangaben tatsächlich abweichenden Umstand hat B selbst zu keinem Zeitpunkt der Erziehungsgeldkasse mitgeteilt. Das müsste B auch **vorsätzlich oder grob fahrlässig** unterlassen haben. Zweifel bestehen am Vorsatz, d.h. dem Wissen und Wollen unrichtiger oder unvollständiger Falschangaben, bei B. Insoweit könnte ein Irrtum über die vorgestellten Zahlungen als Abfindungen der Annahme einer bewussten Falschinformation entgegenstehen. Für **grobe Fahrlässigkeit, definiert in § 45 Abs. 2 S. 3 Nr. 3, 2. Halbs. SGB X**, spricht aber, dass B als im kaufmännischen Bereich erfahrene Angestellte angesichts ihrer Kenntnisse und intellektuellen Fähigkeiten zur Anwendung der erforderlichen Sorgfalt in der Lage gewesen wäre. Es wäre zu erwarten und ihr auch zumutbar gewesen, die Tatsache der wiederaufgenommenen vollen Erwerbstätigkeit für die 2 Monate Februar und März 2001 der Erziehungsgeldkasse mitzuteilen. Auch hatte das Monatsgehalt, selbst bei der zugunsten der B als wahr angenommenen Fehlvorstellung, es handele sich um eine Abfindung, die identische Höhe wie ihre regelmäßigen Bezüge vor Beginn des Mutterschutzes. Insgesamt hätte sich für B zumindest eine Nachfrage deswegen bei der Erziehungsgeldkasse aufdrängen müssen.

Somit ist zugunsten der B Vertrauensschutz wegen zumindest **grob fahrlässiger Falschangaben nach § 45 Abs. 2 S. 3 Nr. 2 SGB X** ausgeschlossen.

(3) Zudem müsste die Erziehungsgeldkasse die **Fristen nach § 45 SGB X** gewahrt haben.

(a) Zum einen bestimmt § 45 Abs. 3 S. 1 SGB X eine **Zweijahresfrist**, bis zu der ein rechtswidriger begünstigender Verwaltungsakt mit Dauerwirkung nach der Bekanntgabe zurückgenommen werden kann.

Bei der **Erziehungsgeldbewilligung**, auch bei an sich einkommensunabhängigen Leistungen in den ersten 6 Lebensmonaten des Kindes, handelt es sich um eine **Entscheidung über mehrmals wiederkehrende Geldleistungen. Dies ist ein Verwaltungsakt mit Dauerwirkung.**

Die Zweijahresfrist nach Bekanntgabe des Bescheides im März 2001 konnte die Erziehungsgeldkasse bei der Abänderungsentscheidung vom November 2001 noch erkennbar einhalten. Im Übrigen gilt u.a. **bei grob fahrlässig unrichtigen Angaben die Zehnjahresfrist gem. § 45 Abs. 3 S. 3 Nr. 1 SGB X**.

(b) Wegen grob fahrlässig unrichtiger bzw. unvollständiger Angaben ist die **Rücknahme der Bewilligungsentscheidung auch mit Wirkung für die Vergangenheit** gem. § 45 Abs. 4 S. 1 i.V.m. § 45 Abs. 2 S. 3 Nr. 2 SGB X zugelassen. Dabei muss die Behörde jedoch die besondere **Handlungsfrist von einem Jahr** seit Kenntnis der maßgeblichen Tatsachen beachten.

Für die **Kenntnis der Behörde i.S.v. § 45 Abs. 4 S. 2 SGB X** ist nicht die individuelle Kenntnis etwa eines Sachbearbeiters, zuständigen Dezernenten oder sonstigen Vorgesetzten innerhalb der Behörde entscheidend.[625] Ausschlaggebend ist vielmehr, wann bei ordnungsgemäßem behördlichen Geschäftsablauf der Vorgang dem für die

625 Vgl. Wiesner in: von Wulffen, (Hrsg.), Kommentar zum SGB X, 6. Aufl. München 2008, § 45 Rdnr. 33.

Entscheidung über das weitere Vorgehen zuständigen Bediensteten zur Bearbeitung tatsächlich vorgelegt wird.[626]

Im Sinne der **Rechtsklarheit und Rechtssicherheit**[627] ist hier für den **Fristbeginn** von dem Zeitpunkt auszugehen, als das Arbeitsamt die Arbeitgeberbescheinigung über die Weiterbeschäftigung der B ab Februar 2001 im Juli 2001 an die Erziehungsgeldkasse übermittelte. Mit der noch im November 2001 Jahr getroffenen Rücknahmeentscheidung hat die Erziehungsgeldkasse also auch die einjährige Handlungsfrist ab Kenntnis i.S.v. § 45 Abs. 4 SGB X gewahrt.

(4) Auf der **Rechtsfolgenseite** ist bei der Rücknahme von Dauerverwaltungsakten für die Vergangenheit – trotz des Wortlauts des § 45 Abs. 4 S. 1, S. 2 SGB X – Ermessen auszuüben.[628]

Ausgangspunkt für die Ermessensüberprüfung sind u.a. vom Betroffenen **in der Anhörung vorgetragene Gesichtspunkte**. B hatte hier bei ihrer Anhörung im August 2001 mitgeteilt, die Rückzahlung sei für sie eine besondere Härte. Die Angabe einer besonderen Härte allein genügt jedoch nicht.[629] Die **mit der Erstattung grundsätzlich verbundenen Härten** mutet der Gesetzgeber nämlich jedem Betroffenen zu. Im Übrigen ist nach den Gesamtumständen zu entscheiden.[630] Das regelmäßige Arbeitsentgelt des Ehegatten der B sowie der schuldhaft vorwerfbare Umstand völlig fehlender eigener Information gegenüber der Erziehungsgeldkasse zur tatsächlich vollen Erwerbstätigkeit im Februar und März 2001 sind dabei mit zu beachten.

Als **Zwischenergebnis** erscheint es danach nicht ermessensfehlerhaft, von B gem. § 45 SGB X im Wege der Rücknahme auch für die Vergangenheit anteilige Erziehungsgeldleistungen für Februar und März 2001 zurückzuholen.

(III) **Aufhebung gemäß § 48 SGB X**

Nach erfolgter Umdeutung, § 43 SGB X, vgl. **oben I**, müsste B im Übrigen durch einen Bescheid nach § 48 SGB X rechtlich so gestellt sein wie bei einer einheitlichen Rücknahme und Erstattung gem. §§ 45, 50 Abs. 1 SGB X. Ein Bescheid nach § 48 SGB X wäre ebenfalls auf die Rückzahlung ab April 2001 erbrachter Erziehungsgeldleistungen gerichtet. Zusammengenommen mit dem Rücknahmebescheid gem. § 45 SGB X für Februar und März 2001 würde B dadurch nicht ungünstiger gestellt, als wenn die Rückforderung in einer Summe erfolgt wäre.[631]

Dafür müssten hier jedoch die **Voraussetzungen des § 48 SGB X** vorliegen.

(1) Grundsatz ist gem. § 48 Abs. 1 S. 1 SGB X die **Aufhebung des Verwaltungsakts mit Wirkung für die Zukunft** bei einer wesentlichen Ände-

626 BSGE 63, 224, 229, s. auch Bieback, SGb 1995, 141, 142.
627 Dazu LSG NRW, Urt. v. 17.09.1996, L 6 V 227/95.
628 Steinwedel in Kasseler Kommentar zum Sozialversicherungsrecht, Bd. 2, § 45 SGB X, Rdnr. 51 m.w.N.
629 Vgl. BSG SozR 3-1300 § 45 Nr. 5.
630 BSGE 61, 223, 225.
631 Vgl. LSG NRW, Urt. v. 28.03.1996, L 8 Lw 10/95.

rung.[632] Allerdings soll auch ein **Verwaltungsakt mit Dauerwirkung mit Wirkung vom Zeitpunkt der Änderung der Verhältnisse** an aufgehoben werden, soweit die Voraussetzungen des § 48 Abs. 1 S. 2 Nr. 1–4 SGB X erfüllt sind.

Bei länger laufenden Dauerleistungen wie z.B. einer Rente käme noch eine **„Abschmelzung" gemäß § 48 Abs. 3 SGB X** in Betracht.[633] Im Übrigen ist als Änderungstatbestand auch noch die Rechtsänderung durch nachträglich geänderte Rechtsauslegung i.S.d. § 48 Abs. 2 SGB X vorgesehen.

(2) In Betracht kommt hier ein **Ruhen bzw. Wegfall des Erziehungsgeldanspruchs** kraft Gesetzes gem. § 48 Abs. 1 S. 2 Nr. 4 SGB X. Maßgeblich ist dafür **Bösgläubigkeit** hinsichtlich des Fortbestandes der materiell-rechtlichen Anspruchsgrundlage.[634]

(a) Die Zahlung von Erziehungsgeld an B für die Monate April und Mai 2001 müsste **ebenfalls rechtswidrig** gewesen sein.

Ausgehend von der **Rechtslage nach dem BErzGG** für Geburten vor dem 01.01.2001, § 24 Abs. 1 BErzGG, stand Arbeitslosengeldbezug einer vollen Erwerbstätigkeit gleich, § 1 Abs. 1 Nr. 4 BErzGG i.V.m. § 2 Abs. 2 Nr. 1 BErzGG. Tatsächlich hatte B hier ab April 2001 Arbeitslosengeld bezogen. Folglich stand ihr auch kein Erziehungsgeld zu. Materiell-rechtlich galt aber auch die **Ausnahmeregelung gem. § 2 Abs. 3 BErzGG**. Danach war bei zulässiger Kündigung und nachfolgendem Bezug von Arbeitslosengeld gleichwohl Erziehungsgeld zu zahlen, wenn der Wegfall des Erziehungsgeldes eine unbillige Härte darstellen würde. Tatsächlich erfolgte die Kündigung nach der Geburt der J. B hatte diese Kündigung nach Versterben des A und Auflösung des Architekturbüros auch nicht zu vertreten. Wegen dieser Umstände war die Beendigung des Anstellungsverhältnisses vielmehr im Rahmen des **Sonderkündigungsschutzes gem. § 18 BErzGG während eines genehmigten Erziehungsurlaubs** überhaupt zulässig gewesen. Gegen eine unbillige Härte spricht hier aber ein anzunehmendes hinreichendes Familieneinkommen.

Damit galt weiter der Regelfall, dass B wegen Arbeitslosengeldbezug ab April 2001 keinen Erziehungsgeldanspruch mehr hatte.

(b) **Subjektive Voraussetzung der Aufhebung gem. § 48 Abs. 1 S. 2 Nr. 4 SGB X** ist die Bösgläubigkeit. Erforderlich ist **positive Kenntnis oder grobfahrlässiges Nichtwissen vom Verlust des materiellen Leistungsanspruchs**. Ausgehend von den individuellen Kenntnissen und Fähigkeiten der B ist auch hier eine zumindest grob fahrlässige Unkenntnis der maßgebenden Tatsachen anzunehmen. Im Übrigen liegt es nach den Umständen nahe, dass B die anspruchsausschließende Wirkung von Arbeitslosengeldleistungen für das Erziehungsgeld bewusst gewesen sein musste. So hatte sie bereits in ihrem Erziehungsgeldantrag im Januar 2001 angegeben, sich nach dem Erziehungsurlaub voraus-

632 Z.B. Rentenentzug ab erfolgreicher Versorgung mit künstlichen Hüftgelenken, LSG Thüringen, Urt. v. 23.02.2004, L 6 RJ 877/02.

633 BSGE 65, 8, 12, BSG, Urt. v. 26.10.1989, 9 RVs 4/88, vgl. dazu auch Gagel, SGb 1990, 252, 255; BSG, Urt. v. 17.04.2002, B 10 LW 21/01 R; ebenso zur „Aussparung" gemäß § 48 Abs. 3 S. 2 SGB X: Runzer, Kompass 2004, 20 ff. (23, 24), und BSG, Urt. v. 20.03.2007 – B 2 U 38/05 R (berechtigte Leistungsverweigerung auch für Sach- und Dienstleistungen).

634 BSG, SozR 3-8755 § 6 Nr. 1 m.w.N.

sichtlich arbeitslos melden zu wollen. Sie habe allerdings noch keinen Antrag auf Arbeitslosengeld gestellt.

(3) Im Übrigen spricht für die Annahme einer Aufhebung nach § 48 Abs. 1 S. 2 Nr. 4 SGB X, dass materiellrechtlich der Arbeitslosengeldbezug ohne unbillige Härte dem Erziehungsgeldanspruch regelmäßig entgegensteht.[635] Beachtlich ist auch **als Gesetzeszweck des § 48 Abs. 1 SGB X, einen unzulässigen Doppelbezug von Sozialleistungen** auszuschließen. Daher soll regelmäßig die Leistung von Arbeitslosengeld zum Entfallen einer zeitgleichen Erziehungsgeldzahlung führen.[636]

(4) Grundsätzlich ist damit die **Aufhebung ab April 2001, d.h. mit Wirkung vom Zeitpunkt der Änderung der Verhältnisse i.S.v. § 48 Abs. 1 S. 2, 1. Halbs. SGB X**, eröffnet.

Auch dabei sind jedoch **Fristregelungen gem. § 48 Abs. 4 i.V.m. § 45 SGB X** zu beachten. Von Bedeutung ist insbes. die **einjährige Handlungsfrist** nach § 48 Abs. 4 S. 1 i.V.m. § 45 Abs. 4 S. 2 SGB X. Diese war hier aber angesichts der Aufhebungs- und Erstattungsentscheidung noch im November 2001 ersichtlich gewahrt, vgl. bereits oben II.

(5) **Rechtsfolge** ist regelmäßig, dass der Verwaltungsakt vom Zeitpunkt der Änderung der Verhältnisse an, d.h. **auch mit Wirkung für die Vergangenheit, aufgehoben werden soll.**[637]

(a) Allerdings ist **ausnahmsweise in atypischen Fällen** von einer solchen rückwirkenden Aufhebung abzusehen.[638] Bei bestehender **Atypik ist per Ermessensentscheidung** darüber zu befinden, ob ein Verwaltungsakt rückwirkend aufgehoben wird oder nicht.[639] Allein die mit der Aufhebung verbundene **Erstattungspflicht genügt noch nicht** für die Atypik, da die Rückzahlung übliche und damit eben noch typische Folge der Aufhebung ist.[640] Atypisch sind jedoch **besonders gravierende wirtschaftliche Nachteile** für die betroffenen Leistungsbezieher **oder mitwirkendes Fehlverhalten des Sozialleistungsträgers** an der rechtswidrigen Leistungserbringung und damit an der Verursachung der Rückzahlungspflicht.[641]

(b) Zur Vermeidung einer evtl. **übermäßigen wirtschaftlichen Belastung** der Eheleute B käme z.B. eine ratenweise Rückzahlung bzw. Stundung im Sinne der haushaltsrechtlichen Vorschriften, insbes. nach § 59 Bundeshaushaltsordnung (BHO) bzw. entsprechenden landesrechtlichen Vorschriften, in Betracht.

Fraglich ist jedoch noch eine **Atypik aufgrund eines groben Behördenfehlers**. Die nur schrittweise Aufklärung der tatsächlichen Umstände war im Wesentlichen durch das Vorgehen der B bedingt. Die Offenlegung insbes. des zeitweiligen Doppelbezuges von Arbeitslosen- und Erziehungsgeld musste die Behörde selbst bewerkstelligen. Freiwillig hat B gegenüber der Erziehungsgeldkasse nicht klargestellt, dass sie überhaupt Arbeitslosengeld beantragt und anschließend schon ab April 2001 erhalten hatte. Ein mitwirkendes Verschulden der Erziehungsgeldkasse am Zustande-

---

635 Vgl. LSG Niedersachsen, Urt. v. 15.12.1999, L 2 EG 7/99.

636 Vgl. BSG, Urt. v. 13.05.1998, SGb 1998, 363.

637 Vgl. BSG, Urt. v. 06.11.1985, 10 RKg 3/84.

638 Vgl. BSG SozR 1300 § 48 Nr. 19, Nr. 44 m.w.N.

639 BSG, SozR 3-1300 § 48 Nr. 33; dazu auch LSG NRW, Urt. v. 24.02.2006 – L 13 R 263/05 m.w.N.

640 LSG NRW, Urt. v. 19.03.1996, L 18 An 45/94.

641 BSGE, 66, 103, 109, BSG SozR 1300 § 48 Nr. 24, BSG SozR 3-4100 § 115 Nr. 1; ausführlich auch LSG Berlin, Urt. v. 12.09.2001, L 6 RJ 58/00.

kommen der Überzahlung ist nach diesen Gesamtumständen also nicht anzunehmen.

(IV) Im **Ergebnis** besteht die Erstattungspflicht der B gem. § 50 Abs. 1 SGB X zu Recht. Grundlage dafür ist § 45 SGB X – bzw. nach Umdeutung i.S.v. § 43 SGB X – im Übrigen § 48 Abs. 1 SGB X. Eine Klage gegen diese Verwaltungsentscheidungen vor dem Sozialgericht wäre ohne Aussicht auf Erfolg und der B auch durch die von ihr konsultierte Rechtsanwältin nicht zuzuraten.

– – –

2.3 Öffentlich-rechtliche Verträge im SGB X

Als weitere Handlungsform neben dem Verwaltungsakt sieht das Gesetz den Abschluss öffentlich-rechtlicher Verträge gem. §§ 53 ff. SGB X vor. Die Vorschriften sind **im Wesentlichen deckungsgleich mit den §§ 54 ff. VwVfG-Bund**. Eine maßgebliche Begrenzung folgt jedoch aus dem Umstand, dass **öffentlich rechtliche Verträge über Sozialleistungen nur für Ermessensleistungen** vorgesehen sind, § 53 Abs. 2 SGB X i.V.m. §§ 39, 40 SGB I. Dies bezweckt den Schutz der Leistungsberechtigten.[642]

Echte **koordinationsrechtliche Verträge** sind darüber hinaus in der Praxis im Bereich der **Zusammenarbeit von Leistungsträgern** gängig, etwa bei Gründung von Arbeitsgemeinschaften für gemeinsame Maßnahmen zur Krebsbekämpfung zwischen Kranken-, Unfall- und Rentenversicherungsträgern, vgl. auch § 94 SGB X.

2. Abschnitt: Schutz der Sozialdaten

Der **sozialrechtliche Datenschutz** ist allgemein in den **§§ 67 ff. SGB X** bestimmt. Wie in sonstigen Datenschutzbestimmungen, etwa dem Bundesdatenschutzgesetz (BDSG) und entsprechenden landesrechtlichen Vorschriften, gilt auch hier der **Grundsatz strenger Zweckbindung** bei Reduzierung zulässiger Datenerhebung, -verarbeitung und -nutzung auf das **für die Aufgabenerfüllung unverzichtbare Minimum**.[643]

1. Begriffsbestimmung

§ 67 Abs. 1–12 SGB X definiert in einem umfangreichen Katalog die wesentlichen datenschutzrechtlichen Begriffe. Zweck ist dabei insbes. der **Schutz des Sozialgeheimnisses i.S.v. § 35 SGB I**.

Die detaillierten Vorschriften sind angesichts des Inhaltes bestehender Datensätze, u.a. mit Angaben über Familienverhältnisse, berufliche Lebenswege sowie medizinische Befunde etc., und angesichts der heute vielfältigen elektronischen Übermittlungsmöglichkeiten vollauf berechtigt.

642 S. Muckel, Sozialrecht, 2. Aufl. 2007, S. 497–501.

643 Vgl. bereits BT-Drs. 11/3480, 67; ebenso: Binne, SRH, 3. Aufl. 2003, S. 476, 477.

2. Verwendung der Daten und Schutzbestimmungen

In einem weiteren umfangreichen Katalog regeln §§ 67 a–78 SGB X die Einzelheiten im **Umgang mit Sozialdaten unter Berücksichtigung verschiedenster Nutzungszwecke**. So ist etwa eine Datenweitergabe zur Gefahrenabwehr, speziell jedoch zur Erfüllung sozialer Aufgaben, § 69 SGB X, zur Durchführung des Arbeitsschutzes, § 70 SGB X, in bestimmten Fällen bei Strafverfahren, § 73 SGB X oder zum Einsatz in Forschung und Planung, § 75 SGB X, geregelt.

Gemeinsam ist all diesen Konstellationen, dass die jeweils abfragende bzw. Datenauskunft begehrende Einrichtung diese zweckgebunden zur Durchführung der gesetzlichen Aufgaben allein im Rahmen des Sozialgesetzbuchs benötigt und im Einzelfall die Datenverwendung auch erforderlich ist.[644] Daher hebt der Sozialdatenschutz auch nicht die Amtsermittlungspflicht der Leistungsträger, § 20 SGB X, auf.[645]

Bei besonders schutzwürdigen, speziell medizinischen Daten greift die zusätzliche Einschränkung des § 76 SGB X mit Verweis auf Sanktionen bei **Bruch des ärztlichen Behandlungsgeheimnisses i.S.v. § 203 StGB** ein. Diese Verpflichtungen haben die Leistungsträger durch entsprechende technische und organisatorische Vorkehrungen, u.a. Datenschutzkonzepte, zu erfüllen, §§ 78 a–80 SGB X.

Die **Rechte der Betroffenen**, regelmäßig also der Leistungsbezieher und Versicherten nach dem gesamten SGB, sind gem. §§ 81 ff. SGB X zu wahren.[646] Dies kann auch nicht durch Rechtsgeschäft ausgeschlossen oder beschränkt werden, § 84 a SGB X. Die Rechtstellung ist mit Berichts- und Auskunftsansprüchen gem. §§ 83, 84 SGB X, entsprechend § 19 BDSG, verbunden.[647] **Verstöße gegen Datenschutzregeln** sind in den Fällen des § 85 SGB X mit Bußgeld als Ordnungswidrigkeit zu ahnden. Bei Vorsatztaten (entgeltlich oder mit Bereicherungs- bzw. Schädigungsabsicht) greift der Straftatbestand des § 85 a SGB X ein.

3. Abschnitt: Zusammenarbeit der Leistungsträger und Erstattungsrecht

1. Regelungen zur Zusammenarbeit

Die §§ 86–101 a SGB X betreffen die Leistungsträger und bestimmte Dritte.

1.1 Zusammenarbeit der Leistungsträger

Grundsatz ist nach § 86 SGB X eine enge Zusammenarbeit der Leistungsträger bei der Erfüllung ihrer Aufgaben nach dem SGB. Dabei ist insbes. das **öffentlich-rechtliche Auftragsverhältnis nach §§ 88 ff. SGB X** von praktischem Be-

644 Vgl. Bayerisches LSG, Urt. v. 23.09.1998, L 12 Ka 533/96 m.w.N.; zur Notwendigkeit einer Obduktion: BSG, Urt. v. 15.02.2005 – B 2 U 3/04 R, mit zustimmender Anm. Bonnemann, Kompass 12/2005, 30, 31.

645 BSG, Urt. v. 17.02.2004, B 1 KR 4/02 R, mit zust. Anm. Mrozynski, SGb 2004, 654–658.

646 Differenzierend zum Anspruch auf Löschung von Sozialdaten: BSG, Urt. v. 21.03.2006 – B 2 U 24/04 R (= NZS 2007, 166 f.).

647 Vgl. dazu LSG Berlin, Urt. v. 24.09.1997, L 9 Kr 9/97.

lang. Danach kann ein anderer Leistungsträger oder sein Verband für den an sich zuständigen Leistungsträger insbes. aus Gründen des Sachzusammenhangs und im wohlverstandenen Interesse der Betroffenen mit deren Zustimmung tätig werden. Vom Konzept her sind diese Vorschriften **mit dem zivilrechtlichen Auftragsverhältnis i.S.d. §§ 662 ff. BGB vergleichbar**.[648]

Modifikationen bestehen jedoch wegen der öffentlich-rechtlichen Ausgestaltung[649] u.a. im Hinblick auf die **Rechtsbehelfe der betroffenen Antragsteller**, etwa in der Zuständigkeit für den Erlass eines Widerspruchsbescheids bei nachteiliger Entscheidung des Beauftragten. Dann trifft die für den Auftraggeber vorgesehene Widerspruchsstelle die Widerspruchsentscheidung, § 90 SGB X.

Ebenfalls dem zivilrechtlichen Auftragsverhältnis ähnlich sind die **Ausgleichsregelungen über die Erstattung von Aufwendungen**, die in Ausführung des Auftrags entstanden sind, § 91 SGB X. Als Beendigungsmöglichkeit sieht das Gesetz die Kündigung des Auftrags unter den Voraussetzungen des § 92 SGB X vor.

Schließlich sollen gem. § 96 SGB X insbes. **bei ärztlichen Untersuchungen** die medizinischen Erkenntnisse ausgetauscht und dadurch **unerwünschte Doppeluntersuchungen** von Antragstellern vermieden werden.[650]

1.2 Einbeziehung Dritter

Die **Zusammenarbeit mit Dritten** betrifft im Wesentlichen **Auskunftspflichten** verschiedener Personen bzw. Institutionen. Entscheidend ist die Erforderlichkeit zur Erbringung von Sozialleistungen. § 98 Abs. 1–3 SGB X schreibt **Pflichtangaben des Arbeitgebers** zu Beschäftigungsverhältnissen vor. Deren Missachtung wird mit Geldbußen bis zu 5.000 € geahndet, § 98 Abs. 5 SGB X. Ergänzend gelten **Auskunftspflichten von Angehörigen**, unterhaltspflichtigen bzw. sonstigen natürlichen Personen, § 99 SGB X. Bei medizinischen Sachverhalten ist die **Auskunftspflicht des Arztes** gem. § 100 SGB X bedeutsam.

Neben der gesetzlichen Auskunftserlaubnis muss die **schriftliche Einwilligungserklärung des Betroffenen**, auch bei Behandlungen in Krankenhäusern und sonstigen stationären Einrichtungen, vorliegen, § 100 Abs. 1 S. 1–3 SGB X.[651] Bei Gefahr der Selbstbezichtigung, z.B. angesichts ärztlicher Behandlungsfehler, besteht ein **Auskunftsverweigerungsrecht**, § 100 Abs. 2 SGB X. Im Gegenzug sind Leistungsträger auch gegenüber Ärzten zur **Mitteilung von Untersuchungsbefunden**, etwa nach medizinischen Rehabilitationsmaßnahmen, verpflichtet, vgl. § 101 SGB X.

Für **Sterbefälle** gilt § 101 a SGB X. Danach haben die Meldebehörden der Deutschen Post AG, speziell für die alsbaldige Einstellung laufender Geldleistungen, z.B. der gesetzlichen Rentenversicherung, den Tod von Versicherten mitzuteilen.

---

648 Schellhorn, SRH, 3. Aufl. 2003, S. 425, 426.

649 Kritisch deshalb BSGE 69, 238; dazu auch Mrozynski, SGB I, 4. Aufl. 2004, § 52 Rdnr. 3.

650 Schellhorn, SRH, 3. Aufl. 2003, S. 432, 433.

651 Vgl. auch BSG, Urt. v. 15.02.2005 – B 2 U 3/04 R (zur Auslegung des Umfangs des Einverständnisses in Streit- und Zweifelsfällen).

2. Erstattungsvorschriften

Die §§ 102 ff. SGB X betreffen **Erstattungsansprüche der Träger untereinander gemäß §§ 102–114 SGB X** sowie **Erstattungs- und Ersatzansprüche gegen Dritte, §§ 115 ff. SGB X**.

Strikt zu unterscheiden davon ist die – gegenüber § 49 a VwVfG-Bund detailliertere – **Rückgängigmachung rechtswidriger Leistungen an Versicherte gemäß § 50 SGB X**.[652] Bei **rechtmäßiger Erbringung der Sozialleistung an den Antragsteller** tritt diesem gegenüber in jedem Fall, unabhängig von einem Streit oder Differenzen zwischen verschiedenen Leistungsträgern über die abschließende Leistungspflicht, **Erfüllungswirkung i.S.v. § 107 SGB X** ein.[653]

2.1 Erstattungsansprüche der Leistungsträger untereinander

Ausgangspunkt aller Erstattungsregelungen gem. §§ 102 ff. SGB X ist der Fall, dass anstelle des letztlich verpflichteten Leistungsträgers ein anderer Träger Sozialleistungen erbracht hat und diesbezüglich eine Rückabwicklung erfolgen soll.

Im Einzelnen handelt es sich dabei um

- Rückgewähr **an einen bloß vorläufig leistenden Träger, § 102 SGB X**, vgl. auch § 43 SGB I,
- Erstattungsansprüche des Leistungsträgers, dessen **Verpflichtung zur Leistungserbringung nachträglich entfallen ist, § 103 SGB X**
- Erstattungsanspruch des **nur nachrangig verpflichteten Leistungsträgers, § 104 SGB X**, praktisch bedeutsam **insbes. bei Vorleistungen der Sozialhilfeträger** unter Beachtung des Subsidiaritätsprinzips nach § 2 BSHG bzw. seit 2005 nach § 2 SGB XII sowie
- den **Anspruch des an sich unzuständigen Leistungsträgers**, der auch keine Vorleistung erbracht hat, **§ 105 SGB X**.

Die weiteren Vorschriften gestalten die **Rangfolge** bei mehreren Erstattungsberechtigten, 106 SGB X, regeln die **Pauschalierung in Geringfügigkeitsfällen** unter 50 €, §§ 108–110 SGB X, bzw. setzen für die Anspruchsanmeldung eine **Ausschlussfrist von 1 Jahr nach § 111 SGB X**[654] und ordnen die **Verjährung binnen 4 Jahren gem. § 113 SGB X** an. Bei unrechtmäßiger Erstattung hat andererseits eine **Rückerstattung nach § 112 SGB X** stattzufinden. Maßgeblich für den Erstattungsanspruch ist **gem. § 114 SGB X derselbe Rechtsweg** wie für den Anspruch auf die Sozialleistung.

652 Steinwedel in: Kasseler Kommentar zum Sozialversicherungsrecht, Band II, § 50 SGB X Rdnr. 3; dazu auch Dörr/Groß, RV aktuell 2006, 313 ff. (315) m.w.N.

653 Ausführlich dazu Gitter/Schmitt, Sozialrecht, 5. Aufl. 2001, S. 334–336 m.w.N.

654 Kritisch zu den Verjährungsregeln in § 111 SGB X: Kater, SGb 2007, 400–404 m.w.N.

Fall 19: Der Sturz im Schweinestall
(Fall nach SG Münster, S 8 (2) KR 79/99, Urt. v. 05.07.2002, rechtskräftig)

Frau Martha T (T) aus Oldenburg erlitt im Oktober 2003 beim Kontrollgang im Schweinestall ihres landwirtschaftlichen Familienbetriebs ein Stoßtrauma, als sie auf dem Weg zur Ferkelbox einen in einer Nische abgestellten Kartoffelsack übersah, stürzte und mit dem rechten Knie auf dem Betonfußboden des Stalls aufschlug. Sie suchte unverzüglich den örtlichen Chirurgen auf, der eine Kernspintomographie des rechten Kniegelenks fertigte und als Durchgangsarzt für die Landwirtschaftliche Berufsgenossenschaft Niedersachsen (BG) - zusammen mit der Unfallanzeige der T – einen Bericht darüber an die BG weiterleitete. Nach dem Sturz im Schweinestall musste T 8 Tage stationär behandelt werden. Anschließend erhielt sie noch 2 Monate ambulante Krankengymnastik. Die BG lehnte die Anerkennung des verbliebenen Knieschadens als Folge eines Arbeitsunfalls i.S.d. SGB VII mit der Begründung ab, nach früheren Röntgenaufnahmen hätte T bereits seit Jahren eine hochgradige Vorschädigung des rechten Knies und 1999 sogar schon eine Meniskusoperation gehabt. Der Sturz im Oktober 2003 sei daher eine sog. Gelegenheitsursache und deshalb unfallversicherungsrechtlich unbeachtlich. Widerspruch und nachfolgende Klage der T gegen die BG beim Sozialgericht blieben ohne Erfolg. T nahm vielmehr im März 2005 angesichts eines vom Sozialgericht eingeholten unfallchirurgischen Gutachtens nach Untersuchung durch den Gerichtssachverständigen Dr. U die Klage zurück. Die BG hatte zunächst für die stationäre Behandlung Kosten i.H.v. 2.100 € und für die ambulante Krankengymnastik 600 € übernommen. Sie meldete aber schon im Januar 2004 bei der AOK Niedersachsen, bei der die 1934 geborene T als Rentnerin krankenversichert ist, vorsorglich Erstattungsansprüche nach §§ 102 ff. SGB X an. Während des Klageverfahrens der T gegen die BG beim Sozialgericht hatte die AOK im August 2004 der BG auch wunschgemäß schriftlich bestätigt, dass sie angesichts dieses Sozialgerichtsprozesses auf die Erhebung der Einrede der Verjährung verzichten werde. Nach Klagerücknahme der T im Verfahren gegen die BG meldete sich diese erneut bei der AOK und verlangte nun Erstattung der Gesamtkosten. Die AOK lehnte dies ab und stützte sich auf ein nach Aktenlage erstelltes Gutachten des Medizinischen Dienstes der Krankenversicherung (MDK) vom März 2005. Im April 2005 verklagte die BG die AOK beim Sozialgericht auf Zahlung der 2.700 €.
Wie wird das Sozialgericht entscheiden?

Das Sozialgericht wird der Klage stattgeben, wenn sie zulässig und begründet ist.

(A) Zulässigkeit

Die **echte Leistungsklage**, vgl. § 54 Abs. 5 SGG, ist hier auf die Erstattung bereits erbrachter Sozialleistungen durch einen anderen Leistungsträger gerichtet. Zutreffend ist daher der **Rechtsweg vor dem Sozialgericht, § 114 SGB X**. Mangels sonstiger prozessualer Bedenken ist die Klage insgesamt zulässig.

(B) Begründetheit

Fraglich ist jedoch, welcher Erstattungstatbestand i.S.v. §§ 102 ff. SGB X eingreift.

(I) Die **Erstattung gemäß § 102 Abs. 1 SGB X** setzt in jedem Fall voraus, dass ein **Leistungsträger**, vgl. § 12 SGB I, aufgrund gesetzlicher Vorschriften **vorläufig Sozialleistungen**, § 11 SGB I, erbracht haben muss.

(1) Hier hat die jetzt klagende BG nach dem Sturz der T auf das rechte Knie im Herbst 2003 die Behandlungskosten getragen. Die landwirtschaftlichen Berufsgenossenschaften gehören gem. § 114 Abs. 1 Nr. 2 SGB VII zu den **Unfallversicherungsträgern**, vgl. § 22 Abs. 2 SGB I. Als Sozialleistung der gesetzlichen Unfallversicherung ist die **Heilbehandlung**, u.a. mit stationärer Behandlung in einem Krankenhaus, vorgesehen, vgl. §§ 27 ff., 33 SGB VII. Damit ist die **Eigenschaft als Leistungsträger** und die **Erbringung einer Sozialleistung** ersichtlich gegeben.

(2) Entscheidend für den Erstattungsanspruch nach § 102 Abs. 1 SGB X ist jedoch die **vorläufige Leistungserbringung**.

Voraussetzung für eine vorläufige Leistung i.S.v. § 43 SGB I ist, dass alle Anspruchsvoraussetzungen mit Ausnahme der Frage, welcher Träger zuständig ist, unstreitig erfüllt sein müssen.[655] Hier war aber gerade die Frage eines Arbeitsunfalls gem. §§ 7, 8 SGB VII unklar und zweifelhaft. Insoweit war die Zuständigkeit der BG von Anfang an unsicher. Es fehlte daher an einer vorläufigen Leistungserbringung i.S.v. § 43 SGB I.

Folglich greift der Erstattungstatbestand des § 102 SGB X hier nicht ein.

(II) Für eine Erstattung gemäß § 103 SGB I muss der **Anspruch auf eine Sozialleistung nachträglich ganz oder teilweise entfallen** sein.

Demnach erfordert § 103 SGB X eine Feststellung zur Leistungszuständigkeit des endgültig zuständigen Trägers.[656] Insoweit konnte die **BG nur dann nachträglich unzuständig werden**, wenn sie an sich gesetzlich zur Leistungserbringung verpflichtet gewesen wäre. Nach den Feststellungen des vom Sozialgericht eingeschalteten neutralen chirurgischen Sachverständigen im Unfallversicherungsprozess gegen die BG lag aber **überhaupt keine kausal auf einem Arbeitsunfall beruhende Schädigung der T i.S.d. SGB VII** vor. Demgegenüber kommt dem für die AOK bloß nach Aktenlage erstellten Gutachten des MDK vom März 2005 kein besonderer Beweiswert zu, zumal die Einschätzung des unfallchirurgischen Sachverständigen Dr. U im vorangehenden Sozialgerichtsprozess der T gegen die BG auf eigener Untersuchung der Knieschäden der T beruhte.

Damit ist hier auch kein Raum für eine Erstattung gem. § 103 SGB I.

(III) Zweifelhaft erscheint zudem ein **Erstattungsanspruch der BG gegen die AOK nach § 104 Abs. 1 SGB X**. Voraussetzung ist danach u.a. ein Anspruch des Leistungsempfängers gegen einen vorrangigen Leistungsträger.

Der Erstattungsanspruch gemäß § 104 Abs. 1 SGB X ist **zwar grundsätzlich selbstständig zu prüfen**.[657] Gleichzeitig ist jedoch der **Zweck der Erstattungsregeln gemäß § 102 ff. SGB X** zu beachten, wonach die Kosten auf die leistungspflichtigen Träger angemessen verteilt und Doppelleistungen vermieden werden sollen. Insoweit ist der **Erstattungsanspruch wiederum eng mit dem vermeintlichen Sozialleistungsanspruch gegen den vorrangigen Träger verknüpft**.[658] Erforderlich ist **als Leistungsgrund die rechtmäßige Leistungserbringung** durch den erstattungsbegehrenden Träger.[659]

655 LNK 2007 (Schäfer), § 43 SGB I Rdnr. 1, 2.

656 Vgl. Kater in Kasseler Kommentar zum Sozialversicherungsrecht, Bd. II, § 103 SGB X Rdnr. 16 ff. m.w.N.

657 Vgl. BSG SozR 1300 § 104 SGB X Nr. 6 m.w.N.

658 BSG SozR 1300, § 104 SGB X Nr. 7.

659 BSGE 74, 36, 42.

Da als **Rechtsgrund für Heilbehandlungsleistungen** nach dem SGB VII jedoch eine unfallbedingte Schädigung vorausgesetzt wird, ist auch die Erstattungsvorschrift des § 104 SGB X für die Klage der BG gegen die AOK nicht einschlägig.

(IV) Den **Anspruch des unzuständigen Leistungsträgers, der keine vorläufigen Leistungen i.S.d. § 102 SGB X erbracht hat**, regelt § 105 SGB X.

Nach § 105 Abs. 1 SGB X ist der zuständige oder zuständig gewesene Leistungsträger erstattungspflichtig, soweit er nicht bereits selbst geleistet hat. Der Umfang des Erstattungsanspruchs der BG richtet sich dabei nach den für die Krankenversicherung geltenden Rechtsvorschriften des SGB V, vgl. § 105 Abs. 2 SGB X.

(1) Eine unfallversicherungsrechtlich beachtliche Schädigung der T lag nicht vor, da die Sturzverletzung eine **bloße Gelegenheitsursache** war. Die BG war für die tatsächlich an T erbrachten Leistungen, die Kostenübernahme für die Krankenhausbehandlung und die ambulante Krankengymnastik, **i.S.d. SGB VII unzuständig**. Zudem hatte sie **auch nicht vorläufig geleistet, vgl. o. (I) (2)**.

(2) Die AOK als gesetzliche Krankenversicherung hat ihrerseits zu keinem Zeitpunkt, auch nicht vor Kenntniserlangung durch die Mitteilung der BG im Januar 2004, **Heilbehandlungsleistungen an T nach dem Recht der gesetzlichen Krankenversicherung, SGB V**, erbracht. Die AOK kann daher dem Erstattungsanspruch der BG auch keine eigene Leistung mit anspruchsausschließender Wirkung, § 105 Abs. 1 S. 1, 2. Halbs. SGB X, entgegenhalten.

(3) Mithin hatte T bloß den allgemeinen Heilbehandlungsanspruch als Krankenversicherte gegen die AOK. Diese hätte den Anspruch gem. §§ 27 ff. SGB V, § 39 bzw. § 32 SGB V u.a. durch **stationäre Krankenhausbehandlung bzw. Gewährung ambulanter Heilmittel in Gestalt krankengymnastischer Maßnahmen** erfüllen müssen. Dem Grunde nach hat bei Leistungen des unzuständigen Unfallversicherungsträgers deshalb letztlich die gesetzliche Krankenversicherung für die Heilbehandlungskosten aufzukommen.[660] Die Rückabwicklung hat hier also nach § 105 SGB X zu erfolgen.

(V) **Durchsetzbarkeit und Ausführung des Erstattungsanspruchs**

(1) **Fristwahrung**

Der bestehende Erstattungsanspruch nach § 105 SGB X müsste rechtzeitig i.S.d. § 111 SGB X, also **binnen eines Jahres** nach Abschluss aller Behandlungen, geltend gemacht worden sein. Bei der Anspruchsanmeldung im Januar 2004 für die Kosten der Behandlung der T im Herbst 2003 ist dies unproblematisch. Zudem hatte die AOK auf ausdrückliche Bitte der BG im Sinne der engen Zusammenarbeit, § 86 SGB X, ange-

660 Vgl. dazu auch BSG, Urt. v. 24.06.2003, B 2 U 39/02 R.

sichts der ursprünglich unklaren Rechtsfrage der Anerkennung eines Arbeitsunfallschadens der T auf die Geltendmachung des Einwandes gem. § 111 SGB X schriftlich verzichtet.[661] Schließlich hat die BG die Zahlung auch rechtzeitig innerhalb der **vierjährigen Verjährungsfrist gem. § 113 SGB X** bei der AOK eingefordert.

(2) **Anspruchsinhalt**

Da die Aufwendungen im Wert von rund 2.700 € der Versicherten T in Form medizinischer Sachleistungen erbracht wurden, geht der **Erstattungsanspruch auf Geldzahlung, § 108 Abs. 1 SGB X**.

Im **Ergebnis** war die Krankenkasse der zuständige Leistungsträger. Sie ist vom Sozialgericht gemäß § 105 SGB X zur Erstattung der 2.700 € Heilbehandlungskosten an die BG zu verurteilen.

– – –

2.2 Ansprüche gegen Dritte

Ansprüche der Sozialleistungsträger gegen Arbeitgeber bzw. dritte Personen als Schadensersatzpflichtige regeln die **§§ 115 ff. SGB X** im Wege des **gesetzlichen Anspruchsübergangs (cessio legis)** quasi als Parteiwechsel.[662] Ergänzend gelten die §§ 117 ff. SGB X, u.a. für den Ausgleich bei Beteiligung mehrerer Sozialleistungsträger.

§ 115 SGB X betrifft die Fälle, in denen ein Arbeitgeber seine Verpflichtung zur Zahlung von Arbeitsentgelt nicht erfüllt und deshalb Sozialleistungen erbracht werden müssen. So führt die **Weigerung des Arbeitgebers zur Entgeltzahlung** entweder zu einer Leistungserbringung nach dem SGB III durch die Arbeitsagenturen bzw. subsidiär bei den Sozialämtern zur Zahlung von Sozialhilfe nach dem SGB XII. Der Entgeltanspruch des Arbeitnehmers geht dann gem. § 115 SGB X automatisch auf diese Leistungsträger über. Auch bei der **Vorleistung von Krankengeld durch gesetzliche Krankenkassen nach dem SGB V** gilt dies, wenn der Arbeitgeber sich gegenüber dem Arbeitnehmer weigert, überhaupt bei einem Krankheitsfall fortzuzahlen.[663]

Weitere Fälle der **cessio legis** erfasst **§ 116 Abs. 1–10 SGB X**. Dies betrifft **Ansprüche der Sozialleistungsträger gegen sonstige Schadensersatzpflichtige**.

Praktisch bedeutsam ist dies z.B. bei einem **Wegeunfall gemäß § 8 SGB VII**.[664] Der Unfallschädiger haftet dem Verletzten regelmäßig nach deliktsrechtlichen Vorschriften, §§ 823 ff. BGB, § 7 StVG. Etwaige **Behandlungskosten nach dem Verkehrsunfall**, die die gesetzliche

661 Dazu BSG, Urt. v. 14.02.1990, SozR 3-1300, § 111 Nr. 1 m.w.N. sowie Urt. des BSG v. 10.05.2007 – B 10 KR 1/05 R (Unbeachtlichkeit des Fristablaufs wegen Rechtsmissbrauchs bei Verjährungseinrede aufgrund schweren Verstoßes gegen die Zusammenarbeitspflicht des § 86 SGB X, mit zustimmender Anm. von Böttiger, juris Praxisreport Sozialrecht 25/2007 v. 13.12.2007).

662 Dazu Eichenhofer, Sozialrecht, 6. Aufl. 2007, S. 135–137.

663 Plagemann, SRH, 3. Aufl. 2003, S. 457.

664 Dazu auch Waltermann, NJW 2004, 901 ff. (906, 907).

Unfallversicherung vorleistet, gehen dann auf den Unfallversicherungsträger ohne eigene Klage gegen den Schädiger kraft Gesetzes über. Ebenso erfolgt ein Anspruchsübergang nach § 116 SGB X etwa im **Verhältnis zwischen einer gesetzlichen Krankenkasse und einem Pflegeheim**, wenn eine dort lebende pflegebedürftige Person aufgrund ihrer körperlichen und geistigen Gebrechen ohne Begleitung beim Gang zur Toilette stürzt und deshalb stationär in einem Krankenhaus behandelt werde muss. Der **Schadensersatzanspruch der Pflegebedürftigen gegen das Pflegeheim** ergibt sich, als Haftung für ein Organisationsverschulden, aus positiver Vertragsverletzung des Pflegeheimvertrages. Die Krankenkasse kann dann vom Pflegeheim Ersatz ihrer **Aufwendungen** u.a. für die Krankenhauskosten i.S.d. §§ 27, 39 SGB V kraft Anspruchsübergangs **gem. § 116 SGB X** verlangen, soweit die eigene Einsichtsfähigkeit und Selbstständigkeit der Pflegebedürftigen, insbes. infolge geistigen Abbaus, reduziert oder gar aufgehoben ist.[665]

665 Vgl. OLG Dresden, Urt. v. 21.07.1999, NJW-Rechtsprechungsreport (NJW-RR) 2000, S. 761; aktuell dazu auch BGH, Urt. v. 14.07.2005, III ZR 391/04.

7. Teil: Das sozialgerichtliche Verfahren (SGG)

1. Abschnitt: Grundlagen und Überblick

1. Einleitung

Mit dem Sozialgerichtsgesetz (SGG) vom 03.09.1953[666] wurde eine **besondere Verwaltungsgerichtsbarkeit** zur Kontrolle der Rechtmäßigkeit des Handelns der Sozialleistungsträger geschaffen. Die Sozialgerichtsbarkeit besteht als selbstständiger Gerichtszweig neben den ordentlichen Gerichten in Zivil- und Strafsachen, der allgemeinen Verwaltungs- und der Finanzgerichtsbarkeit sowie den Arbeitsgerichten.

Das SGG gewährleistet seit über 50 Jahren **effektiven Rechtsschutz** insbes. in Sozialversicherungsangelegenheiten und weiteren zugewiesenen Rechtsmaterien. Das Prozessrecht ist in 3 Teile untergliedert. Am Anfang stehen Vorschriften zur Gerichtsverfassung einschließlich der Errichtung der Sozialgerichte, zum Rechtsweg und zur Zuständigkeit. Der zweite Teil behandelt das sozialgerichtliche Verfahren über 3 Instanzen. Der 3. Teil enthält u.a. Übergangsvorschriften.

Anders als in den Verfahrensordnungen der allg. Verwaltungs- und der Finanzgerichtsbarkeit ist der Rechtsschutz nach dem SGG mit Rücksicht auf die Situation der versicherten Personen **besonders bürgerfreundlich**. So besteht wegen der häufig existenzsichernden Bedeutung von Rentenansprüchen oder Entgeltersatzleistungen bei Arbeitslosigkeit, Krankheit etc. **grundsätzlich Kostenfreiheit für das Gerichtsverfahren mit weitgehendem Amtsermittlungsgrundsatz**.

Gerade in Zeiten verschärften Drucks auf die sozialen Sicherungssysteme angesichts Konjunkturflaute, Massenarbeitslosigkeit und hoher Staatsdefizite erweist die Sozialgerichtsbarkeit bei mittlerweile rund 400.000 Verfahren jährlich einschließlich der Berufungen und Revisionen den Stellenwert der Rechtsschutzgarantie des Art. 19 Abs. 4 GG für wesentliche Kernbereiche des Sozialstaats.

2. Aufbau und Aufgaben der Sozialgerichtsbarkeit

Die Sozialgerichtsbarkeit ist dreistufig aufgebaut, mit den Sozialgerichten als **Eingangsinstanz**, den Landessozialgerichten als **Berufungs- und Beschwerdegerichten** und in dritter Instanz dem BSG mit Sitz in Kassel für **Revisionen**, einem der Obersten Gerichtshöfe des Bundes, §§ 2, 8, 28, 38 SGG, Art. 95 Abs. 1 GG.

---

666 BGBl. I 1953, S. 1239 ff.

Die Spruchkörper beim **Sozialgericht** heißen **Kammern** und werden in der Besetzung mit einem Berufsrichter als Vorsitzenden und zwei ehrenamtlichen Richtern als Beisitzer in mündlichen Verhandlungen tätig. Die **ehrenamtlichen Richter** werden für jeweils 4 Jahre berufen und üben ihr Amt mit denselben Rechten und Pflichten wie die Vorsitzenden aus. Die Ernennung der ehrenamtlichen Richter erfolgt nach **Vorschlagslisten in den jeweiligen Bundesländern**. Diese Listen berücksichtigen zum einen die versicherten Personen aus den Reihen der Gewerkschaften oder anderer selbstständiger Vereinigungen von **Arbeitnehmern** mit sozial- bzw. berufspolitischer Zwecksetzung sowie Vereinigungen von Kriegsopfern bzw. Behinderten. Zum anderen werden **Arbeitgebervertreter** im Wesentlichen von deren Vereinigungen sowie versorgungsrechtlich besonders erfahrene Personen von den Landesversorgungsämtern bestimmt, vgl. §§ 3, 9, 13, 14 SGG.

Vergleichbar ist bei den **Landessozialgerichten** die **Senatsbesetzung** mit einem Vorsitzenden, 2 weiteren Berufsrichtern und 2 ehrenamtlichen Richtern, §§ 33, 35 SGG. Auch **beim BSG** wirken regelmäßig ehrenamtliche Richter an der Entscheidungsfindung mit, vgl. §§ 38, 45 ff. SGG.

Die Kammern bzw. Senate in allen 3 Instanzen sind jeweils für **bestimmte Fachgebiete** zuständig, insbes. für Angelegenheiten der Sozialversicherung, des sozialen Entschädigungs- und des Behindertenrechts sowie für vertrags(zahn-)ärztliche Streitigkeiten, §§ 10 Abs. 1, 31, 40 SGG.

Aufgabe der Sozialgerichtsbarkeit ist die Gewährung von Rechtsschutz in den Angelegenheiten, in denen gemäß **§ 51 SGG der Rechtsweg** eröffnet ist.[667]

Primär gilt dies für die **Kernmaterien des Sozialgesetzbuchs**, insbes. die gesetzliche Renten-, Kranken-, Pflege- und Unfallversicherung sowie Angelegenheiten der Arbeitsförderung einschließlich der Arbeitslosenversicherung, § 51 Abs. 1 Nr. 1–4 SGG. Hinzu kommen die weiteren in § 51 Abs. 1 Nr. 6–8 SGG benannten Materien einschließlich der Angelegenheiten des sozialen Entschädigungsrechts sowie die Feststellung von Behinderungen nach dem SGB IX. Generalklauselartig gilt im Übrigen noch die **Rechtswegeröffnung kraft spezialgesetzlicher Zuweisung** i.S.v. § 51 Abs. 1 Nr. 10 SGG.[668]

Bei Streitigkeiten über den Rechtsweg und bei evtl. **Verweisung an andere Gerichtszweige** gelten gem. § 202 SGG die allgemeinen Regeln der §§ 17–17 b GVG. Die Rechtswegprüfung erfolgt von Amts wegen.[669]

667 Dazu ausführlich: Waibel, SGb 2005, 215–228.

668 Vgl. auch Meyer-Ladewig/Keller, SGG-Kommentar, 8. Aufl. München 2005, § 51 Rdnr. 38, mit umfangreichen Nachweisen.

669 Meyer-Ladewig/Keller, SGG-Kommentar, 8. Aufl. 2005, § 51 Rdnr. 47–75 m.w.N.; exemplarisch dazu Beschl. des BAG v. 17.01.2007 – 5 AZB 43/06 bzgl. Sozialrechtsweg bei Streit um private Arbeitsgelegenheit i.S.v. § 16 Abs. 3 S. 2 SGB II.

Sozialgerichtsbarkeit und Rechtsmittel
(als besondere Verwaltungsgerichtsbarkeit)

Dreistufiger Aufbau, § 2 SGG

	Sozialgerichte, §§ 2, 6 SGG (1. Instanz)	**Landes-sozialgerichte, §§ 2, 28 SGG (NRW: Essen) (2. Instanz)**	**Bundes-sozialgericht, §§ 2, 38 Abs. 1 SGG (Kassel) (3. Instanz)**
Spruchkörper	Bildung von Fachkammern, § 10	Bildung von Fachsenaten, §§ 30, 31	▸ Bildung von Fachsenaten, § 40 ▸ Großer Senat gem. § 41 Abs. 1 als Sicherung einer einheitlichen Rspr.
Besetzung	gem. §§ 3, 9, 12 **1** Berufsrichter als Vorsitzender **2** ehrenamtliche Richter (ehrenamtliche Richter als sachkundige Beisitzer gem. § 12 Abs. 2, 3, 4; nach einem Auswahlverfahren gem. §§ 13 ff., 46 f.)	gem. §§ 3, 33 **1** Berufsrichter als Vorsitzender **2** weitere Berufsrichter (insges. also 3 Berufsrichter) **2** ehrenamtliche Richter (ehrenamtliche Richter müssen zu den Voraussetzungen der §§ 13–23 auch die des § 35 erfüllen)	gem. §§ 3, 40 gelten die § 31 Abs. 1 und § 33 entsprechend: **1** Berufsrichter als Vorsitzender **2** weitere Berufsrichter (insges. also 3 Berufsrichter) **2** ehrenamtliche Richter
Zuständigkeit	Gem. § 8 „entscheiden die Sozialgerichte, soweit durch Gesetz nichts anderes bestimmt ist, im ersten Rechtszug über alle Streitigkeiten, für die der Rechtsweg vor den Gerichten der Sozialgerichtsbarkeit offen steht“.	Gem. § 29 „entscheiden die Landessozialgerichte im zweiten Rechtszug über die Berufung gegen die Urteile und die Beschwerden gegen andere Entscheidungen der Sozialgerichte“. (§§ 143 ff., 172 ff.)	Gem. § 39 „entscheidet das Bundessozialgericht über das Rechtsmittel der Revision“. (§§ 160 ff.)

3. Aktuelle Änderungen durch die 6. und 7. SGG-Novelle

Die Neufassung des Prozessrechts durch das 6. SGG-Änderungsgesetz vom 17.08.2001[670] brachte mit Wirkung ab 02.01.2002 neben der erstmaligen **Kodifizierung effektiven einstweiligen Rechtsschutzes**, §§ 86 a, 86 b SGG, einige weitere praxisrelevante Änderungen.

Bei den **allgemeinen prozessualen Regelungen** wurde die **Widerspruchsfrist** gegen einen im Ausland bekanntgegebenen Verwaltungsakt nun auch gesetzlich auf 3 Monate verlängert, § 84 Abs. 1 SGG. Dieselbe Frist von 3 Monaten gilt jetzt ebenso für die Erhebung der **Untätigkeitsklage** gem. § 88 SGG in Angelegenheiten der Kranken- bzw. Arbeitslosenversicherung.[671]

Abgesehen von dem noch zu vertiefenden **Kosten- und Gebührenrecht** erfolgte zudem eine Änderung für die **Nichtzulassungsbeschwerde bei ausgeschlossener Berufung**, § 145 SGG. Die bisher im SGG vorgesehene Abhilfemöglichkeit der Sozialgerichte bei der Beschwerde gegen die Nichtzulassung der Berufung ist ersatzlos entfallen.[672]

Neue Zuständigkeiten und geänderte Rechtswegzuweisungen ergaben sich sodann insbes. aus den Hartz-IV-Gesetzen. Die Rspr. nach Zusammenlegung von Arbeitslosen- und Sozialhilfe, ebenso wie für die reformierte Sozialhilfe nach dem SGB XII, obliegt ab 01.01.2005 den SGen, § 51 Abs. 1 Nr. 4 a und Nr. 6 a SGG. Neben der **Sozialhilfe und dem Asylbewerberleistungsgesetz gilt dies zudem für Streitigkeiten über die Grundsicherung der Arbeitssuchenden** nach dem ebenfalls seit Januar 2005 anwendbaren SGB II mit den ALG II-Ansprüchen der erwerbsfähigen Langzeitarbeitslosen. Für die vor Januar 2005 erhobenen Klagen nach dem früheren BSHG, die bereits bei den VGen anhängig waren, verblieb aber die bisherige Zuständigkeit.

Das **7. SGG-Änderungsgesetz vom 09.12.2004**[673] sah zwar u.a. die Wahlmöglichkeit vor, für Angelegenheiten der Sozialhilfe, des Asylbewerberleistungsgesetzes und der Grundsicherung für Arbeitssuchende, nach §§ 50 a–d SGG **besondere Spruchkörper** bei den VGen und OVGen einzurichten, § 1 S. 2 SGG n.F.

Hintergrund für diese auf eine Protokollnotiz im Vermittlungsverfahren beim Hartz-IV-Kompromiss vom Dezember 2003 zurückgehende Regelung, u.a. über besondere Spruchkörper, ist das wiederholte Scheitern rechtspolitischer Bemühungen, **einheitliche öffentlich-rechtliche Fachgerichte** zu schaffen. Vorgeschlagen waren sowohl die Zusammenlegung der Sozial- mit der Verwaltungsgerichtsbarkeit (kleine Lösung) als auch eine Neuorganisation unter Einschluss der Finanzgerichte (große Lösung). Neben der fehlenden politischen Durchsetzbarkeit solcher Vorhaben stehen dem einheitlichen öffentlich-rechtlichen Fachgericht insbes. verfassungsrechtliche Bedenken wegen der Bestimmung von BFH, BSG und BVerwG zu selbstständigen obersten Gerichtshöfen des Bundes in Art. 95 Abs. 1 GG entgegen.

---

670 BGBl. I 2001, S. 2144.

671 Vgl. Kummer, SGb 2001, 705 ff.

672 Vgl. Schäfer, PA 2002, 61 ff., 63.

673 BGBl. I, S. 3302.

Die gesamte Neuregelung in §§ 50 a ff. SGG ist **gesetzlich befristet bis zum 31.12.2008**, Art. 4 Nr. 4, Art. 3 Nr. 3–8, 7. SGG-Änderungsgesetz. Praktisch Gebrauch gemacht von der Wahlmöglichkeit hat bisher allein der Stadtstaat Bremen. Mittlerweile ist nicht mehr zu erwarten, dass diesem Beispiel überhaupt noch weitere Bundesländer folgen.

Relevante Erweiterungen gelten aber beim **Vorverfahren als Zulässigkeitsvoraussetzung der Klage** gemäß §§ 83 ff. SGG für Angelegenheiten nach dem SGB II (Alg II). § 85 Abs. 2 S. 2 SGG n.F. bestimmt auch als Widerspruchsstelle den nach dem SGB II zuständigen Träger. Neu eingefügt worden ist zudem § 85 Abs. 2 S. 1 Nr. 4 SGG für die kommunalen Träger, die als sog. Optionskörperschaften i.S.d. § 6 a SGB II in eigener Zuständigkeit sowohl die Leistung des Alg II als auch die Arbeitsvermittlung etc. seit 01.01.2005 übernommen haben. Das betrifft rund 70 als Modellkörperschaften über das gesamte Bundesgebiet verteilte Kreise bzw. kreisfreie Städte, die damit nun auch zuständige Widerspruchsbehörden in den übernommenen Aufgaben nach dem SGB II sind.[674]

Neuerungen im SG-Verfahren folgen zudem aus dem **1. Justizmodernisierungsgesetz vom 24.08.2004**.[675] Für das SG-Verfahren hervorzuheben ist die bereits seit dem 01.09.2004 anwendbare Vorschrift zur Aufhebung angefochtener Bescheide ohne eigene Sachentscheidung des SG, § 131 Abs. 5 SGG n.F.[676] Gesetzeszweck der Norm ist eine Entlastung der SGe beim eigenen Ermittlungsaufwand in an sich durch die Verwaltung noch nicht hinreichend geklärten Fällen. Dabei bietet die Kassationsmöglichkeit mit **Zurückverweisung an die Verwaltung** gem. § 131 Abs. 5 SGG allein durch ihr Vorhandensein in geeigneten Streitfällen eine gute gerichtliche Handhabe zu intensiveren, sachgerechten Ermittlungen der Sozialleistungsträger.[677]

Praktische Anwendungsbeispiele der neuen Kassationsvorschrift sind u.a. Fälle aus der gesetzlichen Rentenversicherung mit häufig mangelnder Sachaufklärung, etwa **bei Leistungen zur medizinischen Rehabilitation**, §§ 9 ff., 15 SGB VI. Soweit der Rentenversicherungsträger z.B. trotz hinreichender Anhaltspunkte für eine gesundheitliche Erwerbsminderung von einer eigenen sozialmedizinischen Begutachtung absieht, kommt unter den Voraussetzungen des § 131 Abs. 5 SGG n.F. nun innerhalt von 6 Monaten nach Aktenvorlage eine Zurückverweisung vom SG an die BfA, die örtliche LVA etc. in Betracht. Gleiches gilt beispielhaft bei Feststellungen zur **Versicherungspflicht von Pflegepersonen nach § 3 S. 1 Nr. 1 a SGB VI**. Nicht erwerbsmäßig tätige Pflegepersonen, die einen Pflegebedürftigen mindestens 14 Stunden wöchentlich in der häuslichen Umgebung betreuen, gelten danach als pflichtversicherte Beschäftigte. Die Rentenversicherungsbeiträge für eine solche Tätigkeit trägt die zuständige Pflegekasse. Ist in einer solchen Konstellation nur feststellbar, dass die Rentenversicherungsträger sich allein auf ein negatives Pflegegutachten der Pflegekasse beziehen, sonst aber keine weiteren Ermittlungen anstellen, wird ebenfalls eine Entscheidung nach § 131 Abs. 5 SGG n.F. in Betracht kommen.[678]

---

674 Schäfer, PA 2005, S. 87, 88.

675 BGBl. I, S. 2198 ff., 2205.

676 Grundlegend dazu LSG NRW, Urt. v. 11.05.2005, L 8 RJ 141/04.

677 Schäfer, PA 2005, S. 87, 88; a.A., aber damit noch nicht abschließend geklärt: BSG, Urt. v. 17.04.2007 – B 5 RJ 30/05 R.

678 Dazu ebenfalls Schäfer, PA 2005, S. 88, 89.

Schließlich gilt seit dem 01.01.2005 der weitere **Rechtsbehelf der Anhörungsrüge gemäß § 178 a SGG n.F.** Rechtsgrundlage ist das Anhörungsrügengesetz vom 09.12.2004.[679] Damit existiert, parallel etwa zur wortgleichen Neufassung des § 321 a ZPO, auch im SGG-Verfahren eine förmliche Gehörsrüge.[680]

Die Neuregelungen sollen bei an sich unanfechtbaren gerichtlichen Entscheidungen, die unter möglicher Verletzung des rechtlichen Gehörs zustande gekommen sein könnten, die Beteiligten von der bisher bestehenden Notwendigkeit entbinden, sich unmittelbar an das BVerfG mit der Rüge einer Verletzung des Anspruchs auf rechtliches Gehör nach Art. 103 Abs. 1 GG, § 62 SGG wenden zu müssen.[681]

Die **praktische Bedeutung für das SGG-Verfahren** betrifft überwiegend die LSGe als Berufungsgerichte. Die fehlende Berücksichtigung der Gehörsrüge würde ansonsten auf Revision hin regelmäßig zur Zurückverweisung durch das BSG führen. In erstinstanzlichen Verfahren vor den SG ist eine Anhörung etwa bei der Ruhensanordnung gemäß § 20 SGG i.V.m. § 251 ZPO vorzunehmen. Gleiches gilt vor Erteilung eines urteilsersetzenden Gerichtsbescheides, § 105 SGG. Allerdings sind weitere wesentliche prozessleitende Entscheidungen unanfechtbar, insbes. in den Fällen des § 172 Abs. 2 SGG.

Zudem betrifft die Neuregelung keine möglichen Verfahrensmängel, die sich nicht auf Verletzungen des rechtlichen Gehörs beziehen. Selbst im Fall der Gehörsrüge beim Urteil mit einer wegen Streitwertunterschreitung ausdrücklich ausgeschlossenen Berufung (Bagatellklagen unter 500 € gemäß § 144 Abs. 1 S. 1 Nr. 1 SGG) wäre noch die Beschwerde an das LSG gegen die Nichtzulassung der Berufung als vorrangiger spezieller Rechtsbehelf gegeben, § 145 SGG. In dem Verfahren wäre dann auch die Verletzung des Art. 103 Abs. 1 GG, vorrangig vor der Gehörsrüge beim SG nach § 178 a SGG, zu prüfen.[682] Insgesamt wird bei den SGen das Verfahren der Anhörungsrüge gemäß § 178 a SGG n.F. eher selten zur Anwendung gelangen.[683]

4. Weitere Neuerungen im 8. SGG-Änderungsgesetz

Auch durch das 8. SGG-Änderungsgesetz vom 26.03.2008[684] soll ab April 2008 die hohe Belastung der Sozialgerichte, insbes. seit der Einführung der Grundsicherung für Arbeitssuchende nach dem SGB II zum 1. Januar 2005, aufgefangen werden.

Dafür sieht die Gesetzesnovelle eine Vielzahl von entlastenden und beschleunigenden Maßnahmen vor, wobei die grundsätzliche Klägerfreundlichkeit (u.a. durch Gerichtskostenfreiheit) bewahrt wird.[685]

Die mit dem Ziel der Straffung des Verfahrens vorgenommenen Änderungen betreffen bereits das Widerspruchsverfahren: Gemäß § 85 Abs. 4 SGG kann über ruhend gestellte Widersprüche durch eine öffentlich bekannt gegebene Allgemeinverfügung entschieden werden, wenn

679 BGBl. I, S. 3220.

680 Ausführlich dazu Frehse, SGb 2005, S. 265–272.

681 Siehe auch Berchtold, NZS 2006 S. 9–17; ebenso Köhler, Soziale Sicherheit in der Landwirtschaft 2006, S. 371 ff. m.w.N.

682 Vgl. auch Goebel, PA 2005, 39, 41.

683 Schäfer, PA 2005, S. 87 ff. (90).

684 BT-Drs. v. 11.01.2008, 16/7716, S. 1, 2; BGBl. I 2008, S. 444.

685 So ebenfalls Tabbara, NZS 2008, 8 ff. (9, 17) m.w.N.; vgl. auch Leitherer, NJW 2008, 1258 ff.

die den angefochtenen Verwaltungsakten zugrunde liegende Gesetzeslage durch eine Entscheidung des BVerfG bestätigt wurde, Widerspruchsbescheide gegenüber einer Vielzahl von Widerspruchsführern zur gleichen Zeit ergehen müssen und durch sie die Rechtsstellung der Betroffenen ausschließlich nach einem für alle identischen Maßstab verändert wird. Damit sollen die Leistungsträger **Massenwidersprüche effizient und kostengünstig abschließend bearbeiten können**; entsprechend regelt § 114 a SGG **Musterverfahren** ab 20 identischen Klagen.

Verschärfte Anforderungen an **Klageerhebung und Klagebegründung** (§ 92 SGG) sollen die Sozialgerichte künftig besser in die Lage versetzen, die Pflicht zur Sachverhaltsaufklärung zu erfüllen. Mindestinhalt einer Klageschrift ist danach die Bezeichnung von Kläger, Beklagten und Gegenstand des Klagebegehrens, § 92 Abs. 1 S. 1 SGG. Darüber hinaus soll die Klage einen bestimmten Antrag enthalten und von dem Kläger oder einer zu seiner Vertretung befugten Person mit Orts- und Zeitangabe unterzeichnet sein. Die zur Begründung dienenden Tatsachen und Beweismittel sollen angegeben, die angefochtene Entscheidung und der Widerspruchsbescheid sollen in Urschrift oder in Abschrift beigefügt werden. Entspricht die Klage – wie in § 82 VwGO – diesen Anforderungen nicht, hat das SG den Kläger zu der erforderlichen Ergänzung innerhalb einer bestimmten Frist aufzufordern, § 92 Abs. 2 S. 1 SGG. Nach § 92 Abs. 2 S. 2 SGG kann es dem Kläger eine **Frist mit ausschließender Wirkung** setzen, wenn es an einem der in Abs. 1 S. 1 genannten Erfordernisse fehlt.[686]

Strengere Anforderungen bestehen künftig auch bei den sonstigen **prozessrechtlichen Mitwirkungspflichten:** Mit der **Einführung fakultativer Präklusionsregelungen** (§§ 106 a, 157 a SGG) soll erreicht werden, dass Beteiligte, die nach eindeutiger und ausdrücklicher Aufforderung des Gerichts nicht das ihnen Mögliche und Zumutbare dazu beitragen, den Prozess zu fördern, die Zurückweisung des angeforderten Vorbringens zu einem späteren Zeitpunkt unter den neuen gesetzlichen Voraussetzungen riskieren.[687]

§ 102 Abs. 2 SGG führt – in Anlehnung an § 92 Abs. 2 VwGO – die gesetzliche **Fiktion einer Klagerücknahme** ein, wenn der Kläger das Verfahren trotz Aufforderung des Gerichts länger als 3 Monate nicht betreibt. Das Gericht stellt in diesem Fall dann das Verfahren auf Antrag durch Beschluss ein und entscheidet über die entstandenen Kosten, § 92 Abs. 3 SGG. Der Beschluss ist unanfechtbar.[688]

Die **Einbeziehung eines neuen Verwaltungsaktes** nach Klageerhebung ist künftig nur noch dann möglich, wenn dieser den angefochtenen Verwaltungsakt abändert oder ersetzt, § 96 Abs. 1 SGG. Bislang haben die Sozialgerichte teilweise die Einbeziehung eines neuen Verwaltungsaktes in das anhängige Verfahren schon dann als gerechtfertigt angesehen bei irgendeinem tatsächlichen oder rechtlichen Zusammenhang.[689]

---

686 Dazu bereits Blöcker, Anm. zu BSG, Urt. v. 28.09.2006 – B 3 KR 20/05 R, in juris Praxisreport Sozialrecht 25/2007 v. 13.12.2007.

687 Dazu Tabbara, NZS 2008, 8 ff. (9, 10); kritisch bereits Roller, SGb 2005, 616 ff. (617, 618) m.w.N.

688 Vgl. Tabbara, NZS 2008, 8 ff. (10) m.w.N.; kritisch Leitherer, NJW 2008, 1258 ff. (1259, 1260) m.w.N.

689 Dazu bereits BSGE 78, 98, 101; ausführlich auch Leitherer, NZS 2007, 225 ff., (232).

Gemäß § 136 Abs. 4 SGG schließlich ist den Gerichten die **Abfassung von Tatbestand und Entscheidungsgründen** erlassen, wenn das Urteil in dem Termin, in dem die mündliche Verhandlung geschlossen worden ist, verkündet wurde und Kläger, Beklagter sowie sonstige rechtsmittelberechtigte Beteiligte auf Rechtsmittel gegen das Urteil verzichten.[690]

§ 29 Abs. 2–4 SGG schafft erstmals zur Entlastung der Sozialgerichte eine **erstinstanzliche Zuständigkeit für die Landessozialgerichte** in bestimmten Verfahren, die überwiegend Rechtsfragen betreffen, und bei denen die Sozialgerichte i.d.R. keine abschließende Instanz darstellen.[691] Dies sind nach § 29 Abs. 2 SGG

Zur weiteren Entlastung der Landessozialgerichte bestimmt § 172 Abs. 3 SGG einen **Ausschluss der Beschwerde** insbes. bei PKH-Ablehnung wegen fehlender Bedürftigkeit und gegen Kostengrundentscheidungen gem. § 193 SGG.[692]

Zur **Straffung des Beschwerdeverfahrens** wird schließlich auch das Abhilfeverfahren (§ 174 SGG) ersatzlos abgeschafft. In den Gesetzesmaterialien heißt es dazu, dass dieses zwar für die Sozialgerichte zu einem erhöhten Arbeitsaufwand führe, für den Abhilfesuchenden i.d.R. aber nicht ertragreich sei. Eine Verkürzung des Rechtswegs sei nicht zu befürchten, da dem Betroffenen die Möglichkeit der Beschwerde zum iudex ad quem belassen bleibe.[693]

2. Abschnitt: Zulässigkeitsvoraussetzungen einschließlich Prozessgrundsätze und Verfahren in erster Instanz

1. Prozessvoraussetzungen und Grundprinzipien des SGG

1.1 Allgemeine Zulässigkeitsvoraussetzungen

Neben der **Eröffnung des Rechtswegs, § 51 SGG**, hat eine **zulässige Klage vor dem Sozialgericht** weitere prozessuale Voraussetzungen. Im Wesentlichen betrifft dies die **Zuständigkeit**, die **Durchführung eines Vorverfahrens** in den gesetzlich vorgeschriebenen Fällen, die ordnungsgemäße, insbes. **form- und fristgerechte Klageerhebung** und die **Beteiligten- bzw. Prozessfähigkeit**.

Für die **örtliche Zuständigkeit** gilt § 57 SGG. Maßgebend ist danach regelmäßig der Wohnsitz oder Aufenthalts- bzw. Beschäftigungsort des Klägers in einem bestimmten Gerichtsbezirk. Bei Wohnsitz und Beschäftigungsort in zwei verschiedenen Gerichtsbezirken besteht ein **Wahlrecht**, § 57 Abs. 1 S. 1, 2. Halbs. SGG.

690 Siehe schon Roller, SGb 2005, 616 ff. (619); vgl. auch Tabbara, NZS 2008, 8 ff. (12) m.w.N.
691 Siehe Tabbara, NZS 2008, 8 ff. (15–17).
692 Tabbara, NZS 2008, 8 ff. (16); vgl. auch Leitherer, NJW 2008, 1258 ff. (1261) m.w.N.
693 Siehe BT-Drs. 16/7716 v. 11.01.2008, 1 ff. (27, 28),

Besonderheiten gelten bei Streitigkeiten in bestimmten Vertrags(zahn)arztangelegenheiten und im Zusammenhang mit Wahlen zu den Selbstverwaltungsorganen der Sozialversicherungsträger, §§ 57 a, b SGG. **Prozessstandsvereinbarungen oder rügelose Einlassung** bei einem an sich unzuständigen Sozialgericht sind gem. § 59 SGG ausgeschlossen. Bei Feststellung der örtlichen Unzuständigkeit ergeht von Amts wegen ein unanfechtbarer **Verweisungsbeschluss**, vgl. § 98 SGG. Im Falle von Unklarheiten bzw. Streitfragen erfolgt die Bestimmung des zuständigen Sozialgerichts durch die jeweiligen Landessozialgerichte, § 58 SGG.

Des Weiteren ist insbes. **bei Anfechtungs- und Verpflichtungsklagen** grundsätzlich ein **Widerspruchsverfahren** als Vorverfahren vorgeschrieben, § 78 SGG. Fehlt das Widerspruchsverfahren, erfolgt eine Aussetzung analog § 114 Abs. 2 SGG bis zum Erlass des Widerspruchsbescheids.[694]

Der **Ablauf des Vorverfahrens** entspricht den Regelungen der VwGO. Es beginnt mit der Erhebung des Widerspruchs, § 83 SGG, binnen Monatsfrist nach Bekanntgabe des schriftlichen Verwaltungsaktes, vgl. § 84 SGG. Soweit der Rechtsbehelf zu keiner, auch nicht zur teilweisen Abhilfe führt, vgl. § 85 SGG, oder eine geänderte, für den Widerspruchsführer ggf. günstigere Regelung bewirkt, § 86 SGG, ergeht ein **Widerspruchsbescheid**.

Die **Klage** ist **schriftlich** beim zuständigen Sozialgericht mit den in §§ 92, 93 SGG vorgesehenen Angaben bzw. Unterlagen zu erheben, § 90 SGG. Dabei gilt regelmäßig die **Klagefrist des § 87 SGG**, Klageerhebung binnen eines Monats nach Bekanntgabe des Verwaltungsaktes bzw. Widerspruchsbescheids.

Ausnahmen davon sind abhängig von der Klageart. So gibt es u.a. für bestimmte Feststellungsklagen nach § 89 SGG keine Fristen. Als Möglichkeit zur fristwahrenden Klageerhebung kann die Klageschrift auch bei einer **an sich unzuständigen Stelle** eingereicht werden, § 91 SGG. Sollte die Klagefrist trotz dieser Erleichterungen tatsächlich **nicht gewahrt sein, kommt nach § 67 SGG noch die** Wiedereinsetzung in den vorigen Stand gegen die Versäumung der Klagefrist, u.a. bei Fristversäumnis aufgrund höherer Gewalt i.S.v. § 67 Abs. 3 SGG in Betracht.[695]

Die vom Verfahren **betroffenen natürlichen bzw. juristischen Personen** heißen im Sozialgerichtsprozess nicht Parteien, sondern **Beteiligte**, § 69 SGG. Ihre Fähigkeit, am Verfahren beteiligt zu sein, bestimmt sich nach § 70 SGG. Für die Prozessfähigkeit gilt § 71 SGG.[696]

Unter den Voraussetzungen des § 75 SGG können weitere Beteiligte von Amts wegen oder auf Antrag in den Prozess einbezogen werden. Vorgesehen ist danach die einfache oder notwendige **Beiladung**. Diese ist insbes. von Bedeutung für die Rechtskrafterstreckung. U.a. hat das SG dann durch Beschluss beizuladen, wenn ein Versicherungsträger bereits bindende Entscheidungen etwa zur Versicherungspflicht eines Beteiligten erlassen hat.[697]

Die Beteiligten können sich in jeder Lage des Verfahrens durch **Bevollmächtigte** mit schriftlicher **Prozessvollmacht, § 73 Abs. 2 SGG**, vertreten lassen.

Vor den Sozialgerichten und Landessozialgerichten besteht jedoch **kein Vertretungszwang**. Der Rechtsstreit kann hier also auch ohne Anwalt oder sonstige Bevollmächtigte i.S.v. § 73 SGG geführt werden. Hingegen besteht beim BSG **Postulationsfähigkeit** analog § 78 ZPO nur für gesetzlich bestimmte Bevollmächtigte gem. § 166 Abs. 1, 2 SGG. Erfasst sind davon u.a.

694 S. Krasney/Udsching, Handbuch des sozialgerichtlichen Verfahrens, 4. Aufl. 2005, S. 135.

695 Vgl. auch BSG, Urt. v. 25.03.2003, B 1 KR 36/01 R; allerdings nicht konkludent, sondern durch ausdrückliche Entscheidung (Beschluss), so BSG, Beschl. v. 02.07.2007 – B 2 U 41/07 B, mit zust. Anm. Reyels in juris Praxisreport Sozialrecht 20/2007 v. 04.10.2007.

696 Vgl. Gitter/Schmitt, Sozialrecht, 5. Aufl. 2001, S. 347.

697 BSGE 83, 246, 247 f. m.w.N.

alle bei einem deutschen Gericht zugelassenen Rechtsanwälte, Gewerkschaftssekretäre, Vertreter von Arbeitgebervereinigungen und neuerdings in Angelegenheiten der privaten Pflegeversicherung nach dem SGB XI auch Vetreter privater Pflegeversicherungsunternehmen, allerdings angesichts der abschließenden gesetzlichen Aufklärung keine „Rechtslehrer“.[698]

Bei den **weiteren Prozessvoraussetzungen** gelten die allgemeinen Grundsätze.

Insbes. erfordert jede Rechtsverfolgung ein anzuerkennendes **Rechtsschutzbedürfnis bzw. Rechtsschutzinteresse, vgl. oben Fall 13**. In bestimmten prozessualen Situationen, u.a. bei der **Klageänderung** i.S.d. § 99 SGG, gelten besondere prozessuale Voraussetzungen.[699] Letztlich dürfen **keine Prozesshindernisse** bestehen. Insbes. darf die Sache nicht nochmals anderweitig anhängig sein, § 94 SGG.[700]

1.2 Allgemeine Verfahrensgrundsätze

Die grundlegenden Prinzipien des Sozialgerichtsprozesses stimmen weitgehend mit denen des Verfahrens nach der VwGO überein. Das SGG ist aber in besonderem Maße durch eine Anzahl prozessualer Erleichterungen vom **Grundsatz der Klägerfreundlichkeit** gekennzeichnet, etwa bei der Zuständigkeit bzw. Gerichtskostenfreiheit.[701]

Zum Ergebnis aller Ermittlungen ebenso wie zum gesamten Streitstoff ist **rechtliches Gehör**, bis einschließlich in der mündlichen Verhandlung, zu gewähren, vgl. Art. 103 GG, § 62 SGG.[702] Bei der gerichtlichen Entscheidung gilt dann das Verbot einer Änderung zum Nachteil des Klägers **(Verböserungsverbot)**.[703] Unter den Voraussetzungen des § 105 SGG kommt zudem eine Entscheidung des Vorsitzenden außerhalb einer mündlichen Verhandlung durch **Gerichtsbescheid** allein in rechtlich und tatsächlich einfach gelagerten Streitsachen in Betracht.

---

698 BSG, Beschl. v. 08.05.2007 – B 1 KR 160/06 B.

699 Vgl. auch Meyer-Ladewig/Keller, SGG-Kommentar, 8. Aufl. 2005, vor § 51 Rdnr. 15–22 m.w.N.

700 Meyer-Ladewig/Leitherer, SGG-Kommentar, 8.Aufl. 2005, § 94 Rdnr. 7–8.

701 Muckel, Sozialrecht 2007, S. 509–511.

702 BSG, Besch. v. 23.10.2003, B 4 RA 37/03 B (zu angemessenen Äußerungsfristen).

703 Vgl. BSG, Urt. v. 21.03.2002, B 7 AL 44/01 R.

Allgemeine Verfahrensgrundsätze des sozialgerichtlichen Verfahrens

- **Amtsermittlungsgrundsatz, § 103 SGG**
  Das Gericht hat den Sachverhalt von Amts wegen zu erforschen, ohne an das Vorbringen und die Beweisanträge der Beteiligten gebunden zu sein. Zur Sachverhaltsaufklärung kann das Gericht dabei insbes. die in § 106 Abs. 3 SGG genannten Maßnahmen ergreifen.
- **Gewährung des rechtlichen Gehörs, § 62 SGG**
  Den Beteiligten ist rechtliches Gehör zu gewähren. Sie haben das Recht zur Akteneinsicht nach §§ 62, 107, 120 SGG. Das Gericht darf sein Urteil nur auf Tatsachen und Beweisergebnisse stützen, zu denen sich die Beteiligten äußern konnten, § 128 Abs. 2 SGG.
- **Grundsatz der Mündlichkeit des Verfahrens, § 124 SGG**
  Grundsätzlich sind Urteile aufgrund mündlicher Verhandlung zu fällen, wobei dieser Grundsatz erheblichen gesetzlichen Einschränkungen unterliegt:
  - Im Einverständnis der Beteiligten kann das Gericht auch ohne mündliche Verhandlung entscheiden, § 124 Abs. 2 SGG.
  - Beschlüsse ergehen in der Regel ohne mündliche Verhandlung, § 124 Abs. 3 SGG.
- **Grundsatz der Unmittelbarkeit, § 117 SGG, Konzentrationsmaxime, § 106 Abs. 2 SGG**
  Grundsätzlich hat die Beweiserhebung in der mündlichen Verhandlung zu erfolgen. Das Gericht soll versuchen, den Rechtsstreit im Rahmen einer mündlichen Verhandlung zu entscheiden.
- **Grundsatz der Klägerfreundlichkeit**
  Der Grundsatz der Klägerfreundlichkeit ist wesentliche Besonderheit des sozialgerichtlichen Verfahrens. Zum Ausdruck kommt er in der Ausgestaltung der Verfahrensregelungen des SGG. Diese sind überwiegend so gestaltet, dass möglichst wenig zwingende Formvorschriften für den in der Regel rechtsunkundigen Kläger zu beachten sind. Unzureichende Prozesshandlungen können nachgeholt, wiederholt oder verbessert werden. Insgesamt soll die Durchsetzung sozialrechtlicher Ansprüche so einfach wie möglich erfolgen können.

  ***Beispiele** für die Klägerfreundlichkeit sind:*
  - Vorschrift der örtlichen Zuständigkeit, § 57 SGG
  - Vorschriften zur Klageerhebung, §§ 90 ff. SGG
  - Kostenfreiheit, § 183 SGG

2. Klagearten nach dem SGG

Trotz begrifflicher Ähnlichkeit mit der VwGO weisen die wesentlichen Klagearten nach dem SGG, die Anfechtungs-, Leistungs-, Verpflichtungs- sowie Feststellungsklage einige spezifische Besonderheiten auf.[704]

Die **Anfechtungsklage** zur Abwehr belastender Eingriffe, § 54 Abs. 1 S. 1, 1. u. 2. Fall SGG, erfordert zwar ebenfalls eine Klagebefugnis, d.h. die Behauptung der Belastung durch einen rechtswidrigen Verwaltungsakt.[705] Sie ist praktisch aber eher selten, da neben einer Aufhebung der Ablehnung regelmäßig die Erbringung von Sozialleistungen erstrebt wird.

Dafür steht als sog. **unechte Leistungsklage die kombinierte Anfechtungs- und Leistungsklage gem. § 54 Abs. 4 SGG** zur Verfügung.

---

704 Dazu auch Schäfer, PA 2004, S. 105–108.

705 Meyer-Ladewig/Keller, SGG-Kommentar, 8. Aufl. 2005, § 54 Rdnr. 10, BSGE 43, 134, BSGE 67, 30.

Neben der Anfechtung der Leistungsversagung soll mit dieser Kombination den ganz überwiegend **gesetzesgebundenen Leistungsansprüchen**, etwa auf Rente, Arbeitslosengeld etc., zur Anerkennung verholfen werden.[706] Für die Entscheidung maßgeblich ist die Sach- und Rechtslage im Zeitpunkt der letzten mündlichen Verhandlung.[707]

Die **Kombination der Anfechtungs- mit einer Verpflichtungsklag**e greift ein bei **Ermessensansprüchen** mit gleichzeitiger Aufhebung eines Ablehnungsbescheids, vgl. § 54 Abs. 1 S. 1, 3. Fall SGG.

In Betracht kommt dies etwa bei Leistungen zur Rehabilitation nach §§ 9 ff. SGB VI. Im Falle des Obsiegens des Klägers wird der beklagte Leistungsträger zum Erlass des begehrten Verwaltungsaktes verurteilt oder bloß ein **Bescheidungsurteil** gesprochen, § 131 Abs. 2, 3 SGG.[708]

Die **reine Leistungsklage gem. § 54 Abs. 5 SGG** zur Durchsetzung eines Rechtsanspruchs ohne Aufhebung eines ablehnenden Verwaltungsaktes ist im Verhältnis zwischen Versicherten bzw. antragstellenden Bürgern und den Sozialleistungsträgern kaum relevant. Vielmehr ist diese Klageart für Ersatz- und Erstattungsstreitigkeiten etwa zwischen gleichgeordneten Sozialleistungsträgern einschlägig, vgl. **dazu oben Fall 19**.

Für die **Feststellungsklage** gelten die prozessualen Voraussetzungen mit besonderen Regelungen zum Feststellungsinteresse und Rechtsverhältnis gem. § 55 SGG. Zudem existiert speziell im sozialgerichtlichen Verfahren eine Aufsichtsklage in Selbstverwaltungsangelegenheiten, § 54 Abs. 3 SGG.[709]

Neu geregelt ist schließlich die **Untätigkeitsklage i.S.v. § 88 SGG** durch Verlängerung der Wartefrist von 3 Monaten zwischen Widerspruch und Klageerhebung gem. § 88 Abs. 2 SGG in allen Bereichen der Sozialversicherung einschließlich der Arbeitslosenversicherung.[710]

---

706 Meyer-Ladewig/Keller, SGG-Kommentar, 8. Aufl. 2005, § 54 Rdnr. 38–39.

707 Vgl. BSG, Urt. v. 25.03.2003, B 1 KR 33/01 R.

708 Vgl. Gitter/Schmitt, Sozialrecht, 5. Aufl. 2001, S. 350, 351 m.w.N.

709 Kummer, SRH, 3. Aufl. 2003, S. 678–681.

710 Vgl. Meyer-Ladewig/Leitherer, SGG-Kommentar, 8. Aufl. 2005, § 88 Rdnr. 1 ff.

Klagearten	**Anfechtungs-klage**	**unechte Leistungsklage als Kombination Anfechtungs- / Leistungsklage**	**kombinierte Anfechtungs- / Verpflichtungsklage**	**echte Leistungsklage**	**Feststellungs-klage**	**Allgemeine Aufsichtsklage**	**Untätigkeits-klage**
Norm im SGG	§ 54 Abs. 1, 1. Alt.	§ 54 Abs. 4	§ 54 Abs. 1 S. 1, 2. Alt.	§ 54 Abs. 5	§ 55	§ 54 Abs. 3	§ 88
Begehren	Aufhebung eines VA Fortsetzungsfeststellungsklage gem. § 131 Abs. 1 S. 3	Aufhebung eines VA **und** Verurteilung zu Leistung, weil ein konkreter Rechtsanspruch besteht (technisch gesehen 2 Klagen)	Aufhebung eines VA **und** Verpflichtung zum Erlass eines neuen VA, weil kein konkreter Rechtsanspruch besteht	Begehren eines Tun, Dulden oder Unterlassen, auf das ohne Vorliegen eines VA ein Rechtsanspruch besteht	▸ Feststellung des Bestehens oder Nichtbestehens eines Rechtsverhältnisses ▸ Feststellung, welcher Sozialversicherungsträger zuständig ist ▸ Feststellung, ob eine Gesundheitsstörung oder der Tod die Folge eines Arbeitsunfalls, einer Berufskrankheit oder einer Schädigung i.S.d. Bundesversorgungsgesetzes ist ▸ Feststellung der Nichtigkeit eines Verwaltungsaktes, wenn der Kläger daran ein berechtigtes Interesse hat ▸ Feststellung, in welchem Umfange Beiträge zu berechnen oder anzurechnen sind	▸ kann Anfechtungsklage sein auf Aufhebung eines VA der Aufsichtsbehörde ▸ kann Verpflichtungsklage sein gegen Akte der Rechtssetzung (z.B. Genehmigung einer Satzung)	▸ nach Abs. 1 gegen die Verwaltungsbehörde ▸ nach Abs. 2 gegen die Widerspruchsbehörde ▸ Begehren unterliegt bestimmten Sperrfristen
Besonderes	▸ Grundsätzlich Durchführung eines Vorverfahrens gem. § 78 Abs. 1 vor Erhebung der Klage	▸ Klageziel ist regelmäßig die Verurteilung zur Leistung, Aufhebung des zugrunde liegenden VA ist nach h.M. technisches Ingredienz ▸ Hauptanwendungsfälle sind Klagen wegen Ablehnung von Sozialversicherungsleistungen, auf die ein Rechtsanspruch besteht	▸ Grundsätzlich Durchführung eines Vorverfahrens gem. § 78 Abs. 3 vor Erhebung der Klage ▸ Hauptanwendungsfälle beim Begehren von Leistungen, deren Gewährung oder Höhe im Ermessen der Verwaltungsbehörde liegt		▸ Grundsatz der Subsidiarität ▸ keine Durchführung eines Vorverfahrens ▸ keine Fristen	▸ verfahrensrechtliche Besonderheit des SGG ▸ Körperschaft oder Anstalt des öffentlichen Rechts gegen eine Anordnung der Aufsichtsbehörde	▸ keine Durchführung eines Vorverfahrens ▸ keine Fristen

3. Verfahrensabschluss

Neben dem regelmäßig **instanzbeendenden Urteil**, vgl. §§ 124, 125, 130 ff. SGG, sieht das SGG den **Abschluss des Verfahrens durch Vergleich, Anerkenntnis bzw. Klagerücknahme** vor.

Die **Klagerücknahme** erledigt den Rechtsstreit in der Hauptsache und kann auch noch nach Verkündung eines Urteils bis zum Eintritt der Rechtskraft, vgl. § 141 SGG, erklärt werden. Sie ist eine nicht widerrufliche und nicht anfechtbare Prozesserklärung. U.U. wird durch Beschluss über die Tragung außergerichtlicher Kosten entschieden.[711] Gleiches gilt für die Erledigungserklärung im nicht kostenprivilegierten Verfahren i.S.v. § 197 a SGG.[712] Als Neuerung sieht das 8. SGG-Änderungsgesetz zudem ab 2008 die fiktive Klageübernahme unter den Voraussetzungen des § 102 Abs. 2 SGG vor.[713]

Des Weiteren können die Beteiligten den Rechtsstreit durch **Vergleich beenden, § 101 Abs. 1 SGG. Als Prozessvertrag** ist der Streitgegenstand damit prozessual geklärt.[714] In der Praxis geschieht dies zumeist durch **außergerichtliche Einigung**, indem z.B. der beklagte Sozialleistungsträger ein schriftliches Vergleichsangebot unterbreitet und der Kläger diese Offerte ebenfalls schriftlich, ohne mündliche Verhandlung beim SG, akzeptiert.[715]

Schließlich beendet auch ein angenommenes **Anerkenntnis** den Rechtsstreit in der Hauptsache, § 101 Abs. 2 SGG.[716] Beim nicht angenommenen Anerkenntnisangebot ist ausnahmsweise ein **Anerkenntnisurteil** nach § 202 SGG i.V.m. § 307 Abs. 1 ZPO, ausgehend vom schriftsätzlich angekündigten Klageantrag, vorstellbar.[717] Dies ist praktisch aber wenig bedeutsam.

4. Einstweiliger Rechtsschutz

Die Kodifizierung des einstweiligen Rechtsschutzes in den **§§ 86 a, 86 b SGG** durch das 6. SGG-Änderungsgesetz gilt erst seit Januar 2002.

Zuvor war u.a. die **aufschiebende Wirkung** in Anfechtungsfällen gem. §§ 86 Abs. 2, 97 SGG a.F. unvollständig. Insbes. fehlte aber eine gesetzliche Regelung für **einstweilige Anordnungen in Vornahmesachen**, d.h. bei Leistungs- und Verpflichtungsfällen entsprechend § 123 VwGO. Insoweit hatte das BVerfG bereits 1977 festgestellt, dass ein vollständiger Ausschluss mit dem **Gebot effektiven staatlichen Rechtsschutzes gem. Art. 19 Abs. 4 S. 1 GG** nicht vereinbar sei.[718] Die Lückenschließung erfolgte in der Praxis entweder unmittelbar durch Heranziehung

---

711 Meyer-Ladewig/Leitherer, SGG-Kommentar, 8. Aufl. 2005, § 102 Rdnr. 6–9 a.

712 Hauck, SGb 2004, 407–412 zur Erledigungserklärung.

713 BT-Drs. v. 11.01.2008, 16/7716, 1 ff.

714 Dazu auch BSG, Urt. v. 17.12.2002, B 4 RA 23/02 R m.w.N.; Kummer, SRH, 3. Aufl. 2003, S. 734, 735.

715 Vgl. auch Masuch/Blüggel, SGb 2005, 613 ff. m.w.N.

716 Zur Anerkenntnisnahme auch LSG NRW, Urt. v. 12.04.2005 – L 1 AL 12/05.

717 BSG, SozR 1750, § 307 Nr. 1

718 NJW 1978, 693.

der Rechtsschutzgarantie des Art. 19 Abs. 4 GG bzw. alternativ durch analoge Anwendung der §§ 123, 80, 80 a VwGO.[719]

Die **Systematik des einstweiligen Rechtsschutz i.S.d. SGG** ist nun folgende:

Nach § 86 a Abs. 1 S. 1 SGG lösen **Widerspruch und Anfechtungsklage** grundsätzlich den **Suspensiveffekt** kraft Gesetzes aus. Katalogartige Ausnahmen davon regeln § 86 a Abs. 2 Nr. 1–5 SGG einschließlich der Möglichkeit zur **verwaltungsseitigen Anordnung sofortiger Vollziehung** durch die zuständigen Sozialleistungsträger. Voraussetzung dafür ist jedoch die besondere Begründung des Vollziehungsinteresses, s. § 86 a Abs. 2 Nr. 5 a.E. SGG.

Die sofortige Vollziehung wiederum kann durch die Verwaltungsbehörde selbst ausgesetzt werden, § 86 a Abs. 3 S. 1 SGG. Zudem können die Sozialgerichte bei Anordnung bzw. Wiederherstellung der aufschiebenden Wirkung angerufen werden, § 86 b Abs. 1 S. 1 Nr. 3 SGG.[720]

Voraussetzung für die **gerichtliche Wiederherstellung der aufschiebenden Wirkung gemäß § 86 b Abs. 1 S. 1 Nr. 2 SGG** ist, dass ernstliche Zweifel an der Rechtmäßigkeit des angefochtenen Bescheides bestehen oder die Vollziehung für den Betroffenen eine unbillige, nicht durch überwiegende öffentliche Interessen gebotene, Härte zur Folge hat.[721] Dies entspricht dem Grundgedanken des § 80 VwGO, s. auch **AS-Skript Sozialrecht, 2. Band, Sozialversicherungsrecht, Fall 3.**[722]

Das Gericht **entscheidet durch Beschluss**, § 86 b Abs. 4 SGG. Dagegen ist gem. § 172 Abs. 1 SGG die Beschwerde beim LSG zugelassen.[723]

In **Vornahmesachen, d.h. bei Leistungs- und Verpflichtungsanliegen**, erfolgt die Rechtsschutzgewährung beim SG durch Antrag auf **Erlass einer einstweiligen Anordnung gem. § 86 b Abs. 2 SGG.**[724] Dies ist vergleichbar mit § 123 VwGO. So sieht auch § 86 b Abs. 2 S.1 SGG eine **Sicherungsanordnung** vor. Diese bezweckt bestandsschützende einstweilige Maßnahmen.[725] Angesichts der vorrangigen Entscheidung durch Verwaltungsakt im Sozialleistungsverhältnis hat die Sicherungsanordnung aber praktisch geringere Bedeutung, etwa bei bloß feststellenden Anordnungen im Arbeitserlaubnisrecht, vgl. § 284 SGB III.

Größere Praxisrelevanz kommt hingegen der **Regelungsanordnung gem. § 86 b Abs. 2 S. 2 SGG** in Verpflichtungs- und allgemeinen Leistungsfällen zu. Bezweckt wird damit, den Antragsteller vor dem Eintritt vollendeter Tatsachen zu bewahren, bevor gerichtlicher Rechtsschutz wirksam wird.[726]

Maßstab für die (Un-)Wirksamkeit des Rechtschutzes in der Hauptsache kann auch die mögliche sehr lange Dauer des Gerichtsverfahrens sein.[727]

---

719 Vgl. Bernsdorff, SGb 2001, 465 ff. m.w.N.

720 Vgl. Krodel, NZS 2001, 449 ff.

721 LSG Niedersachsen-Bremen, Beschl. v. 11.09.2002, NZS 2003, 168.

722 Vgl. ebenso Schäfer, PA 2002, 151–155.

723 Vgl. Krasney/Udsching, Handbuch des sozialgerichtlichen Verfahrens, 4. Aufl. Berlin 2005, S. 181.

724 Vgl. Schlarmann/Buchner, NJW 2002, 644 ff., Krodel, NZS 2002, 180 ff.; 234 ff.

725 Meyer-Ladewig/Keller, SGG-Kommentar, 8. Aufl. 2005, § 86 b Rdnr. 27

726 Schäfer, PA 2002, 166, 167; siehe auch Krodel, NZS 2007, 20–24.

727 BSG, Urt. v. 25.03.2003, B 1 KR 17/01 R; dazu auch BVerfG, NJW 2005, 2982; siehe ebenso für Grundsicherungsleistungen: Groth, NJW 2007, 2294 ff. (2295, 2296) m.w.N.

Grenzen für einstweilige Anordnungen i.S.d. § 86 b Abs. 2 SGG ergeben sich zum einen aus dem **Verbot der Vorwegnahme der Entscheidung in der Hauptsache** und zum anderen – gerade in sozialversicherungsrechtlichen Angelegenheiten – durch die **Verweisung auf die Inanspruchnahme von Sozialhilfe**.

Insoweit besteht auch nach der Rechtsprechung des BVerfG oftmals kein Bedürfnis für einstweilige Anordnungen gegen Sozialversicherungsträger, weil die Antragsteller zur Existenzsicherung Sozialhilfe beziehen könnten.[728] Im Übrigen bestünde bei vorläufiger Bewilligung von Sozialleistungen häufig das **Risiko, zu Unrecht erbrachte Leistungen von weitgehend mittellosen Antragstellern nicht mehr zurück zu erhalten**.[729]

Fall 20: Existenzielle Eilbedürftigkeit

Die 1928 geborene Frau E (E) bezieht eine kleine Witwenrente und ist seit einem Schlaganfall im Jahr 1999 vollständig auf fremde Hilfe angewiesen. Wegen Verschlechterung ihres Allgemeinzustandes und Gefahr der Austrocknung aufgrund zu geringer Flüssigkeitsaufnahme erhielt E im September 2004 eine Ernährungssonde. Die dazugehörige Sondennahrung ist nur als spezielles Medizinprodukt der P-Pharma GmbH (P-GmbH) erhältlich. Den Antrag der E auf Kostenübernahme für diese Sondennahrung lehnte ihr gesetzlicher Krankenversicherungsträger, die A-Kasse, mit Bescheid vom November 2004 ab. Nach einer eingeholten Stellungnahme des Medizinischen Dienstes der Krankenversicherung (MDK) sei E nämlich rein organisch noch zur selbstständigen Nahrungs- und Flüssigkeitsaufnahme fähig. Sie müsse nur von der sie betreuenden Schwiegertochter entsprechend motiviert werden. Den Widerspruch dagegen lehnte die A-Kasse im Januar 2005 als unbegründet ab. Dagegen erhob E im Februar 2005 Klage und beantragte zugleich beim Sozialgericht, die A-Krankenkasse zur vorläufigen Kostenübernahme im Wege der einstweiligen Anordnung zu verpflichten. E fügte dem Antrag eine Mahnung der P-GmbH vom Januar 2005 über Zahlungsrückstände für die Sondennahrung seit Oktober 2004 sowie eine Bescheinigung ihrer behandelnden Internistin von Anfang Februar 2005 bei. Danach müsste E wegen erheblicher Gedächtnisstörungen, schwerer Diabetes-Krankheit mit der Gefahr hyperglykämischer Schocks sowie fortdauernder Nahrungsverweigerung ohne die Sondennahrung zwangsläufig verhungern bzw. verdursten.
Wie wird das Sozialgericht über diesen Antrag entscheiden?

Vorüberlegung:

Hier ist eine Entscheidung im Verfahren des einstweiligen Rechtsschutzes gemäß § 86 b SGG zu treffen. Vorab ist dabei zwischen dem Regelungsgehalt des § 86 b Abs. 1 und Abs. 2 SGG zu differenzieren.

Ein Fall des § 86 b Abs. 1 SGG erscheint nicht einschlägig, da E nicht die bloße Aufhebung der ablehnenden Bescheide der A-Krankenkasse, sondern die tatsächliche Kostenübernahme für die Sondennahrung begehrt. Der **Streitgegenstand** wird durch den prozessualen Anspruch bestimmt, durch das vom Kläger aufgrund eines konkreten Sachverhalts an das Gericht gerichtete und im Klageantrag zum Ausdruck gekommene Begehren sowie durch den Klagegrund, aus dem sich die Rechtsfolge ergeben soll.[730] Insoweit handelt es sich um **eine Verpflich-**

728 BVerfGE 46, 166, 179.

729 Vgl. Krasney/Udsching, Handbuch des sozialgerichtlichen Verfahrens, 4. Aufl. Berlin 2005, S. 178, 179 m.w.N., dazu auch LSG Berlin, Beschl. v. 28.01.2003, L 9 B 20/02 KR ER.

730 St.Rspr. vgl. BSG, Urt. v. 31.07.2002 – B 4 RA 113/00 R; BSG, Urt. v. 25.02.2004 – B 5 RJ 62/02 R; NZS 2005, 213.

tungs- bzw. Leistungssituation, mit der ein positives Verhalten der A-Kasse, nämlich Kostentragung, erstrebt wird. Der Antrag der E ist also auf eine **einstweilige Anordnung i.S.v. § 86 b Abs. 2 SGG** gerichtet.

(A) Zulässigkeit

(I) Die **allgemeinen Prozessvoraussetzungen** müssen vorliegen. Insbes. muss der Rechtsweg eröffnet sein, ein Rechtsschutzbedürfnis bestehen und ein konkreter Antrag gestellt werden.[731]

Für die Streitigkeit mit der A-Krankenkasse aus dem Recht der gesetzlichen Krankenversicherung ist ersichtlich der **Sozialrechtsweg, § 51 Abs. 1 Nr. 2 SGG**, eröffnet. Die Notwendigkeit zur Inanspruchnahme gerichtlicher Hilfe ist nach dem Sachverhalt dabei ebenso wenig wie ein konkreter Antrag problematisch. Im Übrigen könnte, **auch schon vor der Klageerhebung in der Hauptsache**, ein Antrag auf Erlass einer einstweiligen Anordnung beim zuständigen Sozialgericht gestellt werden, § 86 b Abs. 3 SGG.

(II) Zuständig ist das Gericht der Hauptsache, bei dem die Klage erhoben wurde bzw. zu erheben ist, § 86 b Abs. 2 S. 1 SGG. Angesichts **gleichzeitiger Klageerhebung** und Antragstellung bestehen diesbezüglich keine Bedenken.

(B) Begründetheit

Begründet ist der Antrag, wenn die **Voraussetzungen für eine einstweilige Anordnung** gem. § 86 b Abs. 2 SGG vorliegen.[732]

(I) Dabei ist zu differenzieren zwischen der Sicherungsanordnung gem. § 86 b Abs. 2 S. 1 SGG und der Regelungsanordnung i.S.v. § 86 b Abs. 2 S. 2 SGG.

(1) Mit der **Sicherungsanordnung** soll der bestehende Zustand gewahrt werden,[733] wofür die Abwendung erheblicher wirtschaftlicher Nachteile u.U. genügt.[734] E befindet sich jedoch wegen der ablehnenden Haltung der A-Krankenkasse nach mehrmonatiger Belieferung mit der Sondennahrung bereits in Zahlungsverzug gegenüber der P-GmbH. Streitgegenstand ist damit u.a. die Leistungspflicht der A-Krankenkasse für die Vergangenheit. Darüber hinaus hat eine klarstellende Anordnung auch Bedeutung für die zukünftige Versorgung der E mit Sondennahrung. Insoweit reicht eine Sicherungsanordnung insgesamt nicht für die vorläufige Gestaltung des streitigen Rechtsverhältnisses.

(2) In Betracht kommt aber die **Regelungsanordnung gem. § 86 b Abs. 2 S. 2 SGG**. Sie dient insbes. der Abwendung wesentlicher Nachteile für eine Übergangszeit bei Änderung des bestehenden Zustandes.[735]

(II) **Grundvoraussetzung für den Ausspruch einer Regelungsanordnung** ist nach § 86 b Abs. 2 S. 4 SGG i.V.m. §§ 920 ff. ZPO das Bestehen eines Anordnungsanspruchs und eines Anordnungsgrundes.

---

731 Vgl. Meyer-Ladewig/Keller, SGG-Kommentar, 8. Aufl. 2005, § 86 b Rdnr. 26.

732 S. auch Krodel, NZS 2002, 234–241.

733 Krodel, NZS 2002, 180 ff. (184).

734 Meyer-Ladewig/Keller, SGG-Kommentar, 8. Aufl. 2005, § 86 b Rdnr. 28.

735 Krodel, NZS 2002, 184.

(1) Der **Anordnungsanspruch** im streitigen Rechtsverhältnis wird durch **summarische Prüfung** der materiellen Rechtslage beurteilt.[736]

Der **Leistungsanspruch gegen die gesetzliche Krankenversicherung umfasst** bei der **Krankenbehandlung** u.a. die **Versorgung mit Arzneimitteln**, § 27 Abs. 1 S. 1 Nr. 3 SGB V. Bei der Versorgung mit Arzneimitteln ist **ausnahmsweise auch Sondennahrung** mit einzubeziehen, § 31 Abs. 1 S. 2 SGB V. Nach den Richtlinien über die Verordnung von Arzneimitteln in der vertragsärztlichen Versorgung, Abschnitt F 17.1 i, erfordert die Kostenübernahme für Sondennahrung nach dem SGB V eine medizinische Indikation.[737] Besteht eine solche Indikation, sind die Kosten der Nahrung von der Krankenkasse zu tragen.[738] Ausgehend von diesen Kriterien bestätigt die ärztliche Stellungnahme der behandelnden Internistin vom Februar 2005 eine bereits monatelange wesentliche Verschlechterung des Gesundheitszustands der E. Damit setzt sich die Stellungnahme des MDK vom Herbst 2004 nicht auseinander, zumal E dafür auch nicht vom MDK ambulant begutachtet wurde.

Zusammengefasst ist es danach bereits im Rahmen des Anordnungsanspruchs nicht unwahrscheinlich, dass hier auch im Hauptsacheverfahren das Recht der E auf Kostenübernahme durch die A-Kasse letztlich bejaht wird.

(2) Darüber hinaus müsste ein **Anordnungsgrund** vorliegen. Dieser besteht dann, wenn eine derart große Eilbedürftigkeit gegeben wäre, dass es der Antragstellerin nicht zugemutet werden könnte, den Ausgang des Verfahrens in der Hauptsache abzuwarten.[739] Für den Anordnungsgrund spricht hier bereits die **Lebensgefährdung der E bei Ausfall der Versorgung mit Sondennahrung** durch dann drohende Austrocknung und sukzessives Verhungern.

(3) Im Einzelfall ist eine **Folgenabwägung** zur Überprüfung der Richtigkeit der Entscheidung anzustellen. Insoweit muss das Interesse der öffentlichen Gewalt gegenüber dem **privaten Interesse des Betroffenen** gewichtet werden.[740] Dabei ist auch der **Grad der Wahrscheinlichkeit für einen Erfolg in der Hauptsache** mit einzubeziehen.[741] Bei offenem Ausgang des Rechtsstreits ist zugunsten des Antragstellers zu entscheiden, wenn das **Abwarten bis zur Entscheidung in der Hauptsache unzumutbar** ist.[742] Maßstab soll dann primär die Folgenabwägung sein.[743]

Angesichts der Lebensgefahr bei Ausbleiben der Sondennahrung sprechen erhebliche Belange dafür, eine einstweilige Anordnung zugunsten der E zu erlassen. Insbes. gilt es, eine mögliche **Verletzung des Grundrechts auf Leben und körperliche Unversehrtheit** bei E i.S.v. Art. 2 Abs. 2 S. 1 GG auszuschließen. Bei unmittelbarer Gefahr für Leib und Leben sind die Interessen eines hilfesuchenden Versicherten jeden-

736 Vgl. Meyer-Ladewig/Keller, SGG-Kommentar, 8. Aufl. 2005, § 86 b Rdnr. 29, 29 a.
737 LSG Niedersachsen-Bremen, Beschl. v. 05.12.2002, L 4 KR 172/02 ER.
738 Vgl auch LSG NRW, Urt. v. 11.07.2002, L 2 KN 159/99 KR.
739 Vgl. Krodel, NZS 2002, 180 ff., 183, 184, mit umfangreichen Nachweisen.
740 BVerfGE 79, 69, 74 m.w.N.
741 LSG Niedersachsen, Beschl. v. 14.09.1998, SGb 1999, 254.
742 Meyer-Ladewig/Keller, SGG-Kommentar, 8. Aufl. 2005, § 86 b Rdnr. 29 a.
743 Siehe BVerfG, NJW 2005, 2982; dazu auch Groth, NJW 2007, 2294 ff. (2295) m.w.N.

falls vorrangig.[744] Demgemäß ist nach dem sog. **„Nikolaus-Beschluss"** des BVerfG im Falle lebensbedrohlicher Erkrankungen auch ausnahmsweise ein Anspruch auf eine neue, nicht allgemein anerkannte Behandlungsmethode[745] bzw. Arzneimittelversorgung[746] bei nicht ganz ausgeschlossener Besserungsmöglichkeit anzuerkennen.[747]

Demgegenüber wiegen die Folgen für die A-Krankenkasse im Falle einer letztlich zu Unrecht ergehenden einstweiligen Anordnung weniger schwer. Es ist allenfalls ein finanzieller Nachteil zu befürchten, der gegenüber dem Schutz der Rechtsgüter Leben und körperliche Unversehrtheit in einem derartigen Einzelfall jedoch zurückzutreten hat.[748] Erforderlichenfalls kommt auch eine Leistung als Darlehen (arg. ex § 938 Abs. 1 ZPO) bzw. mit Auflagen in Betracht.[749]

Auch diese Folgenabwägung spricht für eine Entscheidung zugunsten der E.

(4) Fraglich ist aber noch eine etwaige **Verweisung der E auf die Sozialhilfe**.

Grundsätzlich ist die Sozialhilfe gem. § 2 Abs. 1 BSHG bzw. § 2 SGB XII (ab 2005) nachrangig. Soweit im Übrigen glaubhaft anzunehmen ist, dass der **Sozialhilfeträger die Gewährung von Leistungen ebenfalls ablehnen** würde, kann eine einstweilige Anordnung des Sozialgerichts gegenüber dem Sozialleistungsträger nicht mit Hinweis auf Sozialhilfe abgelehnt werden.[750]

Die Leistungen der Krankenhilfe, eine der wesentlichen Hilfen in besonderen Lebenslagen nach dem BSHG, wurden entsprechend den Vorschriften über die gesetzliche Krankenversicherung (SGB V) erbracht, § 37 Abs. 1 BSHG, vgl. ab 2005 auch §§ 48, 52 SGB XII. Angesichts der hier nach dem SGB V gerade streitigen Kostenübernahme für Sondennahrung wäre ein subsidiäres Eintreten der Sozialhilfe nicht ohne weiteres zu erwarten. Bei bestimmten besonderen Umständen ist eine **Verweisung auf Leistungen nach dem BSHG/SGB XII vielmehr unzumutbar**.[751]

Im Ergebnis ist danach eine einstweilige Anordnung zugunsten der E zu erlassen.

(III) Form und Inhalt der Entscheidung

Die Entscheidung ergeht regelmäßig durch Beschluss, § 86 b Abs. 4 SGG, und wird nach freiem richterlichen Ermessen getroffen, § 86 b Abs. 4 SGG i.V.m. §§ 142 Abs. 1, 128 Abs. 1 S. 1 SGG. Der Beschluss muss begründet werden, § 142 Abs. 2 S. 2 SGG. Inhaltlich kann eine Anordnung auch **zeitlich befristet** bzw. **mit Bedingungen** bzw. der **Anordnung einer Sicherheitsleistung** verbunden werden.[752]

744 LSG NRW, L 5 B 3/02 KR ER, NZS 2002, 498, 499.

745 BVerfG, Beschl. v. 06.12.2005 – 1 BvR 347/98 (= NJW 2006, 891).

746 BSG, Urt. v. 04.04.2006 – B 1 KR 7/05 R, m. Anm. Langhals, NZS 2007, 76 ff.

747 Vertiefend insgesamt: Hauck, NJW 2007, S. 1320–1325 m.w.N.

748 LSG Berlin, Beschl. v. 28.01.2003, L 9 R 20/02 KR ER.

749 Dazu Groth, NJW 2007, 2294 ff. (2296) m.w.N.

750 Vgl. LSG Niedersachsen, Beschl. v. 25.07.1990, L 7 SAr 112/90.

751 Zutreffend differenziert Meyer-Ladewig/Keller, SGG-Kommentar, 8. Aufl. 2005, § 86 b Rdnr. 29 a, 29 b.

752 Krasney/Udsching, Handbuch des sozialgerichtlichen Verfahrens, 4. Aufl. Berlin 2005, S. 179.

(1) Konkret bietet es sich hier an, die A-Krankenkasse im Wege der einstweiligen Anordnung zur Kostenübernahme für die Sondennahrung seit Beginn der künstlichen Ernährung der E im Herbst 2004 zu verpflichten. Diese Anordnung sollte **bis zum Abschluss des Klageverfahrens in der Hauptsache vor dem zuständigen Sozialgericht befristet werden**.

(2) Angesichts der wirtschaftlich schwachen Situation der E sollte trotz des grundsätzlich vorgesehenen **Schadensersatzanspruchs gem. § 86 b Abs. 2 S. 4 SGG i.V.m. § 945 ZPO** für den Fall der Rechtswidrigkeit der einstweiligen Anordnung **keine Sicherheitsleistung zugunsten der A-Kasse** angeordnet werden. Denn E war schon mit ihren bisherigen Einkünften, wie die Mahnung der Herstellerfirma P-GmbH erweist, nicht in der Lage, die Aufwendungen für die Sondennahrung zu tragen. Deshalb ist hier von der Anwendung des § 86 b Abs. 2 S. 4 SGG i.V.m. § 921 Abs. 2 S. 2 ZPO abzusehen.[753]

– – –

3. Abschnitt: Rechtsmittel

Im sozialgerichtlichen Verfahren sind als Rechtsmittel die **Berufung**, §§ 143–159 SGG, **Revision**, §§ 160–171 SGG und **Beschwerde**, §§ 172–178 SGG, vorgesehen. Sie bezwecken sämtlich die **Überprüfung von Entscheidungen der Sozialgerichte**. Zudem strebt das BSG **in Revisionsverfahren auch eine bundesweit vergleichbare Rechtsprechung** für die Streitigkeiten i.S.v. § 51 SGG an.

1. Berufung

Grundsätzlich ist gegen die Urteile der Sozialgerichte die **Berufung an die Landessozialgerichte in den einzelnen Bundesländern** vorgesehen. Der Beschwerdewert für die Zulassungsberufung für Klagen, die Geld-, Sach- oder Dienstleistungen oder einen hierauf gerichteten Verwaltungsakt betreffen, wurde auf 750 € und für Erstattungsstreitigkeiten auf 10.000 € erhöht, § 144 Abs. 1 S. 1 Nr. 1 u. 2 SGG.[754]

Abgesehen davon ist eine **Berufungszulassung nach § 144 Abs. 2, 3 SGG** vorgesehen. Bei Nichtzulassung der Berufung ist nach § 145 SGG eine Beschwerde möglich. Darüber entscheidet seit Neufassung des Gesetzes ab Januar 2002 direkt das LSG, § 145 Abs. 4 S. 1 SGG.

Bei einer frist- und formgerecht eingelegten Berufung, vgl. § 151 SGG, prüft das LSG den Streitfall im gleichen Umfang wie das Sozialgericht. Insoweit eröffnet die Berufung eine **zweite Tatsacheninstanz**. Das LSG berücksichtigt dabei neu

753 Vgl. auch LSG Niedersachsen-Bremen, Beschl. v. 05.12.2002, L 4 KR 172/02 ER.

754 Änderung durch die 8. SGG-Novelle v. 26.03.2008, BGBl. I 2008, S. 444; siehe dazu BT-Drs. 16/7716, 1 ff. (26) v. 11.01.2008.

vorgebrachte Tatsachen und Beweismittel, §§ 153 Abs. 1, 157 SGG. Das Berufungsverfahren endet, neben der Berufungsrücknahme bei Aussichtslosigkeit des Rechtsmittels, § 156 SGG, bzw. dem Vergleich oder Anerkenntnis in der zweiten Instanz, § 153 Abs. 1 i.V.m. § 101 SGG, im Übrigen durch Urteil des Senats, § 153 Abs. 2, 3 SGG. Darin wird entweder das angefochtene Urteil des Sozialgerichts bestätigt, auf die Berufung hin das Urteil aufgehoben und in der Sache selbst vom LSG entschieden oder eine Zurückverweisung an das Sozialgericht gem. § 159 SGG ausgesprochen.

Für **unzulässige Rechtsmittel** ist eine Verwerfung durch Beschluss vorgesehen, § 158 SGG, allerdings nicht bei einer Berufung gegen einen gem. § 105 SGG bereits ohne mündliche Verhandlung ergehenden Gerichtsbescheid.[755] Bei offensichtlicher Unbegründetheit kommt ebenfalls eine Entscheidung durch **Beschluss ohne Beteiligung der ehrenamtlichen Richter** gemäß § 153 Abs. 4 SGG in Betracht. Die Berufung und die Beschwerde, vgl. § 145 Abs. 3 SGG, stehen dem Eintritt der Rechtskraft entgegen. Die verfahrensrechtlichen Folgen der aufschiebenden Wirkung des Rechtsmittels regelt § 154 SGG.

Fall 21: Polnische Prozessprobleme

Frau Jedwiga H (H) ist 1949 in Posen geboren, polnische Staatsangehörige und heiratete im Februar 1991 den deutschen Staatsangehörigen Bernhard H aus Leipzig. Frau H bezog u.a. wegen zweier Bandscheibenvorfälle und psychosomatischer Beschwerden dann zwischen 1992 und 1995 eine befristete Erwerbsunfähigkeitsrente von der Bundesversicherungsanstalt für Angestellte (BfA) in Berlin. Die Zeitrentenverlängerung wurde Anfang 1996 zunächst von der BfA abgelehnt. Auf den Widerspruch der H hin erhielt sie aber ab August 1996 die Rente als Dauerleistung i.H.v. rund 1.500 DM monatlich. Die Überweisung durch die BfA begann aus kassentechnischen Gründen erst ab Oktober 1996. Nachzahlungen für August und September 1996 von insg. 3.000 DM behielt die BfA zunächst noch ein. Zwischenzeitlich hatte H sich von ihrem Ehemann getrennt und lebte von Sozialhilfe. Die Stadt Leipzig als örtlicher Sozialhilfeträger zahlte ihr für August und September 1996 insg. 1.500 DM. Nach Rechtskraft der Ehescheidung von ihrem früheren Gatten wurde H Mitte November 1996 mangels ausländerrechtlichem Aufenthaltstitels nach Polen abgeschoben. Als die BfA davon erfuhr, stellte sie wegen fehlendem Inlandsaufenthalt bzw. Wohnsitz der H in der Bundesrepublik ab Januar 1997 die Rentenzahlungen ein. Im März 1997 teilte H der BfA ihre neue Kontoverbindung bei der Bezirkssparkasse Posen mit und bat um fortlaufende Rentenzahlung nach Polen. Mit Bescheid vom August 1997 bestimmte die BfA, dass die noch bei ihr befindliche Nachzahlungssumme i.H.v. 3.000 DM zur Erfüllung des Erstattungsanspruchs der Stadt Leipzig für Sozialhilfezahlungen und im Übrigen für die im Dezember 1996 zu Unrecht noch überwiesene Monatsrente von ebenfalls 1.500 DM verrechnet werden müsse. Auch scheide eine Weiterzahlung der Rente seit der Abschiebung nach Polen im November 1996 wegen entgegenstehender Rechtsvorschriften aus. Der Bescheid ging im September 1997 der H durch förmliche Zustellung über das deutsche Generalkonsulat in Posen zu. Im Januar 1999 erhielt die BfA ein als Klage bezeichnetes Schreiben eines Posener Rechtsanwalts. Er forderte für H Überweisung des Restbetrags von 3.000 DM und fortlaufende Rentenzahlung der BfA seit der Abschiebung der H ab Dezember 1996. Die BfA leitete das Schreiben an das Sozialgericht Berlin (SG) weiter. Das SG wies nach Anhö-

755 So ausdrücklich nunmehr BSG, Beschl. v. 08.11.2005 – B 1 KR 76/05 B.

rung der Beteiligten im Juli 1999 die Klage durch Gerichtsbescheid als unzulässig ab, da die Klage unmittelbar ohne Vorverfahren erhoben und für H ein nicht zur Vertretung berechtigter ausländischer, auch nicht aus einem EU-Land stammender, Rechtsanwalt tätig geworden sei. Dagegen legte wiederum der Posener Anwalt der H noch Ende Juli 1999 beim Landessozialgericht (LSG) Berlin Berufung ein. Während des Berufungsverfahrens hat die BfA im Mai 2000 auf Hinweis des LSG einen Widerspruchsbescheid erteilt. Darin wurde der Rechtsbehelf der H im Schreiben vom Januar 1999 gegen den Verrechnungs- und Ablehnungsbescheid vom August 1997 allein wegen Fristversäumnis als unzulässig zurückgewiesen.
Wie wird das LSG nun über die Berufung der H entscheiden?

(A) Zulässigkeit der Berufung

Die Zulässigkeit richtet sich nach §§ 143 ff., 153 Abs. 1 SGG i.V.m. §§ 87 ff. SGG.

(I) Fraglich ist, ob die Berufung überhaupt das **richtige Rechtsmittel** darstellt. Nach § 143 SGG findet die **Berufung gegen Urteile des Sozialgerichts** statt. Das SG hatte hier durch **Gerichtsbescheid gemäß § 105 SGG** entschieden. Jedoch gelten die Vorschriften über Urteile bei Erteilung eines Gerichtsbescheides entsprechend, § 105 Abs. 1 S. 3 SGG. Gegen diese Entscheidung war demnach auch die Berufung eröffnet, vgl. § 143 SGG. Inhaltlich liegt im Übrigen eine Berufung bereits dann vor, wenn der Kläger deutlich macht, dass das erstinstanzliche Urteil durch eine höhere Instanz überprüft werden soll. Namentlich gilt dies auch für (unschädliche) **Falschbezeichnungen des Rechtsmittels** als Revision bzw. Sprungrevision gegen ein SG-Urteil.[756]

(II) Problematisch erscheint aber bereits die **Zuständigkeit der Berliner Sozialgerichtsbarkeit**. Nach dem früheren Wohnort Leipzig könnte das dortige SG bzw. in der Berufungsinstanz das Sächsische LSG zuständig gewesen sein.

H hatte aber bereits bei der Klageerhebung im Januar 1999 keinen Wohnsitz oder Aufenthaltsort im Bundesgebiet mehr. In diesen Fällen ist u.a. das Sozialgericht örtlich zuständig, in dessen Bezirk der Beklagte seinen Sitz hat, § 57 Abs. 3 SGG. Für die Rentenversicherung der Angestellten ist die BfA in Berlin bzw. seit Oktober 2005 die DRV Bund der zuständige Versicherungsträger, § 132 SGB VI. Damit war H hier auch der Rechtszug zur Berliner Sozialgerichtsbarkeit eröffnet.

(III) Allerdings könnte eine **wirksame prozessuale Vertretung** der H durch den in Posen niedergelassenen Rechtsanwalt ausgeschlossen gewesen sein. Die Beteiligten in Verfahren vor dem SG und dem LSG müssen sich aber nicht durch einen Prozessbevollmächtigten vertreten lassen. Sie können den Rechtsstreit auch selbst führen. § 73 SGG stellt es ihnen frei, sich in jeder Lage des Verfahrens durch prozessfähige Bevollmächtigte vertreten zu las-

756 Siehe BSG, Beschl. v. 08.12.2005 – B 13 RJ 289/04 B m.w.N.

sen. Dabei kann eine unvollständige Prozessvollmacht durch konkretisierende Angaben in der anliegenden Klageschrift komplettiert werden.[757]

Insoweit kann es hier offen bleiben, ob der Rechtsanwalt aus Posen H wirksam vertreten konnte. Denn sogar bei einer ausdrücklichen **Zurückweisung als ungeeignet** i.S.v. § 73 Abs. 6 SGG, entsprechend § 157 ZPO, **bleiben prozessuale Handlungen eines zurückgewiesenen Bevollmächtigten wirksam**. Dies muss u.a. auch bei Einlegung von Rechtsmitteln gelten.[758]

(IV) Die weitere Voraussetzung einer formgerechten **schriftlichen Berufungseinlegung** gem. § 151 Abs. 1 SGG ist gewahrt. Fraglich ist hier aber die **Berufungsfrist von einem Monat, § 151 Abs. 1 SGG**.

Anders als § 87 Abs. 1 S. 2 SGG, Klageerhebungsfrist von 3 Monaten bei Bekanntgabe außerhalb des Bundesgebiets, sieht § 151 Abs. 1 SGG für **Berufungen aus dem Ausland** keine verlängerte Frist vor. Grundsätzlich gilt jedoch auch für die Berufung die Einlegungsfrist von 3 Monaten, wenn das Urteil im Ausland zugestellt worden ist.[759]

Da H noch im Juli 1999 die Berufung von Polen aus einlegen ließ, war auch diese Frist hier gewahrt. Insgesamt ist die **Berufung der H damit zulässig**.

(B) Begründetheit der Berufung

Die Berufung ist begründet, wenn sich das angefochtene Urteil des SG aus **verfahrens- bzw. materiell-rechtlichen Gründen als unrichtig** erweist und deshalb abzuändern bzw. aufzuheben ist.

Dabei überprüft das LSG im Rahmen der Begründetheit der Berufung auch die Zulässigkeitsvoraussetzungen der angefochtenen Entscheidung des SG. Soweit das Rechtsmittel der Berufung und die ursprüngliche Klage zulässig waren, wird anschließend über die materielle Begründetheit entschieden.[760]

(I) Fraglich ist, ob die im Gerichtsbescheid des SG Berlin angenommene Unzulässigkeit der Klage wegen Fehlens einer Widerspruchsentscheidung der BfA sowie Auftretens eines nicht in Deutschland zugelassenen Anwalts zutraf.

(1) § 78 Abs. 1 SGG verlangt als Voraussetzung vor Erhebung der Anfechtungsklage die **Durchführung eines Vorverfahrens**. Dies gilt auch in Kombination mit einer anderen Klage,[761] etwa der Leistungsklage.

Die Durchführung des Vorverfahrens ist eine Prozessvoraussetzung.[762] Allerdings soll bei Fehlen eines Widerspruchsverfahrens i.S.d. §§ 83 ff. SGG die Möglichkeit gegeben werden, das Vorverfahren nachzuholen. Dazu wird die Entscheidung des Rechtsstreits vertagt bzw. das Verfahren entsprechend § 114 Abs. 2 SGG ausgesetzt.[763] Wird eine Klage allein – unter Verstoß gegen diesen Grundsatz – wegen fehlenden Widerspruchsverfahrens als unzulässig abgewiesen, soll zur Durchführung

---

757 LSG Hessen, Urt. v. 02.12.2003, 22 RJ 949/03.

758 Meyer-Ladewig/Keller/Leitherer, SGG-Kommentar, 8. Aufl. 2005, § 73 Rdnr. 11 c.

759 BSG SozR 1500, § 151 Nr. 4 m.w.N.

760 Meyer-Ladewig, SGG-Kommentar, 8. Aufl. 2005, § 157 Rdnr. 2, 4.

761 BSGE 3, 293.

762 BSGE 4, 246.

763 Krasney/Udsching, Handbuch des sozialgerichtlichen Verfahrens, 4. Aufl. 2005, S. 135.

des Vorverfahrens das Urteil aufgehoben und die **Streitsache an das Vordergericht zurückverwiesen werden, vgl. § 159 Abs. 1 Nr. 1 SGG.**[764]

Hier wurde der ursprüngliche Verfahrensmangel aber durch **nachträglich erlassenen Widerspruchsbescheid** der BfA im laufenden Berufungsverfahren geheilt, vgl. auch § 96 Abs. 1 SGG zur Einbeziehung. Eine Zurückverweisung gem. § 159 Abs. 1 Nr. 1 SGG allein aus diesem Grund scheidet dann aber aus.[765]

(2) Zweifelhaft ist hier aber das **Tätigwerden des polnischen Rechtsanwalts**.

(a) Grundsätzlich sind ausländische **Rechtsanwälte, die auch nicht aus EU-Mitgliedsstaaten kommen, nicht zugelassen.**[766]

Für ausländische Rechtsanwälte gelten mittlerweile besondere Regelungen nach dem Gesetz zur Umsetzung von **Richtlinien der EU auf dem Gebiet des Berufsrechts der Rechtsanwälte** vom 09.03.2000.[767] Allerdings gilt dies hier nicht für Polen. Denn sowohl im Zeitpunkt der Klageerhebung beim SG Berlin im Januar 1999 als auch bei der Berufungseinlegung in Juli 1999 zählte die Republik Polen noch nicht zur Europäischen Union, sondern ist erst seit Mai 2004 Vollmitglied der EU.

(b) Auf die Frage der fehlenden Zulassung im Inland oder in einem anderen EU-Mitgliedsstaat käme es aber nur dann an, wenn die Einschaltung eines Rechtsanwalts aufgrund **gesetzlich angeordneten Vertretungszwangs** überhaupt erforderlich gewesen wäre.

Zugelassene Bevollmächtigte sind etwa im Revisionsverfahren vor dem BSG, § 166 Abs. 1 SGG, in Verfahren vor den Landgerichten, § 78 ZPO bzw. im Rechtszug vor den Landesarbeitsgerichten und dem Bundesarbeitsgericht gem. § 11 Abs. 2 ArbGG vorgeschrieben.

Beim Sozialgerichtsverfahren ist es den **Beteiligten allerdings nach § 73 SGG in der 1. und 2. Instanz freigestellt**, sich durch eine andere prozessfähige Person aus dem In- oder Ausland vertreten zu lassen.[768] Die von einem Bevollmächtigten im Rahmen der erteilten Vollmacht, § 73 Abs. 2 SGG, vorgenommenen Handlungen wirken für die Beteiligten, § 73 Abs. 4 SGG i.V.m. § 85 Abs. 1 S. 1 ZPO. Die Frage der Zurückweisung des Auftretens eines Bevollmächtigten in einer mündlichen Verhandlung, § 73 Abs. 6 SGG i.V.m. § 157 ZPO, stellt sich im Übrigen hier schon aus dem Grunde nicht, weil das SG Berlin durch Gerichtsbescheid gem. § 105 SGG ohne mündliche Verhandlung und ohne Beteiligung ehrenamtlicher Richter entschieden hatte.

Mithin ist auch die Einreichung der Klageschrift als solche wirksam gewesen.

(II) Angesichts der erst im Januar 1999 erfolgten Klageerhebung könnten jedoch **sowohl die Klage als auch die Berufung der H unbegründet** sein.

---

764 Meyer-Ladewig/Leitherer, SGG-Kommentar, 5. Aufl. 2005, § 78 Rdnr. 32.

765 Meyer-Ladewig/Leitherer, SGG-Kommentar, 5. Aufl. 2005, § 78 Rdnr. 32; vgl. auch Leitherer, NJW 2008, 1258 ff. (1261, 1262) m.w.N.

766 BVerwG, NJW 1998, 2991.

767 BGBl. I 2000, S. 182, dazu auch Lach, NJW 2000, 1609, 1611 m.w.N.

768 Vgl. LSG NRW, Urt. v. 22.01.1999, L 3 RJ 200/97 m.w.N.

Mit dem als Klage anzusehenden Schreiben vom Januar 1999 war zugleich ein Widerspruch gegen den Bescheid der BfA vom August 1997 gewollt.[769] Dies folgt aus dem regelmäßig anzunehmenden natürlichen Willen der Antragsteller bzw. Versicherten, **überhaupt irgendeinen zulässigen Rechtsbehelf gegen eine belastende Verwaltungsentscheidung** erheben zu wollen.[770]

Gilt die Klageschrift vom Januar 1999 also zugleich als Einlegung eines Widerspruchs, ist allerdings die **Unanfechtbarkeit i.S.d. § 77 SGG** zu beachten.

Ein Verwaltungsakt wird danach u.a. ohne erfolgreiche Rechtsbehelfseinlegung, also ohne Vorverfahren gem. §§ 83 ff. SGG, bestandskräftig. Hier könnte der Einstellungs- und Verrechnungsbescheid der BfA vom August 1997 bereits unanfechtbar gewesen sein. Insbes. bestehen Zweifel an der **Einhaltung der Widerspruchsfrist** gemäß § 84 Abs. 1 SGG.

(1) Die Frist zur Widerspruchseinlegung beträgt bei Bekanntgabe im Inland einen Monat, bei **Bekanntgabe im Ausland** nach Klarstellung durch das 6. SGG-Änderungsgesetz 3 Monate, § 84 Abs. 1 S. 2 SGG. Zuvor hatte aber auch schon das BSG bei Bekanntgabe des Widerspruchsbescheids im Ausland die dreimonatige Klageerhebungsfrist, § 87 Abs. 1 S. 2 SGG, entsprechend angewandt.[771] Der Bescheid der BfA war der H im September 1997 übermittelt worden; ein Widerspruch der H im Januar 1999 gegen diesen Bescheid wäre ersichtlich verspätet gewesen.

(2) In Betracht käme aber eine **Verlängerung der Rechtsbehelfsfrist auf 1 Jahr** gem. § 66 Abs. 2 SGG. Voraussetzung dafür ist eine **unzutreffende Rechtsbehelfsbelehrung**, etwa die Angabe einer Monatsfrist an Stelle der maßgeblichen Dreimonatsfrist.[772] Dies kann hier jedoch dahingestellt bleiben. Ersichtlich führt auch die Verlängerung der Rechtsbehelfsfrist auf ein Jahr zu keiner anderen Entscheidungsmöglichkeit. Insoweit setzte nämlich die Bekanntgabe des belastenden Bescheides der BfA im September 1997 über das deutsche Generalkonsulat in Posen auch die Jahresfrist in Lauf. Im Januar 1999 wäre dann die Jahresfrist schon wieder verstrichen gewesen.

(3) Denkbar wäre, mangels Anhaltspunkten für eine **Wiedereinsetzung in den vorigen Stand gem. § 67 SGG** wegen unverschuldeter Fristversäumnis, nur noch eine **Heilung der Fristversäumnis durch eigene Sachentscheidung** der BfA.

Nach allgemeinen Grundsätzen kann der Sozialleistungsträger bei einem verfristeten Widerspruch den Rechtsbehelf entweder als unzulässig behandeln oder auch sachlich darüber entscheiden. Damit ist in der Regel dann die Fristverletzung aber wieder geheilt.[773]

---

769 Vgl. Meyer-Ladewig/Leitherer, SGG-Kommentar, 8. Aufl. 2005, § 78 SGG Rdnr. 3 b.

770 Vgl. BVerfG, NJW 1993, 1380; BSGE 74, 79.

771 BSG, NZS 1999, 263.

772 Siehe Kummer, SRH, 3. Aufl. 2003, S. 691–693.

773 Krasney/Udsching, Handbuch des sozialgerichtlichen Verfahrens, 4. Aufl. 2005, S. 138.

Hier hatte die BfA jedoch mit dem im Berufungsverfahren beim LSG erteilten Widerspruchsbescheid vom Mai 2000 allein die Verfristung festgestellt und eben **keine neue Sachentscheidung getroffen**. Damit scheidet auch die Heilung der Fristversäumnis durch Sachentscheidung aus.

(III) Im **Ergebnis** wäre ein Widerspruch in jedem Fall verfristet gewesen. Daher steht der **Eintritt der Bestandskraft gem. § 77 SGG** einer Abänderung des angefochtenen Verrechnungs- und Einstellungsbescheides der BfA vom August 1997 entgegen. Auf die Klage hin hätte kein zusprechendes Urteil ergehen können. Also ist auch die **Berufung als unbegründet zurückzuweisen**.

Die Berufung wäre im Übrigen **auch materiell-rechtlich unbegründet** gewesen. Die BfA hatte die hälftige Rentennachzahlung an die Stadt Leipzig als Sozialhilfeträger gem. § 104 Abs. 1 SGB X angesichts nur subsidiärer Leistungspflicht, § 2 BSHG, zu Recht erstattet. Zudem hatte H nach der Abschiebung im November 1996 keinen Wohnsitz oder gewöhnlichen Aufenthalt mehr im Bundesgebiet. Deshalb bestand nach dem deutsch-polnischen Sozialversicherungsabkommen vom 09.10.1975, das einen Renten-Export ausschloss, weder ein Anspruch auf die Rente für Dezember 1996 noch auf die Fortleistung der Rente wegen Erwerbsunfähigkeit nach Polen. Insoweit war die Verrechung der weiteren Hälfte der Rentennachzahlung i.H.v. 1.500 DM als Erstattungsforderung der BfA i.S.v. § 50 SGB X gegen H berechtigt. H hatte nämlich ohne materiellen Rechtsgrund zum Behaltendürfen allein aus kassentechnischen Umständen noch die Dezemberrente 1996 überwiesen erhalten.

– – –

2. Revision

Gegen die Urteile der Landessozialgerichte ist die Revision an das BSG nur unter den einschränkenden Voraussetzungen des § 160 SGG vorgesehen. Entweder muss das LSG in seinem Urteil die Revision zulassen oder das BSG selbst auf Beschwerde hin, § 160 a SGG, die Revision eröffnen. Zulassungsgründe sind insbes. **grundsätzliche Bedeutung der Rechtssache** – aber nicht bloße sog. allgemeine Tatsachen wie etwa abstrakte Therapiemöglichkeiten für einzelne Leiden in der gesetzlichen Krankenversicherung[774] – oder Abweichung von einer Entscheidung des BSG bzw. höchstrichterlicher Rechtsprechung **(Divergenzrevision)**, vgl. § 160 Abs. 1 Nr. 1–3 SGG. Vorgesehen ist darüber hinaus die Sprungrevision – bei Übergehung der Berufungsinstanz – unmittelbar vom SG zum BSG, vgl. § 161 SGG.

Für die Revision selbst gelten besondere **Einlegungs- und Begründungsfristen**, § 164 SGG. Zudem ist eine wirksame Vertretung gemäß § 166 SGG **nur durch Bevollmächtigte** möglich.

Bei der Überprüfung der angefochtenen (Berufungs-)Urteile ist das BSG an die tatsächlichen Feststellungen gebunden, § 163 SGG, womit z.B. neue Beweiserhebungen wie Vernehmung von Zeugen etc. in der 3. Instanz ausgeschlossen

774 Dazu BSG, Beschl. v. 07.10.2005 – B 1 KR 107/04 B, mit zust. Anm. Keller, juris Praxisreport Sozialrecht 3/2006 v. 09.02.2006.

sind. Genügen diese Feststellungen nach rechtlicher Überzeugung des BSG nicht, erfolgt eine **Zurückverweisung zur erneuten Verhandlung und Entscheidung an das LSG**, § 170 Abs. 2 S. 2 SGG. Dabei hat das LSG seiner Entscheidung wiederum die rechtliche Beurteilung des Revisionsgerichts zugrunde zu legen, § 170 Abs. 5 SGG.[775]

Für die Beschwerde gegen die Nichtzulassung der Revision im Urt. des LSG, § 160 a SGG, gelten strenge Anforderungen an die Substantiierung verfahrensrechtlicher Rügen.[776] Auch daraus erklärt sich, dass tatsächlich nur rund 6% aller **Nichtzulassungsbeschwerden** beim BSG überhaupt zur Zulassung der Revision führen.

3. Beschwerde

Die Beschwerde ist gem. § 172 Abs. 1 SGG gegen **sonstige Entscheidungen der Sozialgerichte, die keine Urteile darstellen** und die nicht nach § 172 Abs. 3 Nr. 1–4 SGG n.F. seit 2008 ausdrücklich von der Beschwerde ausgenommen sein dürfen, eröffnet. Ausnahmen gelten jedoch zudem für eine Vielzahl prozessualer Maßnahmen, die insbes. der Sachverhaltsaufklärung von Amts wegen einschließlich der Beweiserhebung dienen und schon bisher nicht mit der isolierten Beschwerde angegriffen werden konnten, § 172 Abs. 2 SGG.[777]

Mittlerweile ist – nach Aufhebung der Abhilfevorschrift des § 174 SGG durch die 8. SGG-Novelle vom 26.03.2008[778] – unmittelbar eine Entscheidung des Beschwerdegerichts, also des LSG, durch Beschluss vorgesehen, § 176 SGG. Gegen diese Entscheidung des LSG wiederum ist kein weiterer Rechtsbehelf eröffnet, § 177 SGG.

775 Krasney/Udsching, Handbuch des sozialgerichtlichen Verfahrens, 4. Aufl. 2005, S. 436–437.

776 Vgl. z.B. BSG, Beschl. v. 05.03.2002, B 13 RJ 193/01 B für bloß schriftsätzlich angekündigte und nicht mündlich wiederholte Beweisanträge; dazu auch Schäfer, PA 2004, 196 ff. (198).

777 Vgl. Meyer-Ladewig, SGG-Kommentar, 8. Aufl. 2005, § 172 SGG Rdnr. 4–7.

778 BGBl. I 2008, S. 444 ff. (447); vgl. auch Leitherer, NJW 2008, 1258 ff. (1261) m.w.N.

Rechtsmittel

	Berufung	Revision	Beschwerde
Statthaftigkeit	Gegen die Urteile der Sozialgerichte findet die Berufung an das Landessozialgericht statt, soweit sich aus den Vorschriften dieses Unterabschnitts nichts anderes ergibt.	Gegen die Urteile des Landessozialgerichts findet die Revision statt, wenn die Revision im Urteil selbst zugelassen worden ist, § 160 Abs. 2.	Gegen die Entscheidungen der Sozialgerichte mit Ausnahme der Urteile und gegen Entscheidungen der Vorsitzenden dieser Gerichte findet die Beschwerde an das Landessozialgericht statt, soweit nicht in diesem Gesetz anderes bestimmt ist.
Voraussetzungen	§ 144	§§ 161 ff.	§§ 173 ff.
ggf. Ausschluss	Die Berufung ist ausgeschlossen, wenn es sich um die Kosten des Verfahrens handelt, § 144 Abs. 4.	Die Revision ist ausgeschlossen, wenn sie nicht zugelassen wurde, da das Bundessozialgericht an die Zulassung gebunden ist, § 160 Abs. 3.	Prozessleitende Verfügungen, Aufklärungsanordnungen, Vertagungsbeschlüsse, Fristbestimmungen, Beweisbeschlüsse, Beschlüsse über Ablehnung von Beweisanträgen, über Verbindung und Trennung von Verfahren und Ansprüchen können nicht mit der Beschwerde angefochten werden.

4. Abschnitt: Kostenregelungen und weitere Vorschriften

1. Kosten und Gebühren

Grundsätzlich gilt die **Gerichtskostenfreiheit gem. § 183 SGG**. Daran haben auch verschiedene Neufassungen durch das 6. SGG-Änderungsgesetz mit Wirkung ab Januar 2002 nichts geändert. Im Wesentlichen wird weiterhin gerade bei den Kostenregeln nach traditionellem Verständnis von einer **besonderen Schutzbedürftigkeit der Kläger im SGG-Verfahren** ausgegangen. Erfasst werden davon nach klarstellenden Ergänzungen in § 183 S. 2–4 SGG insbes. Versicherte, Leistungsempfänger, Behinderte etc. sowie solche Personen, die gerade über diese jeweiligen Eigenschaften ein sozialgerichtliches Streitverfahren führen.[779]

Andererseits gelten ab Januar 2002 **gem. § 197 a SGG für Rechtsstreitigkeiten von Sozialleistungsträgern untereinander sowie unter Beteiligung von Arbeitgebern bzw. Vertragsärzten auf Kläger- bzw. Beklagtenseite** nunmehr die erfolgsabhängigen Vorschriften zur Gerichtskostentragung analog §§ 154–161 VwGO i.V.m. dem GKG.[780]

Außerdem sieht das Gesetz in § 184 SGG **pauschale Gebühren unabhängig vom Obsiegen oder Unterliegen** für institutionalisierte Sozialleistungsträger vor.

Diese **allein dem SGG eigentümliche Pauschgebührenregelung** ermöglicht unkomplizierte Gebührenerhebung in jedem Rechtsstreit, an denen insbes. Sozialversicherungsträger und weitere Körperschaften und Anstalten des öffentlichen Rechts beteiligt sind.[781] Gemäß § 184 Abs. 1 S. 2 SGG entsteht die Pauschgebühr, sobald die Streitsache rechtshängig geworden ist. Sie ist **für jeden Rechtszug** und von den Leistungsträgern **in jedem Fall** zu erbringen, sobald die Streitsache, auch durch Rücknahme des Rechtsbehelfs/Rechtsmittels, durch Vergleich, Anerkenntnis, Beschluss oder durch Urteil erledigt ist.[782] In aufsteigender Reihenfolge beträgt die Pauschgebühr für das **Verfahren vor dem SG 150 €, vor dem LSG 225 € und vor dem BSG 300 €, § 184 Abs. 2 SGG**. Bei anderweitiger Erledigung als durch Urteil gilt aber § 186 SGG, wonach sich die Pauschgebühr auf die Hälfte ermäßigt.[783]

Ausnahmen von der Pauschgebührenpflicht gelten insbes. für die Bundesländer nach § 184 Abs. 3 i.V.m. § 2 GKG. Insoweit sollen die Länder als Träger der Gerichtshoheit neben den finanziellen Leistungen für den Justizetat bei Beteiligung in sozialgerichtlichen Verfahren nicht auch noch Kosten in die eigenen Kassen zu zahlen haben.[784]

---

779 Kummer, SRH, 3. Aufl. 2003, S. 802; dazu ebenfalls mit weiter Auslegung des Versichertenbegriffs in § 183 SGG: BSG, Urt. v. 05.10.2006 – B 10 LW 5/05 R.

780 Vgl. Schlarmann/Buchner, NJW 2002, 644 ff., 646 m.w.N.; siehe auch Streitwertkatalog 2007 der Sozialgerichtsbarkeit, NZS 2007, 472–482.

781 Vgl. Meyer-Ladewig/Leitherer, SGG-Kommentar, 8. Aufl. 2005, § 184 Rdnr. 2.

782 Vgl. BSG, Beschl. v. 30.08.2002, B 13 SF 1/02 S, SozR 3-1500 § 184 Nr. 2.

783 Dazu Schäfer, PA 2003, 133 ff. (135) m.w.N.

784 Vgl. Schäfer, PA 2002, 61 ff., 63.

Kostenregelungen nach dem SGG

I) Gesetzgeberische Grundüberlegung:
Die Gerichtskostenfreiheit soll vom Grundsatz her weiter gelten.

II) Gerichtskostenfreiheit

1) **Als Kläger oder Beklagte**
   a) gem. § 183 SGG:
      aa) Versicherte, Leistungsempfänger, Hinterbliebenenleistungsempfänger, Behinderte
      bb) deren Sonderrechtsnachfolger gem. § 56 SGB I
      cc) sonstige Rechtsnachfolger nur für die laufende Instanz
   b) gem. § 184 Abs. 3 SGG:
      aa) i.V.m. § 2 Abs. 1 GKG: Bund, Länder mit ihren Behörden, auch im nachgeordneten Bereich
      bb) i.V.m. §§ 2 Abs. 2 GKG, 64 Abs. 3 S. 2 SGB X: Träger der Sozialhilfe, der Jugendhilfe und der Kriegsopferfürsorge
2) **Beigeladene** unabhängig von der Rechtstellung;
   Ausnahme: § 197 a Abs. 2 SGG

III) Pauschgebührenpflicht

1) **Kläger und Beklagte** (nicht: Beigeladene), die nicht zu den in § 183 SGG genannten Personen gehören (Umkehrschluss)
2) Soweit nicht gebührenpflichtig nach § 197 a SGG
3) **Systematik der Pauschgebührenpflicht** nach § 184 SGG
   a) Entstehung mit Rechtshängigkeit (§ 184 Abs. 1 S. 2 SGG)
   b) Fälligkeit mit Erledigung für die Instanz (§ 185 SGG)
   c) Ermäßigung, Entfallen: § 186 SGG
   d) Quotelung bei mehreren Gebührenpflichtigen (§ 187 SGG), wobei die befreiten (Bund, Land) mitzählen

IV) Kostenerhebung nach dem Gerichtskostengesetz (§ 197 a SGG)

1) **Personenkreis**
   a) **Kläger und Beklagter**, wenn beide nicht zum Personenkreis nach § 183 SGG gehören
      Beispiel: Streitigkeiten unter Sozialleistungsträgern, zwischen Sozialleistungsträgern und Arbeitgebern, Vertrags(-zahn-)ärzte usw.
   b) **Beigeladener**
      aa) wenn er Anträge gestellt oder Rechtsmittel eingelegt hat (§ 197 a Abs. 2 SGG i.V.m. § 154 Abs. 3 VwGO), aber dann nicht, wenn er zum Personenkreis nach § 183 SGG gehört (§ 197 a Abs. 2 S. 2 SGG)
      bb) soweit er verurteilt wird (§ 197 a Abs. 2 S. 1 SGG), aber dann nicht, wenn er zum Personenkreis nach § 183 SGG gehört (§ 197 a Abs. 2 S. 2 SGG)
2) **Kostengrundentscheidung** durch die Richterin/den Richter:
   § 197 a Abs. 1 S. 1, letzter Halbs. i.V.m. §§ 154 – 162 VwGO;
   bei Klagerücknahme: statt § 161 Abs. 2 VwGO gilt § 155 Abs. 2 VwGO: Kläger trägt die Kosten
3) **Streitwertfestsetzung** durch das Prozessgericht für die Instanz
   a) Auffangstreitwert: 5.000 € (§ 52 Abs. 2 GKG n.F.[1])
   b) Höchststreitwert: 2.500.000 € (§ 52 Abs. 4 GKG n.F.[1])
   c) Entscheidung durch Beschluss ohne mögliche Verhandlung

[1]Anm.: GKG n.F. nach dem Kostenrechtsmodernisierungsgesetz vom 05.05.2004, BGBl. I 2004, S. 718

Für die **grundsätzliche Gebührenfreiheit des privilegierten Personenkreises i.S.v. § 183 SGG** gilt gem. **§ 109 SGG eine Ausnahme** bei Anhörung eines bestimmten, von den Klägern benannten Arztes des Vertrauens.[785]

Die Einholung eines Sachverständigengutachtens auf eigenen Antrag des Klägers ist von der Zahlung eines **Kostenvorschusses** abhängig zu machen, der nach Vorliegen des Gutachtens gem. § 109 SGG nur dann von der Landeskasse zu übernehmen ist, wenn das Gutachten die Sachaufklärung im Prozess weiter gefördert hat. Anderenfalls verbleiben die Auslagen für dieses Gutachten endgültig beim antragstellenden Kläger, in der Praxis überwiegend bei den kostentragenden Rechtsschutzversicherungen.

Zudem ist unter den Vorrausetzungen des § 192 SGG auch noch die Auferlegung sog. **Verschuldenskosten (früher: Mutwillenkosten)** u.a. gegen Kläger möglich. In der Neuregelung ab 02.01.2002 werden als Mindestbetrag die Pauschgebührsätze gemäß § 184 Abs. 2 SGG für die jeweilige Instanz benannt, § 192 Abs. 1 S. 3 SGG. Verschuldenskosten fallen an entweder bei zu vertretender Verzögerung oder missbräuchlich fortgesetzter Rechtsverfolgung ohne Erfolgsaussicht trotz richterlicher Belehrung in einem Termin[786] sowie gegenüber Leistungsträgern seit 2008 unter den Voraussetzungen des § 192 Abs. 4 SGG n.F.[787]

Schließlich regelt § 193 SGG die gegenseitige Erstattung der außergerichtlichen Kosten zwischen den Beteiligten. Anwendungsbereich der **Kostengrundentscheidung gem. § 193 SGG** sind regelmäßig die **Gebühren und Auslagen für bevollmächtigte Rechtsanwälte bzw. Rechtsbeistände**, vgl. § 193 Abs. 3 SGG.

Soweit kein Anwalt oder sonstiger Bevollmächtigter eingeschaltet war, kommen im Wesentlichen nur **Auslagen für Porto, Kopien etc.** in Betracht.[788] **Ausnahmen bei der Erstattungsfähigkeit** gelten zudem für Sozialleistungsträger und sonstige Körperschaften bzw. Anstalten, die Pauschgebühren i.S.d. § 184 Abs. 1 SGG entrichten müssen, § 193 Abs. 4 SGG.[789]

Regelmäßig ergeht die Kostengrundentscheidung als **Teil des Urteilsausspruchs**. Bei anderweitiger Beendigung des Verfahrens, also Klagerücknahme, Vergleich bzw. Anerkenntnis in der Hauptsache, wird auf Antrag der Beteiligten nunmehr vom Sozialgericht durch endgültigen **Beschluss** entschieden, § 193 Abs. 1, weil seit der 8. SGG-Novelle ab 2008 auch keine Beschwerde zum LSG mehr vorgesehen ist, § 173 Abs. 3 Nr. 3 SGG n.F.

Die Kostenentscheidung selbst richtet sich primär nach dem **Ausmaß des Obsiegens bzw. Unterliegens**, aber im Sinne einer Einzelfallbeurteilung auch danach, wer Anlass für die Klageerhebung gegeben hat **(Veranlassungsprinzip)**.[790] Sie ist Grundlage der konkreten Kostenfestsetzung, vgl. § 197 SGG.

785 Zusammenfassend dazu Kolmetz, SGb 2004, S. 83–93.

786 Vgl. Berendes, SGb 2002, 315 ff., ebenso Kummer, NZS 2001, 705 ff. (719).

787 Vgl. Tabbara, NZS 2008, 8 ff. (14); zur bisherigen Rechtslage bei Verschuldenskosten gegen Sozialleistungsträger siehe auch LSG Rheinland-Pfalz, Beschl. v. 23.02.2005 – L 2 RJ 120/02 (= NZS 2006, S. 56).

788 Vgl. Meyer-Ladewig/Leitherer, SGG-Kommentar, 8. Aufl. 2005, § 193 SGG Rdnr. 7, 8.

789 Dazu BSG, Urt. v. 08.07.2002, B 3 P 3/02 R, NJW-RR 2002, 1652 f., dazu auch Schäfer, PA 2003, 133.

790 Kummer, SRH, 3. Aufl. 2003, S. 805–807.

2. Prozesskostenhilfe im sozialgerichtlichen Verfahren

Da für natürliche Personen als Versicherte, Antragsteller etc. regelmäßig keine Gerichtskosten anfallen, vgl. § 183 SGG, besteht ihre finanzielle Belastung durch ein Verfahren vor dem SG überwiegend in den Kosten für einen Rechtsanwalt bzw. Rechtsbeistand. Die **prozessuale Vertretung** soll nicht an fehlenden finanziellen Mitteln scheitern. Daher sind gem. § 73 a SGG die Vorschriften der ZPO über die **Prozesskostenhilfe (PKH)** entsprechend anzuwenden. Wesentliche Voraussetzungen sind der **Antrag** und die **Bedürftigkeit**, d.h. die **Unfähigkeit, nach den persönlichen und wirtschaftlichen Verhältnissen die Kosten für die Prozessvertretung in einer Instanz** auch nur ratenweise aufzubringen.

Zudem muss die Rechtsverfolgung **hinreichende Erfolgsaussicht** bieten und darf **nicht mutwillig** sein, § 114 ZPO analog. Hinreichende Erfolgsaussicht ist anzunehmen, wenn ein Obsiegen ebenso wahrscheinlich erscheint wie das Unterliegen. Sobald vom SG Sachverständigengutachten eingeholt oder andere Beweise von Amts wegen erhoben werden sollen, besteht auch hinreichende Erfolgsaussicht.[791] Mutwillen liegt jedenfalls dann vor, wenn ein Beteiligter, müsste er für die Kosten selbst aufkommen, den Prozess nicht oder nicht in diesem Umfang führen würde.[792]

Bei Nachweis der Unfähigkeit, die voraussichtlichen **Rechtsanwaltskosten** zu finanzieren, sowie hinreichender Erfolgsaussicht erfolgt analog § 121 Abs. 1 ZPO die **Beiordnung eines vertretungsbereiten Rechtsanwaltes**. Ausnahmsweise kann das auch ein vom Gericht ausgewählter Anwalt sein, § 73 Abs. 1 S. 2 SGG, § 121 Abs. 3 ZPO analog.[793]

Über die **Bewilligung von Prozesskostenhilfe einschließlich der Beiordnung** entscheidet das Gericht durch Beschluss entsprechend § 127 ZPO. Gegen die Ablehnung der PKH gibt es die Beschwerde mit einmonatiger Rechtsbehelfsfrist,[794] allerdings seit 2008 nicht mehr, wenn das SG ausschließlich die persönlichen bzw. wirtschaftlichen Voraussetzungen der PKH verneint hat, § 172 Abs. 3 Nr. 2 SGG n.F. Nach erfolgter Bewilligung hat der beigeordnete Rechtsanwalt **Anspruch gegen die jeweilige Landeskasse** auf Erstattung der von ihm nach billigem Ermessen – insbes. unter Berücksichtigung der Höchstgrenzen des seit 01.07.2004 geltenden Rechtsanwaltsvergütungsgesetzes[795] – zu bestimmenden Vergütung. Dieser anwaltliche Vergütungsanspruch ist, anders als bei der Kostengrundentscheidung gem. § 193 SGG, dann auch unabhängig vom Ausmaß des Obsiegens oder Unterliegens beim SG. Das PKH-Verfahren soll insoweit nämlich den Rechtsschutz i.S.d. Art. 19 Abs. 4 GG überhaupt erst zugänglich machen.[796]

791 Kummer, SRH, 3. Aufl. 2003, S. 701, 702 m.w.N.

792 BSG, NZS 2001, 162.

793 Vgl. auch Schäfer, PA 2003, 133 ff. (134).

794 Kummer, SRH, 3. Aufl. 2003, S. 704.

795 Zu § 3 RVG im SGG-Verfahren s. Guhl, NZS 2005, S. 193–198, und Klier, NZS 2004, S. 469–474; siehe auch Schäfer, RVG professionell 5/2007, S. 86–90 m.w.N.

796 BVerfG, 24.07.2002, 2 BvR 2256/99 (= NJW 2003, 576).

3. Vollstreckungsregelungen

Die §§ 198–201 SGG betreffen die **zwangsweise Durchsetzung insbes. gerichtlicher Entscheidungen** im Wege der Vollstreckung. Dazu gelten nach § 198 Abs. 1 SGG die Regelungen der §§ 704–945 ZPO, d.h. das Zwangsvollstreckungsrecht in zivilrechtlichen Streitsachen, entsprechend. Die **vollstreckbaren Titel** sind in § 199 Abs. 1 Nr. 1–5 SGG aufgeführt. Neuerdings zählt auch die Vollstreckungsmöglichkeit bei einstweiliger Anordnung gem. § 86 b SGG dazu.[797]

Die **Vollstreckungsfähigkeit** hängt auch von der zugrundeliegenden Klageart ab. Anfechtungs- und Feststellungsurteile ebenso wie klageabweisende Entscheidungen sind nicht vollstreckbar.[798] Vollstreckbar ist hingegen das **Leistungsurteil**, ebenso ein **Verpflichtungsurteil** i.S.v. § 131 SGG mit der Sonderregelung zur Fristsetzung mit Zwangsgeldandrohung gegen unwillige Behörden, vgl. § 201 SGG.

Bei der **Vollstreckung zugunsten öffentlicher Behörden** etc. gilt gem. § 200 Abs. 1, 2 SGG nicht die ZPO, sondern das **Verwaltungsvollstreckungsgesetz** (VwVG) des Bundes.

797 Siehe bzgl. der Grundsicherungsleistungen auch: Groth, NJW 2007, 2294 ff. (2296, 2297).

798 Meyer-Ladewig/Leitherer, SGG-Kommentar, 8. Aufl. 2005, § 198 SGG Rdnr. 3 a.

STICHWORTVERZEICHNIS

Die Zahlen verweisen auf die Seiten.